Geschlecht und
Band 61

Herausgegeben von
B. Kortendiek, Duisburg-Essen, Deutschland
I. Lenz, Bochum, Deutschland
H. Lutz, Frankfurt/Main, Deutschland
M. Mae, Düsseldorf, Deutschland
S. Metz-Göckel, Dortmund, Deutschland
M. Meuser, Dortmund, Deutschland
U. Müller, Bielefeld, Deutschland
M. Oechsle, Bielefeld, Deutschland
B. Riegraf, Paderborn, Deutschland
P.-I. Villa, München, Deutschland

Geschlechterfragen sind Gesellschaftsfragen. Damit gehören sie zu den zentralen Fragen der Sozial-und Kulturwissenschaften; sie spielen auf der Ebene von Subjekten und Interaktionen, von Institutionen und Organisationen, von Diskursen und Policies, von Kultur und Medien sowie auf globaler wie lokaler Ebene eine prominente Rolle. Die Reihe „Geschlecht & Gesellschaft" veröffentlicht herausragende wissenschaftliche Beiträge aus der Frauen- und Geschlechterforschung, die Impulse für die Sozial- und Kulturwissenschaften geben. Zu den Veröffentlichungen in der Reihe gehören neben Monografien empirischen und theoretischen Zuschnitts Hand- und Lehrbücher sowie Sammelbände. Zudem erscheinen in dieser Buchreihe zentrale Beiträge aus der internationalen Geschlechterforschung in deutschsprachiger Übersetzung.

Herausgegeben von

Dr. Beate Kortendiek,
Universität Duisburg-Essen

Prof. Dr. Michael Meuser,
Technische Universität Dortmund

Prof. Dr. Ilse Lenz,
Ruhr-Universität Bochum

Prof. (em.) Dr. Ursula Müller,
Universität Bielefeld

Prof. Dr. Helma Lutz,
Johann-Wolfgang-Goethe Universität
Frankfurt/Main

Prof. Dr. Mechtild Oechsle,
Universität Bielefeld

Prof. Dr. Birgit Riegraf,
Universität Paderborn

Prof. Dr. Michiko Mae,
Heinrich-Heine Universität Düsseldorf

Prof. Dr. Paula-Irene Villa,
Ludwig-Maximilians-Universität
München

Prof. Dr. Sigrid Metz-Göckel,
Technische Universität Dortmund

Koordination der Buchreihe:
Dr. Beate Kortendiek,
Netzwerk Frauen-
und Geschlechterforschung NRW,
Universität Duisburg-Essen

Almut Peukert

Aushandlungen von Paaren zur Elternzeit

Arbeitsteilung unter
neuen Vorzeichen?

Springer VS

Almut Peukert
Tübingen, Deutschland

Diese Arbeit wurde als Dissertation an der Wirtschafts- und Sozialwissenschaftlichen Fakultät der Eberhard Karls Universität Tübingen eingereicht und verteidigt.

Ausgezeichnet mit dem Südwestmetall-Förderpreis 2015.

Geschlecht und Gesellschaft
ISBN 978-3-658-07070-0   ISBN 978-3-658-07071-7 (eBook)
DOI 10.1007/978-3-658-07071-7

Die Deutsche Nationalbibliothek verzeichnet diese Publikation in der Deutschen Nationalbibliografie; detaillierte bibliografische Daten sind im Internet über http://dnb.d-nb.de abrufbar.

Springer VS
© Springer Fachmedien Wiesbaden 2015
Das Werk einschließlich aller seiner Teile ist urheberrechtlich geschützt. Jede Verwertung, die nicht ausdrücklich vom Urheberrechtsgesetz zugelassen ist, bedarf der vorherigen Zustimmung des Verlags. Das gilt insbesondere für Vervielfältigungen, Bearbeitungen, Übersetzungen, Mikroverfilmungen und die Einspeicherung und Verarbeitung in elektronischen Systemen.
Die Wiedergabe von Gebrauchsnamen, Handelsnamen, Warenbezeichnungen usw. in diesem Werk berechtigt auch ohne besondere Kennzeichnung nicht zu der Annahme, dass solche Namen im Sinne der Warenzeichen- und Markenschutz-Gesetzgebung als frei zu betrachten wären und daher von jedermann benutzt werden dürften.
Der Verlag, die Autoren und die Herausgeber gehen davon aus, dass die Angaben und Informationen in diesem Werk zum Zeitpunkt der Veröffentlichung vollständig und korrekt sind. Weder der Verlag noch die Autoren oder die Herausgeber übernehmen, ausdrücklich oder implizit, Gewähr für den Inhalt des Werkes, etwaige Fehler oder Äußerungen.

Gedruckt auf säurefreiem und chlorfrei gebleichtem Papier

Springer Fachmedien Wiesbaden ist Teil der Fachverlagsgruppe Springer Science+Business Media
(www.springer.com)

Dank

An erster Stelle möchte ich mich bei den Interviewteilnehmenden herzlich bedanken, die bereit waren, Zeit für diese Studie zu investieren, um von ihrer ‚Rushhour' des Lebens zwischen Haus-, Familien- und Erwerbsarbeit zu erzählen. Für die wissenschaftliche Begleitung und konstruktiven Diskussionen möchte ich mich herzlich bei Regine Gildemeister bedanken. Für die zahlreichen gemeinsamen Auseinandersetzungen mit Memos, Forschungsliteratur, Interviewpassagen und letztlich Kapiteln, bedanke ich mich ganz besonders bei Ursula Offenberger. Für die gemeinsame Arbeit in einer Interpretationsgruppe und/oder für die inspirierende Kritik zu den Kapiteln und die kollegiale wissenschaftliche Begleitung bedanke ich mich herzlich bei Lisa Haug, Katja Hericks, Jörg Strübing, Anno Dederichs, Michael Hutzler, Anja Königseder, Mona Motakef und Christine Wimbauer. Für die gründliche Lektüre, konstruktiven Änderungsvorschläge und die Aufnahme meiner Dissertation in die Reihe „Geschlecht und Gesellschaft" bedanke ich mich bei den Herausgeberinnen und Herausgebern der Reihe. Last but not least gilt mein ganz besonderer Dank Daniel.

Inhalt

1 Einleitung 11

2 Arbeitsteilung von Paaren in der Familiengründungsphase 21
   2.1 Familienpolitische Rahmung: Elternzeit und Elterngeld 21
   2.2 Arrangements von Erwerbs- und Familienarbeit zwischen
       Re- und Enttraditionalisierung 36
   2.3 Erklärungsansätze zur geschlechterdifferenzierenden
       Arbeitsteilung 56

3 Aushandlungsprozesse 75
   3.1 ‚Väterlichkeit' und ‚Mütterlichkeit': Geschlechterdifferenzierende
       Paardynamiken im Übergang zur Elternschaft 75
   3.2 Innerfamiliale Arbeitsteilung als ‚ausgehandelte Ordnung' 90
   3.3 Zusammenfassung und Explikation sozialtheoretischer
       Annahmen 103

4 Forschungsdesign 115
   4.1 Datenmaterial: Einzel- und Paarinterviews 116
   4.2 Forschen im Stil der Grounded Theory 120
   4.3 Vorstellung des Samples 130

5 Exemplarische Fallanalyse: Caroline und Martin Weber 135
   5.1 Berufsorientierung und Professionsverständnis 137
   5.2 Ideale der Lebensführung 143
   5.3 Kinderbetreuung und Elternzeit 152
   5.4 ‚Begründungsfiguren zur Aufteilung der Elternzeit' als
       Schlüsselkategorie 162

6 Wer betreut das Kind? ... 167
- 6.1 „Wenn irgendwas gewesen wär, hätt ich dich angerufen" – Hegemonic Mothering ... 168
- 6.2 „Kleine Kinder sind nichts für Papas" – Sameness Taboo ... 181
- 6.3 „So das allererste Mal überhaupt weggehen, da macht man sich natürlich Sorgen" – Maternal Gatekeeping ... 188
- 6.4 „Jeder darf zu Hause bleiben" – Equally Shared Parenting ... 198
- 6.5 Variationen in der Selbst- und Fremdzuschreibung von Betreuungsverantwortung ... 204

7 Wer nimmt wie lange Elternzeit? ... 217
- 7.1 „Jeder darf dieselbe Zeit zu Hause bleiben" ... 219
- 7.2 „Erhalt der beruflichen Perspektive" ... 225
- 7.3 „Das hat ja schon auch damit zu tun, dass du deutlich mehr verdienst als ich" ... 246
- 7.4 „Die zwei Monate sind kostenlose Betreuung" ... 262
- 7.5 Variationen im Relevantsetzen von Erwerbstätigkeit und Einkommen ... 269

8 Fazit: Aushandlungen von Paaren zu Elternzeiten zwischen Selbstverständlichkeit, Option und Notwendigkeit ... 273

Literaturverzeichnis ... 293

Verzeichnis der Tabellen und Abbildungen

Tabelle 1	Übersicht zu politischen Zielen des Bundeselterngeld- und Elternzeitgesetzes	26
Tabelle 2	‚Elternzeittypen' im 1. und 2. Lebensjahr des Kindes (2001-2003)	37
Tabelle 3	Väterbeteiligung nach Bezugsdauer	38
Tabelle 4	„Motive" von Vätern zur Inanspruchnahme von Elternzeit/-geld	41
Tabelle 5	Überblick zu Datengrundlagen quantitativer empirischer Studien zur Inanspruchnahme von Elternzeit/-geld durch Väter	46
Tabelle 6	Erwerbsmuster in Paarhaushalten mit Kindern in Deutschland (2007)	55
Tabelle 7	Kontrastierungsdimensionen des Samples	128
Tabelle 8	Aktualisierung und Neutralisierung von Geschlecht in den Selbst- und Fremdzuschreibungen von Betreuungsverantwortung	211
Tabelle 9	Überblick zu den Elterngeld- und Elternzeitarrangements	218
Tabelle 10	Selbst- und Fremdzuschreibung von Betreuungsverantwortung	282
Tabelle 11	Aushandlungen von Doppelverdiener- und Doppelkarrierepaaren zu Elternzeit/-geld unter Berücksichtigung der Selbst- und Fremdzuschreibung von Betreuungsverantwortung	282
Tabelle 12	Prozessuale Darstellung der Aushandlungen von Paaren zur Elternzeit	288
Abbildung 1	Über die Hebel der (Familien-)Politik von Götz Wiedenroth (2009)	27

Einleitung 1

Unter politischer und medialer Aufregung zu „Papamonaten", „Wickelvolontariat" und „Gebärprämie" wurde im Januar 2007 das Bundeselterngeld- und Elternzeitgesetz (BEEG) in Deutschland eingeführt. Das Elterngeld löste die bis dahin geltenden Regelungen zum Erziehungsgeld ab, während die gesetzliche Möglichkeit der Elternzeit nur unwesentlich reformiert wurde. Durch die Umstellung von einer Transfer- auf eine Entgeltersatzleistung in Höhe von 67 Prozent des Nettoerwerbseinkommens, verändert diese sozialpolitische Reform v. a. für Doppelverdiener- und Doppelkarrierepaare die Rahmengegebenheiten in der Familiengründungsphase, da nun alle Erwerbstätigen Anspruch auf Elterngeld haben, sofern sie ihr Kind nach der Geburt selbst betreuen. Eine weitere wesentliche Neuerung stellen die sog. Partnermonate dar: Von den möglichen 14 Monaten, die das Elterngeld bezogen werden kann, hat ein Elternteil höchstens zwölf Monate Anspruch. Die weiteren zwei Monatsbeträge werden nur gewährt, wenn der andere Elternteil mindestens diese übernimmt.

Insbesondere durch die Einführung von Partnermonaten nach dem Prinzip ‚use it or lose it' richtete sich die mediale Aufmerksamkeit auf Väter. In der Berichterstattung dominieren seitdem „Rekordmeldungen" zur Inanspruchnahme von Elternzeit/-geld durch Väter. Wie stellt sich die quantitative Verteilung von Elterngeldanträgen und Bezugsdauer nach der familienpolitischen Reform tatsächlich dar? Im Jahr 2012 nahmen 88,3 Prozent der Mütter zwölf Monate Elternzeit bzw. Elterngeld in Anspruch. Im Vergleich dazu nehmen Väter (immer noch) deutlich seltener und deutlich kürzer Elternzeit. Ebenfalls für das Jahr 2012 betrachtet, bezogen 23 Prozent bis zu zwei Monate, 3,7 Prozent zwischen drei und acht Monate und 2,6 Prozent der Väter zwischen neun und zwölf Monate Elterngeld. Die Steigerung in der Väterbeteiligung von 2009 bis 2012 um knapp sechs Prozentpunkte auf insgesamt 29,3 Prozent erklärt sich im Wesentlichen durch eine Zunahme in der Inanspruchnahme der zwei Partnermonate. Neben der Bezugsdauer ist eine zeitgleiche oder -versetzte Inanspruchnahme zu unterscheiden: Knapp zwei Drittel der Paare haben 2012 zwei

Monate parallel und ein Drittel versetzt Elternzeit/-geld in Anspruch genommen (Statistisches Bundesamt 2014).

Ein Wandel zeigt sich vor allem in der Väterbeteiligung, berücksichtigt man zudem die Daten zur Inanspruchnahme von Elternzeit *vor* Einführung des Elterngeldes. Für Gesamtdeutschland lag diese vor 2007 bei ca. 4,9 Prozent, wobei es keine verlässlichen Daten zu der *Dauer* von Elternzeiten von Müttern *und* Vätern gibt. Trotzdem wird deutlich, dass nicht mehr nur nahezu ausschließlich Mütter in Elternzeit gehen, sondern vermehrt ‚auch' Väter – wenn auch meist für einen deutlich kürzeren Zeitraum von zwei Monaten.

In der sozialwissenschaftlichen Forschung wird die skizzierte, zunehmende Inanspruchnahme von Elternzeit und -geld durch Väter seit Einführung des BEEGs als erklärungsbedürftiges Phänomen betrachtet. Es überwiegen Studien mit quantitativem Design, denen sozialtheoretische Annahmen zugrunde liegen, die – wie nachfolgend noch ausgeführt wird – einige Fallstricke bereithalten. Im Mittelpunkt der Untersuchungen stehen ‚Einflussfaktoren' auf die väterliche Inanspruchnahme von Elternzeit/-geld (u. a. Pfahl/Reuyß 2009, Wrohlich et al. 2012, Trappe 2013). Als ‚Determinanten' werden i. d. R. Alter, Erwerbstätigkeit, Bildungsniveau und ökonomische Ressourcen der Partner herangezogen. Welche im Einzelnen einen Einfluss haben, wird innerhalb der vorliegenden Studien kontrovers diskutiert (vgl. Kap. 2.2). Als weitere ‚Einflussfaktoren' auf die Elternzeit von Vätern identifizieren Pfahl und Reuyß (2009, 2010) in einer qualitativen Teilstudie Aushandlungen mit der Partnerin, Geschlechter- und Familienvorstellungen, Betreuungsmöglichkeiten für Kinder und den Informationsstand des Paares zu den verschiedenen Möglichkeiten von Elternzeitarrangements, die das Gesetz bietet. Anknüpfend an diese Ergebnisse differenziert Richter (2011) anhand einer inhaltsanalytischen Auswertung von vier Paarinterviews „Motive" von Vätern zur Inanspruchnahme von Elternzeit/-geld: Die interviewten Väter formulieren den Wunsch, eine (gleichwertige) Beziehung zum Kind aufzubauen, den beruflichen Wiedereinstieg der Partnerin zu ermöglichen, sich selbst eine Auszeit vom Berufsalltag zu nehmen und/oder innerhalb der Paarbeziehung Erwerbs- und Familienarbeit entsprechend eigener Ideale (paritätisch) zu teilen (vgl. Kap. 2.2).

Da die Elternzeit mit der Reduzierung oder Unterbrechung einer Erwerbstätigkeit einhergeht, fokussieren andere empirische Studien auf Arbeitsorganisationen und deren Relevanz für Elternzeitentscheidungen von Vätern (Possinger 2010, 2013, Cornelißen et al. 2011, Gärtner 2012). Possinger (2010, 2013) arbeitet anhand einer Einzelfallstudie zu einem Unternehmen eine Diskrepanz zwischen Anspruch und Wirklichkeit heraus: Auf den Ebenen von Unternehmenskultur, Arbeits- und Betriebsklima gebe es informelle Normen und Verhaltenskodizes, welche dem *formellen* Bekenntnis des Unternehmens zu Familienfreundlichkeit

1 Einleitung

widersprechen, so dass Entscheidungen von Vätern zur Elternzeit tendenziell auf Unverständnis stoßen.

Neben dem Phänomen einer zunehmenden Inanspruchnahme von Elternzeit durch Väter und damit konfrontierten Arbeitsorganisationen ist, aus einer ungleichheitssoziologischen Perspektive, das Bundeselterngeld- und Elternzeitgesetz selbst Untersuchungsgegenstand. Hier wird es vor allem in seiner Ausgestaltung als Einkommensersatzleistung kritisiert, welche soziale Ungleichheit verstärke, indem es Hochqualifizierte bzw. Besserverdienende (finanziell) bevorzuge (Rüling 2008a, Wimbauer/Henninger 2008, Gerlach et al. 2009). Gleichzeitig wird es in der Wohlfahrtsstaatenforschung wohlwollend als „Paradigmenwechsel" in der deutschen Familien- und Sozialpolitik diskutiert (Ostner 2006, Lewis et al. 2008, Henninger et al. 2008b). Der Familien- und Sozialpolitik in Deutschland wird eine (langsame) Abkehr vom ‚male breadwinner – female homemaker model' hin zum ‚adult worker model' attestiert. Dieser Prozess gestaltet sich keineswegs widerspruchsfrei: Familien- und sozialpolitische Instrumente weisen gegenläufige Leitbilder, Zielvorstellungen und Gestaltungen auf, so dass für Paare in der Familiengründungsphase diskrepante gesetzliche Rahmengegebenheiten konstatiert werden können. Während dem Elterngeld mit einer hohen, aber zeitlich begrenzten Einkommensersatzleistung und dem Ausbau von Kitaplätzen für unter Dreijährige das ‚adult worker model' zugrunde liegt, fördern Betreuungsgeld und Ehegattensplitting wiederum das modernisierte Ernährermodell mit männlichem Hauptenährer und weiblicher Zuverdienerin.

In der Betrachtung ungleichgeschlechtlicher Zweierbeziehungen in der Familiengründungsphase zeigt sich: Indem Mütter überwiegend für die Familienarbeit zuständig werden und ihre Erwerbstätigkeit für Elternzeit (und länger) unterbrechen und Väter meist kontinuierlich erwerbstätig bleiben und verantwortlich für das Familieneinkommen werden, findet eine Retraditionalisierung der innerfamilialen Arbeitsteilung statt (Hochschild 1990, Schulz/Blossfeld 2006, Grunow et al. 2007). Vor dem Hintergrund einer Modernisierung und Individualisierung von Zweierbeziehungen scheinen jedoch geschlechterdifferenzierende Zuschreibungen von Betreuungs- und Ernährerverantwortung an Gültigkeit zu verlieren (Gildemeister/ Robert 2008, Maiwald 2010, König 2012, Hirschauer 2013). Empirische Studien verweisen auf ein hohes Maß an Egalität zwischen den Partnern *vor* Geburt eines Kindes, i. d. R. sind beide erwerbstätig und beide beteiligen sich an der Hausarbeit, und insbesondere Doppelverdiener- und Doppelkarrierepaare *wollen* sich Familien- und Erwerbsarbeit teilen (Behnke/Meuser 2003, Koppetsch/Burkart 1999, Rüling 2007, Wimbauer et al. 2007a).

Durch die Einführung des Bundeselterngeld- und Elternzeitgesetzes wird die Familiengründungsphase sozial- und familienpolitisch neu gerahmt. Postuliert wird in der Wohlfahrtsstaatenforschung, *dass* Familien- und Sozialpolitik ein entscheidendes Steuerungsinstrument in der Herstellung oder Verhinderung einer egalitären Arbeitsteilung zwischen den Geschlechtern darstelle (Lewis 1992, Ostner 1995, Leitner et al. 2004a, Pfau-Effinger/Geissler 2005). Es fehlt jedoch an empirischen Untersuchungen dazu, *wie* familien- und sozialpolitische Maßnahmen, wie das Elterngeld, von Paaren in der Familiengründungsphase wahrgenommen werden (vgl. Henninger et al. 2008a: 15, Rüling 2007: 17, Wimbauer et al. 2007b: 37).

In den eingangs erwähnten quantitativen Studien zur Inanspruchnahme von Elternzeit/-geld durch Väter wird diese Forschungslücke mit Hilfe von (handlungs-) theoretischen Annahmen des (neo-)utilitaristischen Paradigmas überbrückt. Das bedeutet, dass in den theoretischen Ansätzen, den daraus gewonnenen Hypothesen und Modellen dieser empirischen Studien nutzenmaximierende, rational handelnde Akteure aus einer Rational-Choice-Perspektive vorausgesetzt werden. Diese haben stabile Präferenzen bzw. Ziele, verfügen über Ressourcen und (sämtliche) Informationen, z. B. zu Handlungsalternativen, und setzen ihre Ressourcen nutzenmaximierend mit Blick auf ihre Präferenzen und Ziele ein. Handeln ist demzufolge einem Kosten-Nutzen-Kalkül unterworfen: In jeder (Entscheidungs-) Situation überlegen die Akteure, wenn auch nicht immer bewusst, ob sich der (oder ein anderer) Einsatz, diese oder jene Handlung, lohnt (vgl. Treibel 2006: 132). Die Ziele bzw. Präferenzen der Akteure (z. B. maximaler finanzieller Benefit in Bezug auf das Haushaltseinkommen) und die Entscheidungsregeln, die angeben, welche Handlung ein Akteur wählen bzw. ausführen wird, werden in Form von Hypothesen aus der Ressourcentheorie und Theorie zur (neuen) Haushaltsökonomie abgeleitet (vgl. Kap. 2.3).

Bezogen auf das vorliegende Forschungsfeld stellt sich die Frage, ob Handlungen, Interaktionen und somit auch Entscheidungen im familialen, privaten Lebensbereich aus einer Rational-Choice-Perspektive hinreichend verstanden und erklärt werden können. Zwei Punkte stimmen diesbezüglich skeptisch: die Komplexität der Entscheidungssituation(en) zur Inanspruchnahme und Aufteilung der Elternzeit sowie die Konzeptualisierung der Interaktionen des Eltern- und Liebes*paares* als Summe der Handlungen zweier rational handelnder, nutzenmaximierender *Individuen*.

Auf die Komplexität der Entscheidungssituation(en) zur Inanspruchnahme und Aufteilung der Elternzeit deuten die knapp skizzierten Forschungsergebnisse zur Ent- und Retraditionalisierung geschlechterdifferenzierender Arbeitsteilung in der Familiengründungsphase hin: Die (empirischen) Studien setzen auf der Mikro-, Meso- oder Makroebene an und beleuchten erklärende ‚Faktoren' für die (Nicht-)Inanspruchnahme von Elterngeld/-zeit durch Väter. Diese reichen von Einkommen, Bildungsniveau, Alter und/oder Art des Beschäftigungsverhältnisses der Individuen, über familien(un)freundliche Arbeitsorganisationen und -kultu-

1 Einleitung

ren auf der Mesoebene bis hin zu wohlfahrtsstaatlichen Rahmengegebenheiten in einer Makroperspektive. Vor diesem Hintergrund lassen sich aus Sicht der Paare vielfältige und widersprüchliche Ziele bzw. Präferenzen und Entscheidungsregeln zur Inanspruchnahme und Aufteilung der Elternzeit anführen, die bislang jedoch nicht empirisch untersucht wurden. Da kann das Ziel einer langfristigen Sicherung der Beschäftigungs- bzw. Karrierechancen eines *oder* beider Partner (ggf. verbunden mit dem Ziel einer langfristigen Einkommenssicherung), dem Ziel eines kurzfristigen, maximalen finanziellen Benefits durch die Inanspruchnahme von Elterngeld/-zeit gegenüber stehen. Neben finanziellen und beruflichen Zielen der Partner gilt es im Paar die Frage zu klären, welcher Nutzen und welche Kosten der Kinderbetreuung und Familienarbeit ‚zugerechnet' und wie diese mit Einkommen und Karrierechancen ‚verrechnet' werden. In Rational-Choice-Ansätzen wird diese Frage *ausschließlich* über die Einkommensrelation der Partner beantwortet: Wer weniger verdient, übernimmt mit höherer Wahrscheinlichkeit die Familienarbeit und reduziert seine Erwerbstätigkeit. Nicht unmittelbar überzeugend ist zudem die Annahme von *stabilen* Präferenzen bzw. Zielen. So kann die Entscheidung zur Elternzeitinanspruchnahme und -aufteilung zwar innerhalb eines begrenzten, aber dennoch über einen Zeitraum von mehreren Monaten getroffen – und auch geändert – werden, z. B. wenn die Reaktion des Vorgesetzten oder Arbeitgebers auf die Ankündigung einer Elternzeit (unerwartet) negativ ausfällt und implizit oder explizit negative Konsequenzen für den Arbeitnehmer für die Zeit nach der Elternzeit kommuniziert werden. Kurz zusammengefasst, gestaltet sich die Entscheidungssituation zur Inanspruchnahme und -aufteilung der Elternzeit komplex, da verschiedene Aspekte gegeneinander abgewogen, z. T. widersprüchliche Interessen und Ziele der Partner *im Paar* und *mit den Arbeitgebern* abgestimmt werden müssen.

Die Konzeptualisierung der Interaktionen des Eltern- und Liebes*paares* als Summe der Handlungen zweier rational handelnder, nutzenmaximierender *Individuen* mit sozialstrukturellen Merkmalen (wie Alter, Bildungsniveau, Art des Beschäftigungsverhältnisses und Einkommen) vernachlässigt dabei mögliche (Macht-)Ungleichheiten zwischen den Partnern. Es stellt sich die Frage, wie Paare zu einem gemeinsamen Entscheidungsergebnis kommen, wenn sie divergierende Präferenzen haben bzw. Ziele verfolgen. Theoretische Annahmen, wie das Vorhandensein eines *gemeinsamen* Interesses der Partner, mit Blick auf den gemeinsamen Haushalt nutzenmaximierend zu handeln, sind so unbestimmt, dass sie schnell beliebig werden können, da divergierende Präferenzen (langfristige Einkommenssicherung vs. kurzfristiger maximaler finanzieller Benefit) gleichermaßen als nutzenmaximierend gelten können.

Für eine empirische Untersuchung liegt damit die Crux darin, die skizzierte Komplexität der (Entscheidungs-)Situation zur Inanspruchnahme und Aufteilung von Elternzeit/-geld theoretisch angemessen zu konzeptualisieren. In dieser Hinsicht lässt sich ein Theoriedesiderat in quantitativen Untersuchungen mit (neo-)utilitaristischem Ansatz konstatieren, in denen (implizit) zugrunde gelegte sozialtheoretische und methodologische Annahmen selten diskutiert und reflektiert werden, obwohl sie weitreichende Konsequenzen für Forschungsgegenstand, -frage, -methode und -ergebnisse implizieren (vgl. insbesondere Kap. 2.3).

In Auseinandersetzung mit und Kritik an vorhandenen empirischen Studien zur Elternzeitaufteilung verortet sich die hier vorliegende Untersuchung im interpretativen Paradigma sowie im Symbolischen Interaktionismus und Pragmatismus (vgl. Kap. 3.2 und 3.3). Mit dieser sozialtheoretischen und methodologischen Positionierung kann einerseits der Bedeutung von Idealen, wie Gleichheit und Partnerschaftlichkeit, von Berufs- und Karriereorientierungen, von wohlfahrtsstaatlichen und arbeitsorganisatorischen Strukturen und Arbeitskulturen für Elternzeitarrangements Rechnung getragen werden. Andererseits werden dabei die Einkommensrelation der Partner, ihre Geschlechtszugehörigkeit, ihr Altersverhältnis oder ihre Beschäftigungssituation nicht *von vornherein* als relevante Größen gesetzt. Vielmehr gewährleistet die gewählte Theorieperspektive die *Offenheit*, im Laufe der empirischen Untersuchung zu klären, welche Elemente, mit welchen Folgen für die Elternzeitaufteilung und innerfamiliale Arbeitsteilung *relevant* (gemacht) werden. Vorausgesetzt werden weder in einer (neo-)utilitaristischen Perspektive rational handelnde, nutzenmaximierende noch rollenerfüllende Akteure entsprechend des Strukturfunktionalismus, sondern soziale Akteure in Zweierbeziehungen, die Situationen aktiv deuten. Daran anknüpfend werden Zweierbeziehungen in ihrer Besonderheit *als* Zweierbeziehung konzeptualisiert, da sie emergente Qualitäten aufweisen und eine *Realität sui generis* bilden (Simmel 1985: 230f., Berger/Kellner 1965).

Durch die Einführung der Partnermonate und die Ausgestaltung des Elterngeldes als Einkommensersatzleistung werden Handlungsoptionen für Paare geschaffen, die Einfluss auf paarinterne Elternzeitarrangements haben *können*. An dieser Stelle, d. h. in den Paaren, finden letztlich die Entscheidungen für konkrete Elternzeitaufteilungen statt, auf dieser Ebene werden Handlungsoptionen er- und verschlossen. Dabei interessiert weniger das ‚wer', also welche Personen mit welchen sozialstrukturellen und sozioökonomischen Merkmalen (wie Alter, Bildung, Einkommen) welche Arrangements aufweisen, sondern das ‚wie': Wie stellt sich die Entscheidungssituation zur Elternzeitaufteilung *aus Sicht der Paare* dar? Wie nehmen die Partner ihre Handlungsoptionen wahr? *Welche Aspekte* werden *wie* und *mit welchen Folgen* von den Paaren relevant gemacht?

Für die empirische Untersuchung dieser Forschungsfragen habe ich im Forschungsstil der Grounded Theory mit neun un-/gleichgeschlechtlichen Paaren

1 Einleitung

aus Gesamtdeutschland jeweils Einzel- und Paarinterviews geführt, interpretiert und vergleichend analysiert. Der Begriff „Paar" wird in der vorliegenden Studie in Anlehnung an die Definition von Lenz (2009: 48) äquivalent zu „Zweierbeziehung" verwendet:

> „Unter einer Zweierbeziehung soll ein Strukturtypus persönlicher Beziehung zwischen Personen unterschiedlichen oder gleichen Geschlechts verstanden werden, der sich durch einen hohen Grad an Verbindlichkeit (Exklusivität) auszeichnet, ein gesteigertes Maß an Zuwendung aufweist und die Praxis sexueller Interaktion oder zumindest deren Möglichkeit einschließt."

Das Forschungsinteresse richtet sich auf Doppelverdiener- und Doppelkarrierepaare, in denen beide Partner Elternzeit/-geld in Anspruch nehmen, wobei insbesondere Paare im Fokus stehen, die, statistisch betrachtet, seltene Elternzeitarrangements aufweisen. Sowohl gleich- als auch ungleichgeschlechtliche Paare wurden in das Sample aufgenommen, da sich die Frage nach der innerpartnerschaftlichen Arbeitsteilung in der Familiengründungsphase gleichermaßen stellt. Zudem werden gleichgeschlechtliche Paare nach den Doppelkarrierepaaren zunehmend als die neuen „Lebensstilpioniere" (Hertz 1986) für Gleichberechtigung in Zweierbeziehungen mit und ohne Kind gehandelt (Rupp 2011, Reimann 1997, Dalton/Bielby 2000). Außer Acht gelassen werden im vorliegenden Sample Familien- und Lebensformen jenseits von un-/gleichgeschlechtlichen Paaren mit Kindern, wie Alleinerziehende, queere und andere Wohn- und Lebensformen mit leiblichen, nicht-leiblichen und/oder adoptierten Kindern. Der Begriff ‚Familie' wird im Folgenden in der Minimaldefinition als „gemeinsame Lebens- und Wohnform von Erwachsenen mit Kind(ern)" (Kortendiek 2004: 384) verwendet. Für die Auswahl der Interviewteilnehmenden war Voraussetzung, dass diese sich selbst als Paar, Familie und Eltern verstehen. Daran anknüpfend sind in einer interpretativen und symbolisch-interaktionistischen bzw. pragmatistischen Forschungstradition die ‚Herstellungsleistungen' der Paare, Eltern und Familien, im Sinne eines *doing family, doing couple*, aber auch *doing gender* und *doing (in-)equality*, von zentraler Bedeutung.

Auch wenn Elternzeiten und Familiengründungsphase zeitlich betrachtet nur einen kleinen Ausschnitt im Lebensverlauf darstellen, lohnt es sich, gerade in diese entscheidende Phase ‚hinein zu zoomen'. In dieser Phase entsteht eine innerfamiliale Ordnung, die als Ausgangspunkt für neue, modifizierte oder dauerhafte Arrangements der Erwerbs- und Familienarbeit verstanden werden kann.

In Auseinandersetzung mit, Kritik an und der Verknüpfung von Perspektiven aus

- der Wohlfahrtsstaatenforschung, in der Leitbilder und strukturelle ‚Anreize' familienpolitischer Instrumente analysiert werden,

- der Familiensoziologie, in der die Elternzeitaufteilung unter Rückgriff auf ökonomische und ressourcentheoretische Annahmen zu erklären versucht wird,
- der Paarsoziologie, in der Zweierbeziehungen als Realität sui generis konzeptualisiert werden und
- der Geschlechtersoziologie, in der auf den konstitutiven Zusammenhang von Sphärentrennung und binärer Geschlechterkonstruktion (Hausen 1976, Gildemeister/Robert 1999, Wetterer 2002) verwiesen wird,

möchte ich mit der vorliegenden empirischen Untersuchung die Forschungslücke zu *paarinternen Prozessen der Re- und Enttraditionalisierung sowie Egalisierung innerfamilialer Arbeitsteilung in der Familiengründungsphase* füllen.

Aufbau der Arbeit

Nach einem knappen Problemaufriss in *Kap. 1 Einleitung* erfolgt in *Kap. 2* und *Kap. 3* die Diskussion des Forschungsstandes zu Arbeitsteilung und Aushandlungen von Paaren in der Familiengründungsphase.

In *Kap. 2.1 Familienpolitische Rahmung: Elternzeit und Elterngeld* arbeite ich nach einem historischen Abriss zentraler familienpolitischer Regelungen und der Diskussion der politischen Ziele des Bundeselterngeld- und Elternzeitgesetzes (BEEG) heraus, inwiefern diese Reform als Ausdruck eines Paradigmenwechsels in der deutschen Familienpolitik gelten kann. In *Kap. 2.2 Arrangements von Erwerbs- und Familienarbeit zwischen Ent- und Retraditionalisierung* setze ich mich mit zentralen empirischen Befunden zur Inanspruchnahme von Elternzeit und zur innerfamilialen Arbeitsteilung in Ost- und Westdeutschland auseinander. Daran anknüpfend werden in *Kap. 2.3 Erklärungsansätze zur geschlechterdifferenzierenden Arbeitsteilung* ökonomische und ressourcentheoretische Ansätze zur Erklärung innerfamilialer Arbeitsteilung und der (Nicht-)Inanspruchnahme von Elternzeit diskutiert sowie Studien, die paarinterne Aushandlungen zum Gegenstand haben. Es wird aufgezeigt, dass für ein Verständnis von innerfamilialer Arbeitsteilung es den konstitutiven Zusammenhang von Sphärentrennung und dichotomer Geschlechterkonstruktion zu berücksichtigen gilt. Gleichzeitig gilt, dass die weitgehend *selbstverständliche Orientierung* an einer geschlechterdifferenzierenden Arbeitsteilung, trotz relativer Stabilität einer traditionalen Arbeitsteilung nach Familiengründung, brüchig wird: Es ist offener als je zuvor, wer welche Arbeiten innerhalb des Haushaltes, der Familie und Erwerbssphäre übernimmt.

Damit werden *Aushandlungsprozesse (Kap. 3)* zur Arbeitsteilung verstärkt zu einer Herausforderung für Paare, insbesondere in der Familiengründungsphase. In *Kap. 3.1 ‚Väterlichkeit' und ‚Mütterlichkeit': Geschlechterdifferenzierende Paardyna-*

miken im Übergang zur Elternschaft wird der Forschungsstand zu Paardynamiken im Übergang zur Elternschaft unter der systematischen Berücksichtigung von Geschlechterunterscheidungen und deren Bedeutung(en) für Paare vorgestellt. Dazu werden u. a. als sensibilisierende Konzepte das der „hegemonialen Mütterlichkeit" und des „Maternal Gatekeeping" dargestellt und diskutiert. In *Kap. 3.2 Innerfamiliale Arbeitsteilung als ‚ausgehandelte Ordnung'* diskutiere ich das Konzept von Anselm Strauss zu „negotiated order" und „processual ordering". Aushandlungen sind nach Strauss (1978: 234) ein zentraler Modus für Erzeugung, Erhalt und Veränderung von sozialer Ordnung und er versteht darunter „one of the possible means of »getting things accomplished« when parties need to deal with each other to get those things done". In der Betrachtung von Zweierbeziehungen ist dabei die Frage zentral, wie Paare zu einer *gemeinsamen Sicht der Dinge* gelangen. Systematisch zu berücksichtigen sind dabei soziale Strukturen und Rahmengegebenheiten, wie das BEEG, da Paare nicht im ‚luftleeren' Raum handeln, interagieren und innerfamiliale Arbeitsteilungsarrangements etablieren. In *Kap. 3.3 Zusammenfassung und Explikation sozialtheoretischer Annahmen* zeige ich die Konsequenzen sozialtheoretischer Annahmen für Forschungsgegenstand, -frage und -methode auf. Die vorliegende empirische Untersuchung wird im interpretativen Paradigma und der sozialtheoretischen Tradition des Symbolischen Interaktionismus und Pragmatismus verortet. In der Auseinandersetzung mit der neo-utilitaristischen Annahme rational handelnder, nutzenmaximierender Akteure und der strukturfunktionalistischen Annahme rollenerfüllender Akteure werden Unzulänglichkeiten und Engführungen dieser Ansätze diskutiert. In Abgrenzung dazu wird die Annahme der vorliegenden empirischen Studie von sozialen Akteuren in Zweierbeziehungen, die *Situationen* aktiv deuten und aushandeln, begründet.

In *Kap. 4* wird das *Forschungsdesign* der vorliegenden Untersuchung vorgestellt. Für die empirische Untersuchung der Frage, wie Doppelverdiener- und Doppelkarrierepaare in der Familiengründungsphase das Bundeselterngeld- und Elternzeitgesetz wahrnehmen, bieten sich offene, sinnverstehende und -rekonstruierende Verfahren an. Diese ermöglichen es, Leitvorstellungen sowie grundlegende (Be-)Deutungen, Wahrnehmungs- und Sinngebungsmuster zu interpretieren und rekonstruieren. In *Kap. 4.1* werden Möglichkeiten und Grenzen des gewählten Datenmaterials von Einzel- und Paarinterviews reflektiert. Auf zentrale Aspekte des Forschungsstils der Grounded Theory, wie theoretisches Sampling, Kodieren und Vergleichen, sowie auf Fragen der Reflexivität und das Problem der Reifizierung, die sich insbesondere für empirische Untersuchungen im Bereich der Geschlechterforschung stellen, gehe ich näher in *Kap. 4.2* ein. Abschließend wird in *Kap. 4.3* das Sample mit Kurzcharakteristiken vorgestellt.

Die Diskussion der empirischen Ergebnisse erfolgt in drei Schritten: In *Kap. 5 Exemplarische Fallanalyse: Caroline und Martin Weber* wird detailliert *ein* Fall analysiert. Die Fallanalyse ermöglicht dabei eine transparente Darstellung meiner Interpretationsarbeit, detaillierte Einblicke in das Material u. a. mit längeren Interviewzitaten und eine angemessene Berücksichtigung der Komplexität eines Falles. Daran anknüpfend wird in *Kap. 5.4* der zentrale Analysefokus bzw. die Schlüsselkategorie „Begründungsfiguren zur Aufteilung der Elternzeit" für *Fallvergleiche* und *Kontrastierungen* expliziert.

In *Kap. 6* werden entsprechend die empirischen Ergebnisse *fallvergleichend* entlang der Schlüsselkategorie diskutiert. Zentral ist hier die Frage: *Wer betreut das Kind?* und damit verbundene Selbst- und Fremdzuschreibungen von Betreuungsverantwortung.

In *Kap. 7* steht im Kontext der Ergebnisse aus Kap. 6 die Frage im Mittelpunkt: *Wer nimmt wie lange Elternzeit?* Der in Kap. 6 und 7 systematisch durchgeführte Vergleich *einzelner* Begründungsfiguren zur Inspruchnahme von Elternzeit zeigt, inwiefern ‚Faktoren', wie unterschiedlich hohe Einkommen oder Karrierepositionen, von dem Paar selbst vor dem Hintergrund der Selbst- und Fremdzuschreibungen von Betreuungsverantwortung interpretiert werden.

In *Kap. 8 Fazit: Aushandlungen von Paaren zu Elternzeiten zwischen Selbstverständlichkeit, Option und Notwendigkeit* werden die Ergebnisse der empirischen Analyse abschließend in Auseinandersetzung mit dem aktuellen Forschungsstand zur Arbeitsteilung von Paaren in der Familiengründungsphase diskutiert.

Empirisch aufgesucht wird in der vorliegenden Arbeit ein Ort, an dem sozialer Wandel stattfindet, auch wenn es sich bei den interviewten Doppelverdiener- und Doppelkarrierepaaren bislang, statistisch betrachtet, überwiegend um eine Minderheit handelt. Doch von eben diesen Paaren werden neue Leitbilder, Modelle und Arrangements der Erwerbs- und Familienarbeit ‚erforscht', gelebt und/oder verworfen, die Anhaltspunkte für den Wandel und die Zukunft innerfamilialer Arbeitsteilung in Deutschland bieten.

Arbeitsteilung von Paaren in der Familiengründungsphase

2.1 Familienpolitische Rahmung: Elternzeit und Elterngeld

> *„Seit zwei Jahren gibt es eine Art von Urlaub, die nur nervenstarken und wagemutigen Menschen empfohlen werden kann. Die Dauer des Vergnügens betrug zu Beginn des Programms zehn Monate, doch hat der Veranstalter aufgrund des großen Erfolgs, besonders bei der weiblichen Klientel, eine Verlängerung auf zwölf Monate beschlossen. Der Anreiseweg ist kurz, das Vergnügen kann überall genossen werden. Die Kosten sind gering, jeder Teilnehmer bekommt sogar noch 600 Mark Taschengeld monatlich (steuerfrei). Als Eigenleistung ist lediglich die Geburt eines Kindes nachzuweisen. Name dieses Abenteuers: Erziehungsurlaub."*
>
> (Kugler 1988)

Im Jahr 1986 wurde in der Bundesrepublik Deutschland mit dem Bundeserziehungsgeldgesetz (BErzGG) der „Erziehungsurlaub" in Kombination mit einem bedarfsgeprüften „Erziehungsgeld" eingeführt (Gerlach 2010: 269).[1] Während die Familienpolitik der 1950er und 60er Jahre sich am Alleinernährer- bzw. bürgerlichen Familien*modell* orientierte, förderten Entwicklungen, wie die zunehmende (Teilzeit-) Erwerbstätigkeit von Müttern ab den 1960er Jahren und der Ausbau von Kindergartenplätzen in den 70er Jahren, den Wandel hin zu einer „modernisierten Versorgerehe" (Pfau-Effinger/Geissler 1992: 366f.). Das sog. Ernährermodell sah vor, dass der Mann bzw. Vater über die Erwerbsarbeit für den finanziellen Unterhalt der Familie zu sorgen hatte und die Frau bzw. Mutter für die Familien- und Hausarbeit zuständig war. Verbunden damit war weniger eine *faktische* denn eine *„normative*

---

1 Bereits seit den 1950er Jahren existierten sowohl in der BRD als auch der DDR gesetzliche Regelungen zum Mutterschutz; ausführlicher dazu Drasch 2011: 173, Geisler/Kreyenfeld 2012: 4, Ziefle 2009: 83ff.

Durchsetzung der Auffassung, dass Frauen primär Hausfrauen waren und zu sein hatten" (Gildemeister/Robert 2008: 115). Selbst während der Blüte dieses Modells in den 1950er Jahren strebten Frauen eine Ausbildung und manche eine Rückkehr in Erwerbsarbeit nach Familiengründung an (vgl. Born et al. 1996). Auch wenn historisch betrachtet dieses Modell vergleichsweise nur für einen kurzen Zeitraum sozial über alle Schichten hinweg durchgesetzt war, wirkt es bis heute als „implizite[r] Diskussionshintergrund zur Erfassung des Wandels der Geschlechterverhältnisse" (Gildemeister/Robert 2008: 115f., vgl. auch Thiessen/Villa 2010).

Ab den 1960er und 70er Jahren entsteht mit der modernisierten Versorgerehe, „in der die Ehefrau als Zuverdienerin neben den männlichen Haupternährer tritt" (Leitner 2005: 958), das „Drei-Phasen-Modell" (für Mütter). D. h. auf die Erwerbsarbeit folgten eine meist mehrjährige familienbedingte Unterbrechung und anschließend der Wiedereinstieg. Vor diesem gesellschafts- und familienpolitischen Hintergrund war das Ziel des Erziehungsurlaubs die „Ermöglichung der (sequenziellen) Vereinbarkeit von Elternschaft [faktisch Mutterschaft, AP] und Erwerbstätigkeit" (Gerlach 2010: 269).

Das Alleinernährer-Hausfrauenmodell ist jedoch in seiner faktischen und normativen Durchsetzung nicht nur zeitlich, sondern auch länderspezifisch (geographisch eingeschränkt) zu verorten. In der DDR und nach 1990 in Ostdeutschland konnte es sich nicht in diesem Maß durchsetzen und hat als ‚Modell' und ‚normative Folie' nicht dieselbe Gültigkeit erlangt:

> „Insgesamt ist in Ostdeutschland bisher keine Re-Etablierung des „klassischen" *Familienmodells* (Ernährerehemann, Hausfrau) oder seiner modernisierten Variante (Ernährerehemann, halbtagsbeschäftige Frau) zu beobachten. Die wichtigste Form privater Lebensführung ist in den neuen Bundesländern der Partnerschaftshaushalt mit vollzeiterwerbstätigen Erwachsenen geblieben." (Schenk 2000: 205)

Damit einher geht jedoch nicht der umgekehrte Befund, in der DDR und später in Ostdeutschland hätte es eine gleichberechtigte Teilhabe von Männern und Frauen, Vätern und Müttern sowohl in der Erwerbsarbeit *als auch* in der Familienarbeit gegeben. Vielmehr ermöglichte, förderte und verlangte ein stark ausgebauter Sozialstaat mit umfassenden öffentlichen Betreuungsmöglichkeiten die Erwerbsarbeit von Frauen und Müttern, die nichtsdestotrotz eine höhere Verantwortung für Familienarbeit (insbesondere auch Hausarbeit) im Vergleich zu ihren Partner hatten (Scholz 2008: 107). Vorherrschend war hier das Doppelverdienermodell (Schenk 1995: 479), verbunden mit dem Leitbild der „berufstätigen Mutter" (Gysi/ Meyer 1993).[2]

---

2 Zur Entwicklung der Familien- und Sozialpolitik in der DDR, vgl. Trappe 1995.

2.1 Familienpolitische Rahmung

Ebenfalls seit 1986 gab es in der DDR die Möglichkeit ein sog. „Baby- oder Mütterjahr" (Grandke 2001: 326) in Anspruch zu nehmen.[3] Für diese Zeit wurde eine Unterstützung zwischen 60 und 90 Prozent des Nettoentgeldes, abhängig von Kinderzahl, Verdiensthöhe und Versicherungsstatus gezahlt (Groeben 2011: 3). 1990 wurden dann im Zuge des Einigungsvertrages die gesetzlichen Regelungen zum Erziehungsurlaub und -geld aus der Bundesrepublik für die Bürgerinnen und Bürger aus der DDR übernommen (Drasch 2011: 174).

Über die Jahre wurden die Regelungen zu Erziehungsurlaub, später Elternzeit und Erziehungsgeld hinsichtlich Dauer, Kombinationsmöglichkeiten mit Teilzeitarbeit sowie finanzieller Ausgestaltung angepasst.[4] Im Jahr 2001 erfolgte eine Reform, im Zuge derer die Einkommensgrenzen moderat erhöht wurden, eine Umbenennung des Erziehungsurlaubs in *Elternzeit* stattfand und die mögliche parallele Arbeitszeit von 19 auf 30 Wochenstunden erhöht wurde (Gerlach 2010: 269, 386). Auf bis zu drei Jahre Eltern*zeit* hat jeder Elternteil Anspruch, der in einem Arbeitsverhältnis steht.[5] Während der Elternzeit besteht ein besonderer Kündigungsschutz, die Arbeitgeberseite kann grundsätzlich keine Kündigung aussprechen (§ 18 Abs. 1 BEEG; Deutscher Bundestag 2008: 8).

Bereits seit 1992 war es für Eltern möglich, bis zu dreimal in der Betreuung zu wechseln, wovon jedoch „nicht im erhofften Ausmaß Gebrauch gemacht wurde" (Gerlach 2010: 269). Auch wenn die Regelungen zu Erziehungsurlaub und später Elternzeit vom Gesetzgeber geschlechtsneutral gehalten waren, zeigte sich bei der Inanspruchnahme faktisch, dass sie nahezu ausschließlich von Müttern genutzt wurden (Kortendiek 2004: 389, Ziefle 2009: 98f.): Der Anteil von Vätern als Er-

---

[3] Bereits seit 1972 gab es für alleinerziehende Mütter, falls keine institutionelle Kinderbetreuung vorhanden war, und seit Ende der 70er Jahre für Mütter mit zwei und mehr Kindern, die Möglichkeit eines „Babyjahres" (Drasch 2011: 173). Auf diese Leistungen hatten Väter keinen Anspruch; für die Regelungen von Schwangerschafts- und Wochenurlaub sowie unbezahlten Freistellungen in der DDR, vgl. Grandke 2001: 325.

[4] So galt bspw. bis 2001 als Voraussetzung für die Inanspruchnahme, dass ein Elternteil seine Erwerbstätigkeit auf unter 19 Stunden pro Woche reduzierte (Gerlach 2010: 386f.). Der *Zeitraum* einer möglichen Inanspruchnahme wurde sukzessiv ausgeweitet: 1987 wurde das Erziehungsgeld für zwölf Monate gezahlt und wurde dann in Stufen auf 24 Monate angehoben. Das Erziehungsgeld war eine bedarfsabhängige Leistung, d. h. es bestand eine Einkommenshöchstgrenze. Ausführlicher zu den gesetzlichen Regelungen, z. B. Behrend 2013, Drasch 2011, Gerlach 2010, Groeben 2011, Ziefle 2009.

[5] Dies gilt auch für Arbeitnehmer mit befristeten Verträgen, Teilzeitarbeitsverträgen und in geringfügiger Beschäftigung, jedoch nicht für Selbstständige.

ziehungsgeldempfänger lag 1987 bei 1,1 Prozent und knapp zwanzig Jahre später (auch nur) zwischen drei und knapp fünf Prozent."[6] Anspruch auf Erziehungsurlaub und -geld hatten seit 1986 prinzipiell *beide Elternteile*. Widersprüchlich sind die Aussagen bezüglich der Anspruchsberechtigung beim Babyjahr. Unbestritten ist der Anspruch von Müttern, inwiefern Väter ebenfalls Anspruch hatten ist umstritten. Groeben (2011: 3) schließt aus den Widersprüchlichkeiten, dass Väter zwar theoretisch die Möglichkeit hatten, diese jedoch nur selten genutzt hätten.

Unabhängig von den gesetzlichen Rahmengegebenheiten wurden sowohl Erziehungsurlaub als auch Babyjahr *faktisch* nahezu ausschließlich von Müttern in Anspruch genommen. In einer Studie im Auftrag des BMFSFJ zu Vätern in Erziehungsurlaub gaben 20 Prozent der befragten Väter in den alten Bundesländern und 26 Prozent in den neuen Bundesländern an, nicht daran gedacht zu haben, Erziehungsurlaub zu nehmen (Vaskovics/Rost 1999: 46).[7] Knapp ein Drittel der westdeutschen und ein Viertel der ostdeutschen Väter führten gegen eine Inanspruchnahme von Erziehungsurlaub Arbeitsplatz- bzw. berufsbezogene Gründe an, wie die „Angst, den Anschluß im Beruf zu verlieren" und „Ich wollte nicht auf berufliche Karrierechancen verzichten". Knapp drei Viertel der befragten Väter gaben an, aus finanziellen Gründen und dem damit verbundenen Wegfall des größeren Teils des Familieneinkommens bei zu geringer Kompensation durch das Erziehungsgeld Erziehungsurlaub nicht in Anspruch zu nehmen bzw. nehmen zu können (ebd.: 43f.).[8] Daraus wird ersichtlich, dass finanzielle *Begründungen* für die Nichtinanspruchnahme von Erziehungsurlaub eine dominierende Argumentationsfigur der Väter darstellte.

Hinsichtlich der finanziellen Situation von Eltern in der Familiengründungsphase hat die sozialpolitische Reform im Zuge des Bundeselterngeld- und Elternzeitgesetzes (BEEG) im Jahr 2006 Grundlegendes verändert. Es löst die bis dahin geltenden Regelungen zum Erziehungsgeld ab. Seit Januar 2007 haben *alle* Erwerbstätigen *unabhängig* von der Höhe ihres Einkommens Anspruch auf Elterngeld, sofern sie ihr Kind nach der Geburt selbst betreuen. Dies gilt für ungleichgeschlechtliche Paare

---

6   4,7 Prozent der Paarhaushalte mit einem nach 2001 geborenen Kind gehören dem BMFSFJ (2004: 3) zufolge zu „Typ 3: Vater und Mutter sind in Elternzeit und erwerbstätig. Nach der Geburt nehmen Mutter und Vater innerhalb der ersten zwei Lebensjahre die Elternzeit gleichzeitig oder zeitversetzt in Anspruch. Außerdem sind beide Partner (gleichzeitig oder zeitversetzt) erwerbstätig.

7   Die Befragung von insgesamt 1.002 Vätern fand 1995 und 1996 statt (Vaskovics/Rost 1999: 32), d. h. bereits für das gesamte Bundesgebiet und nach der gesetzlichen Änderung im Jahr 1992, die einen dreimaligen Wechsel der Betreuungspersonen ermöglichte.

8   Mehrfachnennungen waren möglich.

2.1 Familienpolitische Rahmung

unabhängig davon, ob sie verheiratet sind oder nicht. Bei gleichgeschlechtlichen Paaren ist hingegen eine ‚eingetragene Lebenspartnerschaft' Voraussetzung dafür, dass beide Partner Anspruch auf Elternzeit und Elterngeld erlangen.

Beim Erziehungsgeld hatten erwerbstätige, un-/gleichgeschlechtliche Paare nur dann Anspruch, wenn ihr gemeinsames Einkommen die festgelegten Grenzen nicht überschritt. Demgegenüber stellt das Elterngeld eine individualisierte Leistung dar. Für Nicht-Erwerbstätige hat sich die Situation insofern verändert, als 300 Euro Erziehungsgeld für zwei Jahre gezahlt wurden, während der gleiche Betrag beim Elterngeld lediglich für zwölf bzw. maximal 14 Monate gezahlt wird (Deutscher Bundestag 2006c, § 4 BEEG). Das Mutterschaftsgeld nach Geburt des Kindes wird vollständig auf das Elterngeld angerechnet (§ 3 Abs. 1 BEEG), d.h. faktisch bekommt die Mutter in diesem Zeitraum kein Elterngeld und der Zeitraum beträgt insgesamt 14 Monate *inklusive* Mutterschutz und Mutterschaftsgeld. Diese Regelung scheint bei Eltern relativ unbekannt zu sein. Interviewteilnehmende aus meinem Sample wiesen öfters darauf hin und auf ihre Überraschung, als der erste Elterngeldbescheid kam.

Das Elterngeld stellt eine *Einkommensersatzleistung* dar, die v. a. bei Hochqualifizierten und i. d. R. gut verdienenden Eltern die kindbedingte Erwerbsunterbrechung finanziell abfedern soll. Sie betrug zunächst 67 Prozent des durchschnittlich vor der Geburt monatlich zur Verfügung stehenden bereinigten Nettoerwerbseinkommens, jedoch höchstens 1.800 Euro und mindestens 300 Euro. Seit Juni 2010 wurde im Zuge eines ‚Sparpaketes' die Entgeltersatzrate für Nettoeinkommen ab 1.200 Euro auf 65 Prozent gesenkt und die Anrechnung des Elterngeldes bei ALG-II-Empfängern auf das ‚Einkommen' beschlossen (vgl. Statistisches Bundesamt 2012b: 5).[9] Faktisch bedeutet dies, dass für ALG-II-Empfänger die Leistung des Elterngeldes vollständig entfällt. Diese Einschränkung lässt sich ebenso wie die *einkommensabhängige* Ausgestaltung der Leistung als Förderung einer bestimmten Elterngruppe, der berufstätigen Eltern, verstehen (Behrend 2013: 132).[10]

Eine weitere wesentliche Erneuerung gegenüber dem Erziehungsgeld stellen die *Partnermonate* dar: Von den möglichen 14 Monaten,[11] die das Elterngeld bezogen werden kann, hat ein Elternteil *höchstens* zwölf Monate Anspruch. Die weiteren

---

9 Seit 2011 entfällt darüber hinaus der Elterngeldanspruch für Paare, die vor Geburt des Kindes ein gemeinsam zu versteuerndes Einkommen von mehr als 500.000 Euro hatten (Statistisches Bundesamt 2012b: 4).

10 Aus einer ungleichheitssoziologischen Perspektive wurde das von verschiedenen Autoren kritisiert, z. B. Behrend 2013, Henninger et al. 2008b, Schutter/Zerle-Elsäßer 2012, Wimbauer/Henninger 2008.

11 „Das Elterngeld kann bei gleichem Gesamtbetrag auf die doppelte Anzahl von Monaten gedehnt werden (Verlängerungsmöglichkeit). Insgesamt können Eltern maximal 28

zwei Monatsbeträge werden nur gewährt, wenn der andere Elternteil (*mindestens*) diese übernimmt.[12] Im Prinzip gilt: „Mutter und Vater können den Zeitraum frei untereinander aufteilen." (§ 4 BEEG). Gleichgeschlechtliche Paare mit eingetragener Lebenspartnerschaft haben zwei Elternzeitoptionen: 1. Über den Status als eingetragene Lebenspartner haben beide gleichermaßen das Recht auf Elternzeit und -geld. 2. Adoptiert der Ko-Elternteil in dem Zeitraum das Kind *nicht*, kann die leibliche Mutter/der leibliche Vater als ‚Alleinerziehende(r)' vierzehn Monate Elternzeit mit Elterngeld beanspruchen.

Verbunden mit der Einführung des Elterngeldes war der Wille a) *bevölkerungspolitisch* die Geburtenrate in Deutschland (wieder) zu erhöhen, b) *wirtschaftspolitisch* Frauen bzw. vielmehr Mütter „angesichts der wachsenden Konkurrenz auf dem sich globalisierenden Weltmarkt als qualifizierte Arbeitskräfte" (Kahlert 2007: 349) zu gewinnen bzw. zu halten, d. h. die Rückkehrerinnenquote zu erhöhen, c) *sozialpolitisch* eine eigenständige Existenzsicherung der Eltern zu gewährleisten und d) *geschlechterpolitisch* die Beteiligung von Vätern an der Betreuungsarbeit zu erhöhen (Henninger et al. 2008b: 109, Trappe 2013a: 28f., Wrohlich et al. 2012: 1). Die familienpolitische Reform steht im Kontext der sog. „nachhaltigen Familienpolitik", deren Ziele sind: wirtschaftliche Stabilität der Familien, Balance von Familie und Erwerbstätigkeit, Steigerung der Geburtenrate, Nachteilsausgleich zwischen Familientypen, frühe Förderung von Kindern und Zusammenhalt der Generationen (Deutscher Bundestag 2008: 5f.).

Tabelle 1 Übersicht zu politischen Zielen des Bundeselterngeld- und Elternzeitgesetzes

bevölkerungspolitisch	Erhöhung der Geburtenrate
wirtschaftspolitisch	(Re-)Kommodifizierung von (hochqualifizierten) Müttern
sozialpolitisch	eigenständige Existenzsicherung von Eltern
geschlechterpolitisch	Erhöhung der Beteiligung von Vätern an der Betreuungsarbeit

Das *demografische Ziel* einer Erhöhung der Geburtenrate mit Hilfe der Elterngeldreform wird (nicht nur) in sozialwissenschaftlichen Publikationen kritisch gesehen.

---

halbe Monatsbeträge ausgezahlt bekommen (§ 6 BEEG)" (Deutscher Bundestag 2008: 7).

12 Sowohl die Ausgestaltung des Elterngeldes als Einkommensersatzleistung (Bundesverfassungsgericht 2011b) als auch die Partnermonate (Bundesverfassungsgericht 2011a) waren Gegenstand eines Normenkontrollantrags bzw. einer Verfassungsbeschwerde, die beide vom Bundesverfassungsgericht 2011 zurückgewiesen wurden.

2.1 Familienpolitische Rahmung

Im Forschungsinstitut für fiskalische Natalkybernetik

Abb. 1 Über die Hebel der (Familien-)Politik von Götz Wiedenroth (2009)
© Götz Wiedenroth, www.wiedenroth-karikatur.de

Dem deklarierten Ziel einer Geburtenerhöhung, das im Gesetz selbst nicht erwähnt wird, aber in der vorherigen politischen Debatte und entsprechenden Gutachten angeführt wird, liegt die Idee zugrunde, *staatliches* Handeln könne das Handeln von Bürgern beeinflussen oder ‚steuern'. Gesetze werden in dieser Logik als „Anreizstrukturen begriffen, die das Handeln der Bürger/innen in gewünschte Richtungen normativ steuern sollen" (Behrend 2013: 134f.). In den Expertisen zum Elterngeld und dem politischen Diskurs vor der Einführung zeigt sich, dass der Stellenwert bei bzw. ‚Einfluss' von finanziellen Unterstützungen auf Familiengründungen überschätzt wird (ebd.: 136). Farahat (2006: 989) bezweifelt,

„ob finanzielle Anreize wie das Elterngeld auch nur ein einziges Akademikerkind mehr bringen werden, denn diese Maßnahmen operieren nach dem Modell der Rational-Choice-Theorie. Sie reduzieren die Entscheidung für oder gegen ein Kind auf ökonomisch quantifizierbare individuelle Kosten-Nutzen-Abwägungen."

Behrend (2013: 142f.) argumentiert darüber hinaus, dass das Gesetz Familiengründungen eher erschweren würde als sie zu erleichtern,

„weil es selbst Vorleistungen einfordert, um dem Bild der gut ausgebildeten, berufstätigen und erfolgreichen Eltern entsprechen zu können. Das betrifft vor allem die Setzung von Arbeit als zentralen Bezugspunkt, von dem aus die Familiengründung vorgenommen werden soll."

Die Frage nach ‚*den* Gründen' für den Geburtenrückgang, verbunden mit Lösungsempfehlungen, wird sowohl von Politikern als auch Wissenschaftlern unterschiedlich beantwortet.[13] Auf der ‚individuellen' Ebene zeigt sich, dass die Familiengründung an „Fraglosigkeit" verloren hat und nicht mehr in dem Maße als „Bestandteil von Tradition" gilt (Kahlert 2007: 358). Sie wird vielmehr zu einem (mehr oder weniger aktiven und bewussten) Entscheidungsprozess, mit einem Abwägen von Pro- und Kontraargumenten.

Als ein Hauptgrund für *Kinderlosigkeit* gelten die „fehlende Stabilität der Paarbeziehung (oder überhaupt eine fehlende Beziehung) und die Unsicherheit, ob man einen Partner findet, auf den man sich verlassen kann" (Burkart 2007: 411f. mit Verweis auf Rupp 2005). Der Perspektivenwechsel von ‚Gründen' für oder gegen eine Familiengründung zu dem Phänomen der Kinderlosigkeit zeigt, dass diese „häufig eine Folge des *Aufschubs* der Familiengründung und Ausdruck spezifischer biographischer Konstellationen, seltener dagegen das Ergebnis einer einmaligen Entscheidung oder dauerhaften Disposition" ist (Kreyenfeld/Konietzka 2007: 12). Familien- und Sozialpolitik wird dabei als ‚Rahmenbedingung' gesehen, die – das zeigen Ländervergleiche – durchaus einen Einfluss auf die individuellen Entscheidungen für oder gegen eine Familiengründung haben können.

Über die ‚Wirkung' und den Grad des Einflusses von familienpolitischen Maßnahmen besteht in der Forschung Uneinigkeit:

„Nach Plausibilitätskriterien kann angenommen werden, dass familienpolitische Maßnahmen eine relevante Kontextbedingung für die Familienentwicklung darstellen. Dies gilt noch mehr für Maßnahmen anderer Politikbereiche, die wir als familienrelevante Politik bezeichnet haben. Doch die tatsächlichen Wirkungen familienpolitischer Maßnahmen können derzeit in der wissenschaftlichen Forschung

---

13 Vgl. dazu Burkart 1994, 2007, Schmitt 2007, Kahlert 2007. Sie reichen bis hin zu sehr grundsätzlichen Problematisierungen, wie der „weitgehenden Stabilität der Geschlechterverhältnisse im privaten und einem weitgehenden Wandel der Geschlechterverhältnisse im öffentlichen Bereich", mit der Schlussfolgerung: „Die Lösung des demographischen Problems bestünde demnach in einer zukunftsorientierten Ermöglichung egalitärer Geschlechterkonstruktionen und einer demokratischen Arbeitsteilung, in der beide Geschlechter erwerbstätig und zuständig für die Haus- und Sorgearbeit sein können" (Kahlert 2007: 337). Kahlert verortet damit das Phänomen des Geburtenrückgangs in der Sphärentrennung (öffentlich/privat, Erwerbs- und Familienarbeit) und ihrer inhärenten geschlechterdifferenzierenden Arbeitsteilung.

kaum nachgewiesen werden. Es bleibt unklar, welche nicht intendierten Effekte neben den politisch beabsichtigten Wirkungen auftreten." (Vaskovics 2002: 126)

Abgesehen davon, dass prinzipiell umstritten ist, inwiefern Sozial- bzw. Familienpolitik, insbesondere das Elterngeld, Einfluss auf die Geburtenrate haben kann (Wimbauer/Henninger 2008: 74), fallen auch die Evaluationen zum Elterngeld bezüglich dieses Zieles widersprüchlich aus. In der Tendenz zeigt sich, dass in Auftragsstudien *eher* (wenn auch sehr vage) eine Wirkung unterstellt wird, die dann entsprechend in Regierungsberichten zitiert werden:

> „Die Ergebnisse lassen vermuten, dass die Familienplanung und die Ausgestaltung der anschließenden Familienphase durchaus von einem erheblichen Teil der Befragten als durch das Elterngeld beeinflussbar angesehen wird, die konkrete Entscheidung für oder gegen Kinder nach dem eigenen Bekenntnis jedoch nur geringfügig durch das Elterngeld beeinflusst wird (RWI, 2007)." (Deutscher Bundestag 2008: 23)

> „Vom IW Köln wurde auch befunden, dass das Elterngeld als Lohnersatzleistung langfristig die Reproduktionsfunktion der Familie stärke und zu einem größeren Bevölkerungswachstum führe, da Einkommenssicherheit bestehe und eine Stärkung der Gleichstellung der Geschlechter auf dem Arbeitsmarkt erreicht werde (IW, 2007)." (ebd.: 9)

Eine Problematik, die sich in diesem Zusammenhang ergibt, ist die Frage der Überprüfbarkeit. Angenommen die Geburtenrate erhöht sich, so ist es methodisch nicht ohne weiteres nachweisbar, dass diese Entwicklung (allein oder in Anteilen) auf die Einführung des Elterngeldes zurückzuführen sei. Dies verweist wiederum darauf, dass eine Familiengründung (und die Entscheidung oder die Entwicklung dahin) ein komplexer Prozess ist (vgl. Behrend 2013: 142). Ein weiteres methodisches Problem besteht darin, die Geburtenrate und -entwicklung adäquat zu operationalisieren, quantitativ zu erheben und zu interpretieren (vgl. Boll 2011, N.N./FAZ 2012).

In engem Zusammenhang mit dem bevölkerungspolitischen steht das *sozialpolitische Ziel*, die eigenständige Existenzsicherung der Eltern durch das Elterngeld zu gewährleisten. Dieser Aspekt und das *wirtschaftspolitische Ziel* einer verstärkten Kommodifizierung von Müttern werden v. a. ökonomisch begründet. Die Idee ist, mit dem Elterngeld den Paaren einen Teil ihrer „Verzichtskosten" zu ersetzen, die durch die Betreuung des Kindes entstehen. Gerlach (2010: 272) sieht darin den „Wechsel vom sozialpolitisch motivierten Bedürftigkeitsprinzip zum Opportunitätskostenprinzip". Erziehung und Versorgung von Kindern würden „als soziale Lasten wahrgenommen" werden, so Geissler (2009: 37). Bemerkenswert ist, dass es zu einem (selektiven) Ausbau von Wohlfahrtsstaatlichkeit *trotz* Mittelknappheit (Stichwort Krise des Wohlfahrtsstaates) kommt. Leitner (2008: 80) zufolge, besteht der Erfolg der neuen Familienpolitik in ihrer Verwobenheit mit einem Ökonomisierungsdiskurs:

> „Die neue Familienpolitik, die unter dem Mäntelchen der Ökonomie betrieben wird, hat – wie gesagt – Erfolge aufzuweisen: Flexiblere Elternzeit, Ausbau der Betreuungsplätze für Kinder unter drei Jahren, Elterngeld. Dieser Erfolg ist zweifach begründet: Zum einen hat die Ökonomisierungsstrategie eine reale Grundlage, die ökonomischen Argumente „stimmen", d. h. die neue Familienpolitik erweist sich tatsächlich als funktional für die Ökonomie. Zum anderen hat es das Familienministerium geschafft, den ökonomischen Nutzen, mehr noch: die ökonomische Notwendigkeit der neuen Familienpolitik, für die breite Öffentlichkeit deutlich zu machen. Dennoch kann die Ökonomisierung der Familienpolitik nur eingeschränkt als erfolgreiche politische Strategie bezeichnet werden. In dem Maße, wie die Begründungsstrukturen für politisches Handeln mit ökonomischen Argumenten gerechtfertigt werden müssen, wird Familienpolitik eindimensional. Es kommt nur noch auf die politische Agenda, was einer ökonomischen Argumentation zugänglich ist."

Die Vereinnahmung der Familienpolitik *für* eine (erfolgreiche) Arbeitsmarkt- und Wirtschaftspolitik ist demnach ambivalent einzuschätzen und birgt die Gefahr, die Eigenlogiken dieser Sphären und Politikbereiche zu vernachlässigen.

Evaluationen der sozial- und wirtschaftspolitischen Ziele zeigen, dass das Haushaltsnettoeinkommen für Familien nach Einführung des Elterngeldes im ersten Jahr nach Geburt des Kindes im Durchschnitt um 400 Euro pro Monat gestiegen ist (Wrohlich et al. 2012: 1).[14] Bezogen auf die Arbeitsmarktaktivierung von jungen Müttern (Erhöhung der Rückkehrerinnen-Quote) zeigt sich, dass sich die Wahrscheinlichkeit um 2 bis 2,5 Prozentpunkte erhöht hat, dass Mütter im zweiten Jahr nach Geburt des Kindes (wieder) eine Erwerbstätigkeit aufnehmen (ebd.: 2). Anzumerken ist jedoch auch, dass die Frage einer Rückkehr in die Erwerbstätigkeit nicht allein mit der Ausgestaltung der Elternzeit und des Elterngeldes in Verbindung steht, sondern vielmehr mit dem Vorhandensein von öffentlichen Kinderbetreuungsangeboten, Erwerbsarbeitszeiten etc.

Im Folgenden diskutiere ich, inwiefern ein Wandel der geschlechterdifferenzierenden Arbeitsteilung als *geschlechterpolitisches Ziel* der Elterngeldreform gelten kann. In Bezug auf die „nachhaltige Familienpolitik" (Bertram 2006, Gruescu/Rürup

---

14 In der Studie wird auch darauf hingewiesen, dass es „nur sehr wenige Haushalte [gibt], deren Einkommen aufgrund der Einführung des Elterngeldes im Vergleich zum Erziehungsgeld gesunken ist. Dies sind primär Arbeitslosengeld (AlG) II Bezieher, die nur den Sockelbetrag des Elterngeldes bekommen und die keinen Anspruch auf Elterngeld aus eigener Erwerbstätigkeit haben. Dieses Ergebnis resultiert aber weniger aus den Regelungen des Elterngeldes an sich sondern aus den Anrechnungsregeln des Einkommens beim AlG II" (Wrohlich et al. 2012: 1f.).

2.1 Familienpolitische Rahmung

2005) und die Einführung des Elterngeldes prägte Ostner (2006) die Annahme eines „Paradigmenwechsels" in der Familienpolitik. Die Autorin sieht Deutschland „jedenfalls rhetorisch auf dem Weg zur Zwei-Erwerbstätigen-Familie" und konstatiert einen Paradigmenwechsel in der westdeutschen, nicht aber der ostdeutschen Familienpolitik (2006: 166, vgl. auch Schmitt 2007: 7f.).[15] Der vergleichenden (feministischen) Wohlfahrtsstaatenforschung zufolge wurde der westdeutsche Sozialstaat als „konservativer Wohlfahrtsstaat"[16] mit „starkem Ernährermodell" (Lewis 1992) eingeordnet. Das Gros der Sozialleistungen unterstützte bzw. belohnte demnach eine ‚traditionelle' Arbeitsteilung zwischen den Partnern. Als altes und neues Leitbild kann demgegenüber zum einen das ‚adult worker model' ausgemacht werden (Lewis 2001, Leitner et al. 2004b, Lewis et al. 2008: 269f., Henninger et al. 2008b: 121).[17] Zum anderen trete als neuer Aspekt für Gesamtdeutschland das Prinzip ‚geteilter Elternschaft' hinzu (Leitner 2005: 960, Ostner 2006: 166).

Ich schlage vor, stärker dahingehend zu differenzieren, inwiefern das politische Leitbild einer *geteilten Elternschaft*[18] oder einer *aktiven Vaterschaft* der familienpolitischen Reform zum Elterngeld zugrunde liegt. Worin besteht der Unterschied? Während beim Leitbild einer *geteilten Elternschaft* beide Elternteile gleichermaßen in der Betreuungsverantwortung gesehen werden, setzt das Leitbild der *aktiven Väterlichkeit* eine (aktive) Mütterlichkeit selbstverständlich und implizit voraus.

---

15 In anderen Publikationen wird hingegen der Paradigmenwechsel in einer neuartigen Verknüpfung von pronatalistischer Politik *und* Maßnahmen zur verstärkten Kommodifizierung von Müttern gesehen (bspw. Henninger et al. 2008b: 107). D. h. das politische Ziel einer Erhöhung der Geburtenrate *und* Mütter als *qualifizierte Arbeitskräfte* zu halten, wird hier als Begründung für die Annahme eines grundlegenden Politik*ziel*wechsels angeführt. Dieser Begründung liegt ein westdeutscher Bias zugrunde. Für Ostdeutschland bedeutete die Übernahme der westdeutschen Familienpolitik in den 1990er Jahren einen Paradigmenwechsel und der hier konstatierte kann vielmehr als ‚Rückkehr' interpretiert werden.

16 In der vergleichenden Wohlfahrtsstaatenforschung wurde (und wird z. T. noch) vielfach auf die Typologie von Esping-Andersen (1991, 1999) zurückgegriffen. Anhand der Kategorien (De-) Kommodifizierung, Stratifizierung und (De-)Familialisierung werden die Effekte von Sozialpolitik analysiert. Dies führte zu einer Unterscheidung von drei „Wohlfahrtswelten" oder Wohlfahrtsregimen, dem liberalen, konservativ-korporatistischen und sozialdemokratischen Typus (Henninger et al. 2008b: 103).

17 Henninger et al. (2008b: 99) kritisieren, dass v. a. eine Arbeitsmarktaktivierung und Geburtensteigerung bei *hochqualifizierten Frauen* im Fokus stünde. Ausführlicher (und kritisch) zum Elterngeld unter einer ungleichheitssoziologischen Perspektive: Bothfeld 2006, Farahat et al. 2006, Henninger et al. 2008b.

18 Bezogen auf die tagtägliche praktische Umsetzung in der Kinderbetreuung und der Familienarbeit nenne ich ‚geteilte Elternschaft' (u. a. nach Deutsch 1999) ‚Equally Shared Parenting', vgl. dazu Kap. 3.1.

D. h. die Fürsorgeverantwortung des Vaters wird als *Plus* zu der unhinterfragten mütterlichen Verantwortung gedacht.[19] Politische Darstellungen changieren zwischen diesen Leitbildern. Während zuerst i. d. R. allgemein auf Familie und erwerbsstätige Paare Bezug genommen wird, folgt anschließend der explizite, geschlechterdifferenzierende Hinweis auf die sozialpolitische Unterstützung von *Vätern* in ihrer *Betreuungsverantwortung* und von *Müttern* in ihrer *Erwerbstätigkeit*:

> „Das Elterngeld soll die Teilhabe an Beruf und Familie von Frauen und Männern besser sichern. Für Männer sollen die Chancen verbessert werden, aktive Väter zu sein, Frauen soll die Rückkehr in das Berufsleben erleichtert werden. Das Gesetz will dabei ausdrücklich keine Aufgabenverteilung in den Familien festlegen, sondern die unterschiedlichen Präferenzen für Beruf und Familie unterstützen. Es will einen Beitrag für die Gleichstellung der Geschlechter leisten und zugleich den gegenseitigen Respekt der verschiedenen Lebensmodelle in Familien fördern." (Deutscher Bundestag 2006a: 15)

> „Das Elterngeld hilft als eine familienunterstützende dynamische Leistung wirksam bei der Sicherung der eigenen Lebensgrundlage. Die Lage berufstätiger Paare wird erstmals in den Fokus genommen. Die Sorge vor dauerhaften Einkommenseinbrüchen durch die Entscheidung für ein Kind wird für Frauen und Männer gemildert. Durch die dynamische Ausgestaltung werden erstmals auch Väter erreicht, die bisher aktive Vaterschaft und Erwerbstätigkeit kaum miteinander verbinden konnten." (Deutscher Bundestag 2008: 6)

Oder es wird eher ‚klassisch' auf eine Verbesserung der Vereinbarkeit von Familie und Beruf *für Frauen*[20] rekurriert: „Die einkommensabhängigen Elterngeldrege-

---

19 Welche Folgen dieser Unterschied in den Aushandlungen der Paare zu Elternzeiten hat, wird in Kap. 6 diskutiert.

20 Der herausragende Beitrag der feministischen (Vereinbarkeits-)Forschung der 1970er und 80er Jahre liegt im Herausarbeiten der Unterschiede von Konstitution und Funktionslogik(en) von ‚Arbeit' in Beruf und Familie (Janczyk 2008: 75). So zeigte Becker-Schmidt (1985) in einer empirischen Studie zu Fabrikarbeiterinnen, „dass aufgrund der Unterschiede in Bezug auf Inhalt, Anforderung und Struktur der Tätigkeiten in verschiedenen Lebensbereichen die Vermittlung dieser Lebensbereiche nicht nur zeitliche, sondern auch psychische, soziale und emotionale Belastungen und Unvereinbarkeiten" (Janczyk 2008: 75) mit sich bringe. Im Anschluss daran werden Untersuchungen zur ‚Vereinbarkeitsproblematik' kritisiert, „die die Vorstellung einer Harmonisierbarkeit von Beruf/Arbeit und Familie/Leben transportieren" (Janczyk 2008: 77), ohne Änderungen in den Funktions- und Handlungslogiken der Bereiche mitzudenken sowie die zugrunde liegende geschlechterdifferenzierende Arbeitsteilung zu thematisieren und problematisieren. Ausführlich und kritisch zur ‚Vereinbarkeitsdebatte' und Diskursen über ‚Work-Life-Balance': König 2012: 201f., Janczyk 2008, eine Einordnung der Be-

2.1 Familienpolitische Rahmung

lungen bieten jungen Frauen die Möglichkeit, nach den ersten Berufserfahrungen eine Familie zu gründen" (Deutscher Bundestag 2008: 25).[21] Während sowohl in beiden deutschen Staaten und später in Gesamtdeutschland das ‚Koordinationsproblem' von Familie und Beruf im Wesentlichen zwischen *Müttern*, Sozialstaat und Arbeitsorganisationen verortet wurde, wird mit der Einführung des Elterngeldes erstmals explizit die geschlechterdifferenzierende Arbeitsteilung *in* Paarhaushalten adressiert.

Erziehungsurlaub und -geld waren zunächst *ohne* eine ausgesprochene geschlechtliche Konnotation, auch wenn in der Empirie 95 Prozent der Mütter diese in Anspruch genommen haben. Mit der Einführung des BEEGs wurden dagegen geschlechterdifferenzierende Aspekte in die Frage der Kleinkindbetreuung eingebracht. Die Rede war (und ist) selten von ‚Partnermonaten', sondern vielmehr von ‚zwei Vätermonaten', so dass *Väter* erstmals sprachlich explizit (für zwei Monate) in die Betreuungsverantwortung genommen werden.

Relativ unumstritten ist demnach, dass mit dem Elterngeld die väterliche Beteiligung an der Kleinkindbetreuung gefördert werden soll (Wimbauer/Henninger 2008: 71, Trappe 2013a: 28f., Wrohlich et al. 2012: 1). Inwiefern jedoch das Ziel einer egalitären Teilung von Familienarbeit im Sinne einer *geteilten Elternschaft* ausgemacht werden kann, ist strittig. Einerseits wird hervorgehoben, dass durch das Elterngeld „explizit die familiale Arbeitsteilung thematisiert und erstmalig eine Beteiligung beider Eltern an der Elternzeit" (Rüling 2007: 11) gefördert werde. Leitner et al. (2012: 14) identifizieren für die aktuelle Familienpolitik ebenfalls die „neuen Leitbilder der geteilten Elternschaft und der Erwerbstätigkeit beider Eltern". Das Elterngeld setze „Anreize zur Beteiligung von Vätern an der Elternzeit und zum schnellen Wiedereinstieg von Müttern in den Arbeitsmarkt". Andererseits wird kritisiert, dass eine „generelle Veränderung der geschlechtlichen Arbeitsteilung als solche, also die demokratische Teilung der Haus- und Sorgearbeit zwischen den Geschlechtern" (Kahlert 2007: 349) *nicht* im Fokus stünde.

Die Ausgestaltung des Elterngeldes in Form einer Einkommensersatzleistung sowie die Partnermonate können m. E. als *egalitäre Elemente* verstanden werden, da mit ihnen *beiden Elternteilen* (starke finanzielle) Anreize gesetzt werden, Betreu-

---

grifflichkeiten und einen Überblick zu soziologischen Konzepten von ‚Vereinbarkeit' leistet Jürgens 2006.

21 Noch 1994 beklagen Rost und Schneider (1994: 35): „Staat und Gesellschaft halten sich dabei vornehm zurück und erklären gerade die Abstimmung von Berufstätigkeit und Elternschaft zu einem je individuell zu lösenden Problem, obgleich es sich um einen zutiefst gesellschaftlich vermittelten Konfliktbereich handelt." Inzwischen kann zumindest eine mediale und politische Aufmerksamkeit für das Thema konstatiert werden, wobei es i. d. R. nach wie vor als Problem von Frauen diskutiert wird.

ungsaufgaben zu übernehmen. Denen stehen jedoch geschlechterdifferenzierende Elemente gegenüber, die (nach wie vor) eine höhere Beteiligung von Müttern an der Kleinkindbetreuung nahe legen:

- Keine *gleichen* Kündigungsschutzrechte: Der Elternzeit vorgelagert ist der „Mutterschutz", ein individuelles Schutzrecht für Mütter, der u. a. einen gesetzlichen Kündigungsschutz umfasst. Es gibt jedoch keinen entsprechenden ‚Vaterschutz' oder ‚Elternschutz', der einen äquivalenten Kündigungsschutz enthält. Erst acht Wochen vor *seiner* Elternzeit erhält der Partner ebenfalls Kündigungsschutz. Damit verbunden ist die zeitliche Problematik, wann der Arbeitgeber über eine Elternzeit informiert wird. Arbeitsorganisatorisch ist es oftmals empfehlenswert, so früh wie möglich den Arbeitgeber zu informieren und entsprechende Absprachen zu treffen. Unter dem Aspekt des Kündigungsschutzes ist es für den Partner jedoch ‚sicherer', erst sieben Wochen vor seiner Elternzeit den Arbeitgeber zu informieren. Richter (2011: 326) schlägt zwei Änderungsmöglichkeiten vor:

„Eine „große Lösung" würde werdende Mütter und werdende Väter rechtlich gleichstellen und beiden qua Mitteilung der Schwangerschaft (der Partnerin) Kündigungsschutz zusichern, womit nicht nur die Arbeitsplatz- und Planungssicherheit erhöht, sondern auch berufliche Diskriminierungen von Frauen im reproduktionsfähigen Alter abgebaut würden. Im Rahmen einer „kleinen Lösung" könnte der Kündigungsschutz bei Schwangerschaft der Partnerin an den Zeitpunkt der Mitteilung der Absicht, Elternzeit wahrnehmen zu wollen, gekoppelt sein, wobei eine nicht zu unterschreitende Frist in Form der derzeit geltenden sieben Wochen erhalten bleiben sollte."

Weiter führt der Vorschlag von Ehnis (2008: 66), der einen Elternschutz nach Geburt des Kindes, äquivalent zum Mutterschutz, für *beide Elternteile* vorsieht:

„Ergänzend zu Regelungen der Elternzeit scheint mir die Idee sinnvoll, Eltern in jedem Fall eine gemeinsame Anfangszeit zu ermöglichen. Dies könnte zeitlich analog zu Mutterschutzregelungen angelegt sein. Eine solche Elternschutzzeit kann sicherlich nicht mit den gesundheitlichen Folgen einer Geburt für Männer begründet werden, allerdings würde sie die Umstellungszeit für junge Eltern erheblich erleichtern und Anreize für [eine, AP] egalitärere Arbeitsteilung von Paaren bieten."

- Keine *paritätische Aufteilung* der Elterngeldmonate: Die Einführung von zwei Partnermonaten wird als „vorsichtiger erster Schritt" gewertet, der aber „nicht zu einer egalitären Beteiligung von Männern und Frauen an der Sorgearbeit führen dürfte" (Henninger et al. 2008b: 120). Denkbar wäre es, den Zeitraum paritätisch zu teilen (sieben Monate für jeden Elternteil), es aber gleichzeitig (im Sinne der Wahlfreiheit) zu ermöglichen, dass eine bestimmte Anzahl an Monaten des eigenen Anteils an den Partner übertragen werden können (vgl. dazu die

2.1 Familienpolitische Rahmung

gesetzliche Regelung in Schweden: Beckmann 2007: 377).[22] Die *faktischen* Aufteilungsmöglichkeiten unterscheiden sich nicht, jedoch würde politisch stärker die Idee einer *geteilten Elternschaft* verfolgt werden. Eine alleinige Erhöhung der Partnermonate von zwei auf vier Monate, wie gelegentlich gefordert (bspw. Auth et al. 2011: 156), könnte zwar ebenfalls die Beteiligung von Vätern an der Kleinkinderbetreuung fördern, würde jedoch dennoch nicht dem Leitbild einer *geteilten Elternschaft* entsprechen.

- Keine (gleichzeitige) Teilzeit-Elternzeit: Teilen sich die Eltern Erwerbs- und Fürsorgearbeit nach Geburt des Kindes und nehmen parallel Elterngeld in Anspruch, so besteht lediglich ein Anspruch von sieben Monaten pro Elternteil. Konsequent, im Sinne einer Ermöglichung von geteilter Elternschaft und der Förderung des ‚adult worker model', wäre es diesen Zeitraum entsprechend zu verdoppeln (vgl. Auth et al. 2011: 156).[23]
- (Zu) niedrige Einkommensersatzquote: Im Vergleich zu anderen Ländern, wie Island oder Schweden, wird die Einkommensersatzquote in Deutschland als zu niedrig eingeschätzt (vgl. Henninger et al. 2008b: 120, Auth et al. 2011: 156f.).[24]

Inwiefern kann nun für die Ausgestaltung der Familienpolitik in Deutschland eine institutionelle und/oder finanzielle ‚Förderung' von egalitären Arrangements konstatiert werden? Ich plädiere dafür, von einer *Gleichzeitigkeit widersprüchlicher Leitbilder* in der Familien- und Sozialpolitik auszugehen:

1. Innerhalb der politischen Begründungen für das Elterngeld changieren die Argumente zwischen einem neuen Leitbild aus ‚adult worker model' *und* einer Förderung ‚aktiver Väterlichkeit' sowie dem alten, einer Verbesserung der Vereinbarkeit von Familie und Beruf *für Frauen*.
2. Unhinterfragt und selbstverständlich *vorausgesetzt* bleibt die Erwerbstätigkeit von Vätern und die Betreuungsverantwortung von Müttern. Einher geht damit eine implizite Vereinseitigung der Perspektive auf *ungleichgeschlechtliche*

---

22 Bleibt man bei zwei unübertragbaren Partnermonaten, würde das bedeuten, dass fünf Monate des eigenen Anteils übertragbar wären.

23 Dieser Punkt wird in dem Gesetzentwurf zur Einführung des ElterngeldPlus vom Juni 2014 adressiert, so dass in Zukunft es Eltern ermöglicht wird, Elternzeit mit einer Teilzeittätigkeit zu kombinieren ohne wie bislang einen Teil ihres Elterngeldanspruches zu verlieren.

24 Auth et al. (2011: 156f.) schlagen darüber hinaus einen existenzsichernden Grundbetrag von 600 statt bisher 300 Euro vor, um Geringverdienenden finanzielle ‚Unabhängigkeit' zu gewähren.

Paarkonstellationen, indem das Paar, bestehend aus einer ‚Mutter' und einem ‚Vater', konfiguriert wird.
3. Betrachtet man die Einführung des Elterngeldes allein im Hinblick auf die westdeutsche familienpolitische Tradition des Ernährer- und modernisierten Versorgermodells, lässt sich diese durchaus als ein Leitbildwandel verstehen. Vor dem Hintergrund des in der DDR geförderten Doppelverdienermodells scheint es gleichsam nur in Hinblick auf die ‚Väterkomponente' neu.
4. Familienpolitische Entwicklungen, wie die Einführung des Betreuungsgeldes und die Umsetzung eines gesetzlichen Anspruches auf einen Kita-Platz für unter Dreijährige sprechen ebenfalls für eine Gleichzeitigkeit widersprüchlicher Leitbilder. Gefördert werden das ‚adult worker model' und eine De-Familialisierung von Eltern (insbesondere von Müttern), aber auch das modernisierte Ernährermodell durch das Betreuungsgeld und das Ehegattensplitting.[25]

2.2 Arrangements von Erwerbs- und Familienarbeit zwischen Re- und Enttraditionalisierung

> „Die meisten kinderlosen Frauen arbeiten sehr viel länger im Haushalt als ihre Ehemänner; Mütter widmen sowohl dem Haushalt als auch den Kindern mehr Zeit. So wie es am Arbeitsplatz zwischen Mann und Frau ein Lohngefälle gibt, so gibt es zu Hause ein „Freizeitgefälle". Die meisten Frauen absolvieren eine Schicht in Büro und Fabrik und eine „zweite Schicht" zu Hause."
> (Hochschild 1990: 26)

Die familienpolitische Reform zum Elterngeld lässt vermuten, *dass* sich etwas in der Inanspruchnahme von Elternzeit und -geld durch ungleichgeschlechtliche Paare gewandelt hat. Bis zur Einführung des Elterngeldes Anfang 2007 wurde Elternzeit (mit oder ohne Erziehungsgeld) nahezu ausschließlich von Müttern in Anspruch genommen. Betrachtet für den Zeitraum 2001 bis 2003, nahm(en) in 73,2 Prozent der Haushalte eine oder mehrere Personen Elternzeit. *Anspruchsberechtigt* waren in Westdeutschland 90,1 Prozent und in Ostdeutschland 74,5 Prozent aller Haus-

---

25 Vielfach diskutiert wird in diesem Zusammenhang die Abschaffung des Ehegattensplittings, ausführlicher dazu Schratzenstaller 2002, Berghahn 2007.

2.2 Arrangements zwischen Re- und Enttraditionalisierung

halte, d. h. mindestens ein Elternteil stand in einem Arbeitsverhältnis (Deutscher Bundestag 2004: 11f.).[26] Betrachtet man die ‚Elternzeittypen' im 1. und 2. Lebensjahr des Kindes[27] ohne Alleinerziehende und gleichgeschlechtliche Paare, ergibt sich folgendes Bild (Angaben in Prozent):

Tabelle 2 ‚Elternzeittypen' im 1. und 2. Lebensjahr des Kindes (2001-2003)

	Westdeutschland	Ostdeutschland	Gesamt
Mutter ist in Elternzeit und nicht erwerbstätig	62,4	54,0	60,1
Mutter ist in Elternzeit und erwerbstätig	29,2	40,5	32,2
Vater und Mutter sind in Elternzeit und erwerbstätig	5,5	2,4	4,7
Vater ist in Elternzeit und erwerbstätig	0,3	0,0	0,2

Eigene Darstellung, Daten aus Deutscher Bundestag 2004: 15.

Für Gesamtdeutschland liegt damit die Väterbeteiligung bei 4,9 Prozent. In Westdeutschland ist sie mit 5,8 Prozent nahezu doppelt so hoch wie in Ostdeutschland mit 2,4 Prozent. Verlässliche Daten zu der *Dauer* von Elternzeiten von Müttern *und* Vätern gibt es für den Zeitraum vor Einführung des Elterngeldes nicht.[28]

Wie entwickeln sich nun Inanspruchnahme, Bezugsdauer und Höhe des Elterngeldanspruches mit Einführung des BEEGs? Der Anteil der Mütter, die Elterngeld beanspruchen, liegt seit 2007 bundesweit relativ stabil bei ca. 95 Prozent. Der Anteil der Väter mit Elterngeldbezug ist kontinuierlich von 21 Prozent in 2008 auf 29,3 Prozent in 2012 gestiegen.[29]

---

26   Keinen Anspruch auf *Elternzeit* haben Selbstständige und Freiberuflerinnen (mit der Reform 2006/2007 haben sie jedoch Anspruch auf *Elterngeld*). Der deutlich geringere Anteil an Haushalten mit Elternzeitanspruch in Ostdeutschland wird mit der „besonders angespannten Arbeitsmarktsituation" erklärt (Deutscher Bundestag 2004: 12).
27   Da für die ersten zwei Lebensjahre des Kindes i. d. R. ein Anspruch auf Erziehungsgeld bestand, ist es sinnvoll, diesen Zeitraum zu betrachten.
28   Erst seit 2008 melden die zuständigen Elterngeldstellen vierteljährlich detaillierte Angaben zu den Elterngeldbezügen an das Statistische Bundesamt, so dass nun valide, bundesweite Statistiken vorhanden sind.
29   Unberücksichtigt bleibt bei den Daten, ob ein oder beide Elternteil(e) mit bis zu 30 Wochenstunden während der Elternzeit erwerbstätig ist/sind und über den Zeitraum des Elterngeldbezuges von bis zu 14 Monaten hinaus Elternzeit (bis zu drei Jahre) in Anspruch nehmen.

Betrachtet man den Elterngeldbezug von Vätern nach Bundesländern aufgeschlüsselt, zeigen sich deutliche Unterschiede, für die es bisher in der Forschung noch keine hinreichenden Erklärungen gibt. Während bei Müttern gleichermaßen *bundesweit* die Inanspruchnahme bei ca. 95 Prozent liegt, verzeichnete im Jahr 2010 das Saarland die niedrigste mit 15 Prozent und Bayern und Sachsen die höchste Quote von Vätern in Elternzeit mit jeweils 33 Prozent (Statistisches Bundesamt 2012b: 6).

Durch die Ausgestaltung des Elterngeldes als Einkommensersatzleistung in Kombination mit Partnermonaten stellt sich umso mehr die Frage, für welchen *Zeitraum* Mütter und Väter Elternzeit in Anspruch nehmen. Im Jahr 2010 nahmen 87 Prozent der Mütter zwölf und mehr Monate[30] Elternzeit. Acht bis elf Monate nahmen sechs Prozent, zwei sowie drei bis sieben Monate nur noch zwischen ein und zwei Prozent der Mütter in Anspruch (eigene Berechnungen, aus: ebd. 2012c: 2). Im Vergleich dazu nehmen Väter insgesamt deutlich seltener überhaupt Elternzeit. Die Steigerung in der Väterbeteiligung von 2008 bis 2011 um knapp sechs Prozent erklärt sich vor allem durch eine Zunahme in der Inanspruchnahme der zwei Partnermonate.[31]

Tabelle 3 Väterbeteiligung nach Bezugsdauer (in Prozent)

	2009	2010	2011	2012
bis zu zwei Monate	17,7	19,3	21,1	23,0
zwischen drei und fünf Monaten	1,9	2,1	2,3	2,4
zwischen sechs und acht Monaten	1,3	1,3	1,3	1,3
zwischen neun und zwölf Monaten	2,7	2,6	2,7	2,6
Inanspruchnahme gesamt	23,6	25,3	27,3	29,3

Daten für 2009, 2011 und 2012 auf Anfrage vom Statistischen Bundesamt; Daten für 2010 aus eigenen Berechnungen auf Grundlage von: Statistisches Bundesamt 2012a: 23, 2013: 6f., 13. Abweichungen in den Summen ergeben sich durch Runden der Anteilswerte.

---

30 Alleinerziehende haben die Möglichkeit, statt maximal zwölf, bis zu 14 Monate Elterngeld in Anspruch zu nehmen. Ebenso kann der leibliche Elternteil in gleichgeschlechtlichen Partnerschaften 14 Monate Elterngeld beziehen, vorausgesetzt der Partner hat das Kind (noch) nicht adoptiert. Lebt das Paar in einer ‚eingetragenen Lebenspartnerschaft' besteht darüber hinaus die Option, dass beide Elternzeit und -geld in Anspruch nehmen.

31 In den meisten Darstellungen werden für die Differenzierung der Bezugsdauer die Gesamtzahl der Väter zugrunde gelegt, die Elternzeit/-geld in Anspruch genommen haben. Demgegenüber habe ich in Tabelle 3 die *berechtigten* Väter als Grundgesamtheit herangezogen, so dass die vermeintlich hohen Zahlen der Inanspruchnahme deutlich niedriger ausfallen.

2.2 Arrangements zwischen Re- und Enttraditionalisierung

Neben der Bezugsdauer ist noch zu unterscheiden, ob die Paare zeitgleich oder versetzt Elterngeld in Anspruch genommen haben: Knapp zwei Drittel der Paare haben 2010 Elterngeld durchschnittlich für zwei Monate *zeitgleich* bezogen, entsprechend gab es bei einem Drittel der Paare keine zeitlichen Überschneidungen. Durch die Ausgestaltung des Elterngeldes als Einkommensersatzleistung ist als neuer Aspekt hinzugekommen, dass die Höhe des Elterngeldes variabel ist: 38 Prozent *aller* Elterngeldbeziehenden erhielten 2010 den Mindestbetrag in Höhe von 300 Euro, dabei lag der Anteil der Mütter mit 43 Prozent deutlich über dem der Väter mit 19 Prozent. Der durchschnittliche Elterngeldanspruch von vor der Geburt *erwerbstätigen* Eltern lag 2010 bei 964 Euro, bei Vätern war es mit durchschnittlich 1.201 Euro mehr als ein Drittel höher als bei Müttern mit 878 Euro (Statistisches Bundesamt 2012c: 2).

In der sozialwissenschaftlichen Forschung wird nun die dargestellte, zunehmende Inanspruchnahme von Elternzeit bzw. -geld durch Väter seit Einführung des BEEGs als *erklärungsbedürftiges Phänomen* betrachtet. Innerhalb dieser relativ neuen Forschungsrichtung lassen sich im Wesentlichen drei Perspektiven und Herangehensweisen unterscheiden:

1. Entwicklung einer Typologie von ‚Elterngeldvätern'
2. Erforschung von ‚Einflussfaktoren' auf die väterliche Inanspruchnahme von Elternzeit und -geld
3. Erforschung von betrieblichen Anreizen und Hindernissen für die Inanspruchnahme von Elternzeiten durch Väter

Im Folgenden gebe ich einen kursorischen Überblick zu zentralen Ergebnissen aus den drei Bereichen.

1. Entwicklung einer Typologie von ‚Elterngeldvätern'

Anhaltspunkte über Muster der Inanspruchnahme des neuen Elterngeldes bei Vätern gibt die empirische Studie von Pfahl und Reuyß (2009). Die Autoren identifizieren auf der Basis von qualitativen Interviews mit Vätern sowie einer quantitativen Online-Befragung von 624 erwerbstätigen Vätern in Elternzeit fünf Typen von ‚Elterngeldvätern'. Diese unterscheiden sich hinsichtlich der Dauer und Lage ihrer Elternzeit, einer parallelen oder versetzten Inanspruchnahme, einer arbeitsfreien Auszeit oder Kombination von Elternzeit mit Teilzeitarbeit, einer anschließenden (unbezahlten) Elternzeit sowie hinsichtlich möglicher Vorerfahrungen mit Elternzeit bei ihren älteren Kindern:

1. **„Vorsichtige"** nehmen ein oder zwei Partnermonate, mehrheitlich direkt nach Geburt des Kindes, betonen häufiger als andere Väter, dass sie sich auf Wunsch ihrer Partnerinnen beteiligen, wollen ihr eigenes berufliches Fortkommen nicht gefährden und halten die Auszeit deshalb möglichst kurz (46 Prozent der ‚Elterngeldväter').
2. **„Semi-paritätische"** nehmen zwischen drei und acht Monaten Elterngeld und diese meist versetzt zur ebenfalls erwerbstätigen Partnerin (14 Prozent der ‚Elterngeldväter').
3. **„Familienorientierte"** nehmen versetzt zur Partnerin zwischen einem und acht Elterngeldmonat(en) mit anschließender unbezahlter Elternzeit aufgrund von mangelnden öffentlichen Betreuungsangeboten für unter zweijährige Kinder (neun Prozent der ‚Elterngeldväter').
4. **„Umgekehrte"** nehmen zwischen neun und zwölf Monaten Elterngeld in Anspruch. Diesen Vätern ist überdurchschnittlich wichtig, die Verantwortung für die Familie mit ihren Partnerinnen zu teilen. Dieser Gruppe gehören Väter an, denen die berufliche Entwicklung ihrer Partnerin ausgesprochen wichtig ist, weil diese möglicherweise die höhere berufliche Qualifikation aufweist und/oder mehr verdient. Die eigene berufliche Karriere spielt eine etwas schwächere Rolle als für andere Vätergruppen (sechs Prozent der ‚Elterngeldväter').
5. **„Familienzentrierte"** nutzen ebenfalls zwischen neun und zwölf Elterngeldmonaten, kombinieren dies aber noch mit zusätzlicher, unbezahlter Elternzeit im Anschluss, wollen frühzeitig viel Zeit mit dem Kind verbringen und ein berufliches Fortkommen ihrer Partnerin unterstützen, reduzieren anschließend auch überdurchschnittlich häufig ihre Arbeitszeit. Zugleich ist es Vätern dieser Gruppe jedoch auch auffallend wichtig, trotz der längeren, kombinierten Inanspruchnahme von Elterngeldzeit und Elternzeit ihren Arbeitsplatz nicht gänzlich zu gefährden (fünf Prozent der ‚Elterngeldväter').

leicht angepasst übernommen aus Pfahl/Reuyß 2010: 227f.

Als „Einflussfaktoren" auf die Inanspruchnahme von Elterngeldmonaten durch Väter identifizieren die Autoren:

- „Familiale Faktoren, intensiver Aushandlungsprozess mit Partnerin
- Finanzielle Situation der Familie
- Berufstätigkeit der Partnerin
- Eigene Geschlechter- und Familienvorstellungen: Die grundlegenden normativen Vorstellungen des Paares darüber, ob und wie lange Säuglinge vorrangig die Mutter als Betreuungsperson brauchen bzw. zu welchen Anteilen Frau und Mann welche anfallenden Care-Arbeiten übernehmen können/sollen, entscheiden mit über die Dauer der väterlichen Elterngeldzeit

2.2 Arrangements zwischen Re- und Enttraditionalisierung

- Betreuungsmöglichkeiten für Kinder
- Soziale Netzwerke
- Informationsstand: Viele Männer entscheiden sich für Standardlösungen, da ihnen die mögliche Optionsvielfalt, insbesondere was die Kombination von Elterngeldzeit mit Teilzeit oder was den Wechselturnus zwischen den Partnern betrifft, nicht bekannt ist" (leicht gekürzt nach Pfahl/Reuyß 2010: 230).

Deutlich wird, dass die „gemeinsame Nutzungspraxis von Elternpaaren" von sehr unterschiedlichen Aspekten abhängig ist bzw. gemacht wird. Zu kritisieren ist, dass in der Studie zwar „Einflussfaktoren" identifiziert, jedoch nicht in ihrer Verwobenheit analysiert werden.

Aufbauend auf der o. g. Typologie und der Milieuanalyse von Wippermann (2009) entwickelt Richter (2011) in seiner Dissertation mit Hilfe von vier Paarinterviews und inhaltsanalytischer Auswertung eine „Nutzertypologie" und arbeitet „Motive" von Vätern zur Inanspruchnahme von Elternzeit/-geld heraus. Die Väter formulieren den Wunsch, die gesamte Familie zu entlasten, eine (gleichwertige) Beziehung zum Kind aufzubauen, den beruflichen Wiedereinstieg der Partnerin zu ermöglichen, sich selbst eine Auszeit vom Berufsalltag zu nehmen und/oder innerhalb der Paarbeziehung Erwerbs- und Familienarbeit entsprechend eigener Ideale (paritätisch) zu teilen.

Tabelle 4 „Motive" von Vätern zur Inanspruchnahme von Elternzeit/-geld

Familienzentrierte Motive	Entlastung für die gesamte Familie
	Auszeit vom Berufsalltag und Ruheinsel für die Familie
Kindzentrierte Motive	Aufbau und Pflege einer (gleichwertigen) Beziehung zum Kind
	Betreuung (älterer) Geschwisterkinder
Partnerinnen- und partnerschaftsbezogene Motive	Entlastung der Partnerin durch väterliche Elternzeit
	Ermöglichung von Berufstätigkeit bzw. beruflichem Wiedereinstieg der Partnerin
	Elternzeit als Zeit für die Partnerschaft
Vaterzentrierte Motive	Unzufriedenheit mit der Arbeitssituation
	Elternzeit als selbstverständliche Umsetzung eigener Ideale

Eigene Darstellung, aus Richter 2011: 98ff.

Richter (2011: 98) zufolge überlagern sich diese ‚Motive' oder Wünsche entsprechend der jeweiligen Lebenssituationen der Paare. Als zentrales Ergebnis seiner empirischen Studie konstatiert Richter, dass sich durch die Einführung des BEEGs (v. a. der Partnermonate) die Aushandlungssituation von Vätern gegenüber der

Partnerin, aber auch gegenüber dem Arbeitgeber verbessert habe. Als besonders relevant für die Frage, ob und wie lange der Vater Elternzeit in Anspruch nimmt, hebt der Autor die Einkommensdifferenz und die finanziellen Belastungen der Eltern hervor. Je geringer die Einkommensunterschiede, umso günstiger seien die Rahmenbedingungen für den Vater, Elternzeit wahrzunehmen (ebd.: 109). Zu diesem Ergebnis kommt er mit Hilfe eines *quantitativen* Vergleichs von mtl. Nettoeinkommen der Eltern, Einkommensdifferenz und Anzahl der Elternzeitmonate des Vaters. Da seine empirische Studie qualitativ angelegt ist, betrachtet er ‚nur' vier Fälle (sic!), so dass dieses Ergebnis methodisch betrachtet, nicht überzeugt. Darüber hinaus versucht er, die *Nichtpassung* eines Falls sehr diffus mit „unterschiedliche[n] Identitäten, Milieuzugehörigkeiten, sonstiger individueller Motivationslagen und finanzieller Rahmenbedingungen" (ebd.: 109) zu begründen, anstatt diese These mit *qualitativen* Analysemethoden einer (kritischen) Revision zu unterziehen. Der vielversprechende Ansatz, mit Paarinterviews[32] sowie Telefoninterviews mit den jeweiligen Arbeitgebervertretern des Vaters „Entscheidungs-, Aushandlungs- und Umsetzungsprozesse zur Elternzeit von Vätern" (ebd.: 4) zu untersuchen, wird durch eine stark deskriptive und subsumtionslogische Analyse konterkariert.

2. Erforschung von ‚Einflussfaktoren' auf die väterliche Inanspruchnahme von Elternzeit

Mit Einführung des Elterngeldes ist eine Zunahme von quantitativen Studien zu verzeichnen, die auf der Suche nach ‚Determinanten' der Inanspruchnahme[33] von Elternzeit mit Elterngeldbezug bei *Vätern* sind.[34]

---

32 Beim ersten Paar führte Richter (2011: 71f.) Einzelinterviews mit beiden Partnern durch, wechselte dann aber zum Paarinterview.

33 Eine Ausnahme stellt die Studie des RWI (2008) dar, in der auch den „Gründen einer Nichtbeantragung bzw. Nichtbewilligung von Elterngeld" nachgegangen wurde. Demnach konnten oder wollten 68 Prozent der Väter ihren Erwerbsumfang nicht auf 30 oder weniger Stunden pro Woche senken: Darunter 35 Prozent, die berufliche oder betriebliche Gründe und 48 Prozent, die finanzielle Gründe gegen eine Erwerbsunterbrechung oder -reduzierung anbringen. 20 Prozent der befragten Familien ohne Elterngeldbezug des Vaters *befürworten* „explizit eine traditionelle Aufgabenteilung, in der sich die Mutter ganz um das Kind kümmert" (ebd.: 12, 61).

34 Ebenso gibt es Studien, die im Vorfeld der Einführung des BEEGs durchgeführt wurden und deren Ziel es war, die ‚Wirkung' des Elterngeldes zu prognostizieren, z. B. Büchner et al. 2006. Auf der Basis von Mikrosimulationen kommen die Autoren zu dem Ergebnis, dass voraussichtlich überwiegend Mütter Elterngeld in Anspruch nehmen werden. Die ‚Wirkung' auf eine Inanspruchnahme von Elternzeit durch Väter bewerten sie eher kritisch: In Familien, in denen der Vater über ein höheres Einkommen als die Mutter

2.2 Arrangements zwischen Re- und Enttraditionalisierung 43

Als wesentliche *soziodemografische Einflussfaktoren*, die eine Inanspruchnahme der Elternzeit durch den Vater wahrscheinlicher machen, werden ein höheres Alter des Vaters (ca. zwischen 35 und 39 Jahre) sowie eine urbane Lebensweise ausgemacht (Pfahl/Reuyß 2009, Reich 2010, RWI 2008, 2009). Heike Trappe (2013a: 43, Hervorhebung AP), die in ihrer Studie nicht nur nach der Wahrscheinlichkeit eines Elterngeldbezuges des Vaters an sich fahndet, sondern auch nach ‚Determinanten' für die *Dauer* des Elterngeldbezuges des Vaters, kommt hingegen zu dem Ergebnis, das „ein relativ zur Partnerin jüngeres Alter des Mannes einen *längeren* Elterngeldbezug" begünstige.

Einigen Studien zufolge beeinflusst die *Art des Beschäftigungsverhältnisses* ebenfalls einen Elterngeldbezug des Vaters: Eine Tätigkeit im öffentlichen Dienst, in größeren Unternehmen und ein unbefristeter Arbeitsvertrag, erhöhen die Wahrscheinlichkeit eines väterlichen Elterngeldbezuges (Geisler/Kreyenfeld 2012, Pfahl/Reuyß 2009, Reich 2010). In der Studie des RWI (2008: 11f.) hingegen wird kein „signifikanter Einfluss" des Beschäftigungsverhältnisses (befristeter bzw. unbefristeter Vertrag, Beamter, Selbstständiger etc.) festgestellt.

Einen positiven Einfluss einer *Erwerbstätigkeit von Müttern* auf die Inanspruchnahme durch Väter stellt Reich (2010: 15) auf Grundlage ihrer Untersuchung mit Mikrozensusdaten von 2007 fest (zu ähnlichen Ergebnissen kommen u. a.: RWI 2008: 11f., Statistisches Bundesamt 2012c: 1).

Der Einfluss des *Bildungsniveaus* des Vaters, der Mutter oder die Relation der Bildungsniveaus der Partner ist umstritten. Wrohlich et al. (2012: 69) finden weder einen signifikanten Zusammenhang zwischen dem Bildungsniveau des Vaters, als auch der Bildungs*relation* des Paares und Inanspruchnahme von Elternzeit durch den Vater. Während Geisler und Kreyenfeld (2012: 16, 19) für den Untersuchungszeitraum von 1999 bis 2006, also vor Einführung des BEEGs, ebenfalls keinen Zusammenhang zwischen dem Bildungsniveau des Vaters und der Inanspruchnahme von Elternzeit und Erziehungsgeld finden, weisen ihre Daten für den Zeitraum nach 2007 darauf hin, dass Väter mit Universitätsabschluss, die eine

---

verfüge und Elterngeld in Anspruch nehmen würde, wäre zwar die Transferzahlung im Vergleich zum Erziehungsgeld höher. Das *Gesamteinkommen* des Paares wäre jedoch niedriger, verglichen mit der Situation, in der die Mutter Elternzeit/-geld in Anspruch nimmt. Im Anschluss konstatieren die Autoren jedoch, dass das Gesamteinkommen der Familie „in den meisten Fällen hinreichend" sei, um eine Familie zu unterstützen. Ihre kritische Einschätzung zur väterlichen Inanspruchnahme begründen sie letztlich unzulänglich über die geringe Inanspruchnahme des *Erziehungsgeldes/der Elternzeit* durch Väter. Am wahrscheinlichsten schätzen sie eine Inanspruchnahme durch Väter in Zweierbeziehungen ein, die „ohnehin bereits weitgehend egalitäre Geschlechterrollen" (Büchner et al. 2006: 37) aufweisen würden.

höhere Qualifikation als ihre Partnerin haben, eine höhere Wahrscheinlichkeit für eine Inanspruchnahme aufweisen als andere Väter (ebenso: Vogt/Pull 2010). Trappe (2013a: 32f.) kritisiert das Analyseergebnis von Geisler und Kreyenfeld (2012) mit der Begründung, die Autorinnen würden nicht für das Einkommen kontrollieren. Das Ergebnis sei sowohl mit einem verstärkten ökonomischen Anreiz durch das Elterngeld als auch mit einer „normativen Interpretation kompatibel".[35] In ihrer Analyse kontrolliert Trappe (2013a: 39) hingegen für ökonomische Charakteristika des Paares und findet (ebenfalls) einen signifikanten Einfluss des Bildungsniveaus: Einen Partnerantrag stellen häufiger die Paare, in denen beide Partner über eine hohe Bildung verfügen sowie Paare, in denen der Mann im Vergleich zur Partnerin einen höheren Bildungsabschluss aufweisen kann. Demgegenüber verweist die Studie von Reich (2010: 15) auf einen U-förmigen Zusammenhang von *Bildung*, Einkommen und Inanspruchnahme: Demnach nutzen Väter sowohl im oberen als auch unteren Bereich der Bildungs- und Einkommensverteilung häufiger Elternzeit und -geld.

Ökonomischen Ressourcen (i. d. R. ausschließlich operationalisiert über die Erwerbseinkommen der Partner) werden in den vorliegenden Studien widersprüchliche Bedeutungen hinsichtlich der Inanspruchnahme von Elternzeit/-geld durch Väter zugeschrieben. Anhand der Auswertung einer Onlinebefragung mit *Doppelkarrierepaaren* kommen Walther und Lukoschat (2008: 60ff.) zu dem Ergebnis, dass zwischen der Entscheidung für oder gegen eine Elternzeit des Vaters weder ein statistischer Zusammenhang mit der Höhe seines Einkommens vorhanden ist, noch mit der Differenz zwischen den Einkommen der Partner, auch wenn das Einkommen der Frau höher war als das des Mannes. Ebenfalls keinen signifikanten Zusammenhang zwischen dem *Nettohaushaltseinkommen* und der Inanspruchnahme von Elternzeit durch Väter finden Wrohlich et al. (2012: 67f.) und Trappe (2013a: 39). Dennoch kommt Trappe (ebd.: 28, 29) in ihrer Studie zu dem Ergebnis, *dass* ökonomische Aspekte für einen Elterngeldbezug von Vätern *und* für die Dauer ihrer Elternzeit von „erheblicher" Bedeutung sind. Sie berücksichtigt in ihren Berechnungen den „partnerschaftlichen Kontext", d. h. sozialstrukturelle Merkmale und ökonomische Ressourcen (faktisch: Erwerbseinkommen) *beider* Partner. Demnach geht der „deutlich stärkste Einfluss" von den ökonomischen Ressourcen der Frau aus: sowohl erhöht sich die Wahrscheinlichkeit, dass überhaupt ein Partnerantrag des Mannes gestellt wird (so auch Reich 2010) als auch eines längeren Bezugs. Die Wahrscheinlichkeit eines väterlichen Elterngeldbezugs sei dann am größten, wenn das Einkommen der Partnerin zur höchsten Einkom-

---

35 Das Argument von Trappe erschließt sich mir nicht und die Autorin führt den Verweis auf eine mögliche „normative Interpretation" im Text nicht weiter aus.

2.2 Arrangements zwischen Re- und Enttraditionalisierung

mensgruppe zählt, umgekehrt reduziere ein höheres Einkommen des Mannes die Chance auf väterlichen Elterngeldbezug (Trappe 2013a: 39f.).

Während Reich (2010: 15), wie bereits ausgeführt, einen U-förmigen Zusammenhang zwischen Bildung, *Einkommen* und *Inanspruchnahme* konstatiert, beschreibt Trappe (2013a: 43) den Zusammenhang zwischen *Bezugsdauer* des Elterngeldes durch den Vater und ökonomischer Ressourcen als U-förmig: Betrachtet man die Relation der Nettoeinkommen beider Partner im Jahr vor Geburt des Kindes, würden sich sowohl ein niedriges als auch ein hohes Einkommen *des Mannes* positiv auf einen längeren Elterngeldbezug auswirken. Berücksichtige man demgegenüber ausschließlich die absolute Höhe der Einkommen, dann begünstigen v. a. ein geringes Einkommen des Mannes und ein hohes der Partnerin eine längere väterliche Elternzeit.

In einigen Studien wurde darüber hinaus nach ost- und westdeutschem Wohnort der Paare differenziert. Trappe (2013a: 39) zufolge, verstärkt ein höheres Einkommen der Frau im Vergleich zu ihrem Partner insbesondere für in Westdeutschland lebende Paare die Wahrscheinlichkeit eines väterlichen Elterngeldbezuges. Und hier hat auch ein höheres Einkommen des Mannes v. a. einen negativen Effekt, während für ostdeutsche Paare dies weniger zutrifft. Geisler und Kreyenfeld (2012: 14) finden (eher allgemein) diesbezüglich einen Zusammenhang, nachdem ostdeutsche Väter mit höherer Wahrscheinlichkeit Elternzeit nutzen als westdeutsche, während Reich (2010: 12) lediglich einen marginalen ‚Effekt' einer ost- oder westdeutschen Herkunft ausmacht.

Jenseits von ökonomischen ‚Faktoren' konstatiert Trappe (2013a: 28) in ihrer Untersuchung, erhöhe eine „besondere Lebenssituation der Partnerin (z. B. einer selbstständigen Beschäftigung oder einer Ausbildung)" statistisch die Wahrscheinlichkeit eines *längeren* Elterngeldbezuges des Vaters.

Welche Erkenntnisse lassen sich nun aus den vorgestellten Studien ziehen? Es fällt zunächst auf, dass sich einige Befunde deutlich widersprechen, was z. T. auf die unterschiedlichen Datensätze und gerechneten statistischen Modelle zurückzuführen sein dürfte.

Tabelle 5 Überblick zu Datengrundlagen quantitativer empirischer Studien zur Inanspruchnahme von Elternzeit/-geld durch Väter

Studie	Datengrundlage
Rheinisch-Westfälisches Institut für Wirtschaftsforschung (RWI) 2008	Daten des Statistischen Bundesamtes zur Elterngeldstatistik, Zeitraum: 1. Quartal 2007 Daten aus einer telefonisch durchgeführten Befragung zu „Wahrnehmung und Einschätzung der Neuregelegung" Befragung „Junge Familie 2008 (I)" von Mai bis Juni 2008: Befragung von Eltern zu ihren Elterngelderfahrungen, deren jüngstes Kind im Zeitraum Januar bis März 2007 geboren wurde; bundesweit, repräsentative, schriftlich durchgeführte Befragung von 2.050 Elternhaushalten Befragung „Junge Familie 2008 (II)", Mai bis Juni 2008: Befragung von Eltern, deren jüngstes Kind *kurz vor* der Einführung des BEEGs geboren wurde, Befragung von 1.151 Elternhaushalten in zwei Bundesländern
Rheinisch-Westfälisches Institut für Wirtschaftsforschung (RWI) 2009	Daten des Statistischen Bundesamtes zur Elterngeldstatistik: Antragsstatistik sowie Statistik der beendeten Elterngeldbezüge für 2007 und 2008 schriftliche, bundesweite (außer Bremen und Thüringen), repräsentative Befragung von Eltern, deren Kind im April 2007 geboren wurde (zufällige Stichprobe auf Grundlage der Datenbestände der Elterngeldstellen)
Walther/Lukoschat 2008	bundesweite (nicht-repräsentative) Onlinebefragung von 1.147 Personen in Fach- oder Führungspositionen (977 Frauen und 195 Männer; überwiegend aus Westdeutschland), Zeitraum: 2007 qualitative Leitfadeninterviews mit 25 Doppelkarrierepaaren mit mind. einem Kind, überwiegend aus Westdeutschland, Zeitraum: 2007
Pfahl/Reuyß 2009, 2010	bundesweite (nicht-repräsentative) quantitative Online-Befragung von 624 erwerbstätigen ‚Elterngeldvätern', Zeitraum: August bis November 2008 qualitative Leitfadeninterviews mit 29 männlichen Elterngeld-Nutzern und 23 betrieblichen Experten aus acht Betrieben, Zeitraum: November 2008 bis Februar 2009
Vogt 2010, Vogt/Pull 2010	bundesweite (nicht-repräsentative) quantitative Onlinebefragung von erwerbstätigen Vätern, deren Kind(er) nach dem 01.01.2001 geboren wurde(n), Zeitraum: 2008 Stichprobe umfasst 1.290 Väter, von denen 484 Elternzeiterfahrung haben
Reich 2010, 2011	Daten des Mikrozensus von 2007 Stichprobe 4.453 Väter, davon 227 Väter in Elternzeit

2.2 Arrangements zwischen Re- und Enttraditionalisierung

Studie	Datengrundlage
Geisler/Kreyenfeld 2012	Daten des Mikrozensus von 1999 bis 2009 Männer zwischen 18 und 50 mit mind. einem Kind unter drei Jahren im Haushalt Stichprobe gesamt 99.361 Befragte, davon 703 Väter in Elternzeit
Wrohlich et al. 2012	SOEP v27 2010 „Familien in Deutschland" (FiD 2010)
Trappe 2013a, b	Datensatz a) für Inanspruchnahme des Elterngeldes durch Väter: bundesweite Befragung, für Deutschland repräsentativer Datensatz „Junge Familie 2008 (I) und (II)" (vgl. RWI 2008) Datensatz b) für Aufteilung der Bezugsmonate innerhalb des Paares: Daten der Elterngeldstellen der Länder Mecklenburg-Vorpommern und Schleswig-Holstein, Stichprobe: Väter in Doppelverdienerhaushalten mit Elterngeldbezug für ein Kind, welches 2007, 2008 oder 2009 geboren wurde

Der tabellarische Überblick zu den verschiedenen Datensätzen verdeutlicht die jeweiligen Schwachstellen in den Datengrundlagen: Die Onlinebefragungen sind nicht repräsentativ. Bei der Untersuchung des RWIs (2008) ist problematisch, dass für die Ergebnisse zu Erwerbsunterbrechungen und Elternzeit von Vätern, nicht die *Väter selbst,* sondern ausschließlich ihre Partnerinnen befragt wurden.[36] In der Teilstudie von Trappe (2013a: 34f.) zur *Bezugsdauer* sind nur die Elterngeldempfänger berücksichtigt, da es keine entsprechenden Daten zu den Paaren bzw. Vätern gab, die *kein* Elterngeld beantragt haben. Damit fehlt jedoch die zentrale Vergleichsgruppe um zentrale ‚Determinanten' der Inanspruchnahme vs. Nicht-Inanspruchnahme ausmachen zu können.

Zu bedenken ist weiterhin, dass in allen Studien mit theoretischen Modellen des (neo-)utilitaristischen Paradigmas gearbeitet wird, welche als Handlungsmodell das der rationalen Wahl voraussetzen (vgl. Kap. 2.3 und 3.3). Dieses Modell ist in vielfacher Hinsicht unterkomplex: 1. Mögliche Anreize oder Sanktionen auf gesetzlicher Ebene ‚übersetzen' sich nicht widerspruchsfrei in individuelles bzw. paarbezogenes *Handeln* (vgl. Kap. 3 in diesem Buch). 2. Diese Anreize und Sanktionen sind selbst nicht widerspruchsfrei (vgl. Kap. 2.1). 3. Individuen und Paare sind in verschiedene „soziale Kreise" (Simmel 1923), wie Arbeitsmarkt bzw. Arbeitgeber und Kollegen, Familie und Freunde, mit komplexen Verwobenheiten eingebunden.

---

[36] Der Titel der Befragung „Junge Familie (I, II)" ist irreführend, da der schriftliche Fragebogen *explizit* und *ausschließlich* an eine weibliche Betreuungsperson gerichtet wurde.

Für die diskutierten Studien lässt sich zudem das Problem mangelnder Theoriebildung konstatieren. Zur Generierung von zu testenden Hypothesen wird auf vorhandene Theorien, wie Ressourcen- und Austauschtheorie zurückgegriffen. Finden sich dann *entgegen* der Annahmen statistisch signifikante Zusammenhänge, werden in den Studien (alltagsweltlich inspirierte) *Vermutungen* zu möglichen Erklärungen präsentiert, die jedoch nicht einer weiteren *systematischen* Überprüfung im Sinne einer Theoriebildung, -anpassung und/oder -erweiterung unterzogen werden. Als Erklärung bspw. für den U-förmigen Zusammenhang von Bezugsdauer des Elterngeldes durch den Vater und ökonomischer Ressourcen (Einkommen) vermutet Trappe (2013a: 43) „niedrigere Opportunitätskosten einer längeren Erwerbsunterbrechung" bei einem geringeren Einkommen des Mannes und leichtere Finanzierbarkeit und das ‚Sich leisten können' bei denen mit höherem Einkommen. Es sei exemplarisch, aber durchaus symptomatisch für alle hier vorgestellten Studien, aus der Untersuchung von Trappe zitiert:

> „Der Befund [zum eigenständigen ‚Einfluss' von Bildung, AP] ist jedoch für mehrere Interpretationen offen, die von egalitären Vorstellungen über Geschlechterrollen bis zu einem besonderen beruflichen Selbstbewusstsein reichen (Richter 2012), und er sollte in künftigen Untersuchungen genauer hinterfragt werden." (ebd.: 45)

Zugespitzt bedeutet das, dass diese Studien Ergebnisse produzieren, welche sie *nicht* mit Hilfe der Theorien, aus denen sie zu testende Hypothesen gebildet haben, interpretieren und erklären können.

3. Erforschung von betrieblichen Anreizen und Hindernissen für die Inanspruchnahme von Elternzeiten durch Väter

Während in den bisher vorgestellten Studien gesetzliche Möglichkeiten und sog. ‚ökonomische Anreize' als relevant für die Aufteilungsentscheidung des Paares gesetzt wurden, fokussieren andere empirische Studien auf Arbeitsorganisationen und deren Relevanz (Cornelißen et al. 2011, Possinger 2010, 2013, Gärtner 2012, Richter 2011). So arbeitet Possinger (2010: 31) anhand einer Einzelfallstudie zu einem Unternehmen heraus, dass eine „Diskrepanz von Anspruch und Wirklichkeit" bestehe. Sie identifiziert auf der Ebenen der Unternehmenskultur, des Arbeits- und Betriebsklimas „informelle Normen, Einstellungen und Verhaltenskodices", welche dem *formellen* Postulat und Bekenntnis des Unternehmens zu Familienfreundlichkeit widersprechen. Durch ihre detaillierte Einzelfallstudie kann Possinger zeigen, dass (Un-)Verständnis und (fehlende) Unterstützung für Elternzeit abhängig ist vom Arbeitsbereich und den Arbeitsanforderungen:

2.2 Arrangements zwischen Re- und Enttraditionalisierung

„Je höher der vom Beschäftigten empfundene, alltägliche Leistungsdruck der Arbeit ist, desto mehr befürchtet dieser, dass sein Wunsch, in Elternzeit zu gehen, bei seinem unmittelbaren Arbeitsumfeld Unverständnis und fehlende Unterstützung erntet." (Possinger 2010: 31)

Darüber hinaus relativieren die Arbeitseinstellungen und die persönlichen Lebenssituationen der unmittelbaren Kollegen den *Anspruch* des Unternehmens familienfreundlich zu sein. Die *gelebte* Familienfreundlichkeit stellt sich demzufolge als stark kontextabhängig dar: Insbesondere wenn die Mehrheit der Kollegen kinderlos sei, habe dies „hohes Unverständnis" bis hin zu informellen Sanktionen zur Folge (ebd. 32). Ebenso werden für Führungskräfte, von ihnen selbst und anderen Befragten, die Spielräume desto geringer eingeschätzt, je höher die berufliche Position des Beschäftigten ist. Die Autorin konstatiert in diesem Zusammenhang eine ausgeprägte Norm der Anwesenheit und Verfügbarkeit für Führungskräfte in dem untersuchten Unternehmen. Für Väter, die Elternzeit in Anspruch nehmen möchten, komme erschwerend hinzu, dass sie eher als (‚traditioneller') Ernährer der Familie und weniger als Familienarbeiter gesehen werden. Das Vereinbaren von Familien- und Erwerbsarbeit werde vielmehr als „Frauenproblem" erachtet. In Führungspositionen hingegen gelten für alle die gleichen Regeln: hier seien familienbedingte Freistellungen, wie Elternzeit, „weder bei Männern noch bei Frauen in Führungspositionen erwünscht" (ebd.: 33). Vor diesem Hintergrund fällt das Fazit der Autorin (ebd.: 35) verhalten aus:

„Noch stößt eine Entscheidung von Vätern, mehr Zeit mit der Familie zu verbringen, beispielsweise durch die Elternzeit, im Arbeitsumfeld des Einzelnen überwiegend auf Unverständnis, Irritationen und fehlende Anerkennung. Sowohl von der Unternehmensführung selbst als auch von den Beschäftigten werden familienbedingte Freistellungsmöglichkeiten vor allem als Angebote für Mütter wahrgenommen. Lebensentwürfe aktiver Vaterschaft, die das Engagement des Vaters bei der Kindererziehung zeitlich ermöglichen würden, sind (noch) nicht vorgesehen."

In der Gesamtbetrachtung der drei skizzierten Forschungsfelder zur Entwicklung einer Typologie von ‚Elterngeldvätern', ‚Einflussfaktoren auf die väterliche Inanspruchnahme von Elternzeit' sowie betrieblichen Anreizen und Hindernissen zeigt sich, dass sich das sozialwissenschaftliche Untersuchungsinteresse von Vereinbarungshindernissen für Mütter hin zu denen von Vätern verschoben hat. Insbesondere seit Einführung des Elterngeldes wird nach ‚Determinanten' der *väterlichen* Inanspruchnahme gesucht. Döge (2007: 31) konstatiert diesbezüglich, dass „der Grund dafür, dass Mütter in der Regel in Elternzeit gehen, (…) bisher nicht so intensiv analysiert worden" sei „wie die Ursachen dafür, dass Männer Elternzeit nicht in Anspruch nehmen".

Noch vor zwanzig Jahren war es relativ unumstritten, dass der Übergang zur Elternschaft die weibliche Biographie „ungleich stärker beeinflußt (...) als die männliche" (Rost/Schneider 1994: 35). Die dargestellten aktuellen Forschungsergebnisse zeigen eine Ausdifferenzierung dieses Befundes: Zwar ist es nach wie vor statistisch wahrscheinlicher, dass Mütter und nicht Väter im Zuge der Familiengründung ihre Erwerbsarbeit (länger) unterbrechen. Dennoch ist in Ansätzen ein Wandel zu erkennen: Zunehmend mehr Väter beanspruchen Elternzeit und -geld.

Weitgehende Einigkeit besteht in der sozialwissenschaftlichen Forschung auch darüber, dass sich die Lebensführung junger Frauen und Männer *vor der Familiengründung* überwiegend angeglichen hat (Geissler/Oechsle 1996, Geissler 2009: 33) und dass die Familiengründung, die ‚Elternwerdung', also der Übergang von der Zweierbeziehung zur ‚Familie', als folgenreiche Statuspassage gelten kann.

Aber auch wenn für die Zeit vor der Familiengründung eine zunehmend egalitäre Arbeitsteilung verzeichnet wird, soll dies nicht darüber hinwegtäuschen, dass es dennoch geschlechterdifferenzierende Zuschreibungen *innerhalb* der zunehmend egalitär geteilten *Hausarbeit* gibt. Hochschild (1990: 31) beschrieb dies Phänomen 1989/90 für US-amerikanische Paare wie folgt:

> „Doch auch bei gerechterer Verteilung der Aufgaben übernehmen die Frauen zwei Drittel der täglich anfallenden Arbeiten, wie beispielsweise Kochen oder Aufräumen, die Aufgaben also, die sie in einen rigiden Zeitplan drängen. (...) Frauen kümmern sich mehr um die Kinder, Männer reparieren öfter Haushaltsgeräte. Doch ein Kind braucht jeden Tag Fürsorge, die Reparatur eines Geräts kann warten, „bis ich Zeit habe". Männer haben also mehr Spielraum, *wann* sie ihren Beitrag leisten wollen."

Maiwald (2010: 258) beobachtet, dass Väter vor allem Aufgaben übernehmen, die zeitlich eher disponibel sind, wie Kind baden und zu Bett bringen. Drängende Versorgungsaufgaben wie füttern, Windeln wechseln und nachts aufstehen, fielen hingegen nach wie vor in den primären Zuständigkeitsbereich von Müttern (vgl. auch Berk 1985: 9, Hochschild 1990: 31).[37]

Ergebnis zahlreicher Studien ist, dass Paare zunehmend Haus- *und* Familienarbeit egalitärer teilen *wollen* (exemplarisch Burkart 1994: 287f., Geissler/Oechsle 1996, Hochschild 1990: 44). Relativ unumstritten ist das Phänomen, dass nach der Geburt des ersten Kindes sich diese relativ egalitären *Einstellungen* nicht im elterlichen *Handeln* fortsetzen. Pointiert formuliert es Gesterkamp (2007: 77):

---

37 Auf dichotom aufgeladene Verteilungsmodi bei der *Hausarbeit* weisen Cornelia Koppetsch und Günter Burkart (1999: 214) hin: Demnach übernehmen Männer eher die „öffentlichen, draußen ausgeführten, repräsentativen oder „sauberen" Arbeiten", wie Wohnzimmer aufräumen, und Frauen stärker innerhäusliche Arbeiten, wie Toilette und Bad putzen.

2.2 Arrangements zwischen Re- und Enttraditionalisierung

„Wäre es möglich, aus Einstellungsuntersuchungen auf das praktische Alltagshandeln der Menschen zu schließen, müsste man annehmen, dass sich die meisten Männer sehr engagiert um ihre privaten Verhältnisse bemühten."

In der Folge einer Überschätzung von artikulierten egalitären Beziehungs*idealen* hinsichtlich ihrer praktischen Umsetzung im familialen Alltag, zieht z. B. Beckmann (2007: 382) vorschnell den Schluss, dass bislang „emanzipatorische Entwicklungen einer egalitären Arbeitsteilung zwischen Männern und Frauen durch sozialpolitische Rahmenbedingungen begrenzt wurden". Das BEEG stelle nun die politische Anerkennung eines „geschlechterkulturellen Wandels hinsichtlich der Verteilung von Arbeit zwischen Männern und Frauen" dar. Ein solcher geschlechterkultureller Wandel, wie aus dieser Sicht angenommen, entpuppt sich jedoch v. a. im Bereich der Familienarbeit als „Illusion der Emanzipation" (Koppetsch/Burkart 1999) oder „rhetorische Modernisierung" (Wetterer 2003).

Als zentraler Ausgangspunkt für eine *Retraditionalisierung* der Arbeitsteilung zwischen den Geschlechtern gilt, wie bereits angedeutet, die Familiengründung:[38] Mütter unterbrechen oder reduzieren dann ihre Erwerbsarbeit und werden überwiegend für Familien- und Hausarbeit zuständig, während Väter sich verstärkt beruflich engagieren und in der Familie eher unterstützend tätig werden. Dieser sehr allgemeine Befund wird im Folgenden für Doppelkarrierepaare, gleichgeschlechtliche Paare und differenziert für Ost- und Westdeutschland diskutiert.

Sozialwissenschaftliche Forschungen zeigen, dass *kinderlose* Doppelkarrierepaare nicht nur in der beruflichen ‚Gleichstellung' sondern auch in der häuslichen Arbeitsteilung ein relativ hohes Maß an Egalität aufweisen (u. a. Behnke/Meuser 2003, 2005, Wimbauer et al. 2007b, Henninger et al. 2008a). Doppelkarrierepaare erscheinen vielen Sozialwissenschaftlern als potenzielle „Lebensstilpioniere" (Hertz 1986) für innerpartnerschaftliche Gleichberechtigung eine Untersuchung wert, da beide Partner hohe berufliche Ambitionen haben und i. d. R. beide nicht bereit sind, „dafür Beziehung und Familien hintenan zustellen" (Behnke/Meuser 2005: 124). Als Doppelkarrierepaare (Dual Career Couples, DCC) werden jene Paare bezeichnet, bei denen beide Partner über einen hohen (meist akademischen) Bildungsabschluss und eine hochqualifizierte Berufsausbildung verfügen, eine hohe (lebenslange) Aufstiegs- und Karriereorientierung aufweisen und eine eigenständige Berufskarriere anstreben (ebd.: 124). Henninger et al. (2008a: 2, 17f.) erweitern die Definition um Paare, in denen beide Partner eine hohe Bildung besitzen, starke berufliche Ambitionen haben (commitment) und eine eigenständige Berufslaufbahn

---

38 Diskutiert haben dieses Phänomen u. a. Hochschild 1990, Reichele 1996, Fthenakis et al. 2002, Schulz/Blossfeld 2006, Grunow et al. 2007, Rüling 2007, Kahlert 2007, Huinink/Reichart 2008.

verfolgen oder verfolgen wollen, d. h. inbegriffen sind auch (Akademiker-) Paare mit hoher Berufsorientierung, „die diese aber (momentan) nicht realisieren können." Empirische Studien zu diesen potenziellen ‚Lebensstilpionieren' verweisen jedoch trotz des hohen Egalitätspotenzials auf (dennoch) existierende geschlechtsbezogene Ungleichheiten hin, welche dazu führen, dass „die Karriere der Frau im Zeitverlauf oftmals hinter diejenige des Mannes zurück gestellt wird" (Wimbauer et al. 2007b: 34f.). Zum einen konnten Behnke und Meuser (2003, 2005) zeigen, dass Frauen in diesen Paaren für das „Vereinbarkeitsmanagement" von zwei Karrieren sowie von Karriere und Familienarbeit zuständig waren. Zum anderen stellt auch bei diesen Paaren die Familiengründung das zentrale ‚Einfallstor' für eine Retraditionalisierung der Arbeitsteilung dar (vgl. Rüling 2007). Dieser „traditionalisierende" Effekt stabilisiere sich und werde im Verlauf der Beziehung in der Mehrzahl der Fälle nicht mehr ausgeglichen oder revidiert (Rost/Schneider 1994: 48, Maiwald 2009: 302f.) oder wie Huinink (2008: 74) es fasst: „die Entwicklung Richtung Traditionalität [ist, AP] im Wesentlichen ein Weg ohne Wiederkehr".

Neben den Doppelkarrierepaaren gerieten als ‚neue' Lebensstilpioniere zunehmend gleichgeschlechtliche Paare mit Kindern in den Fokus empirischer Untersuchungen (für den deutschsprachigen Kontext Rupp 2011). Ihnen wird ebenfalls ein hohes Maß an Egalität hinsichtlich der Teilung von *Haus- und Erwerbsarbeit* bescheinigt (Perlesz et al. 2010, Schürmann 2005, Bergold/Rupp 2011, Dürnberger 2011). Die egalitäre Verteilung der *Hausarbeit* und z. T. *Familienarbeit* bei gleichgeschlechtlichen Paaren, unabhängig vom Erwerbsstatus, wird in den meisten Studien über die starke Ausprägung egalitärer Partnerschaftsideale erklärt (Blumstein/ Schwartz 1983, Reimann 1997, Buba/Vaskovics 2001).[39]

Für lesbische *Paarhaushalte mit Kindern* konstatieren hingegen andere empirische Studien, dass ‚biologische' oder ‚leibliche' Mütter[40] mehr *Haus- und Familienarbeit* leisten als ihre Partnerinnen und ‚soziale Mütter' mit einer höheren Stundenzahl einer bezahlten Erwerbstätigkeit nachgehen, v. a. wenn das Kind/die Kinder jünger sind (Goldberg/Perry-Jenkins 2007).[41] Kritisch zu betrachten sind in diesem Zusammenhang die Ergebnisse quantitativer (Einstellungs-)Studien: Das konstatierte hohe Maß an Egalität in gleichgeschlechtlichen Paaren könnte sich womöglich ebenso z. T. als ‚Egalitätsmythos' erweisen, wie es Koppetsch und Burkart (1999)

---

39   Für eine Differenzierung der Ergebnisse nach lesbischen und schwulen Paaren, vgl. Schürmann 2005, Downing/Goldberg 2011, Dalton/Bielby 2000.

40   Eine kritische Betrachtung der in der Forschungsliteratur häufig getroffenen Unterscheidung von ‚biologischen' und ‚sozialen' Müttern (und Vätern) erfolgt in Kap. 2.3.

41   Vgl. auch Downing/Goldberg 2011, Oerton 1997, Perlesz et al. 2010, Dürnberger 2011, Schürmann 2005.

2.2 Arrangements zwischen Re- und Enttraditionalisierung

für ungleichgeschlechtliche Paare im individualisierten Milieu gezeigt haben. So konstatieren Downing und Goldberg (2011) in ihrer Studie zu gleichgeschlechtlichen Familien, dass in diesen ebenso wie in ungleichgeschlechtlichen (wenn auch längst nicht so häufig) das Phänomen eines „primary caregivers" zu finden sei, welcher in *allen* Fällen die ‚leibliche' Mutter ist. Über die Annahme eines „primary caregivers" werde Ungleichheit in der Teilung von Familien- und Erwerbsarbeit in den Paarbeziehungen hergestellt und legitimiert. Da sich die Arrangements der Arbeitsteilung bei genauerer Betrachtung als wesentlich vielfältiger darstellen, gilt es, die a priori Annahme von Egalität, mit dem Argument *Geschlecht* wäre irrelevant wegen einer gleichgeschlechtlichen Paarkonstellation, zu hinterfragen.

Neben der Differenzierung von Befunden für Doppelkarrierepaare und gleichgeschlechtliche Paare lassen sich innerfamiliale Arrangements ungleichgeschlechtlicher Paare für *Ost- und Westdeutschland* getrennt betrachten: Cornelia Behnke (2012) zeigt in ihrer qualitativen Studie, dass für Väter in *Westdeutschland* insbesondere das Zusammensein mit den Kindern eher den Charakter von Erholung und Attraktion habe, während für Frauen „die Sphäre des Hauses immer primär eine Sphäre der alltäglichen Arbeit" sei.

> „Männliches Engagement in Haushalt und Kindererziehung wird (...) von den Frauen goutiert, sofern ihre Hauptzuständigkeit für diesen Bereich in Geltung bleibt. Dies ist bei den meisten Paaren der Fall, die meisten Männer bekunden unaufgefordert, dass sie sich im Bereich des Haushalts und der Kindererziehung nicht mit ihren Frauen messen können. Wenn die Hauptzuständigkeit der Frau in Frage gestellt wird, kann der männliche Einsatz im Haus auf die Frau wie ‚Amtsanmaßung' wirken." (ebd.: 55)

Die interviewten Paare äußern nicht *explizit* ihre Aufgabenteilung ausgehandelt zu haben, vielmehr engagiere sich in einer Art selbstverständlicher Übereinkunft der Mann als Hauptverdiener und die Frau als Hauptverantwortliche für Familienarbeit. Begründet wird dies von Paaren *ökonomisch*:

> „Der auf Nachfrage zumeist erfolgende Verweis auf das bessere Einkommen des Mannes ist nur ein Teil der Wahrheit. Zwar ist in den meisten (nicht allen) Fällen das Einkommen des Mannes tatsächlich höher. Neben der Ökonomie erweist sich aber die in aller Regel von beiden Partnern angenommene größere Zuständigkeit der Frau für die Kinder – weil es für eine Frau irgendwie legitimer ist, zu Hause zu bleiben oder weil ihr ein bisschen mehr Kompetenz im Umgang mit den Kindern zugeschrieben wird – als mindestens ebenso bedeutsam." (ebd.: 57)

Dieses Muster dominiere auch dort, so die Autorin, wo annähernd Einkommensgleichheit zwischen den Partnern bestehe. Unabhängig davon wie die innerfamiliale

Arbeitsteilung konkret gelebt wurde, betonten insbesondere Paare der Mittelschicht, dass sie dem „Prinzip der Gleichheit in der Partnerschaft verpflichtet" seien (ebd.: 59). Im Gegensatz dazu sei für Paare in *Ostdeutschland* die doppelte Erwerbstätigkeit selbstverständlich.

> „Begründet werden familiale Arrangements milieuübergreifend mit dem Verweis auf das Gewohnte: „Wir sind auch beide so aufgewachsen, dass wir es beide so kennen". Hier zeigt sich über das Thema der doppelten Erwerbstätigkeit hinaus ein typisches Begründungsmuster der ostdeutschen Paare: Es wird im Zusammenhang mit der eigenen Lebensführung häufig auf die Figur des Normalen, des Vertrauten, des Gewohnten verwiesen." (ebd.: 78)

Frauen sind selbstverständlich erwerbstätig und Männer sind (in unterschiedlichem Maße) in die alltägliche Organisation des familialen Lebens eingebunden, was ebenfalls als Selbstverständlichkeit oder Notwendigkeit gerahmt wird. Im Vergleich zu westdeutschen Paaren rekurrieren die ostdeutschen dabei nicht auf Aspekte wie Selbstverwirklichung oder Gleichberechtigung der Geschlechter. In der Selbstdarstellung in den „gehobenen Milieus" findet sich z. T. eine ambivalente Orientierung: „Der selbstbewusst vorgetragene Rekurs auf ostdeutsche Normalität und Tradition und die (eher latente) Orientierung an tradierten westdeutschen Werten, die in Richtung gut bürgerlicher Hausfrauenehe gehen" (ebd.: 84f.).

Während die prinzipielle *Verantwortung* für die Familienarbeit sowohl in West- wie in Ostdeutschland überwiegend Müttern zugeschrieben wird, gibt es in Ostdeutschland (nach wie vor) eine stärker ausgebaute öffentliche Betreuungsinfrastruktur, *und* die öffentliche Betreuung von Kleinkindern erfährt eine größere gesellschaftliche Akzeptanz (vgl. Henninger et al. 2008a: 11), im Sinne einer unhinterfragten Selbstverständlichkeit, als in Westdeutschland. Somit werden *Mütter* in Ostdeutschland in ihrer Betreuungsverantwortung *institutionell* stärker entlastet und eine Erwerbstätigkeit ‚trotz' Kind(er) ist selbstverständlicher. Wie die folgende Tabelle zeigt, ist eine Vielfalt von Erwerbskonstellationen – jenseits des ‚traditionellen' männlichen Ernährermodells – in Paarhaushalten mit Kindern (bis 18 Jahre) zu verzeichnen:

2.2 Arrangements zwischen Re- und Enttraditionalisierung

Tabelle 6 Erwerbsmuster in Paarhaushalten mit Kindern in Deutschland (2007)

Erwerbskonstellationen (in Prozent)	Ost	West	Gesamt
Zweiverdienerhaushalte insgesamt	70,6	61,6	63,1
davon: beide Vollzeit	37,0	10,9	15,4
Mann: Vollzeit, Frau: Teilzeit	31,0	47,5	44,6
Mann: Teilzeit, Frau: Teilzeit oder Vollzeit	2,6	3,2	3,1
Weibliche Einverdienerhaushalte	8,7	6,2	6,6
Männliche Einverdienerhaushalte	15,2	29,1	26,8

Eigene Darstellung, Daten aus Klenner et al. 2011: 42.

Die Daten verweisen darauf, dass Zweiverdienerhaushalte mit je unterschiedlichen Arbeitszeitmodellen überwiegen: Demnach beteiligen sich (wenn auch z. T. in unterschiedlichem Ausmaß) *beide Partner* in 60 bis 70 Prozent der Paarhaushalte mit Kindern an der Erwirtschaftung des Familieneinkommens. Die Beteiligung an der Familienarbeit hingegen, insbesondere in Form von Elternzeit, kann als eher einseitige Angelegenheit beschrieben werden: Für die Kleinkindbetreuung sind – auch nach der Elterngeldreform – nach wie vor überwiegend Mütter zuständig, so nehmen ca. 95 Prozent Elternzeit und -geld in Anspruch. Demgegenüber stehen ca. 20 Prozent der Väter (betrachtet für 2011), die ein oder zwei ‚Partnermonate' nehmen, meist parallel zur Mutter, und schließlich 10 Prozent, die länger als zwei Monate Elternzeit/-geld nehmen. Mit mehr als *70 Prozent* überwiegen die Väter, die ihre Erwerbstätigkeit *nicht* unterbrechen und deren Partnerinnen meist mind. 12 Monate Elternzeit in Anspruch nehmen. Für den Bereich der Familienarbeit sind demnach viel stärker als für die Erwerbsarbeit *geschlechterdifferenzierende* und weniger egalitäre Beteiligungen zu beobachten.

Offen bleibt bei diesen Befunden jedoch, *wie* es dazu kommt und welche paarinternen Prozesse zu einer geschlechterdifferenzierenden Arbeitsteilung in der Kleinkindbetreuung führen.

2.3 Erklärungsansätze zur geschlechterdifferenzierenden Arbeitsteilung

> „Das höhere Gehalt eines Mannes, seine längere Arbeitszeit, der Umstand, daß seine Mutter Hausfrau war oder sein Vater zu Hause kaum mithalf, schließlich sein Männer- und sein Frauenbild – all diese Faktoren vermochten keine wirkliche Erklärung dafür zu liefern, warum einige Frauen einen Monat Mehrarbeit pro Jahr leisteten und andere nicht." (Hochschild 1990: 38)

Studien zur innerfamilalen Arbeitsteilung, die mit quantitativen Methoden arbeiten und sich innerhalb des (neo-)utilaristischen Paradigmas verorten lassen, greifen überwiegend auf Ressourcentheorien (u. a. Blood/Wolfe 1960, Ott 1992) und Theorien zur (neuen) Haushaltsökonomie (u. a. Becker 1991, Berk/Berk 1983, Berk 1985) zurück. Demnach streben die Partner einerseits danach, den *gemeinsamen* Nutzen zu maximieren, indem sie durch ihre Arbeitsteilung die „komparativen Vorteile im Bereich bezahlter Erwerbsarbeit und unbezahlter Reproduktionsarbeit" ausnutzen (Trappe 2013a: 30). Entsprechend der Ressourcentheorie streben die Partner andererseits danach ihren *individuellen* Nutzen zu maximieren, indem sie „ihre jeweiligen Ressourcen, wie Bildung, Beruf und Einkommen in innerpartnerschaftlichen Aushandlungen" einsetzen (ebd.: 30). Angenommen wird, dass „der Partner mit den besseren Chancen für eine Verwertung der Ressourcen auf dem Arbeitsmarkt" eine günstigere Verhandlungsposition innehabe, um Fürsorgearbeit an den Partner/die Partnerin oder Dritte zu verweisen (ebd.: 30, u. a. mit Verweis auf Mannino/Deutsch 2007). Nicht erklärt werden kann mit diesen Ansätzen, die auf eine Spezialisierung der Partner in den Bereichen Erwerbs- und Familienarbeit fokussieren, wie es zu einer *egalitären* Arbeitsteilung, v. a. bei gleichgeschlechtlichen, aber auch ungeschlechtlichen Paaren kommen kann (Dürnberger 2011: 149f.).

Grunow, Schulz und Blossfeld (2007: 162) konstatieren in diesem Zusammenhang eine Dominanz von Theorien, „die davon ausgehen, dass die Männer ihren Anteil an der Hausarbeit [und Familienarbeit, AP] quasi automatisch erhöhen, wenn sich die ökonomischen Ressourcenverhältnisse innerhalb der Paare zugunsten ihrer Frauen verschieben." Befunde einiger empirischer Untersuchungen (Brines 1994, Blossfeld/Drobnič 2001, Bittman et al. 2003) würden hingegen zeigen, „dass die ökonomischen Ressourcenverhältnisse der Partner als Faktor der Enttraditionalisierung der Arbeitsteilung im Haushalt offensichtlich viel zu optimistisch bewertet worden" seien (Grunow et al. 2007: 163). Dessen ungeachtet liegt der Fokus in quantitativen Studien zur Inanspruchnahme von Elterngeld und -zeit sowie allgemeiner zur innerfamilalen Arbeitsteilung auf Ressourcenverhältnisse, wie Einkommen, Bildung und Beruf der Partner (vgl. Kap. 2.2).

2.3 Geschlechterdifferenzierende Arbeitsteilung

Sowohl Ressourcen- und Austauschtheorie als auch haushaltsökonomische Ansätze arbeiten mit der Annahme der Nutzenmaximierung des Individuums oder des Haushalts. Vorausgesetzt ist dem die Rationalität der Akteure und das Vorhandensein von mind. zwei (also alternativen) Handlungsmöglichkeiten, was – darauf verweist Lenz (2009: 33) – „unter den Bedingungen des sozialen Handelns aus der subjektiven Perspektive keineswegs immer der Fall sein muss." Die Annahme eines „freie[n] Markt[es] von Handlungsmöglichkeiten" (ebd.: 33), so sei hier bereits vorweggenommen, stellt sich insbesondere im Bereich der innerfamilialen Arbeitsteilung als inadäquat heraus: Denn dieser ‚Markt' ist (jedoch nicht immer und zwangsläufig) hochgradig über geschlechterdifferenzierende Zuschreibungen ‚strukturiert' (vgl. Kap. 6). Die Annahme einer Nutzenmaximierung wird ebenfalls kritisiert. Demnach *kann* sie als Orientierungsmuster für Individuen und Paare fungieren, aber ein „generelle[r] Erklärungsanspruch" der mit dieser Annahme operierenden Theorien bleibt nicht unwidersprochen (Lenz 2009: 33 mit Verweis auf Burkart 1994, vgl. auch Berk 1985: 195f., Coltrane 1996).

Gemein ist den skizzierten Ansätzen, dass sie innerpartnerschaftliche Aushandlungs-, Deutungs- und Entscheidungs*prozesse* außer Acht lassen. Vielmehr werden Einkommen, Bildung und beruflicher Status als *objektive Werte* (wenn inzwischen auch in Relationen, d. h. das Einkommen des einen Partners im Verhältnis zum anderen) eins zu eins übersetzt in *subjektive Relevanzen* der jeweiligen Partner und des Paares. Dass die finanzielle und berufliche Situation beider Partner der gemeinsamen Interpretation des Paares unterliegt und das höhere Einkommen nicht als Grund im wissenschaftlichen Diskurs übernommen werden sollte, zeigt sich besonders deutlich dann, wenn Frauen das höhere Einkommen haben und ihre Partner dennoch nicht überproportional oft in Elternzeit gehen (RWI 2008). Zur Veranschaulichung der Problematik: Hat die Frau ein höheres Einkommen und einen sicheren Arbeitsplatz und der Mann ein geringeres Einkommen und einen vergleichsweise unsicheren Job, obliegt es der Interpretation und Deutung des Paares, ob es *günstiger* ist, dass er länger Elternzeit nimmt, da sie mehr verdient und somit das höhere Gehalt nicht ausfällt; oder sie, da sie den sicheren Job hat, demnach bei ihr keine Probleme beim Wiedereinstieg und der weiteren beruflichen Zukunft vermutet werden.

Aushandlungs- und Entscheidungssituationen von un-/gleichgeschlechtlichen Paaren gestalten sich mithin wesentlich komplexer, als es die Frage nach der Einkommensrelation abdecken könnte. Dabei gilt es, partnerschaftliche Konstruktionsprozesse einer *gemeinsamen* Perspektive auf Einkommensverhältnisse und beruflichen Positionen sowie zugeschriebene Wertigkeiten von Familien- in Bezug zu Erwerbsarbeit zu berücksichtigen. Über diese Prozesse vermittelt *können* sozioökonomische Ressourcen, Karrierepositionen und -chancen der Partner

‚wirken' (vgl. Koppetsch/Burkart 1999: 204f.).[42] Bezogen auf den ‚Wert' von Geld in Paarbeziehungen konstatieren Allmendinger und Ludwig-Mayerhofer (2002: 28):

> „Der Wert von Geld in der Beziehung entspricht nicht notwendig seinem Nominalwert, sondern kann durch symbolische Konstruktion ‚umgewertet' werden, die ihrerseits in teilweise sehr komplexe Beziehungsarrangements eingebettet ist."

Die obige Formulierung einer vermittelten ‚Wirkung' von sozioökonomischen Ressourcen ist dahingehend zu präzisieren, dass bspw. Vorteile in der Einkommens- oder Karrieresituation von demjenigen, der sie ‚hat', auch *relevant* gemacht und vom Partner anerkannt werden müssen (vgl. dazu Kap. 6.2).

Kritisieren lässt sich mit Lenz (2009: 119) ferner die „Beschränkung auf Ergebnisse der Entscheidungsfindung". Prozesse, die zu einer Verhinderung einer Entscheidung führen, und deren Ergebnisse, geraten somit ebenso wenig in den Blick, wie Prozesse, die verhindern, dass eine Frage oder Entscheidungsfindung überhaupt auf die paarinterne Agenda gesetzt wird. Lenz gibt des Weiteren zu bedenken, dass eine Entscheidung wenig darüber aussagt, *wie* sie zustande gekommen ist und noch weniger darüber, wie sie *ausgeführt* wird.

Entsprechen die statistisch signifikanten Zusammenhänge nicht den aus den Theorien abgeleiteten Hypothesen und kann somit kein eindeutiger Zusammenhang zwischen Einkommen(-srelation) und beruflicher Auszeit des Mannes gefunden werden, bleibt meist der diffuse Verweis auf nach wie vor geltende ‚Geschlechternormen', wie die „Hartnäckigkeit geschlechtstypischer Rollenbilder" (bspw. bei Walther/Lukoschat 2008: 60ff.). Wird hingegen bei den theoretischen Ausführungen bereits auf ‚geschlechtsspezifische Rollenvorstellungen' oder auf den ‚doing gender'-Ansatz als *Ergänzung* zu ökonomischen Theorien verwiesen, bleiben diesbezügliche Ergebnisse ganz aus: So referiert Trappe (2013a: 31) zwar den ‚doing gender'-Ansatz und verweist auf die sog. Kompensationshypothese, bezieht sich aber in ihrer Ergebnisdarstellung nicht mehr auf diesen Ansatz. Mit Nentwich und Kelan (2014: 121) lässt sich diese Vorgehensweise als „ceremonial referencing" bezeichnen.

Die ‚Kompensationshypothese' bzw. ‚gender deviance neutralization'-These (Bittman et al. 2003: 193) stammt aus der quantitativen Forschung zu innerfamilialer Arbeitsteilung und stellt einen Versuch dar, Ergebnisse qualitativer Forschung (z. B. Hochschild 1990) mit ökonomischen Theorieansätzen systematisch zusammenzuführen: Zentrale gemeinsame Annahme der Ressourcentheorie, des

---

42 Vgl. Warren 2011 für methodische Überlegungen, Aspekte von haushalts- und familienbezogenen Praktiken, Aushandlungen und (Be-)Deutungen für *quantitative* Forschungsdesigns fruchtbar zu machen.

2.3 Geschlechterdifferenzierende Arbeitsteilung

Bargaining-Ansatzes und des Time-Availability-Ansatzes ist, dass Menschen in einem Haushalt entsprechend ihrer finanziellen Ressourcen und verfügbaren Zeit Haushalts- und Familienarbeit übernehmen. D. h. in Haushalten mit Familienernährerinnen ist demnach zu erwarten, dass ihre Partner den Großteil der Familienarbeit übernehmen (vgl. Klenner et al. 2011: 127). Hochschild (1990) verweist jedoch in ihrer qualitativen Studie zu amerikanischen Doppelverdienerpaaren auf die Grenzen der ökonomischen Logik:

> „Das Geld spielt sicherlich in allen Ehen, die ich untersuchte, eine Rolle. Aber es war ganz gewiß nicht der alles bestimmende Faktor, der Männer dazu bewegte, im Haushalt zu helfen. (...) Wenn die Logik des Geldbeutels nur eine Logik des Geldbeutels ist, dann müßte sie für Männer und Frauen gleichermaßen gelten. Aber sie galt nicht gleichermaßen für beide Geschlechter. Sie funktionierte nur, wenn der Mann mehr verdiente als die Frau. Das Geld „arbeitete" für die Männer (es lieferte ihnen den Vorwand, sich vor der Hausarbeit zu drücken), aber nicht für die Frauen (sie konnten sich nicht von der Hausarbeit freikaufen). Offenbar ist hier das Prinzip des „Machtausgleichs" am Werke. Wenn Ehemänner in einem Bereich an Macht verlieren, versuchen sie den Verlust in einem anderen Bereich wieder wettzumachen – zum Beispiel dadurch, daß sie sich um die zweite Schicht drückten." (ebd.: 264f.)

Sie resümiert, dass Männer, die wenig oder gar nicht zum Familienunterhalt beitrugen, paradoxerweise auch nicht (ganz oder anteilig) die Haushaltsarbeit übernahmen. Hervorgebracht und gestützt wird dies durch eine geschlechterdifferente „Dankbarkeitsökonomie": „Männer und Frauen versuchen, den ökonomisch bedingten Verlust an männlicher Selbstachtung dadurch zu kompensieren, daß die Frau die ganze Hausarbeit alleine macht" (ebd.: 264). Da durch ihren größeren (beruflichen und finanziellen) Erfolg sein Status gesunken ist, *kann* sie das Gefühl haben, „sie sei es ihrem Mann schuldig, nicht auch noch die Übernahme irgendwelcher Hausarbeit von ihm zu verlangen" (Lorber 1999: 276). Diesen Befund haben Brines (1994), Greenstein (2000) in Kritik an Brines sowie Bittman et al. (2003) in einer Zusammenführung der Perspektiven in quantitativen Analysen überprüft, mit folgendem Ergebnis: „(...) couples that deviate from the normative income standard (men make more money than women) seem to compensate with a more traditional division of household work" (Bittman et al. 2003: 186). Die Autoren formulieren pointiert ihr Ergebnis: „Finally, gender trumps money when women provide more income than their husbands" (ebd.: 209). Ein Tausch der ‚primären' Arbeitsgebiete zwischen den Geschlechtern scheint demnach nicht ohne weiteres möglich zu sein. Vielmehr sensibilisiert dieser Befund für die *Möglichkeit*, dass in Paarbeziehungen mit Familienernährerinnen, diese als Neutralisierungs- und Ausgleichsstrategie (wobei dies nicht intentional sein muss) *deutlich mehr* Haus- und Familienarbeit übernehmen.

Für die deutschsprachige, quantitative Forschung zur Elternzeitaufteilung lässt sich eine mangelnde Rezeption dieser Weiterentwicklung von *ökonomischen Theorien* konstatieren.[43] Zwar wird er in einigen Publikationen erwähnt (Boll et al. 2011: 3, Trappe 2013a: 31), jedoch nicht empirisch ‚getestet'. Dies ist besonders vor dem Hintergrund unverständlich, dass die These bisher v. a. für den Bereich der *Hausarbeit* überprüft wurde und eine Überprüfung ihrer Gültigkeit für *Familienarbeit* noch aussteht.

Vorschläge für eine Vermittlung der Perspektiven bieten Grunow, Schulz und Blossfeld (2007): Sie fragen nach der Bedeutung von ökonomischen Ressourcen im Vergleich zu sozialen Normen. Aus ihren empirischen Ergebnissen ziehen sie folgende Schlüsse für die weitere Theoriebildung:

„Die ökonomischen Theorien sind insofern nicht hilfreich, als sie einen geschlechtsunabhängigen, *symmetrischen* Wirkungszusammenhang zwischen ökonomischen Ressourcen und daraus resultierenden Arbeitsteilungsarrangements im Paar unterstellen. Theorien, die vorgeben, Traditionalisierungsprozesse bei der häuslichen Arbeitsteilung seien in erster Linie das Resultat der ökonomischen Ressourcenverhältnisse des Paares und deshalb auch im Zeitverlauf ressourcenabhängig verhandelbar, stimmen mit unseren Befunden nicht überein. Vielmehr scheint es so zu sein, dass sich die arbeitsteiligen Arrangements mit der Zeit einschleifen und verfestigen (…). Das bedeutet jedoch nicht (…), dass ökonomische Ressourcen im Hinblick auf die hier untersuchten Traditionalisierungsprozesse bedeutungslos sind: sie scheinen nur in einem *asymmetrischen* Zusammenhang mit der Geschlechtszugehörigkeit zu stehen. Wir gehen deshalb davon aus, dass die Bedeutung, Relevanz und Wirkungsweise ökonomischer Ressourcenverhältnisse für die Arbeitsteilung im Paar unter den herrschenden Rahmenbedingungen für Männer und Frauen unterschiedlich strukturiert sind." (ebd.: 179)

Mit diesen Überlegungen enden die Autoren und sie sollen hier als Ausgangspunkt für die Diskussion und Suche danach dienen, was dem zugrunde liegt, dass „Bedeutung, Relevanz und Wirkungsweise ökonomischer Ressourcenverhältnisse (…) für Männer und Frauen *unterschiedlich* strukturiert sind" (s. o., Hervorhebung AP).

---

43 Sowohl Boll et al. (2011: 3) als auch Trappe (2013a: 31) bezeichnen die Kompensationshypothese als ‚Erweiterung' des Doing-Gender-Ansatzes und verwechseln damit einen *empirischen Befund*, der unter einer geschlechterkonstruktiven Forschungsperspektive entstanden ist, mit einem *Theorieansatz* (vgl. ausführlicher dazu Kap. 3.1). So zeugt die Schlussfolgerung von Boll, Lepping und Reich (2011: 3) von einem Missverständnis bzw. Unverständnis aktueller Geschlechtertheorien: „Tendenziell besteht nach dem „Doing Gender"-Ansatz eine zunehmende Traditionalisierung der häuslichen Arbeitsteilung mit steigender Enttraditionalisierung (Egalisierung) von beruflichen Chancen und Erfolgen zwischen den Geschlechtern."

2.3 Geschlechterdifferenzierende Arbeitsteilung

Instruktiv sind qualitative Studien zur geschlechterdifferenzierenden Arbeitsteilung, in denen un-/gleichgeschlechtliche Paare, Doppelkarriere-, Doppelverdienerpaare oder Paare mit egalitären bzw. partnerschaftlichen Arrangements, z. T. Ost-/West- oder milieuvergleichend, untersucht werden.[44] In diesen wird weniger die Frage gestellt nach dem *wer*, also welche Personen mit welchen sozialstrukturellen und sozioökonomischen Merkmalen (z. B. Alter, Bildung, Einkommen und in dieser Forschungslogik auch ‚Geschlecht'), sondern nach dem *wie*, welche *Prozesse* zu einer Ent- oder Retraditionalisierung der Arbeitsteilung führen.

Im Vordergrund steht dabei eine Theoriebildung anhand von empirisch fundierten, dichten Beschreibungen und Analysen. Dadurch geraten vielfältigere und komplexere Prozesse und Strukturen in den Blick als bei ökonomischen und Rational-Choice-Theorieansätzen. Aufgezeigt wird die Relevanz von

- Leitvorstellungen und Paaridealen, wie Gleichheit und Partnerschaftlichkeit, aber auch Berufs- und Karriereorientierungen,
- Handlungspraxen und -routinen, die die alltagspraktische ‚Umsetzung' von Paaridealen unterminieren können,
- wohlfahrtsstaatlichen und arbeitsorganisatorischen Strukturen und Arbeitskulturen

für die Arbeitsteilung in Paarbeziehungen (diese Unterscheidung ist angelehnt an die von Koppetsch und Burkart 1999).

Auf der Ebene der *Leitvorstellungen* geht es um „Wissenssysteme, die das soziale Handeln legitimieren, die Spielregeln festlegen und Begründungsmuster anbieten" (Koppetsch/Burkart 1999: 19), und die Beziehungsideale beinhalten, an denen sich Personen bei der Gestaltung ihrer Paarbeziehung und ihres Familienlebens zu orientieren versuchen. Leitvorstellungen und Beziehungsideale werden in gemeinsamen Gesprächen, Aushandlungen und Kontroversen hergestellt, aktualisiert und angepasst und spiegeln sich in Erzählungen über den Alltag wider.

Insbesondere empirische Untersuchungen zu Doppelkarrierepaaren zeigten eine *Diskrepanz* von Idealen und Handlungspraxen auf: *Trotz* egalitärer Partnerschaftsideale fand – entgegen der Annahme innerhalb der Forschung (Solga/Wimbauer 2005b: 11) – bei diesen Paaren (überwiegend) eine Retraditionalisierung der Arbeitsteilung nach Geburt eines Kindes statt. Eine Erklärung für diese

---

44 So z. B. Bathmann et al. 2012, Behnke/Meuser 2003, 2005, Behnke 2012, Hochschild 1990, 2006, Kaufmann 1994, König 2012, Koppetsch/Burkart 1999, Rüling 2007, Solga/Wimbauer 2005a.

Diskrepanz lieferten v. a. Jean-Claude Kaufmann (2005) sowie Cornelia Koppetsch und Günter Burkart (1999).

„Das Individuum besteht zum großen Teil aus seinen Gewohnheiten. Langsam und gründlich bilden sich Handlungsweisen aus, welche im Bewußtsein, in Interaktionen und erworbenen Automatismen gespeichert sind. So bildet sich langsam ein Kapital an Wissen, Techniken und Kompetenzen. Und an Vorstellungen über sich und die Welt, welche besagen, wie man zu handeln hat." (Kaufmann 2005: 185)

Die Ebene der *Praxis* umfasst „Handlungen/Strategien in der konkreten Alltagspraxis, die sich als teilweise latente, häufig prä-reflexive, routinisierte Handlungsformen und implizite Strategien dem Bewußtsein von Akteuren zumindest teilweise entziehen" (Koppetsch/Burkart 1999: 23). Demnach haben Paare oft mit dem Widerspruch zu leben, dass sie auf einer reflexiven, diskursiven Ebene partnerschaftliche und Gleichheitsideale für sich geltend machen, jedoch auf der Ebene von Praktiken „andere Regulative Geltung hätten, etwa hierarchische Geschlechtsnormen" (ebd.: 24).

In Kritik an Koppetsch und Burkart (1999), die von einer Diskrepanz zwischen Idealen und Praxis ausgehen (insbesondere bei Doppelkarrierepaaren), zeigen Kai-Olaf Maiwald (2009) und Tomke König (2012: 91), dass die Ideale nicht konsistent seien und daher eine *Gleichzeitigkeit* von widersprüchlichen Handlungsorientierungen und Idealen möglich ist. Diese Gleichzeitigkeit bezieht sich auf egalitäre und geschlechterdifferenzierende Orientierungen, d. h. Orientierungen an Gleichheit *und* an einer grundlegenden sozialen Verschiedenheit der Geschlechter. Die (forschungstheoretische und empirische) Annahme einer einheitlichen, konsistenten Handlungsorientierung kann somit nicht gewahrt werden, vielmehr gilt es die Möglichkeit heterogener Orientierungen in Betracht zu ziehen, die sowohl im Widerspruch zueinander als auch zur alltäglichen Praxis der Paare stehen können. Maiwald (2009: 311) geht davon aus, dass es „sehr *wahrscheinlich* ist, dass wir es bei modernen Paarbeziehungen immer mit einer solchen Gleichzeitigkeit zu tun haben".

Der Fokus in der bereits erwähnten Untersuchung von Kaufmann (2005) liegt stärker auf Handlungspraxen und -routinen und ihrem Erklärungsbeitrag zu einer Retraditionalisierung der Arbeitsteilung. Kaufmann arbeitet anhand von Paarerzählungen zum Umgang mit der „Schmutzigen Wäsche" (so der Titel seiner Untersuchung) heraus, dass die Arbeitsteilung als Ergebnis eines Interaktionsprozesses zu verstehen ist, der weitgehend implizit und praktisch ‚passiert'. So etablieren sich in un-/gleichgeschlechtlichen Zweierbeziehungen Gewohnheiten und Routinen, die weniger Gegenstand expliziter, verbaler Aushandlungen waren und sind, sondern sich ‚so ergeben (haben)'. Die Partner entwickeln so mit der Zeit ein *praktisches* Wissen in der Haus- und Familienarbeit: Aber die Frage, *wer welches praktische*

2.3 Geschlechterdifferenzierende Arbeitsteilung

Wissen sich aneignet, ist weniger von Einkommen, Bildung oder beruflichem Status abhängig, sondern vielmehr von der Geschlechtszugehörigkeit. ‚Frauen' sind für Haus- und Familienarbeit, ‚Männer' für Erwerbsarbeit zuständig: Haus- und Familienarbeit ist aber nicht einfach „Frauenarbeit", sondern sie ist die „Grundlage dafür,»was Frauen sind« (und nicht umgekehrt)" (Gildemeister/Robert 2008: 203).

Es zeigt sich weiterhin, dass den Frauen, die im Bereich der Hausarbeit kompetenter und anspruchsvoller sind und ein entsprechendes „Verhaltenskapital" entwickelt haben, dieses in der Alltagspraxis von ungleichgeschlechtlichen Paarbeziehungen negativ zu Buche schlagen kann:

> „Im alten Familienmodell stellte das Kapital an Handlungsweisen ein wirkliches, gewinnträchtiges Kapital dar. Dank ihrer häuslichen Fähigkeiten erfüllte die Frau ihre festumrissene Rolle und konnte dafür die Anerkennung ihrer geleisteten Arbeit durch Ehemann und Gesellschaft rechnen. (...) Heute hat sich alles geändert. Das Kapital ist manchmal noch in Teilen ein wirkliches, gewinnbringendes Kapital, aber es kann sich auch klammheimlich in ein defizitträchtiges Negativkapital verwandeln." (Kaufmann 1994: 190)

Wenn Frauen (meist) ein höheres Maß an Handlungskompetenz einbringen und ein höheres Anspruchsniveau in Haus- und Familienarbeit im Vergleich zu ihrem Partner umsetzen, tappen sie in mehrfacher Hinsicht in eine Falle: Sie leisten trotz Gleichheitsideal unverändert mehr Haus- und Familienarbeit, sie bekommen weniger Anerkennung für diese Anstrengung von ihrem Partner, und sie verstärken selbst fortlaufend ein System von Praktiken, „das von ihnen auf der diskursiven Ebene unter Anleihe am Leitbild der Geschlechtergleichheit massiv kritisiert wird" (Lenz 2009: 116).

Beide hier diskutierten Ebenen lassen sich nicht auf die jeweils andere reduzieren: Weder kann von Leitvorstellungen und alten und neuen Idealen auf Praktiken und Handlungsroutinen geschlossen werden, noch umgekehrt.[45] Vielmehr stehen sie in einem wechselseitigen Verhältnis, können sich unterminieren, wechselseitig irritieren oder aber bestätigen und verstärken: So zeigt König (2012: 206f.) in ihrer qualitativen Studie, dass sich neben widersprüchlichen normativen Vorstellungen ebenso Kombinationen von alten und neuen Alltagspraxen finden lassen.

Ebenfalls aufgezeigt wurde in qualitativen Studien, dass *wohlfahrtsstaatliche und arbeitsorganisatorische Strukturen* die Umsetzung einer egalitären oder geschlechterdifferenten Arbeitsteilung fördern oder behindern können. So haben Born, Krüger

---

45 Besonders an diesem Punkt wird die Unzulänglichkeit von empirischen Untersuchungen zu Einstellungen (also auch Idealen) von Paaren offensichtlich, wenn sie aus den Einstellungen direkte Rückschlüsse auf Alltagspraktiken vornehmen.

und Lorenz-Meyer (1996: 293) herausgearbeitet, dass die zeitliche Organisation von „familialen Anliegerinstitutionen", wie Kindertagesstätten, Kindergärten und Schulen, aber auch Arztpraxen durch ihre Öffnungs- und Schließzeiten das „Vorhandensein eines zeitlich verfügbaren Elternteils" voraussetzen (Wimbauer et al. 2007b: 35). Ein weiterer Erklärungsstrang richtet sich auf familien- bzw. betreuungsunfreundliche Arbeitsstrukturen. Insbesondere für Führungspositionen wird in diesem Kontext darauf verwiesen, dass das von Elisabeth Beck-Gernsheim (1980: 68f.) beschriebene Phänomen des „Anderthalb-Personen-Berufs" nach wie vor Geltung beanspruchen könne.

Inwiefern *wohlfahrtsstaatliche* Regulierungen, u. a. durch in Leistungen eingelassene Annahmen über eine geschlechterdifferenzierende Arbeitsteilung, *systematisch* zu einer Retraditionalisierung der innerfamilialen Arbeitsteilung beitragen können, wurde insbesondere in der ländervergleichenden, feministischen Wohlfahrtsstaatenforschung herausgearbeitet.[46] Jedoch haben sozialstaatliche Regulierungen und Leistungen (wie Ehegattensplitting, Elterngeld, Betreuungsgeld, Ausbau von Kitaplätzen etc.) keine ‚deterministischen Auswirkungen' auf die Arbeitsteilungsarrangements von Paaren. Zentral ist daher, inwiefern eine in „sozialstaatliche Institutionen eingeschriebene ungleiche Wertschätzung von Erwerbsarbeit und Familientätigkeit paarintern relevant gemacht wird" (Henninger et al. 2008a: 15, vgl. auch Wimbauer et al. 2007b: 37).

Aufschlussreich ist in diesem Kontext die qualitativ-empirische Studie von Anneli Rüling (2007), in der sie in der Analyse von Interviews mit Paaren mit egalitären Arrangements, Rückschlüsse auf hinderliche strukturelle Rahmengegebenheiten im sozial- und familienpolitischen Bereich zieht. Unter dem Begriff „Traditionalisierungsfallen" fasst Rüling (2007: 16) diejenigen „strukturellen Hemmnisse, die eine egalitäre Arbeitsteilung erschweren und eine Traditionalisierung der Arbeitsteilung befördern":

„Traditionalisierungsfallen sind als Konglomerate wohlfahrtsstaatlicher Regeln und Ressourcen zu verstehen, die das Handeln der Subjekte strukturieren. Sie bezeichnen »critical junctures« in der Paarbiografie, an denen strukturelle Einflüsse bemerkbar werden und das Arrangement droht, ins Traditionelle zu kippen." (Rüling 2008b: 4779)

Sie identifiziert im Rahmen der Analyse ihres Interviewmaterials folgende drei Traditionalisierungsfallen:

---

46 Vgl. dazu Lewis 1992, Sainsbury 1994, 1999, Orloff 1993, Fraser 1994, 1996, Ostner 1995, Leitner et al. 2004a, Pfau-Effinger/Geissler 2005.

2.3 Geschlechterdifferenzierende Arbeitsteilung

1. „Der berufliche Wiedereinstieg der Mutter als Armutsrisiko": Diese Traditionalisierungsfalle entstehe durch das Zusammenspiel von Regulierungen, wie die „steuerliche Förderung der Ernährerehe und das fehlende Betreuungsangebot für Kleinkinder", die zum „Zeitpunkt des beruflichen Wiedereinstiegs der Mutter besonders wirksam werden" (ebd. 2007: 242f.). Diese Regelungen verursachen ‚Kosten', die die Paare meist als eine „Einkommensminderung der Mutter" werten und dazu führen, dass – aus Sicht der Paare – sich ein Wiedereinstieg der Mutter gar nicht oder nur in geringerem Umfang ‚lohnt'.
2. „Die Koordination der beruflichen Entwicklung beider Eltern als Überforderung": Diese Traditionalisierungsfalle entstehe durch geschlechterdifferenzierende Arbeitsmarktstrukturen, welche „Beschäftigte mit diskontinuierlichen Erwerbsbiografien – speziell Mütter – strukturell diskriminieren" (ebd.: 243f.). Verbunden sei damit die Wahrnehmung der Paare, nur *ein* Elternteil könne sich auf die Karriere konzentrieren. Daraus würde langfristig eine „Pfadabhängigkeit" entstehen, „die eine gleichberechtigte Berufstätigkeit erschwert, was in aller Regel zu Lasten der Frauen geht".
3. Geschlechterdifferenzierende Deutungen bei Kindererziehung und Hausarbeit: Mit der dritten Traditionalisierungsfalle rekurriert Rüling (2007: 244) auf „traditionelle Deutungsmuster von Mutterschaft, Vaterschaft und Erziehung" (vgl. Kap. 6.5).

Geschlecht, Arbeitsteilung und Sphärentrennung

Lassen wir die verschiedenen hier diskutierten Erklärungsansätze Revue passieren, fällt eines auf: Unabhängig davon welcher theoretische und methodische Zugang gewählt wird, wird (früher oder später) auf ‚Geschlechternormen', ‚Geschlechterrollen', ‚Geschlechtsstereotype', ‚geschlechtsspezifische Deutungen' oder geschlechterdifferentes ‚Verhaltenskapital' verwiesen. In manchen Studien dient dieser (dann meist diffuse) Verweis auf eine Relevanz von ‚Geschlecht' als letzter Rettungsanker, wenn Annahmen von Theorien versagen. Aber auch in manchen Studien, die explizit und von vornherein eine mögliche Relevanz von ‚Geschlecht' in Betracht ziehen, bleibt allzu oft eine theoretisch fundierte Begriffsklärung von ‚Geschlecht' und eine Reflexion zu ‚Geschlechternormen' oder ‚Geschlechtsstereotypen' aus.

Im Folgenden steht daher der Zusammenhang von Arbeitsteilung, Sphärentrennung und Geschlechterkonstruktionen im Fokus. Dieser kann zum einen die vielzitierte Relevanz von ‚Geschlecht' für die innerfamiliale Arbeitsteilung erklären und bildet zum anderen den zentralen ‚Hintergrund' für die in Kap. 3 diskutierten theoretischen und empirischen, sensibilisierenden Konzepte zu geschlechterdifferenzierenden Paardynamiken in der Familiengründungsphase.

In der sozialwissenschaftlichen, stärker gesellschaftstheoretisch ausgerichteten Literatur zur Arbeitsteilung zwischen den Geschlechtern, wird der konstitutive Zusammenhang der Sphärentrennung in öffentlich und privat bzw. Erwerbs- und Familienarbeit und der Konstruktion von Geschlecht betont: Frauen sind verwiesen auf die Haus- und Familiensphäre, dem Kern des ‚Privaten' mit expressiven und binnenbezogenen Funktionen, und Männer auf die Bereiche Erwerbsarbeit und Öffentlichkeit mit instrumentellen und außenbezogenen Funktionen der Familie.[47] Diese v. a. in westlichen Gesellschaften vorzufindende Arbeitsteilung zwischen den Geschlechtern ist eng verknüpft mit dem Modus der sozialen Konstruktion von Geschlecht (Gildemeister/Robert 2008, Gildemeister 2008). In theoretischen und empirischen Abhandlungen wird und wurde dieses Phänomen unter dem Begriff der ‚geschlechts*spezifischen* Arbeitsteilung' zu fassen versucht. Wie Gildemeister und Robert (2008: 119) jedoch deutlich machen, suggeriert „der Begriff der ‚Spezifik' ein unmittelbar an biologische Merkmale gebundenes, ja verursachtes Phänomen." Mit der körperlichen Ausstattung von Frauen wurde ihre Verweisung auf häusliche und fürsorgliche Tätigkeiten begründet und legitimiert. Parallel und ergänzend dazu wurde die mit der Industrialisierung entstehende und sich durchsetzende außerhäusliche Sphäre der Erwerbsarbeit zur „Sphäre der Männer" (ebd.: 120). *Dass* sich Geschlecht nicht auf ‚biologische Tatsachen' zurückführen lässt, sondern als Herstellungs- und Darstellungsleistung, im Sinne eines ‚doing gender', zu verstehen ist, wurde vielfach theoretisch und empirisch diskutiert und aufgezeigt.[48] Um in sozialwissenschaftlichen Fachtermini nicht implizite ‚biologische Restbestände' zu transportieren, wird in deutschsprachigen Forschungsberichten zunehmend der Begriff der ‚geschlechter*differenzierenden* Arbeitsteilung' verwendet. Ziel ist es zu verdeutlichen, „daß die inhaltlichen Füllungen derartiger Differenzierungen ein *Ergebnis* und eben nicht der Ausgangspunkt der gesellschaftlichen Entwicklung selbst sind" (Gildemeister/Robert 1998: 54).

Analog dazu gilt es, die selbstverständliche Referenz in Studien zu gleichgeschlechtlichen Eltern auf ‚biologische' und ‚nicht-biologische/soziale Mütter'[49] und eine an diese Differenzierung anknüpfende ‚natürliche' Zuschreibung von Betreuungsverantwortung (u. a. über Schwangerschaft, genetische Verwandtschaft und der Möglichkeit des Bruststillens) kritisch zu reflektieren. Die Referenz auf ‚biologi-

---

47 Ausführlich zu der Unterteilung in expressive und instrumentelle Funktionen: Parsons/Bales 1956.
48 U. a. Goffman 1977b, Kessler/McKenna 1978, West/Zimmerman 1987, Gildemeister/Wetterer 1992, Gildemeister 2008, Hirschauer 1994, 2001. Auf den ‚doing gender'-Ansatz gehe ich im folgenden Kap. 3.1 näher ein.
49 Die Differenzierung nach ‚biologischen' und ‚nicht-biologischen Vätern' findet sich hingegen nicht so oft.

2.3 Geschlechterdifferenzierende Arbeitsteilung

sche/leibliche Mütter' suggeriert, dass Differenzierungen in der Arbeitsteilung von gleichgeschlechtlichen Paaren unvermittelt, geradezu essentiell durch ‚biologische Tatsachen' oder ‚natürliche Fähigkeiten' ‚verursacht' werde. Jedoch formuliert und konstituiert auch hier erst die (institutionell abgesicherte) Bedeutung die Differenz.

Die Entstehung der Annahme einer *qualitativen Geschlechterdifferenz* und der Polarisierung von „Geschlechtercharakteren" im Zusammenhang mit der Trennung von Familien- und Erwerbsleben im Zuge der Industrialisierung analysierte Karin Hausen (1976):

> „Unter dem Regulativ der Ergänzung wird die Entgegensetzung der Geschlechter nicht antagonistisch, sondern komplementär. Die Gegensätze ergänzen sich zur harmonischen Einheit. Die Idee der Ergänzung aber hält mit den Geschlechtern zugleich die jeweils für den Mann und die Frau als wesensgemäß erachteten sozialen Betätigungsfelder Öffentlichkeit und Familie in Harmonie zusammen. So wird es mittels der an der „natürlichen" Weltordnung abgelesenen Definition der „Geschlechtercharaktere" möglich, die Dissoziation von Erwerbs- und Familienleben als gleichsam natürlich zu deklarieren und damit deren Gegensätzlichkeit nicht nur für notwendig, sondern für ideal zu erachten und zu harmonisieren." (ebd.: 378)

Sie zeigt auf, dass im Verlauf der „Dissoziation von Erwerbsarbeit und Familie" erst die Geschlechtertrennung und die daran anknüpfende „Polarisierung der Geschlechtercharaktere" *entstehen*, die dann herangezogen werden, um das Phänomen der geschlechterdifferenzierenden Arbeitsteilung und Sphärentrennung zu *erklären* (Gildemeister/Robert 2008: 119).

> „Ideologisch wird diese spezifische Form der Aufteilung gesellschaftlich notwendiger Arbeit als natürliches Verhältnis interpretiert und die überantwortete Zuständigkeit für den einen oder anderen Leistungsbereich den Geschlechtern mit dem Natur-Argument gleich von Geburt her auf den Leib zugeschrieben." (Hausen 1976: 391)

Das *Leitbild* einer geschlechterdifferenzierenden Arbeitsteilung und Sphärentrennung hatte im Bürgertum des 18. Jahrhunderts Konjunktur. Und auch wenn es sich weder im Bürgertum selbst, und noch weniger in anderen Teilen der Bevölkerung in ‚Reinform' in der Lebenswirklichkeit wiederfand, so war es dennoch sozial folgenreich, indem über die Trennung von Familien- und Erwerbsarbeit eine qualitative Differenz der Geschlechter konstituiert wurde.[50] Dem Gedanken der „institutionellen Reflexivität" (Goffman 1977b: 302) entsprechend, wird die „systematische Gegenüberstellung von unterschiedlichen, aber wechselseitig aufeinander verweisenden

---

50 Für einen historischen Einblick in die Lebens- und Arbeitsverhältnisse von Frauen ab Ende des 18. Jahrhunderts, vgl. Frevert 1986.

und aufeinander angewiesenen Arbeitsformen von Familien- und Erwerbsarbeit mit ihrer Entstehung zum Ausgangspunkt von Erklärungen und Legitimationen" dieser qualitativen Differenz der Geschlechter (Gildemeister/Robert 2008: 120). Verbunden mit der geschlechterdifferenzierenden Sphärentrennung waren die Konstruktion einer *eigenständigen Bedeutung* von Kindheit" und einer dazu *"komplementären* Mütterlichkeit" (Gildemeister/Hericks 2012: 12). Die Mutter-Kind-Beziehung erhält eine neue Qualität:[51]

> „Während die emotionale und fürsorgliche Teilhabe an dem alltäglichen Zusammenleben mit Kindern zunächst konstitutiv für das bürgerliche Vaterideal war (...), verschwand sie im Laufe des 19. Jahrhunderts fast gänzlich aus der kulturellen und sozialen Vorstellung vom Vater und wurde ausschließlich der Mutter zugeordnet. Fürsorge, Versorgung im Sinne von Nahrungszubereitung etc., Pflege sowie emotionale Bindungen sind in modernen Gesellschaften Aufgabe von Müttern, sie sind mit Mütterlichkeit und damit mit Weiblichkeit konnotiert." (Scholz 2009: 92)

Schütze (1987: 45) weist im Zusammenhang mit der normativen Aufladung von ‚Mütterlichkeit' und der Idee einer „natürlichen Mutterliebe" darauf hin – das trotz aller Zweifel daran – sich der Gedanke (immer wieder) durchsetze, es gebe „historisch invariante, „natürliche" und damit „richtige" Verhaltensformen von Mütterlichkeit".

Inwiefern sind diese historischen Betrachtungen für eine empirische Untersuchung zu Aushandlungen von Paaren zu Elternzeiten im 21. Jahrhundert relevant?

Einerseits kann konstatiert werden, dass das bürgerliche Familienmodell „seine selbstverständliche Geltung eingebüßt hat" (Maiwald 2010: 251f.). Männer sind nicht mehr *exklusiv* für die Erwerbsarbeit und Frauen für die Familienarbeit zuständig, vielmehr hat es sich in den letzten Jahrzehnten als „gesellschaftliche Normalitätserwartung" etabliert, dass Frauen (und zunehmend Mütter) erwerbstätig sind. Und

> „Kinderfürsorge und Hausarbeit (die expressiven und binnenbezogenen Funktionen) fallen nicht mehr von vornherein in den Zuständigkeitsbereich der Frauen. Der diesbezügliche normative Wandel wird besonders deutlich in der »Anfangssituation« der Haushaltsgründung: Paare stehen heutzutage vor der Anforderung, eine für sie geltende Arbeitsteilung selbst zu finden." (ebd.: 252)

Andererseits weisen Erwerbs- und Familienarbeit eine beharrliche Stabilität als Ressource für Darstellungsmöglichkeiten einer inhaltlich durchaus variablen, aber dennoch qualitativen Differenz der Geschlechter auf (Hirschauer 2013). Haus- und

---

51 Vgl. Schütze 1987, 1991 zum normativen Muster der „Mutterliebe".

2.3 Geschlechterdifferenzierende Arbeitsteilung

Familienarbeit kann als der zentrale gesellschaftliche Ort beschrieben werden, an dem Geschlecht tagtäglich hergestellt und bestätigt wird:

> „Damit ist gemeint, dass Hausarbeit nicht einfach als „Frauenarbeit" betrachtet wird, sondern die Arbeit in dem Sinne „vergeschlechtlicht" ist, dass sie die Grundlage dafür ist, „was Frauen sind" (und nicht umgekehrt). Im „doing gender" wird diese Konstruktion immer neu zum Leben erweckt und kann sich unauffällig, in Gewohnheiten eingebettet, reproduzieren." (Gildemeister/Robert 2008: 203, vgl. auch Berk 1985)

Durch das „In-Eins-Fallen von Geschlecht, Tätigkeit und Person" (Gildemeister/Robert 1998: 54) werden Tätigkeiten von Frauen in Haushalt und Familie *nicht* primär als kompetenzbasierte Arbeiten aufgefasst. Hingegen waren mit der Sphärentrennung in Erwerbs- und Familienarbeit eine weitgehende Differenzierung von (Erwerbs-)Arbeit und Person, bzw. Amt und Person sowie Professionalisierungsbemühungen verbunden, im Zuge derer *berufliches Handeln* als ein „qualifiziertes, spezifisch gekonntes Tun" konfiguriert wird (ebd.: 55).

Die Beständigkeit der mit der Trennung von Erwerbs- und Familienarbeit verbundenen unterschiedlichen *Wertungen* der Sphären und ihre Konsequenzen im beruflichen Bereich und auf dem Arbeitsmarkt hat Cecilia Ridgeway (2001) untersucht. Sie prägte den Begriff der „gender status believes" um „Glaubensvorstellungen über Status und Wertunterschiede zwischen den Geschlechtern" als „Superschema" für die Organisation von sozialen Interaktionen zu beschreiben (Gildemeister/Robert 2008: 121). Eine andere, eher strukturbetonende Perspektive wird mit dem Konzept der geschlechterdifferenzierenden Segregation des Arbeitsmarktes eingenommen (Heintz et al. 1997, Achatz 2005):

> „Die Geschlechtersegregation von Berufen verläuft entlang einer horizontalen und einer vertikalen Dimension: Frauen üben nicht nur andere Berufe oder Tätigkeiten aus als Männer; sie sind in denselben Berufen oder Berufsfeldern auch häufiger in rangniedrigeren Positionen und Statusgruppen platziert." (Achatz 2005: 276)

Damit verbunden ist eine ungleiche Bezahlung und gesellschaftliche Wertschätzung von geleisteter Arbeit. So wurden in verschiedenen empirischen Studien erhebliche Defizite in der Gleichstellung zwischen den Geschlechtern und der (betrieblichen) Gleichstellungsarbeit konstatiert (Funder et al. 2008, Hericks 2011). Für Frauen werde „eine „natürliche" weibliche Eignung für dienende Tätigkeiten, d. h. für private Hausarbeit und für soziale und pflegerische Dienstleistungsberufe, angenommen" (Geissler 2009: 32), über die sich (implizit) ein geringer Lohn rechtfertigen lässt.

Arbeitsmärkte *gründen* einerseits auf der geschlechterdifferenzierenden Arbeitsteilung und *reproduzieren* sie andererseits: Zu einer Reproduktion der geschlechterdifferenzierenden Arbeitsteilung trägt bei, dass Frauen (nach wie vor) schlechtere Arbeitsmarktchancen haben als Männer, sowie (meist) ein geringerer Verdienst, geringere Wertschätzung, familienunfreundliche Arbeitszeiten und -kulturen. Dass die geschlechterdifferenzierende Arbeitsteilung aber auch eine zentrale *Voraussetzung* für Erwerbsregime bildet, lässt sich an dem Konstrukt des ‚Normalarbeitsverhältnisses' zeigen, dessen normative Gültigkeit bis in die jüngste Zeit hineinreicht.

„Dieses Konstrukt basiert auf der Vollzeit und lebenslang verfügbaren, in der Regel männlichen, Arbeitskraft, für die es jenseits des Markts einen unentgeltlichen Ort der Reproduktion durch die in der Regel weibliche Arbeitskraft gibt. Diese Ermöglichung von Produktionsarbeit durch Reproduktionsarbeit wird im Bild des „Anderthalb-Personen-Berufs" (Beck-Gernsheim 1980: 68) nachvollziehbar, einem Konstrukt, das verdeutlicht, dass die Reproduktion der (männlichen) Vollzeitarbeitskraft für den Arbeitsmarkt in Zeiten hoch technisierter Haushalte eine halbe (weibliche) Arbeitskraft im Hintergrund erfordert, während die andere halbe Kraft dem Arbeitsmarkt zur Verfügung steht." (Kahlert 2007: 350)

Relikte dieses Konstrukts finden sich in Unternehmen in Form von Erwartungen an eine kontinuierliche Vollzeittätigkeit bei Männern, rigiden Anwesenheitskulturen oder Terminen und Besprechungen in Abendstunden, die eine prinzipielle Verfügbarkeit des Arbeitnehmers voraussetzen. Demnach bestehen „in den verschiedensten sozialen Kontexten des Arbeitsmarktes je nach Geschlechtszugehörigkeit implizit sehr unterschiedliche Erwartungen an Arbeitsleistung, Engagement, zeitliche Verfügbarkeit" (Gildemeister/Robert 2008: 122).

Zugespitzt lassen sich die Konsequenzen aus der Sphärentrennung und damit verbundenen geschlechterdifferenzierenden Arbeitsteilung für Mütter beobachten, die dadurch eher unter Begründungsdruck stehen, „wenn die Erwerbsarbeit die Zeit mit den Kindern erheblich verkürzt" (Maiwald 2010: 254). Für Väter gelte hingegen „eine Berufstätigkeit, die wenig Zeit für die Familie lässt, eher als »Schicksal« oder gar als besondere Quelle der Anerkennung" (ebd.).

Die zunehmende Erwerbstätigkeit von Frauen und Müttern in den westlichen Gesellschaften, insbesondere seit den 1960er und 70er Jahren, hat dabei nicht zu einer Auflösung der geschlechterdifferenzierenden Arbeitsteilung geführt, sondern vielmehr zu einer klassen-/milieubezogenen und globalen Arbeitsteilung. So befinden sich Kranken- und Altenpflege, Ganztagsschulen, Kindererziehung und bezahlte Haushaltsführung in Deutschland zunehmend im Niedriglohnsektor (z. T. 400 Euro-Jobs) und werden – global gesehen – zunehmend von *Frauen* aus ärmeren Ländern getätigt (Anderson 2000, Ehrenreich/Hochschild 2003, Gather et al. 2002, Lutz 2007). Dies bedeutet, dass selbst eine „parallele Erwerbstätigkeit beider

2.3 Geschlechterdifferenzierende Arbeitsteilung

Eltern in der Regel keine substantielle Änderung der Arbeitsteilung zwischen den Geschlechtern zur Folge" hat (Kassner/Rüling 2005: 238). Häufiger fände vielmehr eine „Umverteilung der Sorge- und Haushaltstätigkeiten zwischen Frauen statt, sei es über familiale Netzwerke oder über bezahlte Dienstleistungen" (ebd.). D. h. eine Delegation unter Frauen, ob nun an Groß-, Schwiegermütter oder ‚bezahlte Familienhelferinnen', findet eher statt als eine egalitäre Verteilung der häuslichen und familiären Arbeiten zwischen den Geschlechtern (Kortendiek 2004: 388, mit Verweis auf Jurczyk/Rerrich 1993 und Diezinger/Rerrich 1998).

Dennoch wird in der sozialwissenschaftlichen Forschung der vergangenen Jahrzehnte das Brüchigwerden der traditionellen Sphärengrenzen, die Trennung von öffentlicher und (männlicher) Berufswelt und privater, (weiblicher) Familienwelt konstatiert (Behnke/Meuser 2005: 123f.). Als ein zentraler ‚Motor' dieser Auflösungserscheinung wird eine zunehmende Bedeutung von Beziehungs- und Familienleben für Männer und Väter konstatiert sowie die (inzwischen) selbstverständliche Berufsarbeit von Frauen und die zunehmend selbstverständlich werdende Erwerbsarbeit von Müttern:

> „Ein wachsender Teil insbesondere junger Frauen ist zumindest nicht mehr bruchlos bereit, ein Geschlechterarrangement mitzutragen, das am tradierten Modell des ‚male breadwinner – female homemaker' orientiert ist (...). Die Angleichung der Bildungsniveaus von Männern und Frauen sowie ein damit zusammenhängendes erhöhtes berufliches Anspruchsniveau von Frauen bedeuten eine geringere Bereitschaft zum Karriereverzicht auf weiblicher Seite. Kurz: Frauen verfolgen heute verstärkt eigenständige Karriereinteressen und sind nicht mehr selbstverständlich bereit, ihre beruflichen Ambitionen den familialen Verpflichtungen nachzuordnen." (ebd.: 123)

Birgit Geissler (2009: 31f.) postuliert ebenfalls eine zunehmende Offenheit in der Frage der Arbeitsteilung zwischen den Geschlechtern. Damit wird die (Ver-)Teilung von Erwerbs-, Haus- und Familienarbeit *stärker* zum Aushandlungsgegenstand in Paarbeziehungen. Über das *Ausmaß* der Offenheit der Aushandlungen über paarinterne bzw. familiale Arbeitsteilungsarrangements besteht Uneinigkeit. Verfechter der Individualisierungsthese betonen „Wahlmöglichkeiten und Entscheidungsnotwendigkeiten", welche zu „Konflikten zwischen den Geschlechtern führen, die sich über *alles* [sic!] erst einigen müssen, weil nichts mehr selbstverständlich" sei (Koppetsch/Burkart 1999: 2). Kritiker der Individualisierungsthese und andere konstatieren hingegen zwar eine zunehmende Offenheit, gehen aber nicht so weit zu konstatieren, *alles* müsse nun ausgehandelt werden – und werde *faktisch* auch ausgehandelt. Unbestritten ist der Befund, dass das Modell von ‚natürlichen Fähigkeiten' denen ‚logisch' jeweils ein passender Zuständigkeitsbereich zugeordnet ist, massiv an Verbindlichkeit verloren hat (Keddi 2003). So zeigt Tomke König (2012) in ihrer qualitativen Studie zur Arbeitsteilung von un-/gleichgeschlechtlichen Doppelverdienerpaaren sowie Alleinernährer/innen und Partner/in aus Westdeutschland und der deutschsprachigen Schweiz,[52] dass es für Paare nicht mehr selbstverständlich ist, „dass eine Frau *als Frau* dieses und ein Mann *als Mann* jenes tun muss oder darf" (ebd.: 208). Vielmehr nehme die Reflexivität der Akteure zu und die Arbeitsteilung werde zum Gegenstand von Aushandlungen, auch wenn daraus nicht notwendig neue Formen der Arbeitsteilung entstehen würden. Jedoch werde somit „ein für die Reproduktion männlicher Herrschaft zentraler Mechanismus (…) legitimationsbedürftig und damit brüchig" (ebd.). Die Dichotomie zwischen Tätigkeiten im Beruflichen und Privaten löse sich insbesondere bei Paaren auf, in denen beide *freiwillig* alle Formen der Arbeit verrichten. Für die Akteure habe dies jedoch ambivalente Folgen: Einerseits eröffnet sich ihnen die Möglichkeit, die verschiedenen Arbeitsformen in einen Ausgleich zu bringen und den einzelnen Tätigkeiten eine veränderte Bedeutung beizumessen. Hausarbeit wird im Alltag der Paare und Familien als geleistete Arbeit sichtbar und „Anerkennung *für* und Möglichkeiten der Distanzierung *von* dieser Arbeit" möglich (ebd.: 93f.). Andererseits stelle sich die Frage, wer sich wann und wie und mit wessen Hilfe von allen Arten der Arbeit erholen könne, da das ‚klassische' Problem ‚weiblicher Doppelbelastung' nun auf beide Partner ausgeweitet ist.

> „Von zentraler Bedeutung sind hierfür die normativen Ansprüche, die an beide Formen der Arbeit gestellt werden. Im Beruflichen handelt es sich um Ansprüche an die ‚gute Arbeitskraft', die stets verfügbar, flexibel und voll einsatzbereit ist. Im Privaten spielen Vorstellungen von einem ‚ordentlichen Haushalt' sowie von einer ‚guten Erziehung' der Kinder eine Rolle. Von zentraler Bedeutung ist allerdings der normative Anspruch, im Privaten für eine Erholung von der und für die Erwerbsarbeit sorgen zu müssen. Alle diese normativen Ansprüche setzen eine geschlechtliche Arbeitsteilung voraus." (ebd.: 200)

Werden Paare, in denen beide alles machen, an diesen Ansprüchen gemessen oder messen sich selbst daran, führe dies i. d. R. zu extremer physischer und psychischer Belastung. König (2012: 213) verortet das Problem der Doppelbelastung in der binären Logik der Sphären, weshalb es „nicht alleine durch die Beteiligung der Männer an der Arbeit im Privaten zu lösen" ist. Die Sphären seien immer noch nach Geschlecht kategorisiert: das Private als ‚weiblich' und als ein Bereich mit mangelnder gesellschaftlicher Anerkennung, der den Status einer Person abwertet, die sich darin aufhält. Dieser Aspekt ist wiederum im Kontext von Studien zu gleichgeschlechtlichen Paaren weitestgehend vernachlässigt worden. Lena Schürmann

---

52 Durchgeführt wurden die Interviews vor Einführung des BEEGs in Deutschland.

2.3 Geschlechterdifferenzierende Arbeitsteilung

(2005) zeigt in ihrer qualitativen Studie, dass bei gleichgeschlechtlichen Paaren die ungleiche Wertung der Sphären in den Aushandlungen relevant werden kann:

> „Es zeigt sich also, dass die (paarinterne) Abwertung der Hausarbeit bei gleichzeitiger Aufwertung der Erwerbsarbeit paarinterne Ungleichheitslagen im Umgang mit der Hausarbeit hervorbringt. Ob es den Paaren gelingt, das Muster der ungleichen Anerkennung beider Tätigkeitsbereiche (eine der Grundkonstanten der gesellschaftlichen Arbeitsteilung und des Geschlechtervertrags) außer Kraft zu setzen, oder ob sie es ohne die paarinterne Geschlechterdifferenz trotzdem reproduzieren, ist abhängig von den jeweiligen Wirklichkeitskonstruktionen und Beziehungskontexten der Paare." (ebd.: 158)

So betont auch Oerton (1997), dass in der Forschung zu gleichgeschlechtlichen Paaren die bloße Annahme, Geschlecht spiele keine Rolle, sie seien „gender free" (Downing/Goldberg 2011: 104), zu kurz greift. Denn wie ich in diesem Kapitel gezeigt habe, stehen Geschlecht, Sphärentrennung und Arbeitsteilung in einem konstitutiven Zusammenhang. So lässt sich verstehen, weshalb (auch) bei gleichgeschlechtlichen Paaren sich nicht quasi-automatisch eine egalitäre Arbeitsteilung ‚einstellt' (wie u. a. Dalton/Bielby 2000 zeigen), solange sie mit einer ungleichen Wertung der Sphären konfrontiert sind.

In der zusammenfassenden Betrachtung zeigt sich: Unabhängig davon wie *stark* die Verbindlichkeit oder Selbstverständlichkeit der Zuständigkeiten für Familien- und Erwerbsarbeit abgenommen hat, wird als (kompensierender) Teil dieser Entwicklung auf die zunehmende Bedeutung von *Aushandlungen* hingewiesen (Gildemeister/Robert 2008, Lenz 2009, Maiwald 2009, König 2012; Kruse 2007 zu Aushandlungen in Zweierbeziehungen zur Familienplanung und -gründung). D. h. es ist offener als je zuvor, wer welche Arbeiten innerhalb des Haushaltes und der Familie übernimmt.

Trotz einer relativen Stabilität der geschlechterdifferenzierenden Arbeitsteilung nach Familiengründung, hat eine *selbstverständliche* Orientierung an dieser, wie sie noch Hausen (1976) mit den „Geschlechtercharakteren" beschrieben hat, an Gültigkeit verloren. Häufig wird in der Forschung das Festhalten an diesen vermeintlich ‚natürlichen' Zuständigkeitsbereichen als ‚traditional' beschrieben. Dementsprechend werden neuere Entwicklungen als ‚Enttraditionalisierung' gefasst. Entwicklungen, die v. a. nach Geburt eines Kindes eintreten, in Rahmen dessen Frauen/Mütter wieder selbstverständlich(er) für Familie und Haushalt zuständig sind, werden als ‚Retraditionalisierung' bezeichnet.

Aushandlungsprozesse 3

3.1 ‚Väterlichkeit' und ‚Mütterlichkeit':
Geschlechterdifferenzierende Paardynamiken im Übergang zur Elternschaft

> *„Genau genommen konstituiert nicht der Unterschied die Bedeutung, sondern umgekehrt formuliert erst die Bedeutung die Differenz, der Sinn entsteht qua Differenzierung."*
> (Gildemeister/Robert 1998: 53)

Die bisherigen Ausführungen zeigen die Notwendigkeit, stärker den Blick auf die innerpartnerschaftlichen Aushandlungen im Übergang zur Elternschaft zu richten. Dazu werden im Folgenden diejenigen empirischen und theoretischen Arbeiten vorgestellt, die in der Auseinandersetzung mit meinem empirischen Datenmaterial als sensibilisierende Konzepte hilfreich waren. Der ‚Zwang' zur Linearität beim Verfassen eines Textes und die ganz eigene Ordnung einer Dissertationsschrift und Monographie täuschen über die systematische Verwobenheit von Analysearbeit *und* Aufarbeitung des Forschungsstandes hinweg. Pointiert formuliert: Entgegen der Reihenfolge, wie sie sich hier darstellt – Forschungsstand und anschließend empirische Analyse – ‚ordnen' die *Ergebnisse* meiner empirischen Analysen die Darstellung des Forschungsstandes und insbesondere dieses Kapitel.

Zunächst diskutiere ich ein zentrales Argument von Kai-Olaf Maiwald (2010) zu Prozessen der Geschlechterdifferenzierung in Dyaden und Triaden: Maiwald konstatiert, dass es trotz einer fortschreitenden Angleichung von Handlungsmustern zwischen den Geschlechtern auch weiterhin Unterschiede in der Zuwendung dem Kind gegenüber gibt und geben wird. Er argumentiert mit der Struktur von Familienbeziehungen mit ungleichgeschlechtlichen Partnern, die es nahelegen, geschlechtsbezogene Unterscheidungen zu ‚machen'. In der Struktur dieser Beziehungen ist demnach ein eigenes Motiv für das ‚Festhalten' an Geschlechterunterscheidungen angelegt, denn erstens prämiere die Struktur von Familienbeziehungen eine – nicht bloß äußerliche – Unterschiedenheit der Eltern und zweitens sei es ‚funktional', dass diese Unterscheidung als Unterschied zwischen den Geschlechtern repräsentiert werde (ebd.: 261, Hirschauer 2013: 50).

Als wesentliche Strukturmerkmale von Familienbeziehungen arbeitet er heraus: Diffusität und Einzigartigkeit. Damit unterscheiden sich Familienbeziehungen von rollenförmigen, auf *spezifische* Bereiche festgelegte Sozialbeziehungen (z. B. Beruf). Der Anspruch „du gehörst nur mir" schwinge unterschwellig mit, wo man als ‚ganze Person', in seiner Individualität und „ohne eine formalisierbare raum-zeitliche und inhaltliche Begrenzung" involviert ist (Maiwald 2010: 262). Daraus ergibt sich, dass das „Personal nicht austauschbar" ist, sondern vielmehr die Individuen in ihrer Besonderheit füreinander relevant sind.

Denkt man weiterhin die Beziehungen zwischen Mutter, Vater und Kind als Beziehungssystem von drei Akteuren, „deren einzelne Beziehungen und Handlungen nur im Kontext seines Gesamtzusammenhangs zu verstehen sind", ergibt sich eine „widersprüchliche Einheit" von drei dyadischen Beziehungen: die Gatten-, Mutter-Kind- und Vater-Kind-Beziehung (ebd.: 262).

Die Widersprüchlichkeit ergibt sich daraus, dass die Dyaden jeweils für sich durch einen „Ausschließlichkeitsanspruch" gekennzeichnet sind. Dieser bezieht sich auf die Besonderheit und Einzigartigkeit der jeweiligen Dyade. Die beschriebene Konstellation bringe Spannungen in zweierlei Hinsicht mit sich: 1. Jeder muss den Ausschließlichkeitsanspruch auf den anderen mit dem Dritten teilen und ist somit auch immer aus der exklusiven Dyade der beiden anderen ausgeschlossen. 2. Jeder muss die sich „widersprechenden Ansprüche der beiden anderen auf sich wollen und gutheißen".

> „Umfassende Zugehörigkeit und Geborgenheit ist also nicht zu haben ohne die gleichzeitige Erfahrung des Teilens des Unteilbaren und des Ausschlusses aus einer Beziehung zwischen zwei Personen, zu denen man gleichzeitig selbst eine exklusive Beziehung hat." (ebd.: 263)

Maiwald argumentiert nun, dass v. a. aus der Perspektive des Kindes die Beziehung zur Mutter und die Beziehung zum Vater vom Typus her ähnlich sind, umso mehr müsse sie vom ‚Inhalt' her etwas Besonderes sein. Denn je ähnlicher sich die Eltern in ihrer Zuwendung zum Kind seien, umso austauschbarer würden die Beziehungen erscheinen. Mutter und Vater wären dann in der Beziehung zum Kind „nur als Exemplar der Gattung »Eltern«" involviert. Dann wäre allerdings die Eltern-Dyade (aus Sicht des Kindes) „übermächtig". Umgekehrt dürfen die Eltern aber auch nicht zu heterogen dem Kind gegenübertreten, denn dann wäre die Elterndyade (bzw. Paarbeziehung) geschwächt.

3.1 ‚Väterlichkeit' und ‚Mütterlichkeit'

Der ‚besondere Inhalt' bzw. die Exklusivität einer Eltern-Kind-Dyade entsteht durch einen „äußerlichen, raum-zeitlichen Ausschluss eines Elternteiles" und wird durch besondere, exklusive Eigenschaften (Qualitäten und Standards) der jeweiligen Dyade repräsentiert: „So machen *wir* das. Das kennzeichnet unsere Beziehung. Das ist nichts für Papa/Mama" (ebd.: 264).

Somit stehen nicht nur Zweierbeziehungen, wie es bereits Allert (1998) herausgearbeitet hat, sondern auch die familialen Sub-Dyaden „unter dem Zwang, die Differenz der Personen zu kommunizieren, ohne Gemeinsamkeit aufzugeben und die Gemeinsamkeit der Personen zu kommunizieren ohne den Verzicht auf Differenz" (ebd.: 223).

Wie gestaltet sich der Ausschluss des Dritten aus der jeweiligen Dyade? Zum einen wird der Ausschluss – schon alleine aufgrund von alltagspraktischen Gegebenheiten – situativ geschehen, indem z. B. Mutter und Kind in einer Weise interagieren, in der der Vater nicht präsent ist, und umgekehrt. Zum anderen wird der Ausschluss „im Sinne der jeweiligen Besonderheit der Dyade symbolisch repräsentiert sein" (Maiwald 2010: 263). Es geht dabei nicht allein um das faktische Anderssein, das ja ohnehin durch die Unterschiedenheit beider Elternteile als Individuen gegeben ist. Darüber hinaus gehört dazu eine „symbolische Markierung der Differenzen im Hinblick auf das Selbstverständnis der Dyaden" (ebd.: 263). Während sich die Paardyade von den Eltern-Kind-Dyaden durch die Generationendifferenz und Sexualität abgrenzt, ist für die Unterscheidung zwischen den Eltern-Kind-Dyaden der Rekurs auf Geschlechterdifferenzierungen *möglich*, aber nicht zwingend. Denkbar sind auch Differenzmarkierungen, die über die individuellen Besonderheiten der Dyade bzw. des ausgeschlossenen Dritten gemacht werden („Wir mögen Vanilleeis, du nicht" etc.). Allerdings haben diese „auf pointiert individuelle Eigenschaften abzielenden Unterscheidungen" einen Nachteil: Jede dyadische Differenzkommunikation kann potenziell die Einheit, die Gemeinsamkeit der Familie ‚stören'. Sie kann insofern ein Problem für die Kommunikation der Gemeinsamkeit sein, da es ihr Ressourcen entzieht, d. h. je stärker und umfassender das »Wir sind anders als du« gemacht wird, desto prekärer wird es, die Gemeinsamkeit aller Dyaden und Individuen, also ‚die Familie' zu repräsentieren. Denn je ‚persönlicher', d.h. je mehr über die Besonderheiten der Person die Grenzmarkierungen hergestellt werden, um so ausgeschlossener erscheint der Dritte (»weil er so ist, wie er ist, und wir so sind, wie wir sind«) und umso schwieriger wird es, symbolisch das Gemeinsame, das familiale ‚Wir' zu verwirklichen (ebd.: 265).

An dieser Stelle werden nun Geschlechterdifferenzierungen bedeutsam, denn sie ermöglichen eine Differenzkommunikation *ohne* die symbolische Konstruktion von Gemeinsamkeit zu gefährden. Die Differenzmarkierung wird darüber hergestellt, dass die Beteiligten *als Männer/Väter* oder *als Frauen/Mütter*, d. h. als „Exemplare unterschiedlicher Gattungen erscheinen" (ebd.: 265). Dies entschärft wesentlich die Brisanz der Differenzkommunikation für das Gemeinsame, denn das ‚Anderssein' und der Ausschluss des Dritten ist dann keine Frage der Personen und ihrer Individualität, sondern wird im Sinne eines ‚doing gender' mit einer kategorialen Geschlechtszugehörigkeit begründet. Das Konstruieren und Aktualisieren von Geschlechterunterscheidungen in alltäglichen Interaktionen ermöglicht es demnach, die Balance zwischen Differenz und Gemeinsamkeit, Nähe und Distanz in den Familienbeziehungen auszutarieren. Sie stellen als „Generalformel" Möglichkeiten der Differenzmarkierung zwischen den Dyaden zur Verfügung.

Maiwalds Argumentation stellt ausschließlich auf *ungleichgeschlechtliche* Zweierbeziehungen ab, die Grundproblematik der erhöhten Komplexität der Kommunikation zwischen den Dyaden und innerhalb der Triade gilt jedoch sehr grundsätzlich, wie Simmel (1923: 68) herausgearbeitet hat:

> „Wo drei Elemente A, B, C eine Gemeinschaft bilden, kommt zu der unmittelbaren Beziehung, die z. B. zwischen A und B besteht, die mittelbare hinzu, die sie durch ihr gemeinsames Verhältnis zu C gewinnen. (…) Allein die direkte Verbindung wird durch die indirekte nicht nur gestärkt, sondern auch gestört. Es gibt kein noch so inniges Verhältnis zwischen dreien, in dem nicht jeder einzelne gelegentlich von den beiden anderen als Eindringling empfunden würde, und sei es auch nur durch seine Teilhabe an gewissen Stimmungen, die ihre Konzentriertheit und schamhafte Zartheit nur bei dem unabgelenkten Blick von Auge in Auge entfalten können; jedes sensitive Verbundensein von zweien wird dadurch irritiert, dass es einen Zuschauer hat."

Waren in der Dyade keine Koalitionsbildungen möglich, ist dies mit Hinzutreten eines Dritten gleichsam naheliegend. Durch Koalitionen wird jeweils einer ausgeschlossen (oder kann sich zumindest derjenige ausgeschlossen fühlen) und diese Koalitionen charakterisieren maßgeblich die Binnenstruktur der Familie (Gildemeister/Robert 2008: 194). Maiwalds Annahme, dass v. a. Geschlechterdifferenzierungen sich als Differenzkommunikation eignen, ist auf *gleichgeschlechtliche* Zweierbeziehungen mit Kind(ern) nicht ohne weiteres übertragbar. Denkbar wäre eine Differenzkommunikation über Kompetenzen oder genetische Verwandtschaftsbeziehungen. Hinweise darauf geben Studien, die betonen, dass gleichgeschlechtliche Paare mit Kindern sich um eine egalitäre Arbeitsteilung *bemühen*, d. h. diese sich keineswegs quasi von selbst einstellt: „Many of the parents, both biological and nonbiological, recounted ways in which they consciously sought to resist and overcome cultural imperatives based on biological ties" (Dalton/Bielby 2000: 50). Andere Studien konstatieren, die Paare würden sich Haus- und Familienarbeit aufgrund von spezifischen *Kompetenzen* und *Neigungen* einer Person, *zeitlicher*

3.1 ‚Väterlichkeit' und ‚Mütterlichkeit'

Verfügbarkeit und *egalitären Einstellungen* teilen (Buba/Vaskovics 2001, Perlesz et al. 2010). Doch Kompetenzen, Neigungen und zeitliche Verfügbarkeit sind keine unveränderlichen ‚Merkmale' der Personen, sondern Gegenstand von Aushandlungen und möglichen Koalitions- und Differenzkonstruktionen des Paares, mithin kontingent und variabel. So gilt es empirisch zu klären, welche (weiteren) Formen der Differenzkommunikation für Distanzierungen und Koalitionsbildungen in un-/ gleichgeschlechtlichen Zweierbeziehungen mit Kind ‚genutzt' werden (vgl. Kap. 6.5).

Sowohl diesen Ausführungen als auch denen zur geschlechterdifferenzierenden Arbeitsteilung im vorangegangenen Kapitel liegen Annahmen der sozialkonstruktivistischen Geschlechtertheorie zugrunde, die im Folgenden expliziert werden. Dadurch soll deutlich werden, was in dem vorliegenden Buch unter ‚Geschlecht' verstanden wird, um darauf aufbauend ein Verständnis von ‚Väterlichkeit(en)' und ‚Mütterlichkeit(en)' entwickeln zu können.

Während sowohl strukturfunktionalistische Ansätze als auch solche des (neo-) utilitaristischen Paradigmas als gesellschaftliche Tatsache *voraussetzen*, dass es zwei und nur zwei Geschlechter gibt und „auf dieser Basis nach Unterschieden suchen" (Meuser 2006: 63), fragen Ansätze des Symbolischen Interaktionismus, der Ethnomethodologie und phänomenologischen (Wissens-)Soziologie nach den Konstruktionsmodi von Geschlecht und wie es in der Folge zu einer gesellschaftlich anerkannten ‚Voraussetzung' werden kann. Somit wird die „Konstitution der Zweigeschlechtlichkeit selbst zum Topos der Forschung und der Theoriebildung gemacht" (ebd.: 63) und Geschlecht *nicht* als vorsoziale Tatsache betrachtet:

> „Das Selbstverständliche wird heuristisch in etwas Unwahrscheinliches, höchst Voraussetzungsvolles transformiert. Nicht nur das Verhältnis von Über- und Unterordnung, die Geschlechtszugehörigkeit selbst wird als soziale Konstruktion verstanden." (ebd.: 63)

Die Herausforderung besteht darin „sowohl die soziale Kontingenz als auch die erlebte Faktizität und Beständigkeit der Zweigeschlechtlichkeit soziologisch" zu rekonstruieren (Hirschauer 1994: 668). Der Ethnomethodologe Harold Garfinkel (1984 [1967]: 116ff.) und der Interaktionstheoretiker Erving Goffman (1977b) kamen in ihren soziologischen Studien zu dem Ergebnis, ‚Geschlecht' sei ein Darstellungs- und Klassifikationsphänomen, *kein* Merkmal von Personen, sondern von Sozialorganisationen (vgl. West/Zimmerman 1987, Gildemeister/Wetterer 1992, Hirschauer 1994, Gildemeister/Robert 2008).

Will man Geschlecht nicht als Strukturkategorie und als ‚natürlich' gegeben konzeptualisieren, gilt es theoretisch und empirisch zu untersuchen, „welche sozialen Arrangements wie und wo Geschlecht signifikant machen oder neutralisieren" (Hirschauer 1994: 669). In einer rekonstruktiven Perspektive stellt sich die Frage, wie es dazu kommt, dass uns Menschen gemeinhin als unterschiedliche und zu unterscheidende Wesen in binärer Form von „Frauen" und „Männern" erscheinen. ‚Geschlecht' wird nicht als ‚Merkmal' von Personen konzeptualisiert, sondern als eine in sozialen Interaktionen und Praktiken „immer wieder aufs Neue herzustellende *Leistung*, an der alle Interaktionspartner beteiligt sind" (Behnke/Meuser 1999: 41, Hervorhebung AP) und im Zuge dessen ‚Geschlecht' fortwährend reproduziert, institutionalisiert und naturalisiert wird (Nentwich 2000: 99). In der Folge dieser Theorieperspektive hat sich die Bezeichnung ‚doing gender' etabliert, um auf die Interaktionsleistung, das ‚Tun' von Geschlecht hinzuweisen.

Wenn nun geschlechtsbezogene qualitative Differenzierungen nicht als ‚biologisch gegeben' verstanden werden, ist es eine offene Frage, „wie sich die situationsübergreifende *Stabilität* dieser sozialen Konstruktionen konzipieren läßt? Wie läßt sich die erlebte Faktizität und Beständigkeit der Zweigeschlechtlichkeit soziologisch rekonstruieren?" (Hirschauer 1994: 671). Eine Antwort auf das „Stabilitätsproblem" (ebd.: 680) lieferte Erving Goffman (1977b) mit dem Konzept der „institutionellen Reflexivität", er argumentiert

> „that deep-seated institutional practices have the effect of transforming social situations into scenes for the performance of genderisms by both sexes, many of these performances taking a ritual form which affirms beliefs about the differential human nature of the two sexes even while indications are provided as to how behavior between the two can be expected to be intermeshed." (ebd.: 325)

So wird die Anordnung der Geschlechter in sozialen Situationen und Interaktionen, wie Goffman (2001: 134) exemplarisch an der Trennung von Toiletten ausführt, „als natürliche Folge des Unterschieds zwischen den Geschlechtskategorien hingestellt, obwohl sie tatsächlich mehr ein Mittel zur Anerkennung, wenn nicht gar zur Erschaffung dieses Unterschieds ist".

Als eine „zentrale Institution in der Reproduktion der Geschlechterdifferenz[ierung]" und als ‚augenfälligstes' Beispiel für ‚institutionelle Reflexivität' gilt das ungleichgeschlechtliche Paar (Tyrell 1987: 590, Hirschauer 1994: 688):

> „Das verschiedengeschlechtliche Paar ist jedenfalls bereits aufgrund seiner Konstitution ein hervorragender ‚institutional genderism'. Wo immer diese Dyade auftritt, können Betrachter als einfachste Unterscheidung ihrer beiden Enden das Geschlecht veranschlagen. Sie sehen nicht nur einen Mann und eine Frau, sondern ‚den Mann' und ‚die Frau' in einem Prototyp sozialer Beziehungen. Ferner bringt das geschlechtsinhomogene Paar inhaltliche Geschlechtsunterschiede zur Anschauung. Diese werden ebenfalls durch Paarbildungsregeln vorstrukturiert. Ein konventionelles ‚selective mating' (Goffman 1977b) sorgt für eine Präferenz für Frauen unterhalb und Männer oberhalb der je eigenen Körpergröße, Altersgruppe, Ausbildung und Berufsposition.

3.1 ‚Väterlichkeit' und ‚Mütterlichkeit'

Das statistische Wissen von einem Größenunterschied zwischen männlichen und weiblichen Körpern wird dadurch zu einem sozial signifikanten Wissen von einem ‚augenfälligen' Größenunterschied transformiert. Ebenso wird der konventionelle Altersabstand (von 2-3 Jahren) bedeutsam, weil er i. d. R. mit einem ‚Vorsprung' bzw. ‚Rückstand' in Ausbildung und Einkommen verknüpft ist, der für die Arbeitsteilung in Paarbeziehungen unmittelbare Folgen hat." (Hirschauer 1994: 688f.)

Das ungleichgeschlechtliche Paar, die Ehe oder auch die Unterscheidung in Homo- und Heterosexualitäten rekurrieren nicht einfach auf die Geschlechterklassifikation von Personen, sondern diese „institutional genderism" sind selbst wesentlich an der Herstellung und Bestätigung von Geschlechterdifferenzen und Zweigeschlechtlichkeit beteiligt (Goffman 2001, Hagemann-White 1988).

Als das augenfälligste Beispiel der *Institutionalisierung von Geschlechterdifferenz* produziert das ungleichgeschlechtliche Paar (erst) den Sinn der Geschlechterunterscheidung, um dann das ‚Getrennte' in der Paarförmigkeit wieder zusammen zu führen (vgl. Maier 2004: 249f.). Doch wurde bereits in den vorherigen Kapiteln immer wieder auf eine zunehmende Kontingenz dieses Verhältnisses hingewiesen. So argumentiert Stefan Hirschauer (2013), Paare würden ebenso wie Gruppen oder Organisationen nicht permanent nach Geschlecht unterscheiden. Vielmehr könne eine durch das romantische Liebesideal[53] hervorgebrachte und verstärkte Wahrnehmung der *Einzigartigkeit* der Paarmitglieder zu einer Geschlechts*in*differenz führen. Folgt man der Argumentation, führt die individualisierende Liebessemantik (vgl. Beck/Beck-Gernsheim 1990) zu einer *De-Institutionalisierung der Geschlechterunterscheidung*, da es nicht mehr um ‚Männer' und ‚Frauen', sondern um das je unverwechselbare Individuum in einer Zweierbeziehung geht. Sowohl das mit dem romantischen Liebesideal verknüpfte Argument der Individualisierung als auch das i. d. R. sehr umfassende „Vertrautheitswissen", lassen Geschlechterunterscheidungen brüchig werden: Paarmitglieder „wissen zu viel übereinander, als dass sie sich stets oder vorrangig als Frau oder Mann sehen könnten" (Hirschauer 2013: 41).

Die Crux liegt nun – v. a. für die Forschenden – darin, „eine der basalen Unterscheidungen des sozialen Lebens", nämlich die „Feststellung der Zugehörigkeit einer Person zu einem Geschlecht" (Gildemeister/Robert 1998: 53), einerseits *systematisch* zum Untersuchungsgegenstand zu machen, ohne andererseits in jeglichen untersuchten Situationen und Interaktionen a priori eine Omnirelevanz (Garfinkel 1984 [1967]: 118) oder Unvermeidbarkeit (West/Zimmerman 1987: 137)

---

53 Ausführlicher zur romantischen Liebessemantik Luhmann 1994, Leupold 1983, und über das Verhältnis von binärer Geschlechterkonstruktion und Liebessemantik, insbesondere Tyrell 1987.

anzunehmen und somit zu einer Reifikation beizutragen. D. h. auch oder vielmehr gerade in Forschungsarbeiten, die sich dezidiert mit Geschlechterunterscheidungen und deren sozialen Folgen auseinandersetzen, muss die Forschende theoretisch und empirisch ebenso sensibel sein für ein „Vergessen des Geschlechts", ein *not doing gender* (Hirschauer 2001, Deutsch 2007). Aber wie Hirschauer (1994: 690) es formuliert: „Zur Beantwortung solcher Fragen sind Distanznahmen von der Alltagserfahrung erforderlich, die auch das Forscher-Selbst einem gewissen Streß aussetzen". So lässt sich bspw. den strukturellen Zwängen von Sprache, wie Vornamen und Pronomen, nicht vollkommen entgehen mit erhöhter Reflexivität, wie sie für das Verfassen einer sozialwissenschaftlichen Studie zum Thema erwartet werden kann (vgl. zum Reflexivitätsproblem Ayaß 2008: 20f.). Ein Ausdruck dieser Reflexivität und einem Wissen über die Bedeutung von Sprache und ihres geschlechterkonstruktiven und -konstitutiven Charakters sollen u. a. die einfachen Anführungszeichen sein. Sie implizieren eine Distanznahme meinerseits. Nichtsdestotrotz schreibe auch ich hier über ‚Männer' und ‚Frauen', ‚Väter' und ‚Mütter' als ob es eindeutig voneinander unterscheidbare, qualitativ differente *Kategorien* wären. Allerdings stehen mir nur begrenzt sprachliche Alternativen zur Verfügung, z. B. indem ich, wenn möglich und sinnvoll, die Begriffe *Eltern* oder *Elternteile* benutze, als differenzierend ‚Mütter', ‚Väter', ‚leibliche und soziale Mütter/Väter'.[54] Implikationen dieser geschlechtertheoretischen Perspektive für das Forschungsdesign diskutiere ich in Kap. 4.2.

Kehren wir nach diesem Exkurs zurück zu der Frage, inwiefern und mit welchen Konsequenzen Paare die von Maiwald beschriebene strukturelle *Notwendigkeit* einer Differenzkommunikation durch die Dyaden-Triaden-Konstellation als *Gelegenheit* für Geschlechterdifferenzierungen ‚nutzen'. Vor dem thematischen Hintergrund dieser Studie ist dabei von besonderem Interesse, inwiefern Paare ihre Elternschaft (das Eltern Werden und Sein) und damit verbunden Erwerbs- und Familienarbeit vergeschlechtlichen und naturalisieren. Analog gilt es im Kontext von gleichgeschlechtlichen Paarbeziehungen mit Kind(ern) zu untersuchen, welche Prozesse mit welchen Folgen zu der Unterscheidung von ‚leiblichen' und ‚sozialen' Eltern führen, anstatt diese Unterscheidung unhinterfragt als in der ‚Natur' oder ‚Biologie' vorausgesetzt anzunehmen.[55] Denn dass jenseits von Schwangerschaft und Geburt

---

54 Dem Postulat von Kassner, Wehner und Baumgarten (2013: 257) einer *prinzipiellen* Unvermeidbarkeit von geschlechterdifferenzierenden Bezeichnungen stimme ich nicht zu: „Bei der Betrachtung von Elternschaft wird deutlich, dass diese in mehrerlei Hinsicht immer schon mit Geschlechterdifferenzen verknüpft sind. Wenn wir über einzelne Menschen reden, die Eltern sind, müssen wir sie als ›Mutter‹ oder ›Vater‹ bezeichnen."
55 Mit Goldberg und Perry-Jenkins (2007: 298) lässt sich leicht abgewandelt fragen, ob ‚Biologie' das neue ‚Geschlecht' in der Strukturierung von Erwerbs- und Familienarbeit

3.1 ‚Väterlichkeit' und ‚Mütterlichkeit'

des Kindes durch die (leibliche) Mutter *keine* ‚biologischen Zwänge' wirken, darauf verweist u. a. Goffman (1977b: 313):

„Clearly on biological grounds, mother is in a position to breastfeed baby and father is not. Given that recalcitrant fact, it is meet [sic!] that father temporarily but exclusively takes on such tasks as may involve considerable separation from the household. But this quite temporary biologically-grounded constraint turns out to be extended culturally. A whole range of domestic duties come (for whatever reason) to be defined as inappropriate for a male to perform; and a whole range of occupations away from the household come to be defined as inappropriate for the female."

Goffman führt zwar beispielhaft das *breastfeeding* an, was sich jedoch ebenso als *sozial* strukturierte Praxis erweist (z. B. Knaak 2005 und zu aktuellen Still-Diskursen, vgl. Williams et al. 2012, Ott/Seehaus 2010). Zentral ist vielmehr seine Feststellung, dass über zeitlich-begrenzte, biologisch begründete ‚Zwänge' (weit) hinaus, häusliche und familiale Tätigkeiten geschlechterdifferenzierend verteilt sind.

Instruktiv ist in diesem Zusammenhang die qualitative Studie von Julia Nentwich (2000), in der sie anhand von Einzelinterviews mit Elternteilen die „Prozesslogik der Vergeschlechtlichung von Elternschaft" untersucht. Sie rekonstruiert zehn subjektive Begründungen, die in den Interviews von den ungleichgeschlechtlichen Elternpaaren für ihre Arbeitsteilung angeführt werden:

- „es war klar"
- „wir haben es so gewollt"
- „derjenige, der am meisten verdient, geht arbeiten"

---

wird. Die empirischen Befunde dazu sind widersprüchlich. Aber in der *wissenschaftlichen Argumentationslogik* findet sich mehrheitlich die unhinterfragte Kategorisierung, exemplarisch dazu Dürnberger (2011: 152): „Geht man davon aus, dass nicht in erster Linie die Erwerbstätigkeit zwischen den Partnerinnen ausgehandelt wird, sondern die Kinderbetreuung und dass beide Partnerinnen an dieser teilhaben möchten, so scheint die leibliche Mutter in Familien mit gemeinsamen Kindern – insbesondere im ersten Lebensjahr des Kindes – in einer besseren Verhandlungsposition zu sein. Sie hat die Möglichkeit, das Kind zu stillen, verfügt über eine zunächst engere Bindung zum Kind, die sie im Verlauf der neunmonatigen Schwangerschaft aufbauen konnte, wird als leibliche Mutter von außen als zuständig erachtet und hat zumindest kurz nach der Geburt den rechtlichen Vorteil des Mutterschutzes. Aus diesem Grund dürfte die leibliche Mutter vor allem in den ersten Jahren für die Kinderbetreuung verantwortlich sein, da sie entweder ein größeres Interesse an der Ausübung der aktiven Mutterrolle hat oder bei gleich großem Interesse die besseren Argumente unter den Partnerinnen aufweist. Die spezifischen „Ressourcen" auf Seiten der leiblichen Mutter verlieren jedoch mit dem Alter der Kinder ihre Bedeutung und ein Anstieg des Engagements der sozialen Mutter wird wahrscheinlicher."

- „ich liebe meinen Beruf"
- „das Kind, nicht der Beruf, steht erstmal an erster Stelle"
- „das wäre vom Ablauf her nicht möglich"
- „die ersten drei Jahre sind die wichtigsten"
- „die Mutter ist nun mal die Frau"
- „dafür bin ich zu sehr Frau" und „dafür habe ich den falschen Mann" (ebd.: 108f.).

In diesen subjektiven Begründungen identifiziert Nentwich Differenzkonstruktionen, die einen Unterschied zwischen den Geschlechtern herstellen und reproduzieren. Die Begründungen werden in drei verschiedenen Deutungskontexten angebracht, wodurch die Selbstverständlichkeit und „Klarheit" der innerpartnerschaftlichen Arbeitsteilung „untermauert wird": die „Natürlichkeit des Geschlechtsunterschieds", „ökonomische Zwänge" und die „Rollen der Geschlechter" (ebd.: 110). Sowohl die Deutungskontexte als auch die subjektiven Begründungen werden zirkulär verwendet, d. h. eine Begründung wird zur Begründung einer anderen Begründung verwendet.

Argumentieren die Interviewten vor dem Deutungskontext „ökonomische Zwänge", dann stehen Begründungen wie das Einkommen und Beruf oder Karriere im Vordergrund. Auffällig ist, dass diese ‚Argumente' nicht gleichermaßen geltend gemacht werden: Verdient der Mann (deutlich) mehr als die Frau, wird dies als Begründung für eine traditionale Arbeitsteilung herangezogen. Verdient jedoch die Frau (deutlich) mehr als der Mann, werden weitere Begründungen angeführt, wie die berufliche Entwicklung oder ein Arbeitgeber, der einen „Rollentausch" unmöglich macht, um das ‚Argument' des höheren Einkommens außer Kraft zu setzen.

Nentwich kommt zu dem Schluss, dass unabhängig davon, mit welcher Begründung vor welchem Deutungskontext begonnen wird, diese zirkulär beschreiben, weshalb etwas gewollt oder nicht gewollt wird. Dabei sind die Begründungen sowohl austauschbar als auch wechselseitig erklärend. Anfang und Ende der Begründungen ist die Annahme einer Geschlechterdifferenz und ihre ‚Natürlichkeit':

> „D. h., die Frau bleibt zu Hause, da sie die Mutter ist und die Mutter ist sie, da sie die Frau ist. Der Beruf ist ihr unwichtiger als das Kind, da sie die engere Bindung zum Kind hat, die engere Bindung hat sie, da sie die Mutter ist, da sie eine Mutter ist, steht das Kind im Vordergrund." (ebd.: 115)

Wird hingegen eine ‚nicht-traditionale' Arbeitsteilung *gewollt*, werden entweder andere Aspekte in den Vordergrund gestellt oder aber dieselben Begründungen werden anders gedeutet (Betonung von gleichen Einkommen, gleichen Karrierewünschen und Arbeitsplatzrisiken, Wunsch *beider Elternteile* Zeit mit dem Kind zu

3.1 ‚Väterlichkeit' und ‚Mütterlichkeit'

verbringen). Jedoch finden sich in den Interviews nicht-traditionale Arbeitsteilungen ausschließlich *nach* dem ersten Lebensjahr des Kindes, für die Zeit vorher werden überwiegend die o. g. Begründungen für die Arbeitsteilung angeführt.
Das Vorhandensein von zwei unterschiedlichen Geschlechtern wird in keiner Konstellation infrage gestellt. Es findet in jedem Fall – unabhängig ob egalitäre oder traditionale Arbeitsteilung – eine Analogiebildung zwischen ‚Mutter' und ‚Frau' sowie ‚Vater' und ‚Mann' statt:

> „Folgt man der Logik der Analogiebildung, dann ist es einem Vater nicht möglich, eine enge Bindung zum Kind aufzubauen, ohne dadurch zur „Mutter" zu werden. Einer Mutter wiederum ist es nicht möglich, über einen „Zuverdienst" hinaus erwerbstätig zu sein, da diese Funktion der Kategorie „Vater" vorbehalten ist. „Frauen" haben zwar den Gegensatz zwischen „Frau-sein" und Erwerbstätigkeit weitestgehend aufgehoben, jedoch nicht für das „Mutter-sein" und die Erwerbstätigkeit. Die „neuen Väter" hingegen haben zwar begonnen, die Vaterrolle über die Beziehung zum Kind zu definieren, jedoch nur so weit dies mit der Ernährerrolle zu vereinbaren ist." (ebd.: 117)

Der Befund von Nentwich (2000), demnach Mütter und Väter *verschieden* voneinander definiert werden, lässt sich in Verbindung mit dem von Rubin (1975: 178) geprägten Begriff des ‚Sameness Taboo' verstehen:

> „The division of labor by sex can therefore be seen as a „taboo": a taboo against the sameness of men and women, a taboo dividing the sexes into two mutually exclusive categories, a taboo which exacerbates the biological differences between the sexes and thereby *creates* gender."

Betrachtet man den Befund von Nentwich unter diesem Gesichtspunkt zeigt sich, dass sich das ‚Sameness Taboo' (bzw. im deutschen auch: Gleichheitstabu) selbstverständlich und unhinterfragt auf ‚Mütter' und ‚Väter' überträgt. Demnach haben nicht nur Frauen und Männer „zunächst einmal und in allen Belangen verschieden zu sein" (Gildemeister/Wetterer 1992: 202), sondern daran gekoppelt Mütter und Väter. Bezugnehmend auf Rubin (1975) stellt Judith Lorber (1994: 26) fest: „If the differences between women and men begin to blur, society's »sameness taboo« goes into action".
Wie das Gleichheitstabu für *Eltern* fortwährend institutionalisiert wird, hat Ehnis (2009) in seiner empirischen Studie herausgearbeitet. Anhand von Einzelinterviews mit Vätern, die Elternzeit in Anspruch genommen haben, entwickelt er das Konzept der „hegemonialen Mütterlichkeit". Er versteht darunter

> „(...) die Formen geschlechtsbezogener Praktiken und Zuschreibungen, welche die Präsenz von Müttern (statt von Vätern) bei der Kinderbetreuung sichern und für die Unterordnung und Hierarchisierung abweichender Erziehungspraktiken genutzt werden können." (Ehnis 2009: 147)

Daran anknüpfend führt er aus, dass jene Praktiken und (Selbst-)Zuschreibungen im Sinne eines „zwanglosen Zwangs" „zu einer ‚selbstverständlichen Einwilligung' von Frauen und Männern in eine traditionelle Arbeitsteilung beitragen" (ebd.: 162), und diese somit als „kulturell tief sitzende Barriere" für Elternzeiten und Fürsorgeengagement von Vätern wirken können. Er arbeitet vier Aspekte als „stabilen kulturellen Kern »hegemonialer Mütterlichkeit«" heraus (ebd. 2008: 63):

1. *Diskurse um psychische und physische Gesundheit des Kindes,* welche u. a. am Stillen des Kindes mit Muttermilch festgemacht werden. Relevant seien zwei „medizinisch-psychologische Annahmen", denen zufolge Muttermilch das Baby vor Allergien, Entzündungen und anderen Krankheiten „schützen" würde, sowie die Annahme, „dass der intensive Mutter-Kind-Kontakt beim Stillen für die psychische Stabilität des Kindes zentral" seien (ebd.: 57f.). Daraus begründe sich die Verantwortlichkeit der *Mutter* für das Wohlergehen des Kindes. Der Umkehrschluss impliziert, dass eine Mutter, die nicht beim Baby oder Kleinkind ist, die ‚natürliche Entwicklung' des Kindes gefährde, während dies für einen abwesenden Vater so nicht zutreffe.
2. *Zuschreibung von Betreuungskompetenz für Kleinkinder:* Die ‚natürliche' Kompetenz im Umgang mit Kleinkindern wird Müttern zugesprochen, während die Kompetenz von Vätern (grundsätzlich) in Frage stehe. Unter Rückgriff auf das Konzept des „tokenism" von Kanter (1977) analysiert er Phänomene des gleichzeitigen Über-Sichtbarseins und Unsichtbarmachens von Leistungen. Aus seinem empirischen Material geht hervor, dass bereits die Präsenz eines Vaters in einer sog. Eltern-Kind-Gruppe (de-facto bis dahin Mutter-Kind-Gruppe) als ungewöhnlich wahrgenommen werde („visibility"). Damit stehe der Vater, und wie er mit seinem Kind umgeht, automatisch unter verstärkter Beobachtung („overobservation"). Schreit sein Kind, werde dies nicht nur als normales Verhalten des Kindes interpretiert, sondern es scheint immer auch die Frage im Raum zu stehen, ob er *als Mann* die richtige Betreuungsperson für das Kind ist. Die Handlungen und Fähigkeiten des Vaters würden anhand der Folie gängiger Geschlechterstereotype wahrgenommen werden und die Fähigkeit, das Kind zu beruhigen, werde dabei als ‚weiblich' interpretiert („polarization"). Der Vater stehe daher unter dem Druck, sich als *besonders* kompetent beweisen zu müssen, während hingegen Mütter selbstverständlich als ‚kompetente Betreuungsperson' angenommen werden (Ehnis 2009: 154).
3. *Väterselbstbilder – Selbstbilder aktiver Vaterschaft:* Väter nehmen demnach an, mit ihren Kindern ‚erst richtig etwas machen zu können', im Sinne von spielen, toben, reden, wenn diese älter sind. Das Väterselbstbild sei mit der Vorstellung

des Vaters als Erzieher und nicht des Vaters als Betreuers und Umsorgers seiner Kinder gekoppelt (ebd. 2008: 61f.).
4. *Geschlechtsstereotype gesellschaftliche Ansprachen bezüglich der innerfamilialen Arbeitsteilung:* Mütter würden demzufolge „subtil oder offen darauf verwiesen" die Fürsorge des Kindes zu übernehmen, während Väter „stärker über ihre Erwerbsarbeit definiert" würden. „Diese geschlechtstypischen Ansprachen werden mit relativer Selbstverständlichkeit von Männern, Frauen sowie staatlichen und betrieblichen Institutionen gleichermaßen geäußert" (ebd.: 62) und stabilisierten damit eine traditionale Arbeitsteilung. So stellen sich bspw. Elternzeiten des Vaters eher als „Kann- oder Wunschleistung" dar, deren Länge und Dauer *verhandelbar* sei, während bei der Mutter im Sinne einer Pflichtleistung *vorausgesetzt* werde, dass es für sie und das Kind notwendig sei, eine gewisse Zeit zuhause zu bleiben (ebd. 2009: 161f., vgl. auch König 2012: 107f.).

Ehnis orientiert sich bei der Begriffsbildung an dem Konzept der „hegemonialen Männlichkeit" von Connell (2006, Connell/Messerschmidt 2005). Die Verwendung des Hegemoniebegriffes begründet er damit, dass es sich um „stabile Weiblichkeitsentwürfe" handele, welche „gesellschaftlich herrschende, weitgehend unhinterfragte Normen, Werte und Verhaltensstandards konstituieren und legitimieren" (Ehnis 2008: 65). Der Begriff verweise zudem auf ein „verinnerlichtes Machtverhältnis" und darauf, dass die „hegemonialen Werte als subjektive Orientierungen auch dann wirksam werden, wenn sie (in ihrer Reinform) lediglich für eine Minderheit wirklich lebbar" seien (ebd.). Zudem verdeutliche der Begriff, dass „die damit verbundenen Normen historisch entstanden und kulturell veränderbar" seien, und dass „eine Veränderung hegemonialer Weiblichkeitsentwürfe" auch „Rückwirkungen auf hegemoniale Männlichkeiten" hätte (ebd.). Eine *systematische* Einordnung und ein In-Verhältnissetzen zu dem Konzept von Connell leistet Ehnis jedoch nicht (vgl. auch Sauter 2000: 46), so dass hier der Zusammenhang von ‚Weiblichkeit' und ‚Mütterlichkeit' unterbelichtet bleibt und in einer von ihm nicht thematisierten Gleichsetzung endet.

An dieser Stelle sei ein Ergebnis meiner Auseinandersetzung mit dem Konzept im Zuge der Analyse meines empirischen Materials (vgl. Kap. 6.1) vorweggenommen: Unter ‚Hegemonic Mothering'[56] verstehe ich in einer interaktionstheoretischen Perspektive die *gemeinsame Herstellung und Bestätigung der überwiegenden Zuständigkeit*

---

56 Die englische Version des Begriffes hat zwei Vorteile: Durch das ‚Mother*ing*' wird das Tun (doing) in den Vordergrund gestellt. Drei weitere, für diese Studie zentrale, sensibilisierende Begriffe und Konzepte (Maternal Gatekeeping, Sameness Taboo, Equally Shared Parenting) sind m. E. nicht angemessen ins Deutsche zu übersetzen, so dass sich der Einheitlichkeit wegen ‚Hegemonic Mothering' anbietet.

der Mutter für das Kind und den ‚Ausschluss' des Vaters oder der Partnerin durch beide Elternteile. Diese zunächst unscheinbare Weiterentwicklung des Konzepts eröffnet analytisch die Perspektive auf *Aushandlungen* in Paarbeziehungen über die Betreuungsverantwortung, da der *folgenreichen Differenzierung des Elternpaares in ‚Mutter' und ‚Vater' bzw. ‚Mutter' und ‚Partnerin'* expliziter Rechnung getragen wird. Denn die von Ehnis formulierten Verhaltenserwartungen an Mütter implizieren gleichzeitig Verhaltenserwartungen an Väter und Ko-Mütter, nämlich dass diese sich *nicht* in gleicher Weise fürsorglich engagieren (wollen) wie Mütter.

Jedoch war ein zentraler Befund in den vorangegangenen Kapiteln, dass zunehmend mehr Paare sich Familien- und Erwerbsarbeit teilen *wollen*. In der Forschungsliteratur wird – bei der Suche nach Erklärungen für Schwierigkeiten bei der Umsetzung oder gar das Scheitern der Bemühungen um eine geteilte Verantwortung für Erwerbs- und Familienarbeit – auf das Phänomen des ‚Maternal Gatekeeping' hingewiesen:

> „(…) we propose that maternal gatekeeping consists of a set of beliefs about mothering and fathering that influences mothers' behaviors in relation to the allocation of family work. Maternal gatekeeping is the mother's reluctance to relinquish responsibility for family matters by setting rigid standards, wanting to be ultimately accountable for domestic labor to confirm to others and to herself that she has a valued maternal identity, and expecting that family work is truly a woman's domain." (Allen/Hawkins 1999: 205)

Sarah M. Allen und Alan J. Hawkins (1999: 200) beschreiben mit Verweis auf andere empirische Studien: ‚Maternal Gatekeeping' „can be one important source of men's underinvolvement in domestic labor and may inhibit mutually satisfactory arrangements for sharing family work". Eine kritische Reflexion und Weiterentwicklung des Konzeptes leiste ich in Auseinandersetzung mit meinem Datenmaterial (vgl. Kap. 6.3).

Ähnlich verhält es sich mit dem Konzept, das ich mit Verweis auf Ehrensaft (1984, 1987), Francine Deutsch (1999) sowie Marc und Amy Vachon (2010) ‚Equally Shared Parenting' nenne und in Auseinandersetzung mit meinen Daten und vorhandenen ähnlichen Konzepten in der Forschungsliteratur weiter ausdifferenziere (vgl. Kap. 6.4). Für ein vorläufiges Verständnis des Konzeptes ist die Definition von Ehrensaft (1984: 43) bzw. Nancy P. Hawley instruktiv:

> „Who is engaged in shared parenting? Any two individuals both of whom see themselves as primary caretakers to a child or children. As defined by Nancy Press Hawley, elements of shared parenting include: (a) intimacy (…), (b) care of the child in a regular, daily way; (c) awareness of being a primary caretaker or parent to the children; (d) ongoing commitment; and (e) attention paid to the adult relationship.

3.1 ‚Väterlichkeit' und ‚Mütterlichkeit'

In addition to daily caretaking functions, we are talking about two individuals who fully share responsibility for the ongoing intellectual, emotional, and social development of the child."

In der deutschsprachigen Literatur wird das Phänomen des Teilens von Familien- und Erwerbsarbeit zwischen den Partnern auch unter den Begriffen „geteilte bzw. egalitäre Elternschaft" oder „partnerschaftliche bzw. egalitäre Arbeitsteilung" gefasst (z. B. Flaake 2009, 2011). „Geteilte Elternschaft" ist problematisch, da der Begriff ‚Elternschaft' (ebenso wie Mutter- oder Vaterschaft) i. d. R. einen (rechtlichen) Status und *nicht* eine alltägliche Praxis impliziert. Möglich wäre es von „geteilter elterlicher Fürsorgearbeit" zu sprechen, ebenso wie von Mütterlichkeit(en) und Väterlichkeit(en) die Rede ist. Der zweite Vorschlag, die Bezeichnung „partnerschaftliche bzw. egalitäre Arbeitsteilung" war lange Zeit mein ‚Arbeitsbegriff' für dieses Phänomen, hat jedoch den Nachteil, dass nicht deutlich wird, welche Bereiche (Familien- und/oder Erwerbsarbeit) geteilt werden. So werden in der Forschungsliteratur unter diesem Label auch Paare untersucht, die sich zwar gleichermaßen in der Erwerbssphäre engagieren, aber *nicht* im Bereich der Fürsorgearbeit. Der Begriff ‚Equally Shared Parenting' verweist demgegenüber auf die *Praxis der geteilten Fürsorgearbeit durch die Eltern*, das *parenting*.

Ein Konzept, auf das in Medien und Forschungsarbeiten weitaus häufiger zurückgegriffen wird, ist das der ‚neuen' oder ‚aktiven Väter'.[57] Abgesehen davon, dass die Definitionen von ‚aktiven Vätern' in der Literatur stark differieren und damit verschiedene Phänomene unter demselben Label untersucht werden, werde ich im Zusammenhang mit der Analyse meiner Daten in Kap. 6.5 weitere wesentliche Fallstricke dieses Konzeptes herausarbeiten.

Zusammenfassend betrachtet, wurde einerseits eine zunehmende Offenheit in den Aushandlungen von Paaren zur innerfamilialen Arbeitsteilung konstatiert. Diese korrespondiert mit Befunden verschiedener sozialwissenschaftlicher Studien (Heintz/Nadai 1998, Gildemeister/Wetterer 2007), denen zufolge Geschlechtsstereotype und geschlechterdifferenzierende Erwartungen in der ‚Berufswelt' an Bedeutung verlieren. Trotz des Bedeutungsverlustes derartiger normativer Regeln und Standards oder vielmehr gerade deshalb scheint es andererseits einen eigenen Bedarf nach ‚Entlastung' in Form von Geschlechterdifferenzierungen zu geben (Maiwald 2010: 266). Geschlechterdifferenzierungen, eingelassen in Institutionen, tragen insofern zu einer Entlastung bei, als sie zeigen, „wie etwas in bestimmten

---

57 So z. B. Bambey/Gumbinger 2006, Behnke 2011, Döge 2007, Erdmann 2011, Fthenakis 1999, Gesterkamp 2010, Kassner 2008, Oberndorfer/Rost 2002, Possinger 2013, Rerrich 1989.

Feldern des sozialen Lebens „normalerweise" getan wird oder getan werden muss" (Gildemeister/Robert 2008: 18). So reduzieren sich die potenziell unendlich vielen Möglichkeiten von Handlungen und Interaktionen im Alltag.

Unter Rückgriff auf Maiwald (2010) wurde deutlich, dass die Dyaden-Triaden-Konstellation in Familien strukturell als *Gelegenheit* und *Einladung* für Geschlechterdifferenzierungen zu konzeptualisieren ist. Die dargestellten und diskutierten sensibilisierenden Konzepte ‚Sameness Taboo', „hegemoniale Mütterlichkeit" (‚Hegemonic Mothering'), ‚Maternal Gatekeeping' und ‚Equally Shared Parenting' haben sich in der Analysearbeit der vorliegenden Untersuchung als aufschlussreich dahingehend erwiesen, *wie* diese *Gelegenheit* für Geschlechterdifferenzierungen von Paaren in der Familiengründungsphase unterschiedlich genutzt werden kann bzw. wird.

Hinter der hartnäckigen ungleichen Arbeitsteilung im Bereich der Haus- und Familienarbeit vermutet Hirschauer (2013: 50) eine der letzten Domänen für paarinterne Darstellungen einer bedeutsamen Geschlechterdifferenz. Maiwald (2010: 267f.) spricht in diesem Zusammenhang von „Geschlechterdifferenzierung als Gesellschaftsspiel":

> „Vielleicht haben wir in der Zukunft verstärkt mit einer Art harmloser kultureller Schizophrenie zu rechnen, die dadurch gekennzeichnet ist, dass innerhalb ein und derselben Sozialbeziehung relativ flüssig Differenzkommunikation und Gleichheitsdiskurs einander ablösen können."

Eine *Gleichzeitigkeit* von Gleichheits- und Differenzkommunikation wurde auch in anderen Studien konstatiert (z. B. Nentwich 2004). Inwiefern es sich um ein *harmloses* „Gesellschaftsspiel" handelt oder inwiefern Geschlechterdifferenzierungen in Paarbeziehungen in der Familiengründungsphase *sozial folgenreich* werden (können), gilt es im Empirieteil dieser Untersuchung zu klären (vgl. insbesondere Kap. 6.5).

3.2 Innerfamiliale Arbeitsteilung als ‚ausgehandelte Ordnung'

Der Begriff der ‚Aushandlung' wurde zwar bereits häufig, aber bisher theoretisch unterbestimmt verwendet. Daher werde ich mit Anselm Strauss, einem Vertreter des Symbolischen Interaktionismus und Pragmatismus (vgl. Kap. 3.3), eine erste theoretische Bestimmung des Begriffs vornehmen. Daran anschließend folgt ein wissenssoziologischer Exkurs zu zentralen und folgenreichen Aushandlungen in Zweierbeziehungen – zur Aushandlung und Konstruktion von (gemeinsamer) Wirk-

3.2 Innerfamiliale Arbeitsteilung als ‚ausgehandelte Ordnung'

lichkeit. Die gemeinsame Wirklichkeitskonstruktion verstehe ich dabei als einen zentralen Modus des ‚processual ordering' in Paarbeziehungen. In einem dritten Schritt erweitere ich den Fokus: Die Ausführungen von Strauss zu ‚ausgehandelten Ordnungen' (*negotiated order* und *processual ordering*) ermöglichen es, die Ebene der Interaktionen und Aushandlungen zu innerfamilialer Arbeitsteilung als auch die der sozialen Strukturen und Rahmengegebenheiten systematisch aufeinander bezogen, zu berücksichtigen.

Anselm Strauss (1978: 234) versteht unter *Aushandlungen* „one of the possible means of »getting things accomplished« when parties need to deal with each other to get those things done". Damit ist *nicht* gemeint, dass *alles* in einer Gesellschaft ausgehandelt werde. Vielmehr fasst Strauss (1993: 255) Aushandlungen als *einen* zentralen Modus für Erzeugung, Erhalt und Wandel sozialer Ordnungen:

> „He is *not* saying that everything in an organization or society is always being negotiated. He *is* saying that understanding negotiation processes and their bearing on social orders might well provide important insights into how social orders are maintained, how they change, and how structural limitations interact with the capacity of humans to reconstruct their worlds creatively." (Maines 1982: 270, Hervorhebung i. O.)

Um die Prozessualität von Aushandlungen, also die permanenten Handlungsprozesse und somit die Fluidität ‚ausgehandelter Ordnungen' stärker zu betonen, plädiert Strauss in seinem Spätwerk *Continual Permutations of Action* für die Umbenennung des Konzepts von ‚negotiated order' zu ‚prozessualem Ordnen' (‚processual ordering'):

> „However, more generally the concept of negotiated order was designed to refer not merely to negotiation and negotiative processes. It also points to the lack of fixity of social order, its temporal, mobile, and unstable character, and the flexibility of interactants faced with the need to act through interactional processes in specific localized situations where although rules and regulations exist nevertheless these are not necessarily precisely prescriptive or peremptorily constraining." (Strauss 1993: 255)

Durch die Verwendung des Verbs ‚ordnen' (‚ordering') möchte Strauss (ebd.: 254f.) den kreativen und konstruktiven Aspekt von Interaktionen trotz unvermeidlicher Kontingenzen betonen. Damit verbunden ist zunächst die interaktionistische Sicht, dass soziale Ordnungen durch Handlungen und Interaktionen hergestellt, stabilisiert und verändert werden (ebd.: 257f.). Indem Strauss in seinem Konzept Strukturen als Handlungsbedingungen *und* Handeln als Bedingung des Strukturwandels fasst, denkt er das Verhältnis von *Struktur* und *Handlung* von vornherein systematisch aufeinander bezogen.

Der Begriff der *Aushandlung* erfreut sich insbesondere in Forschungskontexten zu Zweierbeziehungen und innerfamilialer Arbeitsteilung zunehmender Beliebtheit. Problematisch ist dabei, dass in den seltensten Fällen das (theoretische) Verständnis expliziert wird. Was konkret unter Aushandlungen zu verstehen ist und was nicht, kann die Leserin im besten Fall implizit dem Text entnehmen. So kritisieren bspw. Evertsson und Nyman (2009) den inflationären und unreflektierten Gebrauch des Konzepts. Die Autoren selbst verstehen unter Aushandlungen *verbale Praktiken*, wie Diskussionen und kritische Reflexionen des Paares. Mit diesem Verständnis von Aushandlungen kommen sie jedoch zu keinen neuen Erkenntnissen: Der Befund, dass nicht verbale Auseinandersetzungen, sondern vielmehr Alltagspraktiken, Routinen und Rituale im ‚Autopilotmodus' vorherrschend seien (ebd.: 52f.), ist bereits aus Studien von Kaufmann (1994) und Hochschild (1990) hinlänglich bekannt. Ihre Argumentation, der Begriff der *Aushandlungen* würde so breit gefasst werden, dass er mit *sozialen Interaktionen* gleich gesetzt werden könne und somit heuristisch unergiebig sei (Evertsson/Nyman 2009: 36), verkennt den Aspekt von „collective acitivity" (Pestello/Voydanoff 1991: 108f.) in Zweier- und Familienbeziehungen. *Soziale Interaktionen* nach Goffman (2003 [1969]: 18) sind gekennzeichnet durch einen „wechselseitige[n] Einfluß von Individuen untereinander auf ihre Handlungen während ihrer unmittelbaren physischen Anwesenheit". Wie oben ausgeführt, versteht Strauss hingegen unter *Aushandlungen* „eines der möglichen Mittel, um Dinge erledigt zu bekommen, wenn die beteiligten Parteien sich miteinander vereinbaren müssen, um diese Dinge getan zu bekommen" (Strauss 1978: 234, zit. nach Strübing 2007: 59). Die Gegenüberstellung zeigt, dass die Definition von Strauss eine spezifische, eher ‚funktionalistische' Perspektive sozialer Interaktionen darstellt (‚Mittel, um Dinge erledigt zu bekommen'), während die Definition von Goffman auf face-to-face-Interaktionen ohne ‚Zielrichtung' oder ‚Ergebnisorientierung' verweist.

Der Aushandlungsbegriff von Strauss umfasst dabei sowohl explizite Argumentationen, Diskussionen und Gespräche (allgemein verbale Kommunikation) als auch nicht sprachlich vermittelte ‚Äußerungen', wie nicht-verbale Alltagspraktiken, Körperausdruck und Gesten (Keller 2012: 115).[58] Dies heißt, es wird nicht davon ausgegangen, dass in Zweierbeziehungen alles endlos ausdiskutiert wird und *so* eine je spezifische Arbeitsteilung entsteht. Vielmehr ist es ebenso eine Aushandlung, wenn die Partner sich nonverbal (über Blicke, ignorieren etc.) verständigen, wer bspw. zu dem schreienden Baby geht und es beruhigt und wer nicht. Solche ‚Miniaushandlungen' führen über die Zeit gesehen, in ihrer Wiederholung und in

---

58 Entsprechende methodische Implikationen dieser Definition werden in Kap. 4.1 erläutert.

3.2 Innerfamiliale Arbeitsteilung als ‚ausgehandelte Ordnung'

ihrer Modifikation zu einer ‚ausgehandelten Ordnung', wobei der verbale Austausch darüber („Gehst du oder soll ich?') ebenso dazugehört wie ein Ignorieren oder das entnervte Stöhnen des Partners, so dass die Partnerin die Aufgabe übernimmt. Wenn jedoch nicht jedes einzelne zu erledigende Ding explizit, argumentativ verhandelt wird (und werden kann), stellt sich die Frage, wie sich Routinen, Rituale und *Selbstverständlichkeiten* in Zweierbeziehungen über das *wer* und *wie* von „getting things accomplished" etablieren. Damit verbunden ist die Frage, wie Paare zu einer gemeinsamen Sicht der Dinge gelangen:

> „What is the process by which family members arrive at a more or less shared sense of the world (i. e., a symbolic reality – a shared set of goals, values, beliefs, and norms)?" (LaRossa/Reitzes 1993: 136)

Instruktiv ist in diesem Zusammenhang der Aufsatz von Peter L. Berger und Hansfried Kellner (1965), in dem sie die Ehe[59] als „nomosbildendes Instrument" verstehen, als ein gesellschaftliches Arrangement, welches „dem einzelnen Ordnung bietet, in der er sein Leben sinnvoll erfahren kann" (ebd.: 220).[60] Die Autoren (ebd.: 221) zielen auf den „Prozess, der eine bestehende Wirklichkeit, die von dem einzelnen als für ihn bedeutsam erfahren werden kann, schafft, erhält und modifiziert."

Eine Zweierbeziehung begründet eine „neue Wirklichkeit" und „die Beziehung des einzelnen zu dieser neuen Wirklichkeit ist jedoch dialektischer Natur – er produziert sie, in Übereinstimmung mit dem Ehepartner – und sie wirkt auf ihn zurück. Die beiden Realitäten der Ehepartner werden dabei zu einer einzigen zusammengefügt" (ebd.: 227). Für die Herstellung einer (symbolischen) Ordnung in Zweierbeziehungen führen Berger und Kellner das Gespräch als zentrales Mittel an, welches eine fortlaufende Aushandlung ermöglicht, während es gleichzeitig immer schon vor dem Hintergrund einer bereits ausgehandelten Ordnung stattfindet:

> „Im Alltagsleben jedoch ist das am häufigsten angewandte Mittel das Gespräch. In diesem Sinne ist es richtig, die Beziehungen des einzelnen zu dem anderen, der für ihn

---

59 Es mag der Entstehungszeit des Artikels geschuldet sein, dass Berger und Kellner (1965) die *Ehe* und nicht Zweierbeziehungen untersuchen. In der Rezeption des Artikels ist es jedoch üblich, den Geltungsbereich auf (stabile) Zweierbeziehungen auszuweiten (Gather 1996, Lenz 2009, Notz 2004, Ruiner 2010). Dabei ist die Ehe bzw. Zweierbeziehung nur eine von anderen möglichen, im Vergleich jedoch sehr relevante, gesellschaftliche Erscheinung, in denen der nomosbildende Prozess abläuft (Berger/Kellner 1965: 220).

60 Die Autoren (1965: 220) beziehen sich im Wesentlichen auf drei theoretische Perspektiven: Weber's Sicht der Gesellschaft als ein Gefüge von Sinnzusammenhängen, Mead's Sicht der Identität als ein gesellschaftliches Phänomen sowie Schütz' und Merlau-Pontys Analyse der gesellschaftlichen Strukturierung von Wirklichkeit.

von Bedeutung ist, als ein fortlaufendes Gespräch zu sehen. In dem Umfang, in dem es geführt wird, bestätigt es immer von neuem die grundsätzlichen Definitionen der Realität, in die man sich begab, weniger durch ausdrückliche Formulierung als durch stillschweigende Übernahme vorgesehener Definitionen und mittels des Gesprächs über alle vorstellbaren Fragen auf der Grundlage dieser als Selbstverständlichkeit vorgegebenen Basis." (ebd.: 222)

In einer Zweierbeziehung treffen zunächst zwei Fremde aufeinander, die gemeinsam ‚ihre Welt' im alltäglichen Gespräch schaffen, erhalten und modifizieren (ebd.: 222f.). Auch wenn beide Partner aus ähnlichen gesellschaftlichen Schichten oder Milieus stammen, so kommen sie dennoch i. d. R. aus unterschiedlichen „face-to-face"-Bereichen, so dass (immer) eine *gemeinsame* Sicht der Dinge auszuhandeln ist. Der Anspruch an Gemeinsamkeit in (romantischen) Zweierbeziehungen ist dabei ungleich höher als in anderen Sozialbeziehungen. So gelte „die Gemeinsamkeit zentraler Welt- und Lebensauffassungen, Erinnerungen, Normen, Werte, Einstellungen, Gefühle" als „eigentliche Basis und Bedingung der Beziehung" (Hahn 1983: 211). Das Beziehungsgespräch erschafft *und* repariert *und* gestaltet nun fortwährend diese gemeinsame Welt (Berger/Kellner 1965: 228). Zentral ist dabei nicht nur, worüber gesprochen wird, sondern auch, welche Themen im Beziehungsgespräch *nicht* präsent sind, d. h. worüber geschwiegen wird. Berger und Kellner beschreiben notwendige Bedingung und Folgen des Beziehungsgespräches wie folgt:

> „Aus der Beziehung ergibt sich schlüssig, daß eine Definition, die beiden gemeinsam ist, erreicht werden muß, da sonst das Gespräch unmöglich ist und ipso facto die Beziehung gefährdet wird. Dieses Gespräch kann als das Hervorbringen eines ordnenden und typisierenden Apparats – oder, falls man dies vorzieht: eines objektivierenden Apparats – verstanden werden. Jeder Partner trägt seine Konzeption der Wirklichkeit vor – die im allgemeinen nicht nur einmal, sondern mehrmals „durchgesprochen" und somit durch den Gesprächsapparat objektiviert wird. Je länger das Gespräch anhält, um so realer werden den Partnern die Objektivierungen." (ebd.: 228)

Die Konstitution einer Zweierbeziehung begründet einen „nomischen Bruch", indem hinsichtlich der Einzelbiographien beider Partner ein neuer nomischer Prozess ausgelöst wird. Im Zuge dieses Prozesses werden auftretende Probleme zwischen den Partnern, Verwandten oder Freunden als „externe, situationsbedingte und praktische Schwierigkeiten gewertet" (ebd.: 227). Von der subjektiven Seite lassen sie sich als eine „andauernde Verwandlung des Nomos" und des vorgefundenen Selbst verstehen, aus denen „alle Probleme und Beziehungen neu – d. h. innerhalb einer neuen, ständig wechselnden subjektiven Wirklichkeit – erfahren werden" (ebd.: 227). Dieser Aushandlungsprozess lässt sich jedoch nicht als einfaches Addieren zweier biographischer Perspektiven verstehen, die Abstimmung erfolgt vielmehr in Krisen (Allert 1997: 32). Der Prozess selbst scheint automatisch abzulaufen, so dass die Partner dies nicht als ihre Leistung oder als eine besondere Aktivität oder Tätigkeit wahrnehmen (Berger/Kellner 1965: 229). Das (Re-)Definieren und Aushandeln einer gemeinsamen Sicht der Dinge ist dabei zeitlich umfassend zu verstehen:

> „Obendrein speisen den Gesprächsapparat nicht nur die gegenwärtigen Erfahrungen, an denen beide Partner teilhaben, sondern diese Teilhabe erstreckt sich auch auf die Vergangenheit. Die ausgeprägten und von den beiden Menschen durchlebten und subjektiv begriffenen Einzelbiographien werden nun im Verlauf des Gesprächs redigiert und neu interpretiert. Früher oder später werden sie „alles erzählen", oder besser gesagt: sie werden es so erzählen, daß es mit der durch die ehelichen Beziehungen objektivierten Eigendefinition übereinstimmt." (ebd.: 229)

Dieser Prozess beschränkt sich nicht nur auf die Vergangenheit und Gegenwart der Partner, sondern betrifft auch ihre Entwürfe einer Zukunft. Der Entwurf *gemeinsamer* Zukunftspläne wirkt einerseits stabilisierend auf die Paarbeziehung, hat aber andererseits eine „Verengung zukünftiger Projekte des jeweiligen Partners" (ebd.: 229) zur Folge, bspw. in Bezug auf Familienplanung oder Berufs- und Karrierepläne.

Fokussiert man die bisherigen Ausführungen auf Fragen der innerfamilialen Arbeitsteilung zeigt sich, dass die Herausbildung eines „gemeinsam geteilten Modus der Kooperation" (Maiwald 2009: 298) notwendig ist für ein Gelingen der Zweierbeziehung. Der Kooperationsmodus lässt sich als eine Art „ungeschriebene Paarverfassung" verstehen, in der die jeweiligen Zuständigkeiten und Standards, nach denen die Dinge erledigt werden, geregelt sind. Die sukzessive Herstellung, Bestätigung und Modifizierung einer Paarverfassung führt dazu, „dass man etwas, das man für sich persönlich nicht so machen würde, als Teil des Paares gut und vielleicht noch wichtiger – selbstverständlich findet" (ebd.: 298).

> „Es geht um einen weitgehend impliziten Zusammenhang von Überzeugungen und Standards, der den Akteuren im Alltag ihre jeweiligen Zuständigkeiten zuweist und festlegt, in welcher Weise die Dinge erledigt werden. Dabei ist (...) das Vorliegen eines gemeinsam geteilten Kooperationsmodus nicht etwa gleichbedeutend mit uneingeschränkter Harmonie. Es geht nicht um eine Verschmelzung der je individuellen Haltungen und Vorstellungen. Jedoch bedeutet es, dass es auch in Konflikten einen gemeinsamen Bezugspunkt gibt, ein Moment des ‚So sind wir' bzw. ‚So sind wir nicht'." (Maiwald 2009: 286)

Sowohl die Ausführungen von Berger und Kellner (1965) zur Konstitution einer eigenständigen Wirklichkeitsebene als auch die von Maiwald (2009) zur Herstellung eines gemeinsamen Kooperationsmodus verweisen auf eine zentrale Eigenschaft von Zweierbeziehungen: Eine Zweierbeziehung lässt sich nicht als Summe zweier kompromissbereiter Individuen charakterisieren (Behrend 2013: 127). Vielmehr weist sie emergente Qualitäten auf und bildet eine *Realität sui generis* (u. a. Simmel 1985: 230f., Berger/Kellner 1965, Lenz 2009, Maiwald 2009, Rusconi/Wimbauer 2013). Daran schließt die forschungspraktische Forderung an, Zweierbeziehungen in ihrer Besonderheit *als* Zweierbeziehung zu erforschen (Lenz 2009: 52ff.). Abzugrenzen ist sie dabei v. a. von sozialen Interaktionen und Organisationen: Zweierbeziehungen bestehen auch fort, wenn die Partner nicht anwesend sind und im Gegensatz zu Organisationen gilt das ‚Personal' nicht als austauschbar, denn die für Organisationen charakteristische Unabhängigkeit von Person und Position ist hier nicht gegeben (ausführlicher dazu Lenz 2009: 36ff.).

Meine bisherigen Ausführungen über das Herstellen und Aushandeln einer Paarwirklichkeit und eines gemeinsamen Kooperationsmodus in Zweierbeziehungen vernachlässigen, dass diese innerhalb gesellschaftlicher Strukturen, innerhalb einer bereits vorhandenen sozialen Ordnung stattfinden. Im Folgenden soll der Frage nachgegangen werden, wie die Ebene der Aushandlungen zu innerfamilialer Arbeitsteilung als auch die der sozialen Strukturen und Rahmengegebenheiten (wie das Bundeselterngeld- und Elternzeitgesetz) systematisch aufeinander bezogen, analysiert werden können.

Wie das Verhältnis von Struktur und Handlung als auch von sozialem Wandel und Stabilität analytisch gefasst werden kann, hat Anselm Strauss in seinem Konzept zu *negotiated order* und *processual ordering* ausgearbeitet. Zu Beginn des Kapitels hatte ich bereits seinen Aushandlungsbegriff diskutiert, der in diesem Kontext zu verorten ist.

Strauss (1993: 247) konzeptualisiert *Strukturen* als Ressourcen und ‚Bedingungen' des *Handelns*, in einem nicht-deterministischen Verständnis. Sie geben dem Handelnden einen Rahmen, sie ermöglichen *und* begrenzen Handeln, so dass eine voluntaristische Auffassung von Handlung vermieden wird.

Dabei anerkennt er sowohl die physisch-leibliche Existenz der Akteure (ebd.: 23), als auch „ihre Verwiesenheit auf kollektiv produzierte,»immer schon« (in einer jeweiligen Fassung) vorliegende Bedeutungen der empirischen Welt" (Strübing 2007: 53). Akteure müssen demnach in situativer Interaktion mit der existierenden Version einer zuvor bereits ausgehandelten Ordnung umgehen, vorausgesetzt die Aspekte der ausgehandelten Ordnung sind in der jeweiligen Situationsdefinition der Akteure repräsentiert. Gleichzeitig stützen, erhalten oder modifizieren sie mit ihren aktuellen Aushandlungen (kurz-, mittel- oder langfristig) die bestehende ausgehandelte Ordnung. Strukturen entstehen demzufolge aus Handlungen, die Ergebnisse hervorbringen, die die Situation überdauern und in der Folge zukünftig Handelnden als gegeben gegenübertreten. Demnach gelten Strukturen als temporär

3.2 Innerfamiliale Arbeitsteilung als ‚ausgehandelte Ordnung'

und aus Handlungen und Interaktionen hervorgebracht. Unabhängig davon von welcher Dauer sie sind, sie unterliegen prinzipiell einem langsamen, schnellen, häufigen oder seltenen Wandel (Strauss 1993: 246, vgl. Strübing 2007: 54ff., 71).

Anhand empirischer Untersuchungen von (Arbeits-)Organisationen entwickelte Strauss das Konzept der ‚ausgehandelten Ordnungen' und des ‚prozessualen Ordnens': Zentral ist die analytische Unterscheidung von *Aushandlungen* (negotiations), wie zu Beginn des Kapitels dargestellt, *Aushandlungskontext* (negotiation context) und *strukturellem Kontext* (structural context).

> „(…) the structural context is that »within which« the negotiations take place, in the largest sense. For each case of negotiation, it will be necessary to bring out some of the salient *structural properties* that bear on the negotiation." (Strauss 1978: 98, Hervorhebung i. O.)

Familienpolitische Regulierungen, wie das Bundeselterngeld- und Elternzeitgesetz, und allgemeiner die Familienpolitik in Deutschland (vgl. Kap. 2.1) sowie die mit der Geschlechterunterscheidung einhergehende Sphärentrennung als strukturelle Differenzierung von Erwerbs- und Familienleben (vgl. Kap. 2.3) können als strukturierende Elemente fungieren. Als „Vermittlungsinstanz" (Strübing 2007: 62) zwischen konkreten Aushandlungen und dem strukturellen Kontext führt Strauss (1978: 99) den Aushandlungskontext ein:

> „The structural context bears directly on the negotiation context, but the latter refers more specifically to the structural properties entering very directly as conditions into the *course* of the negotiation itself."

Während der strukturelle Kontext den Akteuren in der Situation nicht unmittelbar zugänglich ist, finden sich im Aushandlungskontext ausschnitthaft Aspekte des strukturellen Kontextes als ‚Bedingungen' des Handelns konkretisiert und praktisch verfügbar. Damit vermeidet Strauss *sowohl* ein deterministisches Faktorenmodell *als auch* ein voluntaristisches Handlungskonzept, denn Strukturen werden hier in „ihren konkreten Ausdrucksformen als *negotiation context* praktisch handlungsrelevant gemacht" (Strübing 2005: 197).

Den Einfluss von Aushandlungen auf den strukturellen Kontext fasst Strauss analytisch (mit Ausnahmen) *vermittelt* über den Aushandlungskontext:

> „Structural context is larger, more encompassing, than negotiation context, but the lines of impact can run *either* way. That is, changes in the former may impact on the latter, and vice versa. Outcomes of negotiation itself (…) can contribute to changes in negotiation contexts relevant to future negotiations. They are less likely to affect the structural context (structural properties), except as they are repeated or com-

bined with other negotiations and with other modes of action and so perhaps have a cumulative impact." (Strauss 1978: 101, Hervorhebung i. O.)

Aushandeln als ‚prozessuales Ordnen' ist ein zentraler Modus von Interaktionen, das über den Aushandlungskontext vermittelt zum kontinuierlichen Prozess der Strukturierung des Gesellschaftlichen beiträgt.
Unter Rückgriff auf die von Strauss (1978: 99f.) formulierten allgemeinen Eigenschaften von Aushandlungskontexten, lassen sich folgende spezifischen Eigenschaften für den *Aushandlungskontext zu innerfamilialer Arbeitsteilung* anführen:

- Die Aushandlung findet zwischen den Mitgliedern der Paardyade statt. Die Mitglieder sind jedoch in (mind.) triadische Konstellationen durch Kind(er), sowie in weitere soziale Kontexte wie (Herkunfts-)Familien, Freundes- und Bekanntenkreise (z. B. Arbeitskollegen) eingebunden.
- Die Aushandlungen sind Teil eines fortlaufenden ‚Beziehungsgespräches' und der Herstellung, Bestätigung und Modifizierung der Paarwirklichkeit. Aushandlungen über innerfamiliale Arbeitsteilung sind als Prozess zu verstehen, auch wenn manche Aushandlungsergebnisse *dauerhafte* Stabilität und *endgültige* Ordnung suggerieren.

In diesem Sinne ist die Überschrift dieses Kapitels: „Innerfamiliale Arbeitsteilung als ‚ausgehandelte Ordnung'" irreführend, da der Begriff der ausgehandelten Ordnung eher mit einer feststehenden, dauerhaften Ordnung konnotiert ist, als mit Prozess und Wandel. M. E. sind es zwei analytische Perspektiven auf innerfamiliale Arbeitsteilung, die sich aus dem Strauss'schen Konzept ergeben: So wie Physikerinnen *Licht* sowohl als Teilchen als auch als Welle beschreiben, so untersuche ich innerfamiliale Arbeitsteilung einerseits als Prozess, aber anderseits auch als eine – zu dem Zeitpunkt der Interviews – stabile, ausgehandelte Ordnung, die auf ihre Eigenschaften, Voraussetzungen (‚Bedingungen') und Folgen hin zu befragen ist.

Neben der Formulierung allgemeiner Eigenschaften von Aushandlungskontexten verweist Strauss (1978: 99) auf die Analogie zu seinem empirisch gewonnenen Konzept des ‚Bewusstheitskontextes' (awareness context): Zentral ist hier die *Perspektivität der Sozialwelt.* Unter Rekurs auf die Arbeiten von William Issac Thomas[61] zur „Definition der Situation"[62] umfasst der Aushandlungskontext

---

61 Ausführlicher zu Thomas' Arbeiten über Arbeitsteilung, vgl. Gildemeister/Hericks 2012: 102f.
62 Die Urheberschaft des Konzepts wird kontrovers diskutiert: Potenzielle (Mit-)Autoren sind Dorothy S. Thomas, Kollegin und Partnerin von William Issac Thomas sowie sein Kollege Florian Znaniecki (vgl. dazu Strübing 2005: 125).

3.2 Innerfamiliale Arbeitsteilung als ‚ausgehandelte Ordnung'

diejenigen Aspekte, „die als Teil ihrer jeweiligen Situationsdefinition in den Aushandlungsprozess eingehen" (Strübing 2007: 63). Grundlegend sind dabei folgende Annahmen des Pragmatismus: Menschliches Handeln wird als situationsbezogenes, routiniertes oder kreatives Problemlösen verstanden und findet in ‚Situationen' statt. Diese müssen von den Interaktionsteilnehmenden *definiert* werden. Relevant werden dabei *Interpretationsprozesse* und *Bedeutungszuschreibungen* durch die Handelnden, welche eine soziale, intersubjektive Grundlage haben (Helle 2001, Keller 2012, Schubert 2009).

Es kommt dabei nicht so sehr darauf an, ob die jeweilige Definition ‚richtig' ist, vielmehr gilt: „If men define situations as real, they are real in their consequences" (Thomas/Thomas 1928: 572). Die Situationsdefinition liegt demnach den Handlungen der jeweiligen Interaktionsteilnehmenden und den beobachtbaren „realen Folgen" zugrunde. Das sog. Thomas-Theorem impliziert *nicht*, dass Menschen das, was eine Situation charakterisiert, allein durch ihre Deutungen erzeugen können, noch dass Situationsdefinitionen eine Erfindung des individuellen, isolierten (vor-sozialen) Bewusstseins seien. Vielmehr greifen die Interaktionsteilnehmenden in ihren Situationsdefinitionen immer schon auf sozial geteilte, verfestigte Deutungsmuster und -vorräte zurück, wobei diese nicht deterministisch zu verstehen sind, sondern in der konkreten Situation bestätigt, abgewandelt und kreativ bearbeitet werden können. Berger und Kellner (1965: 221) dazu:

> „Diese Ordnung, durch die der einzelne seine Welt begreift und umgrenzt, wird, geringe Modifizierungen ausgenommen, somit nicht von ihm gewählt. Vielmehr wird sie von ihm als äußeres Faktum, als fertige Welt, die einfach da ist und in der er sich bewegt und lebt, entdeckt, obgleich er sie beim Leben in ihr ständig modifiziert."

So sind bspw. Verhaltensrichtlinien, Vorschriften, Traditionen oder standardisierte Sozialbeziehungen zwar historisch betrachtet immer schon ‚vorhanden', müssen jedoch in situ aktualisiert, bestätigt und/oder kreativ modifiziert werden (vgl. Strübing 2005: 126, Keller 2012: 45f., Schubert 2009: 346).

Dabei muss die Situationsdefinition *eines* Akteurs kein „reibungsloser Adaptionsprozess" sein, insofern Divergenzen zwischen individueller Sinngebung und kollektiven Deutungsmustern entstehen können (Strübing 2005: 130f.). Ebenso können die Situationsdefinitionen *zwischen* verschiedenen Akteuren divergieren und einen Aushandlungs- und Abstimmungsbedarf implizieren (vgl. Strauss 1993: 252 zur Vielfalt von Perspektivität(en)). Mit Goffman (2003 [1969]: 13) ist im Sinne eines „Arbeitskonsenses" bzw. einer „Arbeitsübereinstimmung" davon auszugehen, dass die Situationsdefinitionen, auf deren Grundlage menschliches Handeln stattfindet, nicht durch eine „echte Übereinstimmung" über die ‚Realität' gekennzeichnet sind, sondern immer nur einen vorläufigen, potenziell brüchigen

Charakter aufweisen (Lenz 1991: 39f., LaRossa/Reitzes 1993: 150). Insbesondere bei divergierenden Situationsdefinitionen zwischen verschiedenen Akteuren gilt es, die Bedeutung von Macht analytisch und konzeptuell zu berücksichtigen.

Entgegen mancher Missverständnisse haben die (inter-)subjektiven Deutungen und Situationsdefinitionen materiale, physische und ‚objektive' Grenzen. So hat u. a. Goffman (1977a: 9) darauf verwiesen, man könne sich die Situation definieren wie man wolle, aber wenn man einen Flughafen bauen wolle, wäre es empfehlenswert, auch reale Parkplätze (oder eine reale Brandschutzanlage) zu bauen (vgl. LaRossa/Reitzes 1993: 154f.).[63]

Des Weiteren fordert Adele Clarke (2012) mit Blick auf konzeptuelle Unschärfen in Strauss' Konzept zu ‚negotiated order' und ‚processual ordering' ein Umdenken in der Analyse von Situationen:

> „*Die Bedingungen der Situation sind in der Situation enthalten*. So etwas wie „Kontext" gibt es nicht. Die bedingten Elemente der Situation müssen in der Analyse der Situation selbst spezifiziert werden, da *sie für diese konstitutiv sind* und nicht etwa nur umgeben, umrahmen oder etwas zur Situation beitragen. Sie *sind* die Situation. Unabhängig davon, ob man sie nun als lokal oder global, intern oder extern, zentral, peripher oder sonst etwas konstruiert, die grundsätzliche Frage lautet: »*Wie treten diese Bedingungen innerhalb der untersuchten empirischen Situation auf, d. h.: wie schaffen sie es, als folgenreich empfunden zu werden?*«" (Clarke 2012: 112, Hervorhebungen i. O.)

Das analytische Konstrukt eines *Kontextes* und dessen Unterscheidung in Aushandlungs- und strukturellen Kontext werden mithin obsolet. Jedoch der diffuse Hinweis von Clarke, man könne diese Elemente „lokal oder global, intern oder extern, zentral, peripher" konstruieren, beinhaltet m. E. den *Sinn*, der mit der Unterscheidung von Aushandlungs- und strukturellem Kontext verbunden ist: Demnach sind in der Analyse der untersuchten empirischen Aushandlungssituation diejenigen Elemente herauszuarbeiten, die die spezifische Situation unmittelbar konstituieren, und solche, die sie mittelbar und eher diffus (mit-)strukturieren.

Aus den bisherigen Überlegungen zu Aushandlungen in Zweierbeziehungen, Aushandlungs- und strukturellen Kontexten sowie Situationen und Situationsdefinitionen resultiert die Aufgabe für die soziologische Forschung, herauszuarbeiten und zu verstehen, wie sich die Situation *aus Sicht der Handelnden* darstellt, wie die Akteure selbst ihre Handlungsoptionen wahrnehmen, und zu rekonstruieren, wie

---

63 Sowohl die Kritik, die Bedeutung von Macht (z. B. Smith/Hamon 2012: 25) als auch die von ‚objektiven' Gegebenheiten würden theoretisch und analytisch vernachlässigt, richtete sich überwiegend gegen die Blumer'sche Variante des Symbolischen Interaktionismus (vgl. Kap. 3.3), während beide Aspekte in den Arbeiten von Strauss m. E. hinreichend berücksichtigt sind.

3.2 Innerfamiliale Arbeitsteilung als ‚ausgehandelte Ordnung'

divergierende Situationsdefinitionen in einem ‚Arbeitskonsens' münden. Mit dieser interpretativen und rekonstruktiven Perspektive kann der Forschende erklären, was vor sich geht (‚What is going on here?') und verstehen, warum die Handelnden so und nicht anders handeln.

Die Ausführungen in den vorherigen Kapiteln zu Arbeitsteilung von Paaren in der Familiengründungsphase (Kap. 2) und zu Aushandlungsprozessen (Kap. 3.1 und 3.2) sensibilisieren für Aspekte, die die Aushandlungssituation der Paare über die Aufteilung der Elternzeit mittel- oder unmittelbar konstituieren und strukturieren *können*. Welche Aspekte, *inwiefern* und *mit welchen Folgen* von den Paaren relevant gemacht werden und die Aushandlungssituation konstituieren, ist Gegenstand der empirischen Analyse in den Kapiteln 5, 6 und 7.

Die diskutierte pragmatistische Theorieperspektive auf Aushandlungssituationen bietet den notwendigen Rahmen um Aushandlungen in Zweierbeziehungen zur Aufteilung der Elternzeit *empirisch* untersuchen zu können:

a. Das in der Soziologie viel- und kontrovers diskutierte Verhältnis von Handlung und Struktur bzw. Ordnung wird nicht einseitig in eine Richtung (methodologischer Individualismus oder Strukturfunktionalismus) aufgelöst, sondern über das Konzept der Situation systematisch zusammengedacht. Weder die Einkommensrelation der Partner noch ihre Geschlechtszugehörigkeit, ihr Altersverhältnis oder ihre Arbeitsplatzsituation werden *von vornherein* als relevante Größen gesetzt. Vielmehr gewährleistet die gewählte Theorieperspektive, die *Offenheit* im Laufe des Analyseprozesses zu klären, welche Elemente in Aushandlungen von Paaren zur innerfamilialen Arbeitsteilung *relevant* werden. Gleichzeitig wurde mit der Darstellung und Diskussion von sensibilisierenden Konzepten aus Theorie und Empirie zu geschlechterdifferenzierender Arbeitsteilung deutlich, dass die Aushandlungen der Paare nicht im ‚luftleeren', vor-sozialen Raum stattfinden und diese Aspekte als strukturierende Elemente die Aushandlungssituation konstituieren *können*.
b. Die pragmatistisch-interaktionistische Theorieperspektive ist eng verzahnt mit dem Forschungsstil der Grounded Theory, im Sinne eines Theorie-Methoden-Paketes (u. a. Clarke 2012). Diese Verknüpfung ist zwar nicht *zwingend*, so arbeiten einige im Forschungsstil der Grounded Theory in Kombination mit dem Strukturierungsansatz[64] von Anthony Giddens (1988), z. B. Anneli Rüling

---

64 Anthony Giddens (1988) adressiert in seiner Strukturierungstheorie ebenso wie der hier vorgestellte Ansatz zu ‚negotiated order' und ‚processual ordering' von Anselm Strauss die „Dualität von Strukturen": Demnach fungieren die „strukturierten Eigenschaften sozialer Systeme gleichzeitig als *Medium und Resultat sozialer Handlungen*". Jede soziale Handlung, so Giddens, „besteht aus sozialen Praktiken, die räumlich und

(2007). Sie ist aber durchaus *naheliegend,* da somit gewährleistet ist, dass sozialtheoretische Grundlagen geteilt werden und sich nicht widersprechen (zu Gemeinsamkeiten von Giddens' Strukturierungsansatz und Pragmatismus/ Symbolischen Interaktionismus, vgl. Denzin 2005, Joas im Vorwort von Giddens 1988: 17f., Joas/Knöbl 2004).

c. Die lange Theorie- und Forschungstradition des Pragmatismus und Symbolischen Interaktionismus (vgl. ausführlicher Kap. 3.3) erschwert zunächst die Rezeption des Oeuvres. Die ‚Zugänglichkeit' einer Theorie von *einem* Autor (auch wenn dieser selbstverständlich verschiedene soziologische Klassiker und Autoren rezipiert und deren Ansätze weiterentwickelt hat), ist unbestritten wesentlich höher als eine Theorie*tradition* mit vielen Autoren, theoretischen Engführungen, Erweiterungen und Diskussionen. Gleichzeitig bietet diese eine Vielfalt an theoretisch und empirisch fundierten Konzepten, sowie eine überzeugende sozialtheoretische Fundierung, die es mir wert- und sinnvoll erscheinen lassen, den zunächst ‚steinigeren' Weg einer traditionsvollen Theorie zu folgen.[65]

d. Last but not least, das dieser Untersuchung zugrunde liegende Verständnis von Geschlecht und Geschlechterdifferenzierung entstand im Wesentlichen im Kontext von Pragmatismus/Symbolischen Interaktionismus und Ethnomethodologie. Wie Meuser (2006: 63) konstatiert, sind diese Ansätze diejenigen, die der Geschlechterthematik nicht nur die größte Aufmerksamkeit gewidmet, sondern die gesellschaftliche Tatsache der Zweigeschlechtlichkeit selbst systematisch zum Topos der Forschung und Theoriebildung gemacht haben.[66]

---

zeitlich situiert sind und von den Akteuren gekonnt und nachvollziehbar organisiert werden" (Giddens 1981: 19, zit. nach Denzin 2005: 138, Hervorhebung i. O.). Folglich steht „die Verwendung eines sozialwissenschaftlichen Strukturkonzepts zur Annahme aktiv handelnder Subjekte nicht im Widerspruch (...), wenn Strukturen nicht einseitig als eine einschränkende, dem Handeln zugrundeliegende gesetzmäßige Logik, sondern demgegenüber *als Medium und als Resultat* eines aktiv strukturierenden Handelns aufgefasst werden" (Lamla 2006: 346). Clarke (2012: 52) konstatiert in Anlehnung an Carey (2002: 202), Strauss' Soziologie war „eine Soziologie der Strukturierung, ehe Anthony Giddens das Wort erfand."

65   So auch Reiner Keller (2012: 85): „In jüngerer Zeit wird die Situation des Symbolischen Interaktionismus (und Pragmatismus, AP) ambivalent eingeschätzt: Einerseits habe er einen unglaublichen Siegeszug hinter sich und die von ihm entwickelten Ideen fänden sich heute in nahezu allen soziologischen Ansätzen; andererseits wird eine Form der kollektiven soziologischen Amnesie konstatiert, d. h. ein weitreichendes Vergessen dessen, was in dieser Theorie bereits erarbeitet worden ist, ein Verblassen ihrer Einheit als Theorieperspektive, wodurch so Manches als neu gelte, was doch schon längst erkannt worden sei – Grund genug also, sich damit zu beschäftigen."

66   Im Vergleich dazu adressiere Giddens keine genuin geschlechtersoziologischen Fragen, so Gildemeister/Hericks (2012: 247, 250): „Geschlecht ist für Giddens damit zwar kein

Trotz sorgfältiger Argumentation für die gewählte Theorieperspektive, bleibt es eine Wahl der Autorin, die mit einer bestimmten Perspektive auf das Forschungsfeld einhergeht. Es soll hier nicht der Eindruck entstehen, diese wäre die einzig richtige, sondern vielmehr hat sie sich aus meiner Sicht als erkenntnisfördernd und vielversprechend erwiesen.

3.3 Zusammenfassung und Explikation sozialtheoretischer Annahmen

> *„All researchers and social theorists necessarily make assumptions about action and interaction, whether or not they are aware of this, and their assumptions and the related conceptualization greatly affect their conclusions, interpretations, modes of explanation, procedures, and sometimes surely their choice of what phenomena to study."*
>
> (Strauss 1993: 14)

In der Rekapitulation der erfolgten Diskussion von theoretischen und empirischen Befunden zu geschlechterdifferenzierender Arbeitsteilung bei Paaren mit Kindern wird mit Blick auf sozialtheoretische Annahmen deutlich, dass diesen entweder das normative, utilitaristische oder interpretative Paradigma zugrunde liegt. Verbunden sind damit unterschiedliche Antworten auf die zentralen soziologischen Fragen ‚Was ist Handeln, was ist soziale Ordnung und was bestimmt sozialen Wandel?' (Joas/Knöbl 2004: 37), die weitreichende Konsequenzen für Fragestellung, Datenauswahl, -gewinnung und -interpretation sowie Ergebnisarten haben.

In Theorien des normativen Paradigmas, wie der strukturfunktionalistische Ansatz von Talcott Parsons, liegt der Fokus des Handlungsmodells auf ‚Rollenhandeln': Rollen werden dabei als Bündel von (eindeutigen) Regeln bzw. Erwartungen definiert. Diese sind gerichtet an die Inhaber von spezifischen Positionen in der Gesellschaft. Ihre Erfüllung wird „positiv sanktioniert", ihre Missachtung hingegen „negativ sanktioniert". Menschliches (Rollen-)Handeln wird demnach

---

‚natürliches' Merkmal von Personen, sondern ein erworbenes, er bleibt aber doch recht nah an der Vorstellung Parsons, dass sich „Geschlechterrollen" im Zuge der Sozialisation an Personen haften und nicht in sozialer Praxis hergestellt werden. Dementsprechend richtet sich die Frage, *wie* Geschlecht in aktuelle und zukünftige Entwicklungen hinein spielt, für ihn auf Geschlechter- und damit Machtverhältnisse (…) sowie auf Rollenverteilungen und Geschlechterbilder."

als „Regelbefolgung" konzipiert, „welche die Koordination von Handlungen bspw. in Organisationen, aber auch in der Familie, letztlich in allen möglichen Sozialbeziehungen erlaubt" (Keller 2012: 105).[67] Theorien des (neo-)utilitaristischen Paradigmas, die in dem hier diskutierten Forschungsbereich häufig verwendete haushaltsökonomischen und ressourcentheoretischen Ansätze, setzen nutzenmaximierende, rational handelnde Personen voraus (vgl. Kap. 2.2 und 2.3). So streben – folgt man den Annahmen der ‚Neuen Haushaltsökonomie' – in einem Privathaushalt wohnende, erwachsene Personen danach, den *gemeinsamen* Nutzen zu maximieren (Becker 1991). Demgegenüber postuliert die Ressourcentheorie, dass Personen in einer Zweierbeziehung ihre individuellen Ressourcen, wie Einkommen, in innerpartnerschaftlichen Aushandlungen zur Maximierung ihres *individuellen* Nutzens einsetzen (Blood/Wolfe 1960, Ott 1992, vgl. Trappe 2013a: 30f.). Jenseits dieser Differenz haben diese Ansätze den Fokus auf *individuelle Einzelhandlungen* bzw. auf den einzelnen Akteur gemeinsam.

Im Gegensatz dazu ist der Ausgangspunkt von Theorien des interpretativen Paradigmas die *Interaktion*. Der Blick ist damit immer schon auf Handelnde inmitten anderer Handelnder gerichtet (Strauss 1993: 24, Joas/Knöbl 2004: 190, 197). Dahinter verbirgt sich ein grundlegend anderes Verständnis von *Handeln* als bei neo-utilitaristischen und strukturfunktionalistischen Ansätzen, mit weitreichenden (sozial-)theoretischen und method(olog)ischen Konsequenzen.

> „Der Kern menschlichen Handelns ist für die Pragmatisten nicht die Fähigkeit individuelle Ziele nutzenmaximierend zu realisieren, nicht die Orientierung an generalisierten sozialen Normen und kulturellen Werten und auch nicht die Einlösung von Geltungsansprüchen (context of justification), sondern die Kompetenz, durch den Rückgriff auf geltende Wissensbestände, prospektiv neue Ideen in Reaktion auf Handlungskonflikte und Probleme zu entwickeln." (Schubert 2009: 350)

Interpretative Ansätze, wie der auf dem amerikanischen Pragmatismus und der Chicagoer Schule beruhende Symbolische Interaktionismus – in deren Forschungstradition ich mich verorte – betonen den aktiven und kreativen menschlichen Zeichen- und Symbolgebrauch, das permanente Zusammenspiel von Deuten und Handeln in konkreten Situationen und die interaktive Herstellung sozialer Ordnungen (Keller 2012: 17, vgl. Kap. 3.1 und 3.2 in diesem Buch).

Die schon im vergangenen Kapitel zu Wort gekommenen Forschenden William I. Thomas und Kollegen zum Konzept der Situationsdefinition sind prominente Vertreter der Chicagoer Schule. Anselm L. Strauss, dessen Konzepte zu ‚Aushand-

---

67 Vgl. dazu die Argumente von Lopata und Thorne (1978) gegen eine Konzeptualisierung von Geschlecht *als* ‚Rolle'.

3.3 Zusammenfassung und sozialtheoretische Annahmen

lungen', ,ausgehandelten Ordnungen' und ,prozessualem Ordnen' diskutiert wurden, war Symbolischer Interaktionist, der die pragmatistischen Wurzeln (wieder-)entdeckte. Der ebenfalls in dieser Forschungstradition sozialisierte Erving Goffman tritt in seinen Werken hingegen eher als ,Einzelgänger' auf. Allein die Aufzählung dieser Personen macht deutlich, dass die hier zu diskutierenden sozialtheoretischen Grundlagen einer langjährigen Forschungstradition von (Neo-)Pragmatisten, Forschenden der Chicagoer Schule und Symbolischen Interaktionisten entstammen.[68]

Zentrale Bezugspunkte liegen in der Philosophie der frühen amerikanischen Pragmatisten, wie William James (1842-1910) und Charles S. Peirce (1839-1914):

> „The first important contribution of the pragmatists was to view the world as something that was always changing, rather than as a static structure whose history was predetermined. Second, the pragmatists argued that social structure is not something that is fixed in time, but also something that is constantly changing and developing. Third, they were perhaps the first to suggest that meaning comes not from objects themselves, but rather from our interactions *with* objects." (Smith/Hamon 2012: 12, Hervorhebung i. O.; ausführlicher dazu LaRossa/Reitzes 1993: 136)

An die pragmatistische Philosophie anknüpfend, erarbeiteten an der Chicago School of Philosophy John Dewey (1859-1952) und insbesondere George H. Mead (1863-1931) eine (Handlungs-)Theorie mit Fokus auf die „praktische Intersubjektivität, des Symbolgebrauchs, der interaktiv-kommunikativen Konstitution des Bewusstseins und der Abstimmung sozialer Handlungsvollzüge" (Keller 2012: 108). Robert E. Park (1864-1944), William I. Thomas (1863-1974) und Kollegen an der Chicago School of Sociology forschten mit starkem empirischen Fokus, ließen sich von den sozialpsychologischen und -philosophischen Arbeiten von Mead inspirieren und entwickelten so ihre Konzepte, wie z. B. das der Situationsdefinition. Es war dann Herbert Blumer (1900-1987), u. a. Assistent von Mead, der 1938 in einem Artikel zur Sozialpsychologie den Begriff „Symbolischer Interaktionismus" prägte: „,Interaktion' verweist auf die *Wechselseitigkeit* des *Handelns*, die Verschränktheit des Handelns mehrerer" mit der Konsequenz, „den Menschen nicht als isolierte(s) Wesen zu betrachten, sondern als eines, das immer schon in *intersubjektiven* Zusammenhängen agiert" (Joas/Knöbl 2004: 193). Das Adjektiv ,symbolisch' steht dafür,

> „daß jene Theorie das Handeln als »symbolvermittelte« Interaktion (dies ist der angemessenere Ausdruck, den Jürgen Habermas eingeführt hat) begreift, also als

---

68 Einen Überblick zu der Forschungstradition bieten u. a. Joas 1988, 1992a, 1992b, Joas/Knöbl 2004, Denzin 2005, Schubert 2009, 2010, Helle 2001, Strübing/Schnettler 2004, Strübing 2005.

ein Handeln, das auf Symbolsysteme wie Sprache oder Gebärden angewiesen ist." (Joas/Knöbl 2004: 193)

Blumer (2004 [1969]: 322) formulierte im Anschluss an Mead drei grundlegende Prämissen des Symbolischen Interaktionismus:

„Die erste Prämisse besagt, daß Menschen ›Dingen‹ gegenüber auf der Grundlage der Bedeutung handeln, die diese Dinge für sie besitzen. (...)
Die zweite Prämisse besagt, daß die Bedeutung solcher Dinge aus der sozialen Interaktion, die man mit seinen Mitmenschen eingeht, abgeleitet ist oder aus ihr entsteht.
Die dritte Prämisse besagt, daß diese Bedeutungen in einem interpretativen Prozeß, den die Person in ihrer Auseinandersetzung mit den ihr begegnenden Dingen benutzt, gehandhabt und abgeändert werden."

Unter „Dingen" versteht Blumer alles, „was der Mensch in seiner Welt wahrzunehmen vermag": physische Gegenstände, wie Häuser und Bäume, andere Menschen und Kategorien von anderen Menschen, Institutionen, soziale Regeln, Normen und Leitideale, Handlungen anderer Personen „und solche Situationen, wie sie dem Individuum in seinem täglichen Leben begegnen" (ebd.: 322). Diese Dinge ‚determinieren' nicht das Handeln von Menschen, da sie von diesen erst interpretiert werden müssen und die jeweilige Interpretation von Situation zu Situation variieren kann (vgl. dazu das Konzept der Situationsdefinition von Thomas in Kap. 3.2).

Will man nun das Handeln von Menschen und komplexere Interaktionen sowohl zwischen Menschen als auch sozialen Organisationen verstehen, muss man herausfinden, wie jeweils ihre „Welt von Objekten" gebaut ist (Keller 2012: 114). Blumer (2004 [1969]: 322f.) weist darauf hin, dass die „Bedeutung(en)" von all den Gegenständen und Objektivationen, die uns im Alltag und damit auch im wissenschaftlichen Alltag begegnen, vielfach einfach hingenommen, reproduziert und reifiziert bzw. als „unbedeutend beiseite geschoben" werden. Ein Großteil sozialwissenschaftlicher Theorien stütze sich zwar auf Begriffe wie Position, Status, Rolle, Normen, Werte etc., fragten jedoch „weder nach der Bedeutung, die solche „Dinge" für die Menschen haben, noch danach, wie deren Bedeutung zustande gekommen ist." Demgegenüber gelte es, diese Objekte als „soziale Schöpfungen" zu *verstehen* und zu *untersuchen*, „als in einem Definitions- und Interaktionsprozess, wie er in der Interaktion zwischen Menschen abläuft, geformt und aus ihm hervorgehend" (ebd.: 332).

So erzeugen Menschen einerseits in Interaktions- und Aushandlungsprozessen Bedeutungen von (nicht-)physischen Objekten, Handlungen und Situationen (vgl. dazu die Ausführungen zum Entstehen und Herstellen einer gemeinsamen Sicht der Dinge in Zweierbeziehungen in Kap. 3.2). Andererseits greifen sie auf vorhandene (Be-)Deutungen zurück und entwickeln Deutungsroutinen, ohne die sie selbst bei

3.3 Zusammenfassung und sozialtheoretische Annahmen

weniger komplexen Handlungs- oder Interaktionszusammenhängen überfordert wären (Keller 2012: 116f., Helle 2001: 93).

Kritisiert wurde, dass Blumer in einer Verengung der pragmatistischen Position, die Entstehung von Bedeutungen auf einen intersubjektiven Definitions- und Aushandlungsprozess *ausschließlich* zwischen sozialen Akteuren reduziert. Vernachlässigt werden dabei Körperlichkeiten und ‚materielle' Widerständigkeiten, die durchaus ein Umdeuten oder das Finden einer angemesseneren Interpretation nötig werden lassen können (vgl. dazu Strübing 2005: 144ff.). In seinem theoretischen Spätwerk *Continual Permutations of Action* integriert Strauss (1993) umfassender das pragmatistische Handlungsmodell und insbesondere die Annahmen Meads, und ‚repariert' somit eine Vielzahl von entstandenen Unzulänglichkeiten, wie die kritisierte Entkörperlichung von Handlungen und Interaktionen bei Blumer.[69]

Der konstatierten Notwendigkeit von Deutungen und Interpretationen der Handelnden in Situationen ist vorausgesetzt die Umweltoffenheit menschlicher Handlungsreaktionen. Demnach sind Grundprobleme *jeder* Interaktion Ungewissheit und Offenheit von Handlungen: Treffen zwei (oder mehr) Handelnde aufeinander und treten in Interaktion miteinander, ergibt sich nicht nur das Problem, dass beide zwischen verschiedenen (Handlungs-)Möglichkeiten und dem was sie erreichen wollen, wählen können, sondern auch dass sie ihr Handeln von der Handlung des jeweils Anderen abhängig machen können. So ist jeder Akteur „Handelnder *und* Objekt der Orientierung sowohl *für sich selbst* als auch *für den Anderen*" (Gildemeister/Hericks 2012: 121, Hervorhebung i. O.).

Diese sog. „doppelte Kontingenz" (Parsons) verlangt nach praktischen und kommunikativen Lösungen, etwa in Form der Aushandlung einer Situationsdefinition (vgl. Kap. 3.2). Aber auch dadurch, dass Interaktionen symbolisch (über Sprache, Gesten, etc.) vermittelt sind, entstehen (oder vielmehr verbleiben) Unsicherheiten in der Situation, denn – wie bereits von Blumer herausgearbeitet – „Dinge", also auch Symbole, sind grundsätzlich interpretationsbedürftig. Im Gegensatz zu (neo-)utilitaristischen oder strukturfunktionalistischen Ansätzen wird nun die Handlungs-, Interaktions- und Situationsoffenheit weder über die Annahme von klar vorgegebenen Zielen, Nutzenkalkülen und Präferenzen der Handelnden ‚geschlossen' noch über nicht-interpretationsbedürftige, *eindeutige* soziale Rollen, Normen und Werte (so zeigte Ralph H. Turner (1970) in seiner empirischen Stu-

---

69 Ebenso werden in den Praxistheorien die Materialität von Praktiken und die Bedeutung von Körpern und Artefakten betont (Reckwitz 2003). Das gelegentlich konstatierte Novum dieser Perspektive lässt sich vor dem Hintergrund einer Überbewertung der Blumer'schen Variante des Symbolischen Interaktionismus und einer mangelnden Rezeption des (Neo-)Pragmatismus nachvollziehen.

die, dass Familienmitglieder *nicht* in diesem Sinne zweckrational und individuell nutzenmaximierend handeln).

Vielmehr verständigen sich die Interaktionsteilnehmenden „unterschiedlich explizit auf einen Situationstypus und die in diesem angelegten Handlungsmöglichkeiten bzw. entwickeln einen solchen neu" (Gildemeister/Robert 2008: 17f.). Es treten nun nicht „vorsozial gedachte oder sozial bereits vollständig geprägte Personen", etwa *als* ‚soziale' oder ‚leibliche' Mütter und Väter oder *als* besserverdienende (Ehe-)Partner auf, sondern die Ebene der Interaktion wird gefasst als „formende[r] Prozess eigener Art", wie von Goffman (2001) betont (Gildemeister/Robert 2008: 17f., vgl. Kap. 3.1 in diesem Buch).

> „Mit diesem werden dabei aber Vorgaben und Rahmungen aufgerufen, die der soziale Ort und kulturelle Kontext der Beteiligten mehr oder weniger nachdrücklich nahe legen. In der Notwendigkeit zur „Definition der Situation" sowie der dieser oft impliziten kategorialen und individuellen Identifikation der Interaktionsteilnehmer wird so nicht zuletzt die Geschlechtszugehörigkeit der Beteiligten konstatiert. Diese „Feststellung" legt eine bestimmte Verhaltensreaktion zwar nicht fest, bestimmt aber einen Rahmen, der die Möglichkeiten zur Konkretisierung und zu weiteren Aushandlungen begrenzt." (ebd.: 18)

Interaktionen verweisen damit *gleichzeitig* auf Kontingenz und Kreativität des Handelns als auch auf soziale Vorgaben, Normen, Institutionen und Institutionalisierungen, die – je nach Situationsdefinition – aktualisiert werden können. Insbesondere der zweite Aspekt ermöglicht die Ausbildung und (relative) Stabilität von Alltagsroutinen (ebd.: 17f., Gildemeister/Hericks 2012: 131, Joas/Knöbl 2004: 199ff.).

Jedoch selbst stark institutionalisierte Handlungen, wie der (all-)tägliche Gang über die Straße, beinhalten eine Interpretation der Situation, da

> „in jedem Fall neue unbekannte Elemente des instabilen Körpers, einer augenblicksgebundenen Subjektivität sowie einer sich nie völlig gleichenden Umwelt bewältigt werden müssen. Soziale Regeln oder Institutionen wie auch individuelle Orientierungen können in konkreten Handlungssituationen nur deshalb realisiert werden, weil Akteure zu kreativen Interpretationen fähig sind." (Schubert 2009: 347)

Interaktionisten, wie Hans Joas, fassen *Handeln* als „zumeist nicht determiniert, sondern kontingent", demnach Handelnde

> „im Alltagsleben oft keine wirklich klaren Ziele und Absichten haben, ebenso wie es nur selten eindeutige Normen, Vorschriften usw. gibt, die einfach nur in die Tat umzusetzen wären. Was wir zu tun haben, ist ebenso wie das, was wir tun wollen, häufig nur sehr undeutlich umschrieben. Letztlich ist das Handeln hochgradig unbestimmt.

3.3 Zusammenfassung und sozialtheoretische Annahmen

Handlungsverläufe entwickeln sich deshalb erst in einem komplizierten Prozeß, der nicht im voraus festgelegt werden kann." (Joas/Knöbl 2004: 200)

Vor dem Hintergrund gilt es zu klären, wie *kollektives* Handeln und soziale *Ordnung* zu konzeptualisieren sind, wenn diese nicht als bloße Aggregation individueller (nutzenmaximierender) Verhaltensformen oder als Vorhandensein fester Strukturen verstanden werden sollen. Wie bereits in Kap. 3.2 herausgearbeitet, kommt der Denkfigur der *Aushandlung* hier als Modus für Erzeugung, Erhalt und Veränderung sozialer Ordnung zentrale Bedeutung zu. In der Konsequenz fassen Interaktionisten ‚Gesellschaft' oder ‚soziale Ordnung' als einen „Handlungsprozeß und nicht als Struktur oder System, weil damit auf problematische Weise die Fixiertheit sozialer Beziehungen suggeriert wird" (Joas/Knöbl 2004: 202).

Zusammenfassung

In der folgenden Zusammenfassung von *Kap. 2 Arbeitsteilung von Paaren in der Familiengründungsphase* und *Kap. 3 Aushandlungsprozesse* liegt der Fokus zum einen auf Forschungsdesideraten und zum anderen auf sensibilisierenden Konzepten, die ein (vorläufiges) Verständnis von Aushandlungen von Doppelverdiener- und Doppelkarrierepaaren zur innerfamilialen Arbeitsteilung nach Einführung des Bundeselterngeld- und Elternzeitgesetzes ermöglichen.

In *Kap. 2.1 Familienpolitische Rahmung: Elternzeit und Elterngeld* habe ich eine *Gleichzeitigkeit widersprüchlicher Leitbilder* in der Familien- und Sozialpolitik hinsichtlich der institutionellen und/oder finanziellen ‚Förderung' partnerschaftlicher Arbeitsteilungsarrangements herausgearbeitet. Demnach changieren innerhalb der politischen Begründungen für das Elterngeld die Argumente zwischen einem neuen Leitbild aus ‚adult worker model' *und* einer Förderung ‚aktiver Väterlichkeit' sowie dem alten, einer Verbesserung der Vereinbarkeit von Familie und Beruf *für Frauen*. Unhinterfragt und selbstverständlich *vorausgesetzt* bleibt die Erwerbstätigkeit von Vätern und die Betreuungsverantwortung von Müttern. Im Hinblick auf die westdeutsche familienpolitische Tradition des modernisierten Ernährermodells lässt sich die Einführung des Elterngeldes als Leitbildwandel verstehen. Vor dem Hintergrund des in der DDR geförderten Doppelverdienermodells scheint nur die ‚Väterkomponente' durch die Partnermonate neu. Familienpolitische Entwicklungen, wie die Einführung des Betreuungsgeldes und die Umsetzung eines gesetzlichen Anspruches auf einen Kita-Platz für unter Dreijährige sprechen ebenfalls für eine Gleichzeitigkeit widersprüchlicher Leitbilder: Gefördert werden einerseits das ‚adult worker model' und eine De-Familialisierung von Eltern (insbesondere von

Müttern) und andererseits das modernisierte Ernährermodell durch das Betreuungsgeld und Ehegattensplitting.

Die durch das BEEG geschaffenen (z. T. neuen) Handlungsoptionen für Paare *können* einen Einfluss auf paarinterne Aushandlungen zur Arbeitsteilung haben. Offen ist jedoch bisher, *wie* die Regelungen paarintern relevant gemacht werden (vgl. auch Rüling 2007, Henninger et al. 2008a).

In *Kap. 2.2 Arrangements von Erwerbs- und Familienarbeit zwischen Ent- und Retraditionalisierung* habe ich zentrale empirische Befunde zur innerfamilialen Arbeitsteilung in Ost- und Westdeutschland diskutiert: Während die prinzipielle *Verantwortung* für die Familienarbeit sowohl in West- wie in Ostdeutschland überwiegend bei Müttern liegt, gibt es in Ostdeutschland (nach wie vor) eine stärker ausgebaute öffentliche Betreuungsinfrastruktur *und* die öffentliche Betreuung von Kleinkindern erfährt eine größere gesellschaftliche Akzeptanz als in Westdeutschland. Somit werden *Mütter* in Ostdeutschland in ihrer Betreuungsverantwortung *institutionell* stärker entlastet und eine Erwerbstätigkeit ‚trotz' Kind(er) ist selbstverständlicher. In Ostdeutschland finden sich daher häufiger Doppelverdienerhaushalte mit (Klein-)Kindern als in Westdeutschland. Die diskutierten Befunde verweisen darauf, dass Zweiverdienerhaushalte mit je unterschiedlichen Arbeitszeitmodellen überwiegen: Demnach beteiligen sich (wenn auch z. T. in unterschiedlichem Ausmaß) *beide Partner* in 60 bis 70 Prozent der Paarhaushalte mit Kindern an der Erwirtschaftung des Familieneinkommens. Die Beteiligung an der Familienarbeit hingegen, insbesondere in Form von Elternzeit, kann als eher einseitige Angelegenheit beschrieben werden: Für die Kleinkindbetreuung sind – auch nach der Elterngeldreform – nach wie vor überwiegend Mütter zuständig, so nehmen ca. 95 Prozent Elternzeit und -geld in Anspruch. Demgegenüber stehen ca. 20 Prozent der Väter (betrachtet für 2011), die ein oder zwei ‚Partnermonate' nehmen, meist parallel zur Mutter, und schließlich 10 Prozent, die länger als zwei Monate Elternzeit/-geld nehmen. Mit mehr als *70 Prozent* überwiegen die Väter, die ihre Erwerbstätigkeit *nicht* unterbrechen und deren Partnerinnen meist mind. zwölf Monate Elternzeit in Anspruch nehmen. Für den Bereich der Familienarbeit sind demnach viel stärker als für die Erwerbsarbeit *geschlechterdifferenzierende* und weniger egalitäre Beteiligungen zu beobachten.

In *Kap. 2.3 Erklärungsansätze zur geschlechterdifferenzierenden Arbeitsteilung* diskutierte ich (neo-)utilitaristische und interpretative Ansätze: Es zeigte sich, dass ökonomische und ressourcentheoretische Ansätze zur Erklärung innerfamilialer Arbeitsteilung und der (Nicht-)Inanspruchnahme von Elternzeit durch Väter zu kurz greifen. In Studien mit Fokus auf paarinterne Aushandlungsprozesse wird weniger die Frage gestellt nach dem *wer*, also welche Personen mit welchen sozialstrukturellen und sozioökonomischen Merkmalen (z. B. Alter, Bildung, Einkommen

3.3 Zusammenfassung und sozialtheoretische Annahmen

und in dieser Forschungslogik auch ‚Geschlecht'), sondern nach dem *wie*, welche *Prozesse* zu einer Ent- oder Retraditionalisierung der Arbeitsteilung führen. In der Diskussion dieser Ansätze für die Erklärung von innerfamilialer Arbeitsteilung zeigte sich die Relevanz von a) Leitvorstellungen und Paaridealen, wie Gleichheit und Partnerschaftlichkeit, aber auch Berufs- und Karriereorientierungen, b) Handlungspraxen und -routinen, die die alltagspraktische ‚Umsetzung' von Paaridealen unterminieren können und c) wohlfahrtsstaatlichen und arbeitsorganisatorischen Strukturen und Arbeitskulturen. In der stärker gesellschaftstheoretisch ausgerichteten Literatur zur Arbeitsteilung zwischen den Geschlechtern wird der konstitutive Zusammenhang der *Sphärentrennung* in öffentlich und privat, bzw. Erwerbs- und Familienarbeit und der Konstruktion von Geschlecht betont: Frauen sind verwiesen auf die Haus- und Familiensphäre, dem Kern des ‚Privaten' mit expressiven und binnenbezogenen Funktionen, und Männer auf die Bereiche Erwerbsarbeit und Öffentlichkeit mit instrumentellen und außenbezogenen Funktionen der Familie. Diese, v. a. in westlichen Gesellschaften vorzufindende Arbeitsteilung zwischen den Geschlechtern ist eng verknüpft mit dem Modus der sozialen Konstruktion von Geschlecht. In der sozialwissenschaftlichen Forschung der vergangenen Jahrzehnte wird das Brüchigwerden der traditionellen Sphärengrenzen, die Trennung von öffentlicher (männlicher) Berufswelt und privater (weiblicher) Familienwelt konstatiert. Als ein zentraler ‚Motor' dieser Auflösungserscheinung wird die (inzwischen) selbstverständliche Berufsarbeit von Frauen und die zunehmend selbstverständlich werdende Erwerbsarbeit von Müttern benannt. *Und* es wird eine zunehmende Bedeutung von Familien- und Beziehungsleben/-arbeit für Männer und Väter konstatiert. Unabhängig davon wie *stark* die Verbindlichkeit oder Selbstverständlichkeit der Zuständigkeiten abgenommen hat, wird als (kompensierender) Teil dieser Entwicklung in großen Teilen der Literatur auf die *zunehmende Bedeutung von Aushandlungen* hingewiesen: Es ist offener als je zuvor, wer welche Arbeiten innerhalb des Haushaltes, der Familie und Erwerbssphäre übernimmt.

In *Kap. 3.1 ‚Väterlichkeit' und ‚Mütterlichkeit': Geschlechterdifferenzierende Paardynamiken im Übergang zur Elternschaft* wurde einerseits eine zunehmende Offenheit und ein Bedeutungsverlust von geschlechterdifferenzierenden Stereotypen und Erwartungen in den Aushandlungen von Paaren zur innerfamilialen Arbeitsteilung konstatiert. Trotz des Bedeutungsverlustes derartiger normativer Regeln und Standards oder vielmehr gerade deshalb scheint es andererseits einen eigenen Bedarf nach ‚Entlastung' in Form von Geschlechterdifferenzierungen zu geben. Geschlechterdifferenzierungen, eingelassen in Institutionen, tragen insofern zu einer Entlastung und Reduzierung von potenziell unendlichen Möglichkeiten von Handlungen und Interaktionen im Alltag bei, als sie zeigen, wie etwas ‚normalerweise' getan wird oder werden muss. Unter Rückgriff auf Maiwald (2010) wurde deutlich, dass die Dyaden-Triaden-Konstellation in Familien strukturell als *Gelegenheit* und *Einladung* für Geschlechterdifferenzierungen zu konzeptualisieren ist. Die dargestellten und diskutierten Konzepte ‚Sameness Taboo', „hegemoniale Mütterlichkeit" (‚Hegemonic Mothering'), ‚Maternal Gatekeeping' und ‚Equally Shared Parenting' werden in der Analysearbeit der vorliegenden qualitativen Studie dafür sensibilisieren, *wie* diese *Gelegenheit* für Geschlechterdifferenzierungen von Paaren in der Familiengründungsphase unterschiedlich genutzt werden kann bzw. wird.

Hinter der hartnäckigen ungleichen Arbeitsteilung im Bereich der Haus- und Familienarbeit vermutet Hirschauer (2013: 50) eine der letzten Domänen für paarinterne Darstellungen einer bedeutsamen Geschlechterdifferenz. Maiwald (2010: 267f.) spricht in diesem Zusammenhang von „Geschlechterdifferenzierung als Gesellschaftsspiel". Inwiefern es sich um ein *harmloses* „Gesellschaftsspiel" handelt oder inwiefern Geschlechterdifferenzierungen in Paarbeziehungen in der Familiengründungsphase *sozial folgenreich* werden (können), gilt es im Empirieteil dieser Untersuchung zu klären.

In *Kap. 3.2 Innerfamiliale Arbeitsteilung als ‚ausgehandelte Ordnung'* diskutierte ich das Konzept von Anselm Strauss zu ‚negotiated order' und ‚processual ordering'. Aushandlungen sind nach Strauss (1978: 234) ein zentraler Modus für Erzeugung, Erhalt und Veränderung von sozialer Ordnung und er versteht darunter „one of the possible means of »getting things accomplished« when parties need to deal with each other to get those things done". Für die Analyse von Aushandlungsprozessen in Zweierbeziehungen ist dabei die Frage zentral, wie Paare eine *gemeinsame Sicht der Dinge* aushandeln. Da diese Aushandlungen nicht im ‚luftleeren' Raum stattfinden, wurde mit dem Konzept des Aushandlungs- und strukturellen Kontextes sowie der Weiterentwicklung von Clarke (2012) zur Analyse von Situationen ein Konzept zur systematischen Erfassung von Aushandlungen *und* sozialen Strukturen und Rahmengegebenheiten (wie das BEEG) diskutiert.

Aus den Überlegungen zu Aushandlungen in Zweierbeziehungen, Aushandlungs- und strukturellen Kontexten sowie Situationen und Situationsdefinitionen resultiert die Aufgabe herauszuarbeiten und zu verstehen, wie sich die Situation *aus Sicht der Paare* darstellt, wie die Partner ihre Handlungsoptionen wahrnehmen, und zu rekonstruieren, wie divergierende Situationsdefinitionen in einem paarinternen ‚Arbeitskonsens' münden. Die Ausführungen in den vorherigen Kapiteln zu Arbeitsteilung und Aushandlungen von Paaren in der Familiengründungsphase sensibilisieren dabei für Aspekte, die die Aushandlungssituation der Paare über die Aufteilung der Elternzeit mittel- oder unmittelbar konstituieren und strukturieren können. Es gilt zu fragen, *welche Aspekte, inwiefern* und *mit welchen Folgen* von den Paaren relevant gemacht werden und die Aushandlungssituation konstituieren.

3.3 Zusammenfassung und sozialtheoretische Annahmen

In *Kap. 3.3 Zusammenfassung und Explikation sozialtheoretischer Annahmen* habe ich aufgezeigt, inwiefern sozialtheoretische Annahmen Konsequenzen für Forschungsgegenstand, -frage und -methode implizieren. Diese qualitativ-empirische Untersuchung wird verortet im interpretativen Paradigma und der sozialtheoretischen Tradition des Symbolischen Interaktionismus und Pragmatismus. Den in diesem Kapitel diskutierten Annahmen zufolge wird in der vorliegenden empirischen Untersuchung nach den paarintern *ausgehandelten* Bedeutungen von „Dingen" gefragt, wie beispielsweise das Bundeselterngeld- und Elternzeitgesetz, Betreuungsaufgaben sowie Beruf und Karriere (d. h. Erwerbs- und Familienarbeit) und Einkommen. Offen ist an dieser Stelle, welche „Dinge", mit welchen Bedeutungszuschreibungen für diese Untersuchung relevant sind. Dies lässt sich weder vorab feststellen noch festlegen, sondern ist genuine Aufgabe der empirischen Analyse in Kap. 5, 6 und 7. Vorausgesetzt werden dabei weder in einer (neo-)utilitaristischen Perspektive rational handelnde, nutzenmaximierende noch rollenerfüllende Akteure entsprechend des Strukturfunktionalismus, sondern vielmehr soziale Akteure in Zweierbeziehungen, die *Situationen* aktiv deuten und aushandeln.

Forschungsdesign 4

> *„Es ist eine harte Arbeit, die einen hohen Grad sorgfältigen und aufrichtigen Prüfens erfordert, kreative und dennoch disziplinierte Vorstellungskraft, Erfindungskraft und Flexibilität in der Forschung. Nachdenken über das, was man findet und eine ständige Bereitschaft, seine Ansichten und Vorstellungen über den Bereich zu überprüfen und umzuformen."* (Blumer 2004 [1969]: 363)

Für die empirische Untersuchung der Frage, wie Doppelverdiener- und Doppelkarrierepaare in der Familiengründungsphase das Bundeselterngeld- und Elternzeitgesetz wahrnehmen, bieten sich offene sinnverstehende Verfahren an. Diese ermöglichen es, Leitvorstellungen sowie grundlegende (Be-)Deutungen, Wahrnehmungs- und Sinngebungsmuster in der Analyse zu interpretieren und zu rekonstruieren.

Die vorliegende qualitativ-empirische Untersuchung wurde durchgeführt im *Forschungsstil der Grounded Theory* in der Strauss'schen Tradition (Strauss 1994, Strauss/Corbin 1996, Clarke 2012, Strübing 2008, Mey/Mruck 2011), zu deren „Schlüsselthemen" die „Entdeckung grundlegender Prozesse, die Wandel bewirken" gehören (Hildenbrand 2005: 32). Wie bereits in Kap. 3.3 diskutiert, liegt der Vorteil des gewählten Forschungsdesigns in der Kompatibilität von sozialtheoretischen Annahmen, Methodologie und (Analyse-)Methode im Sinne eines Theorie-Methoden-Paketes (Star 1989, Clarke 2012). Auf zentrale Aspekte des Forschungsstils, wie Kodieren, Vergleichen und theoretisches Sampling, sowie auf Fragen der Reflexivität und das Problem der Reifizierung, die sich insbesondere für empirische Untersuchungen im Bereich der Geschlechterforschung stellen, gehe ich näher in Kap. 4.2 ein. Ziel meiner Darstellung hier ist es, grundlegende Verfahren des Forschungsstils und daran anknüpfend meine *praktische Arbeitsweise* exemplarisch darzulegen. Da in der Grounded Theory eine „konzeptuell verdichtete, methodologisch begründete und in sich konsistente Sammlung von *Vorschlägen*" (Strübing 2008: 7, Hervorhebung AP), aber keine rigiden Vorschriften formuliert werden, ist insbesondere die Darstellung der eigenen Vorgehensweise für eine intersubjektive

Nachvollziehbarkeit des Forschungsprozesses unabdingbar (vgl. Steinke 2005: 324). Des Weiteren entgehe ich damit dem Problem, dass auf die Grounded Theory in qualitativen Forschungsarbeiten gelegentlich eher in Form eines ‚ceremonial referencing' (ebenso wie beim Konzept des ‚doing gender', vgl. Nentwich/Kelan 2014: 121) verwiesen wird, ohne dass die Forschende jenseits der Ergebnisdarstellung transparent macht, *wie* sie gearbeitet hat. Nichtsdestotrotz kann die Darstellung meiner Vorgehensweise nur exemplarisch und deutlich ‚geglättet' erfolgen, um ebenso Anforderungen an Länge und Lesbarkeit des Textes und Stringenz der Argumentation gerecht zu werden.

Neben dem Forschungsstil gilt es das Forschungsfeld und geeignete Datengewinnungsverfahren zu bestimmen: Für meine Forschungsfrage bieten sich *Einzel- und Paarinterviews* mit Doppelverdiener- und Doppelkarrierepaaren in der Familiengründungsphase an. Diese Vorgehensweise hat sich bereits bewährt in Untersuchungen zu innerfamilialen Arrangements der Arbeitsteilung (u.a. Hochschild 1990, 2006, Kaufmann 1994)[70] und den sozialpolitischen Gegebenheiten (Rüling 2007). Zunächst werde ich in Kap. 4.1 Möglichkeiten und Grenzen von Einzel- und Paarinterviews als Datenmaterial diskutieren und reflektieren, in Kap. 4.2 den Forschungs- und Analyseprozess darlegen und abschließend in Kap. 4.3 das Sample mit Kurzcharakteristiken vorstellen.

4.1 Datenmaterial: Einzel- und Paarinterviews

Für das Erforschen von Aushandlungen zur Elternzeitaufteilung in Doppelverdiener- und Doppelkarrierepaaren bestehen im Prinzip zwei Möglichkeiten: a) Wie in Kap. 2.2 dargelegt, kann man alle verfügbaren statistischen Daten zu Elternzeitanträgen erfassen oder neue generieren und dann aus vorhandenen Theorien abgeleitete Hypothesen testen. b) Man interviewt Paare in der Familiengründungsphase zu ihren Aufteilungsentscheidungen und entwickelt in der Analyse des Materials eine gegenstandsbezogene Theorie. Interviews bieten dabei die Möglichkeit Einblick zu erhalten in Praxisbereiche, wie das private Paar- und Familienleben, die einer Beobachtung nicht oder nur unter hohem Aufwand (z. B. mit Hilfe von Videoaufnahmen) zugänglich sind. Im Interview können zudem in kondensierter Form biografische Ereignisse und Prozesse (i. e. Aushandlungen) erfasst werden, die in ihrer Komplexität nicht beobachtbar sind. Des Weiteren können aus dem Interviewmaterial subjektive

---

70 Für den deutschsprachigen Kontext: Gather 1996, Koppetsch/Burkart 1999, Behnke/Meuser 2003, 2005, Wimbauer 2003, 2012, Bathmann et al. 2012, Behnke 2012, König 2012.

4.1 Datenmaterial: Einzel- und Paarinterviews

Sinngebungen, Bedeutungszuschreibungen und mithin die *Perspektive des Paares* rekonstruiert werden (vgl. Deppermann 2013 zu Vor- und Nachteilen von Interviews). Um die Elternzeitarrangements der Paare sowie die darin eingelassenen Orientierungen, Auseinandersetzungen und Aushandlungen zu rekonstruieren, wählte ich leitfadengestützte Einzel- und Paarinterviews als Methode zur Datengewinnung (vgl. Allan 1980, Bennett/McAvity 1994). Die Einzelinterviews ermöglichen es, die individuelle Einschätzung einer Person sowie deren Schilderung und Bewertung der Umstände zu erfassen, die auch durchaus Diskrepanzen zur Sicht des Partners offen legen können.

Das Paarinterview gibt Aufschluss über die gemeinsame Sicht der Dinge, wie sie von einem Paar entwickelt wird, d. h. der Wirklichkeitskonstruktion des Paares (Berger/Kellner 1965, vgl. Kap. 3.2 in diesem Buch). Hier werden die Erzählungen über den Alltag sowie die Darstellungen der Interviewteilnehmenden von vergangenen und gegenwärtigen Ereignissen und Aushandlungsprozessen rekonstruiert sowie die in der Darstellung eingelagerten Sinngebungsmuster interpretiert. In den Interviews bietet sich die Möglichkeit, die Beziehungsdynamik des Paares als eigenständige Ebene zu berücksichtigen, indem neben dem Gesagten auch die Art und Weise, wie die Erzählung durch das Paar in der Gesprächssituation ausgehandelt, organisiert und gestaltet wird, d. h. die *Paarinteraktion*, Gegenstand der Analyse ist (vgl. Maiwald 2007: 52, Burkart 2009b: 249 sowie Kap. 3.2). Die Paare berichten demnach nicht nur über ihr gemeinsames Leben, sondern kommunizieren und interagieren im Interview maßgeblich *als Paar*, u. a. auch da sie als Paar von der Interviewerin adressiert werden. Das Paar muss seine Antworten gemeinsam organisieren und zwar neben den Inhalten, wer wann etwas sagt und wer entsprechend schweigt. Wer unterbricht, ergänzt oder korrigiert wen, bei welchen Themen? In einigen Situationen, wenn keine weiteren Betreuungspersonen anwesend waren, musste darüber hinaus geklärt werden, wer sich während des Interviews um das nicht schlafende und weinende Kind kümmert. ‚Beobachtbar' und analysierbar werden so gegenseitige Bestätigungen, Ergänzungen, Einigungsprozesse, Diskrepanzen und Deutungsmacht bzw. Definitionshoheiten innerhalb der Zweierbeziehung (Allan 1980, Behnke/Meuser 2003, 2004, Henninger et al. 2008a, Maiwald 2009).

Abgesehen von der Möglichkeit, im Paarinterview Einblicke in Paarinteraktionen und -dynamiken zu erlangen, gilt es in der Analyse die Grenzen von Interviews systematisch zu berücksichtigen: Eine Gleichsetzung von erzählter und gelebter Praxis wäre ein methodischer Kurzschluss. Vielmehr *berichten* die Paare in den Interviews über ihre Alltagspraxis, und entsprechend einer methodischen und Gegenstandsangemessenheit gilt es Interviews in diesem Verständnis zu analysieren (vgl. Steinke 2005: 326ff.).

Der Vorteil des (Paar-)Interviews liegt nun darin, dass dieses an die kommunikative Praxis des Paares anschließt, da Aushandlungen und Absprachen zur Elternzeitaufteilung und Arbeitsteilung zwischen den Partnern überwiegend sprachlich vermittelt stattfinden (wenn auch unterschiedlich explizit). Darüber hinaus sind die Doppelverdiener- und Doppelkarrierepaare gegenüber Freunden, Eltern oder Arbeitgebern gelegentlich in der Situation über ihr derzeitiges Familien- und Arbeitsleben, ihre ausgehandelte Elternzeitaufteilung und das Erleben der Elternzeiten zu berichten, so dass im Interview an diese Alltagspraxis angeknüpft werden kann.

Die Erzählungen und Darstellungen der Partner bzw. Paare beinhalten dabei die *retrospektive Sicht* des Paares bzw. der Partner auf ihre Aushandlungen und ihr Familien- und Arbeitsleben. Die Darstellungen werden situativ in der Interviewinteraktion von den Interviewten ‚re-konstruiert' und aktualisiert, und sind beeinflusst von aktuellen Aushandlungen und Konflikten des Paares zur innerfamilialen Arbeitsteilung (vgl. Kap. 3.2). Dem liegt die Auffassung von Interviews als „situierte Interaktionsereignisse" zugrunde, in denen „durch performatives Handeln gemeinsam Sinn hergestellt wird" (Deppermann 2013). Sowohl in den Einzel- als auch in den Paarinterviews gilt es, das wechselseitige Aufeinander-Bezugnehmen, die Selbst- und Fremdpositionierungen und die Situiertheit von Interviewerin und Interviewteilnehmenden zu berücksichtigen (vgl. Welzer 1995, Clarke 2012, Hermanns 2005, Breuer 2009). Meines Erachtens macht es jedoch wenig Sinn an dieser Stelle essentialisierende, kategoriale (Selbst-)Beschreibungen zu liefern, wie Geschlechtszugehörigkeit, sexuelle Orientierung, Bildungshintergrund, soziales Herkunftsmilieu, Alter, Hautfarbe. Vielmehr gilt es im Forschungs- und Analyseprozess, das situative Herstellen und Relevantsetzen von Differenzen und Indifferenzen zu reflektieren (vgl. dazu auch die Diskussion zu Reifizierungen in Kap. 4.2. und 8).

Die Kontaktaufnahme erfolgte entweder per E-Mail oder über einen Telefonanruf. Die Kontaktdaten hatte ich mit Einverständnis der potenziellen Interviewteilnehmenden von Freunden, Bekannten oder Arbeitskollegen erhalten. Von zentraler Bedeutung für die spätere Interviewinteraktion sind die Vorinformationen und das Darlegen des Forschungsinteresses, da diese spezifische Deutungsrahmen in der Interviewsituation etablieren können (Przyborski/Wohlrab-Sahr 2009: 74f., Deppermann 2013). In der Kontaktaufnahme informierte ich darüber, dass ich mich in meiner Dissertation mit der neuen Elterngeldregelung beschäftige, dazu berufstätige Eltern für ein gemeinsames und jeweils ein Einzelinterview suche und mein Interesse besonders darauf liege, welche Erfahrungen sie mit Elterngeld und Elternzeit gemacht haben. Dann folgten Angaben, wie lange i. d. R. ein Interview dauert und dass personenbezogene Daten anonymisiert werden.

Von zentraler Bedeutung ist es m. E., die Interviewteilnehmenden *nicht* (explizit) geschlechterdifferenzierend anzusprechen und zu adressieren, z. B. ‚als Mutter' oder 'als (aktiver) Vater' oder eine Interviewrahmung rekurrierend auf geschlechterdifferenzierende, mediale Diskurse zu 'Vätermonaten' herzustellen. Daher habe ich mich dafür entschieden, die Interviewteilnehmenden in der 'Funktion' *als* Paar, Eltern und Erwerbstätige anzusprechen und als Rahmung meines Forschungsinteresses die Einführung des Elterngeldes, d. h. die neue Gesetzgebung für *Eltern* in der Familiengründungsphase, anzuführen.

Die Interviews fanden bei den Interviewteilnehmenden zu Hause statt (bis auf eine Ausnahme, hier fanden die Interviews bei den Eltern eines Partners statt). Die Phase der Datengewinnung erstreckte sich von Juni 2010 bis Mai 2012, zunächst im süddeutschen Raum und anschließend deutschlandweit (vgl. *theoretisches Sampling* in Kap. 4.2).

In allen Fällen habe ich zuerst das Paarinterview und entweder direkt im Anschluss oder wenn es zeitlich möglich war, einige Tage später die Einzelinterviews durchgeführt. Diese Reihenfolge hat verschiedene Vorteile: Das Paar muss nicht befürchten, dass vertrauliche Darstellungen aus dem Einzelinterview im Paarinterview angesprochen werden. In den Einzelinterviews bestand somit die Möglichkeit, detaillierte Nachfragen zu stellen (vgl. Gather 1996: 83), wobei das v. a. bei den zeitlich versetzten Paar- und Einzelinterviews von mir realisiert wurde, da nur bei diesen Zeit für eine ausführlichere Rekapitulation des Paarinterviews vorhanden war.

Die Interviews fanden meist abends statt, nachdem das Kind bzw. die Kinder zu Bett gebracht worden waren. Verbunden war damit in manchen Fällen die Möglichkeit, die Eltern in situ bei ihren Aushandlungen darüber zu beobachten, wer die Interviewsituation verlässt, um das weinende Kind zu beruhigen. Die Dauer der Paarinterviews variierte zwischen einer Stunde und knapp zwei Stunden. Die Einzelinterviews waren mit einer halben Stunde bis zu anderthalb Stunden Länge z. T. kürzer, insbesondere jene, die im Anschluss an ein Paarinterview geführt wurden.

Thematischer Fokus im Paarinterview war das Paar- und Familienleben und die Elternzeiten, während im Einzelinterview die berufliche Entwicklung des Interviewteilnehmenden im Vordergrund stand. Diese inhaltliche Aufteilung habe ich den Interviewteilnehmenden vorab mitgeteilt, um eine schlüssige Begründung für das Führen von Paar- *und* Einzelinterviews zu liefern und den Eindruck zu vermeiden, sie würden erst gemeinsam und anschießend getrennt übereinander 'ausgefragt'.

In der Gestaltung der Interviews war es das Ziel, die Vorteile von narrativen und leitfadengestützten Interviews zu verbinden: Der Schwerpunkt lag auf offenen, erzählgenerierenden Fragen und immanenten Nachfragen (vgl. Przyborski/Wohlrab-Sahr 2009: 31). Das Paarinterview begann ich mit der Frage, wie aus den beiden Interviewteilnehmenden ein Paar geworden ist, um eine paarbiografisch-narrative Einstiegspassage mit den Relevanzsetzungen der Interviewten zu erhalten. Daran anschließend thematisierte ich mit offenen Fragen Statuspassagen und Umbrüche, wie die gemeinsame Haushaltsgründung, Familiengründung, ‚Management' des Alltags mit Kind und Erleben der Elternzeiten. In der kritischen Selbstreflexion zeigten sich bei den ersten durchgeführten Interviews Ansätze einer „Leitfadenbürokratie" (Hopf 2005: 358), während Interview für Interview mir Techniken wie immanente Nachfragen und situative Anpassungen des Leitfadens besser gelangen.

Im Anschluss an das Einzelinterview habe ich jeweils auf einem Datenbogen Angaben des Interviewten festgehalten zu Geburtsjahr und -ort, Schulabschluss, Ausbildung bzw. Studienfach, ausgeübtem Beruf, zeitlichem Umfang der Erwerbstätigkeit vor und nach der Elternzeit bzw. dem Elterngeldbezug, Dauer der Inanspruchnahme von Elternzeit/-geld, persönlichem Nettoeinkommen (Angaben in Klassen), Familienstand, Dauer der Paarbeziehung sowie Geburtsjahr des Kindes bzw. der Kinder.

Nach den Interviews fertigte ich Protokolle zum Interviewsetting, räumlichen Gegebenheiten sowie Besonderheiten während des Interviews an. Sämtliche Interviews wurden mit dem Einverständnis der Interviewten digital aufgezeichnet, mit der Transkriptionssoftware f4 transkribiert und anonymisiert.

Transkriptionsregeln	
(.)	Kurzes Absetzen, Zeiteinheit bis knapp unter einer Sekunde
(3)	Anzahl der Sekunden, die eine Pause dauert
(…)	Auslassungen der Autorin
nein	Betonung
brau/	Abbruch eines Wortes oder Satzes
⌐ ¬	Beginn und Ende einer Überlappung
((lacht))	Kommentar bzw. Anmerkungen zu parasprachlichen, nichtverbalen oder gesprächsexternen Ereignissen
132/4J	Angabe des zitierten Absatzes und der Interviewkennung, z. B. Absatz 132, Fall #4, Einzelinterview mit Julia, g steht für das gemeinsame Interview/Paarinterview
leicht angepasst übernommen aus: Przyborski/Wohlrab-Sahr 2009: 166f.	

4.2 Forschen im Stil der Grounded Theory

Wie in Kap. 3.3 bereits angedeutet, explizierten Vertreter des Symbolischen Interaktionismus und Pragmatismus method(olog)ische Implikationen ihrer sozialtheoretischen Überlegungen: So betonte Herbert Blumer (2004 [1969]: 348f.), dass

4.2 Forschen im Stil der Grounded Theory

es in der empirischen Forschung angesichts des von den Pragmatisten erkannten Prozesscharakters und der Fluidität sozialer Prozesse gegenstandserschließender bzw. *sensibilisierender Konzepte* bedürfe (vgl. auch Joas/Knöbl 2004: 215). In dieser qualitativ-interpretativen Tradition formulierte Blumers Schüler Anselm Strauss 1968 die ‚Gründungsschrift' der Grounded Theory, zusammen mit Barney G. Glaser, der in der von Paul Lazarsfeld gegründeten, eher kritisch-rationalistisch orientierten ‚Columbia School' zu verorten ist. In meiner Arbeit habe ich mich mit der Strauss'schen, pragmatistisch inspirierten Weiterentwicklung der Grounded Theory auseinandergesetzt und beziehe mich im Folgenden ausschließlich darauf (Strauss 1994, Strauss/Corbin 1996; zur Kontroverse zwischen Strauss und Glaser, Strübing 2008: 65ff.).

Ziel der Grounded Theory ist es, Prozesse, (Aus-)Handlungen und Interaktionen aus der Perspektive der beteiligten Akteure zu rekonstruieren und über die Konzeptentwicklung erklärende Abstraktionen der untersuchten empirischen Phänomene im Sinne einer *Theoriebildung* zu leisten (vgl. Clarke 2012: 40). Der „Königsweg" zu einer empirisch fundierten Theorie bestehe dabei in der

> „vorsichtigen und unvoreingenommenen Annäherung an den Untersuchungsgegenstand, der dann intensiv studiert und mit anderen Gegenständen auf Ähnlichkeiten und Gemeinsamkeiten hin *verglichen* wird (…), bevor dann Kategorien gebildet und Hypothesen formuliert werden." (Joas/Knöbl 2004: 215f.)

Das Forschen im Stil der Grounded Theory gestaltet sich triadisch und zirkulär: Datengewinnung (vgl. Kap. 4.1), Kodieren und (theoriebildende) Memos schreiben sind zeitlich parallele und wechselseitig funktional abhängige Prozesse (Hildenbrand 2005: 33, Strübing 2008: 14).

Unter *Kodieren* wird in der Grounded Theory das systematische Entwickeln von Konzepten in Auseinandersetzung mit dem empirischen Material verstanden (Strübing 2008: 19). Unterschieden werden drei Modi des Analysierens, das offene, axiale und selektive Kodieren. Das *offene Kodieren* umfasst das Aufbrechen, Untersuchen, Vergleichen, Konzeptualisieren und Kategorisieren von Daten (Strauss/Corbin 1996: 43). Mit Hilfe von detaillierten Zeile-für-Zeile- und z. T. Wort-für-Wort-Analysen, insbesondere der Anfangspassagen der Paarinterviews und später von relevant erachteten weiteren Passagen in den Interviews, ‚tauchte' ich in das Material ein und fokussierte auf einzelne Phänomene und ihre Eigenschaften (wie Funktionalisierung und Besonderung von Elternzeit, Ideale der Lebensführung, Berufs- und Karriereorientierungen, Voraussetzungen für väterliches Engagement in der Familienarbeit).

Beim *axialen Kodieren* werden durch das Erstellen von Verbindungen zwischen Konzepten die Daten auf eine neue Art zusammengesetzt (ebd.: 75). Ziel ist es, qualifizierte Beziehungen zwischen den Konzepten am Material zu erarbeiten und über kontinuierliches Vergleichen zu überprüfen (Strübing 2008: 20).

Mein Datenmaterial, bestehend aus einem gemeinsamen und zwei Einzelinterviews pro Paar, erforderte zwei Formen des offenen und axialen Kodierens: Zum einen *innerhalb* eines Falles, um Interpretationen und Analysen des Paarinterviews mit denen der Einzelinterviews systematisch zusammenzudenken. Dazu erarbeitete ich drei ausführliche Fallanalysen. Die in Kap. 5 dargestellte exemplarische Fallanalyse zu Caroline und Martin Weber enthält meine Entdeckung und Benennung des Phänomens ‚Begründungsfiguren zur Aufteilung der Elternzeit': Mir war im Zuge der Analysearbeit aufgefallen, dass in allen drei Interviews in unterschiedlichen thematischen Kontexten, z. T. widersprüchliche, implizite und explizite *Begründungen* für die Aufteilung der Elternzeit angeführt wurden, die mein Interesse für eine vertiefende Interpretation weckten.

Zum anderen kodierte ich offen, axial und selektiv *fallübergreifend* auf Grundlage des in den Fallanalysen erarbeiteten Konzeptes ‚Begründungsfiguren zur Aufteilung der Elternzeit' (vgl. Kap. 6 und 7). Beim *selektiven Kodieren* wird eine Schlüsselkategorie ausgewählt und systematisch nach dieser kodiert. Es gilt dabei die Schlüsselkategorie mit anderen Kategorien in Beziehung zu setzen und solche, die einer weiteren Verfeinerung und Entwicklung bedürfen durch offenes und axiales Kodieren auszuarbeiten (Strauss 1994: 63). Angestrebt wird eine „Integration der bisher erarbeiteten theoretischen Konzepte" in Bezug zur Schlüsselkategorie durch ein (Re-)Kodieren des Materials, „um die Beziehungen der verschiedenen gegenstandsbezogenen Konzepte zu den Kernkategorien zu klären" (Strübing 2008: 20). Vor dem Hintergrund meiner Forschungsfrage erwies sich das Konzept ‚Begründungsfiguren zur Aufteilung der Elternzeit' als erkenntnisfördernd und somit als geeignete Schlüsselkategorie.

Für alle drei Formen des Kodierens ist das Anstellen von *systematischen Vergleichen* und das Stellen von Fragen, v. a. das theoriegenerierende Befragen von Daten, charakteristisch (Strauss/Corbin 1996: 44). Für das offene Kodieren bedeutet das bspw. durch kontrastive Verfahren alle Facetten eines jeweiligen Phänomens detailliert und vollständig herauszuarbeiten (*Dimensionalisieren*) und in das theoretische Konzept einfließen zu lassen (Strübing 2008: 22). Leitend für den gesamten Kodierprozess ist die Methode des ständigen Vergleichens von Daten („constant comparative method"). Diese werden systematisch auf Unterschiede und Ähnlichkeiten befragt, um Spezifika einzelner Phänomene aber auch phänomenübergreifende Typologien zu erarbeiten (ebd.: 18). Ziel der Analysearbeit ist eine *konzeptionelle Repräsentativität* (und dezidiert keine statistische Repräsentativität):

4.2 Forschen im Stil der Grounded Theory

„es sollen alle Fälle und Daten erhoben werden, die für eine vollständige analytische Entwicklung sämtlicher Eigenschaften und Dimensionen der in der jeweiligen gegenstandsbezogenen Theorie relevanten Konzepte und Kategorien erforderlich sind." (ebd.: 32)

Zentral in meiner Analysearbeit war das *gemeinsame Kodieren* und Diskutieren von Memos in einer peer-to-peer-Arbeitsgemeinschaft mit einer anderen Promovendin, im Forschungskolloquium sowie innerhalb einer selbst organisierten Interpretationsgruppe mit drei anderen Promovierenden (das ‚A-Team'). Dies ermöglichte zum einen divergierende Sichtweisen auf die Daten und verschiedene Lesarten zu entwickeln, zum anderen sicherte es die Qualität der Datenanalyse durch das Herstellen intersubjektiver Nachvollziehbarkeit im Forschungsprozess (vgl. Steinke 2005: 326).

Als unverzichtbar hat sich in meiner Analysearbeit darüber hinaus das Memo-Schreiben erwiesen. Strauss und Corbin (1996: 170) bezeichnen Memos als „schriftliche Formen unseres abstrakten Denkens über die Daten". Durch das Verfassen von Memos, der Verschriftlichung von Gedanken zum Material, konnte ich Interpretationsideen systematisieren, hinterfragen, verwerfen oder weiterentwickeln. Durch den offenen Charakter von Memos (die Struktur des Textes ist m. E. zunächst zweitrangig, die potentielle Leserschaft ist i. d. R. sehr begrenzt) sind zwei zentrale Aspekte gewährleistet: *Kreatives Arbeiten* an und mit den Daten, da sämtliche Ideen (zunächst) willkommen sind und festgehalten werden und *systematisches Analysieren*, da durch das Schreiben chaotische Gedankengänge diszipliniert werden. Neben Analysememos verfasste ich Theorie- und Forschungsstandmemos (vgl. Kap. 2 und 3): In ihnen diskutierte ich den aktuellen Forschungsstand und sensibilisierende Konzepte aus der Forschungsliteratur, setzte diese in Bezug zu meinen Daten und formulierte daran anschließend Fragen an mein Datenmaterial und meine entwickelten Konzepte und Kategorien.[71]

Kontrovers diskutiert wird bei diesem Vorgehen der Status von theoretischem und empirischem Wissen und daraus resultierenden Annahmen (exemplarisch dazu Clarke 2012: 54ff.). In der Strauss'schen Variante der Grounded Theory arbeitet die Forschende mit *sensibilisierenden Konzepten*. (Fach-)Wissen ist demnach nicht auszuschließen, vielmehr ist es die Aufgabe des Forschenden dieses anzuerkennen und sich zu vergegenwärtigen: Mit welchen Kenntnissen gehe ich als Forscherin in das Feld und an die Analyse, welche (theoretischen) Vorannahmen und auch Vorurteile bringe ich mit? Dieses Wissen kann zum einen die Analyse blockieren und kreative Bemühungen untergraben, weshalb Interpretationsgruppen und Diskussionen in Forschungskolloquien vielfältige Perspektiven auf das Material

---

71 Zur Organisation des Datenmaterials, der Dokumentation der Analysevorgänge und (vorläufigen) Analyseergebnisse verwendete ich die Software MaxQDA.

gewährleisten und so gelegentlich ‚eingefahrene' Interpretationen der Forscherin aufbrechen. Zum anderen ist das Wissen nützlich, da es für Phänomene und Ereignisse in Daten *sensibilisiert*, es kann helfen diese zu ‚sehen' und zu verstehen. Hat sich ein Konzept als relevant erwiesen, empfehlen Strauss und Corbin (1996: 33) auf Fachliteratur zurückzugreifen und zu erörtern, inwiefern dieses Konzept, diese Kategorie in anderen Studien diskutiert wird. Im Prozess der Theoriebildung geht es demnach um das wechselseitige Verständnis von Begriffs- und Konzeptentwicklung und Interpretation, die *miteinander* zum Erkenntnisfortschritt beitragen. Daher sind Forschende dazu angehalten, vorhandene Theorien bzw. theoretische Konzepte nicht zu verwerfen, sondern mit und aus vorliegenden theoretischen Überlegungen neue Theorie(n) zu entwickeln (Strauss 1970). Am deutlichsten spiegelt sich dieser Prozess in meiner Arbeit in Kap. 3.1 in Zusammenhang mit Kap. 6 wider.

Dieser Umgang mit (Fach-)Wissen korrespondiert mit einer *offenen Forschungshaltung* oder wie Franz Breuer (2009: 57) es fasst, einer „reflektierten Offenheit": Die sensibilisierenden Konzepte schärfen das Erkenntnisinteresse, treten jedoch bei der Interpretation des empirischen Materials (zeitweise) in den Hintergrund, um nicht „das vorgefundene Material lediglich subsumtionslogisch bereits vorhandenen Kategorien zuzuordnen" (Przyborski/Wohlrab-Sahr 2009: 44).

Damit einher geht die Notwendigkeit, ein zentrales methodologisches Dilemma der empirischen Geschlechterforschung zu reflektieren: Unter dem Stichwort *Reifizierung* wurde insbesondere von Regine Gildemeister und Angelika Wetterer (1992: 204, 214) zu bedenken gegeben, dass v. a. die feministische Sozialwissenschaft „an der sozialen Konstruktion von Zweigeschlechtlichkeit beteiligt" und „sie deren «natürliche» Selbstverständlichkeit weiter stützt", da die Theoriebildung (und ebenso die empirische Forschung) die Prozesse als gegeben voraussetze,

> „die ihren Gegenstand – das Geschlecht als soziale Realität – überhaupt hervorbringen. Der vermeintliche Anfang oder Ausgangspunkt einer Untersuchung ist bereits das Ergebnis sozialer Prozesse. Dies zu übersehen, hat zur Folge, daß selbst die kritisch ansetzenden feministischen Analysen zur Reifizierung und bloßen Verdopplung der «natürlichen» Zweigeschlechtlichkeit beitragen (können)." (ebd.: 214)

Das Dilemma besteht nun darin, dass wir zwar danach fragen können (und sollten), woher wir wissen, dass eine Person *entweder* ein ‚Mann' *oder* eine ‚Frau' ist, aber gleichzeitig die Gültigkeit dieses Wissen *voraussetzen*, „um überhaupt Personen zur Verfügung zu haben, angesichts derer eine solche Frage gestellt werden kann" (Behnke/Meuser 1999: 42f.). So gehe ich von ‚Müttern' und ‚Vätern' aus, während ich gleichzeitig den Prozess untersuche, wie aus Eltern durch geschlechterdifferenzierende Prozesse qualitativ differente ‚Mütter' und ‚Väter' werden können. So kann in der Forschungsinteraktion, in den Interviews ein *doing gender*, aber ebenso auch ein

4.2 Forschen im Stil der Grounded Theory

not und *undoing gender* stattfinden, welches es dann in der Analyse zu reflektieren gilt. Einige empirische Studien versuchen dem ein stückweit damit zu entgehen, indem sie gleichgeschlechtliche Personenkonstellationen in Interviewsituationen und Interaktionen bevorzugen und bei Interviews mit ungleichgeschlechtlichen Paaren ebenfalls als ungleichgeschlechtliches Forscherpaar interviewen. Ich halte diese Vorgehensweise für wenig sinnvoll, da Differenzierungsprozesse zu kontingent und flüchtig sind, als dass sie sich mit dem ‚äußeren' Interviewsetting ausschalten ließen (zumal in einigen empirischen Studien dies dann die einzige geschlechtertheoretisch, methodologisch reflektierte ‚Maßnahme' bleibt). Für gewinnbringender halte ich das systematische Überprüfen des Forschungsprozesses, insbesondere der Forschungsfrage und des Forschungsinteresses, des Interviewleitfadens und der Analyse auf reifizierendes Forschungshandeln. In Anlehnung an Vorschläge, wie eine Reifizierung im Forschungsprozess vermieden werden kann (Hagemann-White 1993, 1994, Degele/Schirmer 2004, Maier 2004), waren folgende Aspekte und Techniken in der vorliegenden Studie von zentraler Bedeutung:

a. Das Erkenntnisinteresse liegt auf Prozessen der Geschlechterdifferenzierung *und* solchen, in denen auf eine Unterscheidung verzichtet wird, jedoch nicht auf Unterschieden zwischen ‚Geschlechtspersonen' (vgl. Hirschauer 2001: 213f.).
b. In der Interviewvorbereitung, der Kontaktaufnahme und im Vorgespräch vor Ort rahmte und begründete ich mein Forschungsinteresse (geschlechtsneutral) mit der Reformierung des Elterngeld- und Elternzeitgesetzes und adressierte meine Interviewteilnehmenden als Elternpaar und Erwerbstätige und nicht geschlechterdifferenzierend als ‚Mütter' oder (aktive) ‚Väter'.
c. Die Fragen im Interviewleitfaden und das damit verbundene Erkenntnisinteresse sind offen gehalten: Zum einen fördert dies Erzählungen der Partner, aus denen sie nicht ohne weiteres wieder ‚ausbrechen' und die (im Paarinterview) zudem auf Plausibilität seitens des Partners eingeschätzt werden können.[72] Zum anderen wurde das Paar *als Paar* von mir angesprochen, so dass in erster Linie ein *doing (being) couple* in der Interviewsituation von mir (mit-)erzeugt wurde. In den Einzelinterviews adressierte ich die Interviewten gleichermaßen ‚als Elternteil'. Die Grenzen meines Bemühens zeigen sich in der Analyse und Reflexion meines Interviewerinnenhandelns: Trotz einheitlichem Leitfaden stellte ich bspw. die (Nach-)Frage: „Wie war das dann so für Sie die Frage, gehen Sie

---

72 Vgl. dazu „Zugzwang der Erzählung": Gestaltschließungs-, Kondensierungs- und Detaillierungszwang nach Fritz Schütze 1976: 224f., 1982; sowie Degele/Schirmer 2004: 112, Behnke/Meuser 1999: 38.

in Elternzeit oder nicht?" ausschließlich Vätern, aber in keiner Situation einer Mutter (vgl. Kap. 6.2).
d. Im Forschungsstil der Grounded Theory stehen *Phänomene* und *Prozesse* im Vordergrund und nicht Personen mit zugeschriebenen Merkmalen. Damit liegt in der Interviewanalyse der Fokus auf dem Gesprochenen und weniger auf den Sprechenden (vgl. Degele/Schirmer 2004: 112). Die Vergleichsheuristik und die iterativ-zyklische Forschungslogik ermöglicht es mir aufzudecken und zu reflektieren, wo ich Geschlecht in der Interpretation und Analyse voraussetze oder Zuschreibungen treffe (ebd.: 117).
e. In den Transkripten werden die Sprechenden unter Angabe von (geänderten) Namen unterschieden (und nicht mit B*m* oder B*w* für männliche oder weibliche Interviewperson). Auch wenn mit der Angabe des Namens ebenfalls eine Geschlechtszuschreibung möglich und nahezu zwangsläufig wird, stellt es m. E. dennoch die bessere Möglichkeit dar im Vergleich zur Betonung von Geschlechterunterscheidungen mit der Markierung ‚weiblich' und ‚männlich'.

Darüber hinaus habe ich in einigen Interpretationssitzungen mit dem A-Team (s. o.) Passagen maskiert, was zwar zunächst Unbehagen und Ratespiele in Bezug auf das mögliche Geschlecht der Personen hervorrief, jedoch in der Reflexion der Interpretations- und Analyseideen der Gruppe zu einer Sichtbarmachung und Dekonstruktion von Glaubenssätzen und Selbstverständlichkeiten beitrug (vgl. zu dieser Vorgehensweise auch Hagemann-White 1994: 314).

Als letzten zentralen Aspekt gilt es die Auswahl der Daten, das *theoretische Sampling* zu diskutieren. Im Forschungsstil der Grounded Theory überlappen sich Datengewinnung und Analyse zeitlich, da die Analyse von bereits empirisch gewonnenem Material den jeweiligen nächsten Erhebungs- und Analyseschritt anleitet und strukturiert, um so zu empirisch fundierten theoretischen Annahmen, einer *Grounded Theory*, zu gelangen (vgl. Strauss 1994: 70, Strübing 2008: 30ff.). Das theoretische Sampling unterscheidet sich je nach Analysestand: Während zu Beginn nach theoretischen Vorkenntnissen aus der Literatur abgeleitet Daten gewonnen werden, leitet nach begonnenem Analyseprozess dieser selbst die weitere Auswahl von Daten. Beim offenen Kodieren ist das Ziel des Samplings, „so viele möglicherweise relevante Kategorien wie möglich aufzudecken, einschließlich ihrer Eigenschaften und Dimensionen". Daher ist in dieser Phase das Sampling offen gegenüber den Personen und Situationen, „die die größte Chance bieten, die relevantesten Daten über das untersuche Phänomen zu gewinnen" (Strauss/Corbin 1996: 153). Beim selektiven Kodieren hingegen wird die Schlüsselkategorie zur „Richtschnur" für theoretisches Sampling und Datengewinnung (Strauss 1994: 63).

Zu Beginn des Forschungsprojektes lag der Fokus bei der Datengewinnung auf *Doppelkarrierepaaren* mit mind. einem Kind, das nach Einführung des Bundeselterngeld- und Elternzeitgesetzes im Jahr 2007 geboren war. Leitend für das theoretische Sampling war die Annahme, dass die sozialpolitische Reform insbesondere für gut verdienende Eltern die gesetzlichen Rahmengegebenheiten in der Familiengründungsphase verändert, da nun alle Erwerbstätigen unabhängig von der Höhe ihres Einkommens Anspruch auf Elterngeld haben und somit erstmalig Doppelkarrierepaare in den Genuss von familienbezogenen Leistungen für die Betreuung ihrer Kinder geraten (vgl. Kap. 2.1). Daran schloss sich die forschungsleitende Frage an, inwiefern die reformierte Ausgestaltung des Elterngeldes eine partnerschaftliche Arbeitsteilung nach Familiengründung bei Doppelkarrierepaaren begünstigt, die im Vergleich zu anderen Paaren als egalitär(er) gelten (vgl. Kap. 2.2).

Die Rekrutierung von passenden Interviewteilnehmenden über Kinderbetreuungseinrichtungen und Familienzentren in der Region Tübingen und Reutlingen verlief wenig erfolgreich (von ähnlichen Problemen berichten Schulz et al. 2008 und Ehnis 2009). Ein Grund mag in der Unbekanntheit des Forschungsprojektes und dem hohen Organisations- und Zeitaufwand für die Interviews liegen, da pro Interview mind. eine Stunde eingeplant und für das Paarinterview außerdem meist eine Betreuung des Kindes organisiert sein musste. Ausgesprochen erfolgreich war hingegen die Rekrutierung über persönliche Kontakte von Arbeitskollegen, Freunden, Familie und Bekannten. Bei allen vermittelten Interviewteilnehmenden bestand durchgängig die Bereitschaft, sich dem Zeit- und Koordinationsaufwand sowie der ungewohnten Interviewsituation ‚auszusetzen'.

Im Laufe des Datengewinnungs- und Analyseprozesses wurde dann deutlich, dass der alleinige Fokus auf Doppelkarrierepaare mit Kind zu eng war: Die theoriegeleitete Annahme war, dass Paare, in denen beide eine hohe Berufs- und Karriereorientierung aufweisen, eher eine egalitäre Arbeitsteilung in der Familiengründungsphase verwirklichen. Paare, in denen beide Partner einen Hochschulabschluss hatten und hochqualifiziert tätig waren, wiesen jedoch nicht *unbedingt* eine *Karriereorientierung* auf. Dafür zeigte sich in den Interviews mit einem Paar, das in das Sample aufgenommen wurde, da sie eine statisch betrachtet ungewöhnliche Elternzeitaufteilung hatten, dass die Partnerin ohne Berufsausbildung und abgebrochenem Hochschulstudium, wenn auch keine Karriere-, so doch eine starke Berufsorientierung aufwies. Um mithin eine zu frühe Engführung des Samples zu vermeiden, wurden auch Paare gesucht, bei denen nicht beide Partner einen Hochschulabschluss vorweisen können. Maßgebliches Samplingkriterium wurde, dass beide Elternteile vor Geburt des Kindes erwerbstätig waren und beide

Elternzeit/-geld in Anspruch genommen haben.[73] Im Sinne von ‚Lebensstilpionieren' suchte ich außerdem explizit nach (statistisch betrachtet) ungewöhnlichen Aufteilungsarrangements. Durch dieses offene theoretische Sampling ergibt sich eine hohe, *externe Varianz* in den Fällen, die im Folgenden anhand einiger ausgewählter Kontrastierungsdimensionen dargestellt wird:

Tabelle 7 Kontrastierungsdimensionen des Samples

a	**Berufliche Charakteristika und Arbeitsverhältnisse**
	• Erwerbstätige Akademiker und Nicht-Akademiker aus diversen Berufsfeldern und Professionen[74]
	• Berufshomogame und -heterogame Paarkonstellationen
	• Doppelverdiener- und Doppelkarrierepaare mit unterschiedlichen Kombinationen der Arbeitsverhältnisse: beide Partner haben (un-)befristete Arbeitsverhältnisse, Beamten- und befristetes Arbeitsverhältnis, unbefristetes Arbeitsverhältnis und Selbstständigkeit, unbefristetes Arbeitsverhältnis/Arbeitsunfähigkeit und Selbstständigkeit
b	**Inanspruchnahme von Elterngeld**
	• Elterngeldnutzung: zeitlich parallel und versetzt
	• Bezugsdauer von Elterngeld: 14, 12+2, 9+5, 8+6, 7+7, 4+8 und 4+10 Monate
	• Kombinationen mit und ohne Teilzeitarbeit
c	**Region und Urbanität**
	• Alte und neue Bundesländer: Baden-Württemberg, Nordrhein-Westfalen, Niedersachsen, Sachsen und Thüringen
	• Großstädte, mittelgroße Städte sowie Kleinstädte
d	**Einkommensverhältnisse vor und (z. T.) nach dem Elterngeldbezug**
	• In etwa gleiche Einkommen der Partner, Partnerin hat ein höheres Einkommen als Partner und umgekehrt
	• Verfügbares monatliches Nettoeinkommen der Partner vor dem Elterngeldbezug zwischen 500 und 4.000 Euro

---

73 Ausgangspunkt war die *Eigendefinition* der zu Interviewenden als Paar, berufstätige Eltern und Inanspruchnehmende von Elternzeit und -geld. Formal bildet ein Paar hinsichtlich des Kriteriums, beide Elternteile nehmen oder haben Elternzeit/-geld in Anspruch genommen, eine Ausnahme, da ein Elternteil für einen längeren Zeitraum wegen Arbeitsunfähigkeit parallel zum Elterngeldbezug des anderen zwar zu Hause, jedoch nicht offiziell in Elternzeit war.

74 Die Vielfalt an Berufen und Professionen steht im Kontrast zu der in Kap. 3.1 vorgestellten Studie von Ehnis (2009), der eine Einseitigkeit der beruflichen Hintergründe seiner Interviewteilnehmenden konstatiert, da sich in seinem Sample überwiegend Sozialarbeiter und in sozialen Berufen tätige Väter befanden.

4.2 Forschen im Stil der Grounded Theory

e **Paar- und Familienkonstellationen**
- Altersrelationen der Partner zum Zeitpunkt der Interviews: In etwa gleich alt, Partner ist älter als Partnerin und umgekehrt
- Alter der Partner zwischen 27 und 42 Jahre
- Anzahl und Alter der Kinder: ein Kind oder zwei Kinder; zwischen zwei Monaten und fünf Jahre alt
- Un-/gleichgeschlechtliche Paare

f **Zeitpunkt der Interviews**
- Nach Ende des Elterngeldbezuges beider Elternteile
- Während eines der beiden Elternteile Elterngeld/-zeit in Anspruch nimmt

Nicht repräsentiert sind im Sample schwule Paare, alleinerziehende oder alleinlebende Elternteile und Paare, in denen ein oder beide Partner erwerbslos oder prekär beschäftigt sind. Daraus ergibt sich ein Bias zugunsten von ungleichgeschlechtlichen und lesbischen Paaren, in denen beide Partner eine qualifizierte Berufsausbildung oder einen Hochschulabschluss (mit einer Ausnahme) und ausbildungsadäquate Beschäftigungsverhältnisse aufweisen sowie beide Partner Elternzeit und -geld in Anspruch nehmen, genommen bzw. dies geplant haben.

Vorläufige Ergebnisse der Analyse in den *vorhandenen Daten* leiteten die *interne Kontrastierung*: Die erste Idee, v. a. auf Berufs- und Karriereorientierungen zu fokussieren, wurde nach der zweiten Fallanalyse abgelöst durch das Entdecken und Ausarbeiten des Konzepts ‚Begründungsfiguren zur Aufteilung der Elternzeit' (vgl. Kap. 5). Das folgende theoretische Sampling wurde innerhalb der vorhandenen Interviews durchgeführt, Daten wurden neu bzw. rekodiert und über minimale und maximale Vergleiche entwickelte ich das Konzept weiter (vgl. Kap. 6 und 7; zum theoretischen Sampling in vorhandenem Datenmaterial Strauss/Corbin 1996: 164 und Strübing 2008: 31f.).

Anspruch des theoretischen Samplings ist es, die „Repräsentativität der Konzepte in ihren variierenden Formen" zu erreichen (Strauss/Corbin 1996: 161, vgl. Strübing 2008: 32). Eine hohe theoretische Sättigung kann konstatiert werden für ungleichgeschlechtliche Doppelverdiener- und Doppelkarrierepaare mit Kind, in denen beide Partner Elternzeit und -geld in Anspruch genommen haben, nachdem weiteres Analysieren keine grundsätzlich neuen Konzepte oder Widersprüche hinsichtlich des entwickelten Schlüsselkonzepts ‚Begründungsfiguren zur Aufteilung der Elternzeit' ergeben haben. In Bezug auf gleichgeschlechtliche Paare kann dies nicht ohne Einschränkung vertreten werden: Da nur ein Paar im Sample vorhanden und keine weiteren in einem zeitlich angemessenen Rahmen zu rekrutieren waren, wäre hier durchaus eine höhere Varianz durch weitere Datengewinnung wünschenswert gewesen.

4.3 Vorstellung des Samples

#1 Christiane und Franziska Kant

Christiane und Franziska Kant wohnen in einer Großstadt in Nordrhein-Westfalen. Sie sind seit drei Jahren ein Paar, leben in einer eingetragenen Lebenspartnerschaft und haben zwei gemeinsame Kinder. Liam ist zwei Jahre und Edda ein Jahr alt. Außerdem hat Franziska aus einer früheren Beziehung eine 23-jährige Tochter, die zeitweise ebenfalls im gemeinsamen Haushalt wohnt.

Christiane Kant (34 Jahre) macht nach der Mittleren Reife eine Ausbildung zur Haus- und Familienpflegerin, arbeitet einige Jahre in diesem Beruf und beginnt dann aus gesundheitlichen Gründen eine Ausbildung zur Jugend- und Heimerzieherin. Bis zur Geburt der Kinder arbeitet sie als Selbstständige in Vollzeit bei einer sozialen Einrichtung. Franziska Kant (41 Jahre) absolviert nach der Mittleren Reife eine Ausbildung zur Maler- und Lackiererin und arbeitet in diesem Beruf bis sie sich aufgrund von gesundheitlichen Problemen zur Berufskraftfahrerin umschulen lässt. Nach einigen Jahren muss sie wiederum wegen gesundheitlicher Einschränkungen ihre Erwerbstätigkeit beenden, ist über ein Jahr krankgeschrieben und beginnt daraufhin eine Ausbildung zur Technischen Produktdesignerin. Angedacht war, dass sie sich beim ersten Kind die Elternzeit teilen. Jedoch wird Franziska in dieser Zeit krank, ist wegen einer längeren Arbeitsunfähigkeit zu Hause und Christiane nimmt 14 Monate Elterngeld in Anspruch. Beim zweiten Kind bezieht Christiane ebenfalls 14 Monate Elterngeld, während Franziska sich in der schulischen Ausbildung befindet.[75]

#2 Birgit Reinburger und Lars Hoffmann

Birgit Reinburger und Lars Hoffmann wohnen in einer Großstadt in Nordrhein-Westfalen. Birgit Reinburger (41 Jahre), promovierte Naturwissenschaftlerin, ist mit

---

75 Gleichgeschlechtliche Paare mit eingetragener Lebenspartnerschaft haben zwei Elterngeld- und Elternzeitoptionen: 1. Über den Status als eingetragene Lebenspartner haben beide gleichermaßen das Recht auf Elterngeld und ggf. Elternzeit. 2. Adoptiert die Ko-Mutter in dem Zeitraum das Kind *nicht*, kann die leibliche Mutter als ‚Alleinerziehende' vierzehn Monate Elterngeld beanspruchen.

befristeten Arbeitsverträgen im Bereich Wissenschaftlicher Politikberatung als Projektmitarbeiterin und -leiterin tätig. Lars Hoffmann (37 Jahre), Volljurist, arbeitet als Beamter im Höheren Dienst in einem Bundesministerium. Birgit und Lars lernen sich als Nachbarn kennen. Nach einem halben Jahr verloben und entschließen sie sich eine Familie zu gründen. Im folgenden Jahr heiraten sie und das gemeinsame Kind Sophie wird geboren. Die ersten vier Monate (davon zwei Monate im Mutterschutz) nimmt Birgit Elternzeit, dann Lars acht Monate. Anschließend nimmt wieder Birgit zwei Monate Elternzeit in Kombination mit 70 Prozent Erwerbstätigkeit und der Inanspruchnahme einer Tagesmutter für die Betreuung des Kindes. Zum Zeitpunkt der Interviews ist Birgit 70 Prozent und Lars 100 Prozent erwerbstätig. Das Kind ist drei Jahre alt und geht seit kurzem in einen Kindergarten.

#3   Caroline und Martin Weber

Caroline und Martin Weber lernen sich zehn Jahre vor dem Zeitpunkt des Interviews während ihres ev. Theologiestudiums kennen und sind seitdem ein Paar. Caroline (31 Jahre) und Martin (30 Jahre) sind seit sechs Jahren verheiratet und wohnen in einem Haus in einer Kleinstadt in Niedersachsen. Beide befinden sich in der Ausbildung zum Pfarrberuf.

Sie haben zwei Kinder, Ronja ist zwei Jahre alt und Moritz sechs Wochen. Bei Ronja hat Caroline neun Monate und im Anschluss Martin fünf Monate Elternzeit genommen. Bei Moritz nimmt Caroline zwölf Monate Elternzeit und es ist geplant, dass Martin anschließend zwei Monate Elternzeit nimmt (jeweils mit Elterngeldbezug).

#4   Julia und Wolfgang Brückner

Julia und Wolfgang Brückner wohnen in einer Kleinstadt in Baden-Württemberg. Sie sind seit acht Jahren ein Paar, verheiratet und haben ein anderthalbjähriges Kind (Johanna). Julia (33 Jahre) hat einen sozial- und wirtschaftswissenschaftlichen Hochschulabschluss und arbeitet als Referentin bei einem gemeinnützigen Verein. Wolfgang (34 Jahre) studierte Zahnmedizin und ist als niedergelassener Zahnarzt tätig. Vor der Geburt des Kindes sind beide Vollzeit erwerbstätig. Julia nimmt zwölf Monate Elternzeit und -geld in Anspruch und Wolfgang bezieht parallel zu Julia die ersten zwei Lebensmonate des Kindes Elterngeld, verbunden mit einem reduzierten Arbeitsumfang (ca. 10-16 Stunden pro Woche). Julia kombiniert nach sechs Monaten Elternzeit diese mit 20 Prozent Erwerbstätigkeit.

#5   Anne und Tobias Sommer

Anne und Tobias Sommer wohnen seit kurzem in einem eigenen Haus in einer Großstadt in Baden-Württemberg. Sie sind seit vier Jahren ein Paar, verheiratet und haben ein einjähriges Kind (Pauline).

Anne Sommer (35 Jahre) macht nach dem Abitur eine Lehre als Herrenschneiderin und arbeitet eine zeitlang in diesem Bereich bis sie ein FH-Dipl.-Ing.-Studium im Bereich Bekleidungstechnik beginnt. Inzwischen arbeitet sie als Technische Angestellte und Teamleiterin bei einem internationalen Bekleidungshersteller. Tobias Sommer (39 Jahre) macht nach der Fachhochschulreife eine Lehre zum Kfz-Lackierer und später eine zum Schreiner. Zum Zeitpunkt der Interviews arbeitet er als Theaterschreiner und -techniker. Beide arbeiten vor der Geburt des Kindes in Vollzeit. Anne nimmt die ersten sechs Lebensmonate des Kindes Elternzeit/-geld in Anspruch und Tobias geht mit einem Monat Überschneidung, für insgesamt acht Monate in Elternzeit. Anne ist nach ihrer Elternzeit wieder Vollzeit erwerbstätig und Tobias plant dies ebenfalls nach seiner Elternzeit.

#6   Klara Franke und Stefan Ruppel

Klara Franke und Stefan Ruppel wohnen in einer Großstadt in Baden-Württemberg. Sie sind seit elf Jahren ein Paar und haben zwei Kinder, Oskar ist vier Jahre und Christin acht Monate alt. Klara Franke (34 Jahre) hat ein sozialwissenschaftliches Hochschulstudium und arbeitet als Referentin im HR-Bereich in einem großen Familienunternehmen. Stefan Ruppel (39 Jahre) erlangt, nach einer technischen Ausbildung, sein Abitur über den zweiten Bildungsweg und studiert verschiedene Fachrichtungen ohne Abschluss. Er macht anschließend eine Ausbildung zum Physiotherapeuten und ist seitdem in diesem Beruf in Vollzeit tätig.

Bei beiden Kindern teilen sich die Eltern je zur Hälfte die Elternzeit samt Elterngeldbezug, d. h. die ersten sieben Monate nimmt Klara und im Anschluss nimmt Stefan ebenfalls sieben Monate Elternzeit. Nach dem ersten Kind arbeitet Klara 80, nach dem zweiten Kind 100 Prozent (mit einem Heimarbeitstag). Stefan arbeitet nach dem ersten Kind 100 Prozent, er plant nach der zweiten Elternzeit mit ca. 75 Prozent in den Beruf zurückzukehren.

#7   Alexandra und Felix Wagner

Alexandra und Felix Wagner wohnen in einer Großstadt in Sachsen. Sie sind seit sieben Jahren ein Paar, verheiratet und haben ein anderthalbjähriges Kind (Emilia). Alexandra Wagner (28 Jahre) hat nach dem Abitur eine Ausbildung zur Biologielaborantin absolviert. Sie ist zum Zeitpunkt des Interviews bei einem Unternehmen als Technische Angestellte befristet angestellt. Felix Wagner (27 Jahre) hat nach dem Abitur eine schulische Ausbildung zum Fachinformatiker absolviert. Er arbeitet derzeit mit einem unbefristeten Vertrag als Techniker für Qualitätssicherung. Vor der Geburt des Kindes sind beide Vollzeit erwerbstätig.

Alexandra nimmt elf Monate Elternzeit/-geld in Anspruch und Felix geht mit einem Monat Überschneidung, für insgesamt vier Monate in Elternzeit. Alexandra wird in ihrer Elternzeit betriebsbedingt gekündigt, so dass sie einen Monat nach dem Ende ihrer Elternzeit noch erwerbstätig und anschließend (zunächst) arbeitslos und ebenfalls zu Hause ist. Alexandra arbeitet nach ihrer Elternzeit und vorübergehenden Arbeitslosigkeit ca. 75 Prozent bzw. 30 Stunden und Felix ist Vollzeit erwerbstätig.

#8   Ulrike und Helmut Schwarz

Ulrike und Helmut Schwarz wohnen zum Zeitpunkt des Interviews in einer Großstadt in Sachsen. Sie sind seit acht Jahren ein Paar, verheiratet und haben zwei Kinder. Luca ist zwei Jahre und Sarah fünf Monate alt. Ulrike (40 Jahre) beginnt nach dem Abitur ein Diplom-Studium der Informatik, welches sie nicht abschließt. Sie ist in der Verwaltung einer universitären Einrichtung tätig und dort Mitarbeiterin der Geschäftsstelle. Helmut (41 Jahre) hat Mathematik auf Diplom studiert und arbeitet als Versicherungsmathematiker. Beide waren vor der Geburt des ersten Kindes unbefristet Vollzeit erwerbstätig.

Vor der Geburt von Luca wohnen sie ca. 500 km voneinander entfernt und pendeln wöchentlich. Für das erste Kind beantragen beide Elternteile zwei Jahre Elternzeit. Ulrike arbeitet die ersten vier Monate nicht und bezieht Elterngeld, anschließend geht sie wieder arbeiten und stockt ihr Arbeitsvolumen von 20, 25 auf 30 Stunden pro Woche auf. Helmut reduziert während ihres Elterngeldbezuges seine Arbeitszeiten und kann in dieser Zeit im Wesentlichen von Zuhause aus arbeiten, wodurch sich das Pendeln erübrigt. Nach Ulrikes Elternzeit mit Elterngeldbezug übernimmt Helmut für zehn Monate die Betreuung des Kindes. In dieser Zeit wird ihm mit Abfindung wegen betrieblicher Umstrukturierungen gekündigt. Im Anschluss an die Elternzeit beginnt er bei einem anderen Arbeitgeber in räumlicher Nähe des gemeinsamen Wohnorts mit reduzierter Arbeitszeit (35 Stunden).

Beim zweiten Kind beantragt Ulrike zwei Jahre Elternzeit und nimmt für zwölf Monate Elterngeld in Anspruch. Geplant ist, dass Helmut im Anschluss für zwei Monate in Elternzeit mit Elterngeldbezug geht. Ulrike plant nach ihrer Elternzeit zwischen 25 und 30 Stunden zu arbeiten, Helmut plant 35 Stunden pro Woche.

#9   Nina Pfeffer und Philipp Becker

Nina Pfeffer und Philipp Becker wohnen in einer Großstadt in Thüringen. Sie sind seit neun Jahren ein Paar und haben zwei Kinder, Tom ist fünf und Lukas zwei Jahre alt. Nina Pfeffer (33 Jahre) studiert nach dem Abitur Pädagogik auf Diplom und arbeitet in der Öffentlichen Verwaltung. Philipp Becker (32 Jahre) macht nach der Mittleren Reife eine Ausbildung zum Drucker sowie eine Meisterausbildung. Er arbeitet als Projektmanager in einer Druckerei. Vor Geburt des ersten Kindes sind beide Vollzeit erwerbstätig.

Beim ersten Kind gelten noch die gesetzlichen Regelungen zu Erziehungsgeld und Elternzeit (BErzGG). Nina nimmt 18 Monate Elternzeit und z. T. Erziehungsgeld in Anspruch und arbeitet anschließend mit einem reduzierten Arbeitsvolumen von 32 Stunden pro Woche. Beim zweiten Kind geht Nina ebenfalls 18 Monate in Elternzeit, davon zwölf Monate mit Elterngeldbezug. Philipp nimmt parallel dazu zwei Monate Elternzeit. Einen Monat davon im ersten Lebensmonat des Kindes und den anderen im 7. Lebensmonat. Den zweiten kombiniert er mit Erwerbstätigkeit, d. h. er arbeitet zwei Wochen in Vollzeit und ist dann für zwei Wochen zu Hause. Nina arbeitet anschließend wieder 32 Stunden pro Woche und Philipp in Vollzeit.

Exemplarische Fallanalyse: Caroline und Martin Weber 5

Die Diskussion der empirischen Ergebnisse erfolgt in drei Schritten: In diesem Kapitel wird detailliert *eine* Fallanalyse dargestellt. Dies ermöglicht eine transparente Darstellung meiner Interpretations- und Analysearbeit, detaillierte Einblicke in das Material u. a. mit längeren Interviewzitaten und eine angemessene Berücksichtigung der Komplexität eines Falles und des Datenkorpus bestehend aus Paarinterview und zwei Einzelinterviews (vgl. Steinke 2005: 326ff.). Daran anknüpfend wird in Kap. 5.4 der zentrale Analysefokus bzw. die Schlüsselkategorie ‚Begründungsfiguren zur Aufteilung der Elternzeit' für *Fallvergleiche* und *Kontrastierungen* expliziert.

In Kap. 6 werden entsprechend die empirischen Ergebnisse *fallvergleichend* entlang der Schlüsselkategorie diskutiert. Zentral ist dabei die Frage: „Wer betreut das Kind?" und damit verbundene *Selbst- und Fremdzuschreibungen von Betreuungsverantwortung*.

In Kap. 7 steht im Kontext der Ergebnisse aus Kap. 6 die Frage im Mittelpunkt: „Wer nimmt wie lange Elternzeit?" Der in Kap. 6 und 7 systematisch durchgeführte Vergleich *einzelner* Begründungsfiguren zur Inanspruchnahme von Elternzeit geht über die bisher üblichen Vergleiche von Einzelfallanalysen hinaus (z. B. Behnke 2012): Es wird empirisch fundiert gezeigt, dass ‚Faktoren' wie unterschiedlich hohe Einkommen oder Karrierepositionen zwar eine Rolle spielen, jedoch eben diese Einkommens- und Karriere*konstellation* des Paares *von dem Paar selbst* vor dem Hintergrund der Selbst- und Fremdzuschreibungen von Betreuungsverantwortung interpretiert werden. So führen gleiche gesetzliche Gegebenheiten zu Elternzeit und Elterngeld bei ähnlichen Einkommens- oder Karrierekonstellationen im Paar zu *unterschiedlichen* Aufteilungsentscheidungen.

Darüber hinaus kann der aufmerksam Lesende im Vergleich von Kap. 5 mit Kap. 6.2, 7.2, 7.3 und 7.4 den Analyseprozess, das grounded *theorizing*, ausschnitthaft beobachten. Durch den systematischen Fallvergleich war partiell ein Rekodieren und Neuordnen der Ergebnisse der dargestellten Fallanalyse notwendig.

Inwiefern ist die folgende Fallanalyse nun als *exemplarisch* zu bezeichnen? Sie steht zum einen für die Entdeckung und Ausarbeitung der Idee von komplexen Begründungsfiguren in den Daten, d. h. sie steht exemplarisch für die *Relevanz* der Schlüsselkategorie. Zum anderen kann sie als exemplarisch gelten für Kontingenzen und Widersprüche in Zweierbeziehungen mit Kind(ern) bezüglich der innerfamilialen Arbeitsteilung. Entgegen manch holzschnittartiger Einteilung in egalitäre und traditionale Arrangements lässt sich anhand dieses Falles die Gleichzeitigkeit von Differenz- und Gleichheitsorientierung und die damit verbundenen Ambivalenzen und Konflikte in der Zweierbeziehung zeigen. Hier wird sozialer Wandel in seiner Vielgestaltigkeit und Widersprüchlichkeit sichtbar. Als dezidiert *nicht typisch* ist die Fallanalyse Caroline und Martin Weber (#3) hingegen für die übrigen untersuchten Fälle zu verstehen.

Caroline und Martin Weber

Caroline (31 Jahre) und Martin (30 Jahre) lernen sich während ihres Studiums der Evangelischen Theologie kennen, sind zum Zeitpunkt der Interviews seit zehn Jahren ein Paar und seit sechs Jahren verheiratet. Sie wohnen zur Miete in einem Haus in einer Kleinstadt in Niedersachsen. Das Paar hat zwei gemeinsame Kinder, Ronja ist zwei Jahre alt und Moritz sechs Wochen. Bei Ronja hat Caroline[76] neun Monate und im Anschluss Martin fünf Monate Elternzeit genommen. Bei Moritz nimmt Caroline zwölf Monate und Martin anschließend zwei Monate Elternzeit, jeweils mit Elterngeldbezug. Die Möglichkeit, dass nur eine/r Elternzeit nimmt und dafür zwei Monate Elterngeldbezug wegfallen, wird nicht in Betracht gezogen, so dass es insgesamt 14 Monate Elternzeit mit Elterngeldbezug aufzuteilen gilt. Die Möglichkeit der Inanspruchnahme von Elternzeit ohne Elterngeldbezug, d. h. länger als 14 Monate, findet in den Interviews ebenfalls keine Erwähnung.

Die monatliche Aufteilung (neun-fünf) der Elternzeit beim ersten Kind scheint maßgeblich an beruflichen Fristen orientiert zu sein. Nach den ersten neun Lebensmonaten von Ronja ist Martin mit Vikariat und Prüfungsphase fertig und geht in Elternzeit und Caroline beginnt als Pfarrerin zur Anstellung (z.A.) in Vollzeit, wodurch ein Umzug der Familie notwendig wird.[77] Nach seiner Elternzeit beginnt

---

76   Für eine bessere Lesbarkeit verwende ich im Folgenden v. a. die durch die Anonymisierung geänderten Vornamen der Interviewten.

77   Zu berücksichtigen gilt, dass der Arbeitsmarkt für Pfarrerinnen ähnlich wie für Lehrer anderen Regeln unterworfen ist als z. B. der Arbeitsmarkt(-zugang) für Wissenschaftler oder Ingenieurinnen. Nach dem Vikariat beginnt die zweieinhalbjährige Probezeit als sog. Pfarrer zur Anstellung (Pfarrer z.A.). In diese Stelle wird man von der jeweiligen

5.1 Berufsorientierung und Professionsverständnis

Martin in Teilzeit ebenfalls als Pfarrer zur Anstellung. Mit der Geburt des zweiten Kindes (Moritz) geht Caroline für zwölf Monate in Elternzeit und Martin übernimmt 75 Prozent von Carolines Stelle und reduziert seine alte von 50 auf 25 Prozent, um insgesamt auf eine Vollzeitstelle zu erhöhen. Geplant ist, dass nach Caroline Martin zwei Monate Elternzeit nimmt, Caroline die fehlenden zwei Monate der Probezeit beendet und anschließend sich beide auf eine gemeinsame Pfarrstelle bewerben.

Im Folgenden werden zunächst die Berufsorientierungen und Professionsverständnisse von Caroline und Martin Weber (re-)konstruiert, da diese sich für das Verstehen des Aushandlungsprozesses und der Aushandlungsergebnisse zur innerfamilialen Arbeitsteilung als relevant erweisen (Kap. 5.1). Aufbauend darauf werden ihre z. T. widersprüchlichen Ideale der Lebensführung[78] analysiert, die auf der Paarebene betrachtet insbesondere in der Phase der Familiengründung einen wesentlichen Konflikt über die Zuständigkeit der Kinderbetreuung mit sich bringen (Kap. 5.2). Wie das Paar den Konflikt für sich löst, wird anhand verschiedener Begründungsfiguren verdeutlicht. Daran anknüpfend werden in Kap. 5.4 Phänomene und Kategorien für den Fallvergleich herausgearbeitet und die Schlüsselkategorie ‚Begründungsfiguren zur Aufteilung der Elternzeit' vorgestellt.

5.1 Berufsorientierung und Professionsverständnis

Die (Re-)Konstruktion der Berufsorientierungen von Martin und Caroline erfolgt aus ihren Erzählungen in den Einzelinterviews. Die *Darstellungen* der Berufsorientierung lassen sich retrospektiv als Ergebnis von Aushandlungen des Paares verstehen, da der Zeitpunkt der Rekonstruktion der Berufsorientierung seitens der Interviewten aus dem Beziehungs- und Familienalltag heraus geschieht (vgl. Kap. 3.2).[79] Gleichzeitig lassen sie sich aber auch prospektiv als Ausgangspunkt für weitere Aushandlungen verstehen, im Zuge derer sie sich ggf. (weiter) wandeln. Im

---

Landeskirche ‚eingewiesen'. Auf die spätere Pfarrstelle kann man sich dann nach dem erfolgreichen Absolvieren eines Assessment Centers frei bewerben.

[78] Die Trennung zwischen *Berufsorientierung* und *Ideale der Lebensführung* in der Darstellung ist analytischer Art. Die Berufsorientierung ist dabei als *ein* Ideal der Lebensführung zu verstehen.

[79] Berger und Kellner (1965: 229) dazu: „Obendrein speisen den Gesprächsapparat nicht nur die gegenwärtigen Erfahrungen, an denen beide Partner teilhaben, sondern diese Teilhabe erstreckt sich auch auf die Vergangenheit. Die ausgeprägten und von den beiden Menschen durchlebten und subjektiv begriffenen Einzelbiographien werden nun im Verlauf des Gesprächs redigiert und neu interpretiert. Früher oder später werden

Folgenden werden zunächst die Berufsorientierungen von Martin und Caroline getrennt (re-)konstruiert und anschließend explizit aufeinander bezogen.

Martin Weber legt in der Erzählung seinen Weg zum Pfarramt als eine Art ‚Berufung' dar – eine biographisch verankerte, selbst auferlegte Pflicht. Seine Erzählung zeichnet sich durch eine klare Strukturierung und dem Vorhandensein eines ‚roten Fadens' aus. Zu Beginn des Einzelinterviews stelle ich fest „du bist ja Pfarrer" und frage anschließend, wie es dazu kam. Als Einstieg für seine Erzählung wählt Martin die Trennung seiner Eltern als er zehn Jahre alt war und die folgenden „vielen Probleme" zu Hause. Der thematisch und zeitlich konkrete sowie relativ frühe, in der Kindheit und Familiensituation verankerte Beginn für die Erzählung deutet darauf hin, dass er die Geschichte schon häufiger erzählt hat und eine für sich zum Zeitpunkt des Interviews sinnhafte (Re-)Konstruktion seines Berufsfindungsprozesses stringent darstellen kann.

Bis dahin hatte er „mit Kirche nicht viel am Hut" und er erzählt, dass seine Großmutter damals meinte, „jetzt muss der Junge mal in Kindergottesdienst, so dass irgendwie, weiß ich nicht, irgendwie Kontakt, irgendwie da ist" (2/3M).[80] Die Kirche soll in einer Situation Halt geben, in der die Familie des Interviewten als zentrale Instanz der Primärsozialisation erschüttert wird. Durch den Anstoß der Großmutter kommt Martin mit kirchlichen Angeboten in Berührung. Dies ist für ihn insofern ein Datum, als für ihn eine kirchlich-christliche Erziehung nicht selbstverständlich war und diese nun in der späten Kindheit beginnt und seine Jugend prägt. Der ‚Erstkontakt' mit der Kirche hat für Martin eine zentrale Bedeutung für seine Berufswahl, da das Pfarramt ebenso wie das Priesteramt zu den einzigen Professionen gehören, bei denen es sehr wahrscheinlich ist, dass Anwärter vor der Entscheidung Pfarrerin oder Priester zu werden, mit dem künftigen Arbeitgeber und dem entsprechenden Umfeld (mehr oder weniger intensiv) in Kontakt gekommen sind.

Im weiteren Verlauf der Erzählung beschreibt Martin zwei gegensätzliche ‚Welten': das durch die Trennung der Eltern problembelastete Zuhause und ein Umzug während dieser Zeit, und demgegenüber die positive Veränderung seines sozialen Umfeldes durch das „Reinwachsen" in die Kirchengemeinde, über die Teilnahme am Kindergottesdienst, der Jungschargruppe und später durch die Übernahme eines Ehrenamtes bei Jugendfreizeiten. Aufbauend auf seiner Einschätzung, dass

---

sie „alles erzählen", oder besser gesagt: sie werden es so erzählen, daß es mit der durch die ehelichen Beziehungen objektivierten Eigendefinition übereinstimmt."

80 Im Anschluss an ein Zitat wird der zitierte *Absatz* und die Interviewkennung angegeben (z. B. „2/3M" verweist auf Absatz 2, Fall 3, Einzelinterview mit *M*artin; 3C ist entsprechend das Einzelinterview mit Caroline und 3g, das *g*emeinsame bzw. Paarinterview, vgl. Kap. 4.3).

5.1 Berufsorientierung und Professionsverständnis

das „Milieu Kirche, der Lebensraum" ein „guter" war, konstatiert er, dass „das" etwas war, was er sich gut vorstellen konnte (2/3M). Und er fährt fort:

„Und ähm (.) die Motivation, 'nen bisschen was von dem, was ich (…) erlebt habe und so auch geschenkt bekommen hab, auch 'nen stückweit zurück zu geben, ähm ich glaub, das viele Leute/ ich auf viele Leute gestoßen bin, die sehr bereitwillig Dinge, ihres ähm/ Lebenszeit, aber auch Geld, ähm, irgendwelche Ressourcen eben zu Verfügung gestellt haben, damit es anderen besser ging, mir auch und ähm (.) ich finde, das ruft in 'ner gewissen Weise zur Verpflichtung oder verpflichtet einen zu, ähm, auch Verantwortung selbst zu übernehmen, in dem Maße, wo man das kann (2) ja." (2/3M)

Er begründet seine Motivation, sich beruflich im „Lebensraum Kirche" zu engagieren mit der „Verpflichtung" selbst Verantwortung zu übernehmen und etwas „zurück zu geben". Die „Verpflichtung" erwächst für ihn aus dem, was er in seiner Kindheit und Jugend „geschenkt" bekommen hat. Er bezieht sich allgemein auf „viele Leute", die ihm Zeit, Geld und anderes zur Verfügung gestellt haben, also v.a. soziale Aspekte der christlichen Gemeinschaft. Den Glauben an Gott oder andere spirituelle Aspekte, die als Gegenstand einer Berufungserzählung ebenso denkbar wären, erwähnt er nicht.[81]

Aus dem ‚Geschenk' wird für ihn die Verpflichtung des ‚Zurückschenkens', so dass er nun in der ‚Schuld' der Kirche steht und ein (für ihn verpflichtendes) Reziprozitätsverhältnis daraus ableitet. Er bezieht sich damit auf die Organisation Kirche und nicht auf einzelne Personen, die ihm damals geholfen haben und denen er ebenfalls „etwas zurückgeben" könnte.

Eine Möglichkeit des ‚Zurückgebens' sieht Martin darin eine „kirchliche Laufbahn" einzuschlagen. Er erzählt, dass er zunächst darüber nachgedacht habe Jugendleiter zu werden und schließt dies mit Verweis auf das Alter aus: „(…) wenn man 50 ist und Jugendleiter ist, das ist nicht so das Richtige" (2/3M). Er antizipiert zum einen spätere berufsbiographische Stationen. Zum anderen deutet die Grenzziehung zwischen Pfarrberuf und Jugendleiter darauf hin, dass er sich voll und ganz in den Dienst der Kirche stellen möchte. Diese Möglichkeit bietet ihm nur die Übernahme eines Pfarramtes bzw. des Pfarr‚berufes', die einzige Profession der Kirche, die in Abgrenzung zum ‚Beruf', die Arbeit zum zentralen Bestandteil der Lebensführung macht und die Person als Ganzes einbezieht.

Martins Erzählung verweist auf eine hohe biographische Bedeutung der Profession für ihn. Die Berufungserzählung und das ausgeprägte Professionsverständnis lassen

---

81 Das Ansprechen von Aspekten, wie sicherer Arbeitsplatz, gute Bezahlung, Karrieremöglichkeiten oder dergleichen sind für diese Profession weniger zu erwarten, da qua Berufsethos andere Begründungserzählungen als zentral und legitim gelten.

sich dabei als eine aktive, berufsbiographische Herstellungsleistung von Martin fassen. Dies lässt die Frage entstehen, wie und wo er die Grenzen dahingehend zieht, was zur Lebensführung gehört und was nicht (ausführlicher dazu Kap. 5.3).[82] Während in Martins Erzählung ein ausgeprägtes Professionsverständnis zu finden ist, stellt sich sowohl der Berufsfindungsprozess als auch das ‚Berufskonzept' von *Caroline Weber* differenzierter und ambivalenter dar. Auf die im Einzelinterview gestellte Eingangsfrage „Du bist ja Pfarrerin, wie kam's dazu?", antwortet Caroline mit „Ähm, ich wollte nicht Pfarrerin werden" (2/3C) und führt dann weiter aus, welche Berufs*wünsche* sie stattdessen gehabt hatte. Die Aussage lässt darauf schließen, dass der Pfarrberuf nicht ihr ausdrücklicher Berufs*wunsch* war. Unklar ist dabei, wo ihr zeitlicher Ausgangspunkt der Erzählung liegt, also zu welchem Zeitpunkt sie für sich rückblickend konstatiert, dass der Pfarrberuf *kein* Berufswunsch war. In anderen Kontexten ist z. B. die Aussage denkbar: „Ich wollte nicht in der Verwaltung arbeiten, aber nun bin ich hier gelandet." Es deutet auf eine gewisse Eigendynamik von Entwicklungen hin, die nicht unbedingt so antizipiert werden (können) und als nicht geplant erscheinen. Mit dem Eingeständnis des Fehlens des konkreten Berufswunsches Pfarrerin bearbeitet Caroline die eigene und/oder antizipierte Erwartung der Interviewerin, dass der Berufsausübung der eindeutige und artikulierte Wunsch danach vorausgegangen sein muss.

In ihrer weiteren Erzählung wird deutlich, dass sie durch die Leitung einer Jugendgruppe aktiv kirchlich eingebunden war und sie damals darüber nachgedacht habe, Pfarrerin zu werden. Die Idee, Pfarrerin zu werden, kommt Caroline demnach während ihrer Schulzeit, allerdings begleitet von großer Unentschlossenheit und Unsicherheit („ach nee, ja, weiß ich nicht", 2/3C). Den „Traumberuf" Lehrerin und später Lebensmittelchemikerin schließt sie für sich aus, nachdem entgegen (idealisierter) Vorstellungen einige Aspekte dieser Berufe in verschiedener Weise für sie konkret erfahrbar werden und ihr in Folge dessen nicht mehr attraktiv erscheinen.

Am Ende der zwölften Klasse, erzählt Caroline weiter, habe sie dann gedacht „vielleicht doch Theologie". Die Aussage bestätigt zum einen die oben dargelegte Lesart ihres Anfangssatzes „ich wollte nicht Pfarrerin werden" dahingehend, dass sie dies lediglich auf den nicht vorhandenen *Wunsch* Pfarrerin zu werden bezieht, nicht aber darauf, dass sie es für sich konsequent ausgeschlossen hätte, Pfarrerin zu werden. Zum anderen wird durch das „doch" betont, dass sie mehr als ein Jahr vor Schulabschluss darüber nachgedacht hatte Theologie zu studieren, es aber bis zu diesem Moment immer wieder verworfen hatte.

---

82 So kann beispielsweise Ski fahren zunächst als Hobby gedacht, aber im Kontext einer Ski-Freizeit mit Jugendlichen aus der Gemeinde als Teil der Lebensführung gerahmt werden.

5.1 Berufsorientierung und Professionsverständnis

Die endgültige Entscheidung für den Pfarrberuf hat Caroline dann „um's irgendwie äh fromm auszudrücken, abgegeben" mit dem Gedanken: Wenn es „das jetzt äh sein soll, dann wird mir auch nix anderes begegnen". Sie kann sich prinzipiell vorstellen, Pfarrerin zu werden, ist aber auch offen für Alternativen, ohne jedoch eine konkrete Idee zu haben und wartet darauf, dass dieses ‚andere' kommt. ‚Es' kommt nicht aus ihrer Sicht und damit ist für sie der Weg zum Pfarrberuf ‚gewählt': „dann bin ich einfach dabei geblieben". Die Aussage zeigt, dass sie sich bereits für den Pfarrberuf entschieden hatte, allerdings mit der Option, wenn ihr etwas ‚Besseres' über den Weg läuft, diese Entscheidung für sich ohne Glaubwürdigkeitsverluste ändern zu können.

Caroline knüpft an ihre Ausgangsaussage „Ich wollte nicht Pfarrerin werden" an und schließt dieses Kapitel mit: „und dann bin ich halt dann (.) ja Pfarrerin geworden" (2/3C). Das „halt dann" hat etwas von einem Schulterzucken verbunden mit der schicksalsergebenen Einsicht mangels besserer Optionen ‚eben' Pfarrerin zu werden.

Nach der Erzählpassage zu ihren Berufswünschen und ihrem Berufsfindungs- und Entscheidungsprozess geht Caroline auf den Weg zum Pfarrberuf ein, beginnend mit dem Studium. Das Theologiestudium ist gekennzeichnet durch „Zweifel", die „bis heute eigentlich da sind" und das sie aber „durchzieht". Caroline äußert hier Zweifel bezüglich ihrer Berufsentscheidung und den damit verbundenen Konsequenzen (Studium, Berufsausübung), wobei sie nicht näher darlegt, woher die Zweifel rühren. Sie beschreibt die Kontingenz ihrer Berufsentscheidung: Es war weniger eine Berufswahl, die sie getroffen hat, als vielmehr ein Ausschlussprozess, im Zuge dessen keine Alternative zum Pfarrberuf aufgetaucht ist, die sie gleichwohl auch nicht aktiv suchte.

Die Darstellung der Berufsentscheidung in der Retrospektive als ‚Entscheidung' qua mangelnder Alternativen und das Zulassen und Artikulieren von anhaltenden Zweifeln finden zu einem Zeitpunkt statt, zu dem Caroline bereits einige Erfahrungen als Pfarrerin (z.A.) sammeln konnte. Dies weist darauf hin, dass die Praxiserfahrung nicht zum Ausräumen der Zweifel beigetragen hat.

Durch das „Abgeben" der Berufsentscheidung verweigert Caroline ein stückweit die Übernahme von Verantwortung für die Wahl ihres Berufes. Verbunden ist damit und mit dem Aspekt, dass dadurch keine ‚Berufungserzählung' zustande kommt, dass Caroline eine Distanz zu dieser Profession und eine Art Unabhängigkeit zu der damit verbundenen ‚traditionellen' Lebensführung wahrt. Zumindest diskursiv verschreibt sich Caroline im Gegensatz zu Martin dem Amt nicht voll und ganz.

Fasst man nun die Darstellungen der Berufsorientierungen von Caroline und Martin als Ergebnis von Aushandlungen und dem (Re-)Definieren der Welt in der Zweierbeziehung (Berger/Kellner 1965: 228), ergibt sich folgendes Bild: Während

Martin durch eine Berufungserzählung ein ausgeprägtes Professionsverständnis herstellt, marginalisiert Caroline tendenziell ihre eigenen beruflichen Ambitionen, so dass sie ambivalent und kontingent erscheinen. Dieser Befund lässt sich verstehen als *Verstärkung* eines in anderen empirischen Arbeiten beschriebenen Phänomens, der *geschlechterdifferenzierenden* Form der Darstellung des beruflichen Werdegangs bei Professionsangehörigen. So unterstellten die von Gildemeister et al. (2003) untersuchten Juristinnen zu wenig Steuerung und eine höhere Kontingenz und die männlichen Juristen zu viel Steuerung bei ihrer Karriere.[83] Im vorliegenden Fall wird die geschlechterdifferenzierende Praxis der Darstellung von Berufsorientierungen *im Paar* (re-)produziert.[84]

Welche Schlussfolgerungen lassen sich daraus ziehen? Welche Konsequenzen können die unterschiedlich dargestellten Berufsorientierungen haben? Die Herstellung einer Berufung erlaubt es Martin stärker, die Grenzen zwischen den Lebensbereichen zu ziehen, die seines Erachtens zu einer professionellen Lebensführung zählen und denen, die nicht dazu gehören (sollen). Caroline hingegen bewahrt sich eine größere Offenheit bezüglich der Lebensführung. Dies ist jedoch mit dem ‚Risiko' verbunden, in paarinternen Aushandlungsprozessen zur gemeinsamen Lebensführung kompromissbereiter zu sein als der Partner und somit ggf. mehr Zugeständnisse zu leisten.

Nach der Interpretation und Rekonstruktion der Berufsorientierung und des Professionsverständnisses von Caroline und Martin werden im Folgenden ebenfalls anhand der Einzelinterviews ihre *Ideale der Lebensführung* analysiert.

---

83 In ihren Analysen zu Berufskarrieren und zur beruflichen Praxis im Familienrecht konstatieren die Autoren: „Die männlichen Juristen in unserem Sample versuchen, ihre Berufsbiografie als etwas Eigenbestimmtes und Kontrolliertes darzustellen. Dies schließt Kontingenzdarstellung nicht aus, doch wo sie auftritt, bleibt sie der Erzählung von Kontingenzbeherrschung bzw. -nutzung eingefügt. Man könnte von einer ‚instrumentellen Kontingenznutzung' sprechen. (…) Tatsächlich haben wir in unserem Sample bei Frauen eine größere Toleranz gegenüber der Einbindung in kontingente und nicht kontrollierbare Abläufe in ihrer Berufsbiografie feststellen können" (Gildemeister et al. 2003: 125).

84 Da beide dieselbe Profession anstreben, ist die Vergleichbarkeit ihres beruflichen Erfolges unmittelbar gegeben, woraus Konkurrenzsituationen entstehen *können*.

5.2 Ideale der Lebensführung

In Carolines Darstellung spiegeln sich komplexe, z. T. widersprüchliche Orientierungen der Lebensführung: Während sie einerseits die modernisierte Versorgerehe (wobei der Mann selbstverständlich der Haupternährer und die Frau die Hauptverantwortliche der Familienarbeit, aber auch Zuverdienerin ist) zeitweise diskursiv zum Ideal erhebt, bedient sie sich andererseits einer Gleichheitsrhetorik, mit der sie auf eine geteilte Verantwortung der Familienarbeit und Erwerbstätigkeit beider Partner rekurriert (zu den verschiedenen Erwerbs- und Familienarbeitsmodellen vgl. Kap. 2.1).

Zu Beginn des Einzelinterviews spricht Caroline von ihrer aktuellen Stelle und dem kommenden Bewerbungsprozess und der zugrunde liegenden Planung: „und dann würden wir uns dann auch gerne auf/ also die Idee ist, dass wir uns eine Stelle teilen" (6/3C). Sie erläutert das Prinzip der Stellenteilung von Pfarrerehepaaren und dass sie zunächst sich gemeinsam auf eine Stelle mit 100 Prozent bewerben wollen und „dann irgendwann mal, irgendwie auf 150 Prozent" (6/3C). Die Möglichkeit der Annahme von zwei vollen Pfarrstellen erwähnt sie ebenfalls mit dem Hinweis, dass sie diese Variante ausschließen. Die Stellenteilung ist als (relativ konkrete) Planung des Paares einzustufen, da sich Caroline hier wesentlich informierter über die Möglichkeiten zeigt als bei den nachfolgend dargelegten Überlegungen zu einer maximalen Arbeitszeitreduzierung.

Bei einer Stellenteilung würde sich die Gleichheitsorientierung in der Praxis wiederfinden, da sowohl Erwerbs- als auch Familienarbeit (zumindest formal) zu gleichen Anteilen von beiden Partnern übernommen werden kann.[85] Bei den angesprochenen 150 Prozent ist die Aufteilung zwischen den Partnern nicht klar, jedoch scheint Caroline nicht die zusätzlichen 50 Prozent für Martin zu ‚reservieren'. Vielmehr bleibt offen, ob sie über ihre persönlichen Präferenzen der zusätzlichen Arbeitsgebiete oder von Martins spricht: „dann doch irgendwie gucken, ob da noch irgendwie Altenheim, Schule oder naja Schule ungern, aber ja da noch irgendwas dabei zukommt". Denkbar wäre hier auch eine 75/75 Prozentaufteilung, die ebenfalls (formal!) eine geteilte Ernährer- und Fürsorgeverantwortung implizieren würde.

Die Erwähnung des Themas Doppelerwerbstätigkeit bei meiner Frage nach *Wünschen für die Zukunft* weist darauf hin, dass die Erwerbstätigkeit beider Elternteile – aus Carolines Sicht – ein Thema in ihrer Beziehung ist, das trotz der geplanten Stellenteilung noch nicht (abschließend) ausgehandelt zu sein scheint:

---

85 Wobei die formale Aufteilung noch keine Auskunft darüber gibt, wie die unterschiedlichen Aufgaben innerhalb des Paares im Alltag geteilt werden, vgl. dazu Offenberger 2008.

„Ja und Vorsatz ist halt weiterhin auch, das also Partnerschaft halt irgendwie hinzukriegen und dass wir beide arbeiten. (I: Mhm) Das fänd ich schon wichtig. Wie viel das jetzt ist oder ob ich doch irgendwie, ich weiß gar nicht, was die Mindestzahl ist, die man machen kann, ob ich jetzt 'ne Viertelstelle oder so, ich glaub/ ich glaub halbe Stelle ist auch das Mindeste, was man machen kann, ähm als Pfarrersmensch da (.) äh also ob/ das find ich schon für mich, ist für mich schon der Anspruch." (52/3C)

Die Formulierung „wir beide arbeiten" impliziert eine Gleichheit der Partner hinsichtlich der Frage der Erwerbstätigkeit. Während das „wir" für die Einheit des Paares steht, bricht das „beide" diese Einheit wiederum in zwei Teile auf und verdeutlicht, dass es hier um *zwei* Personen geht. Der Gleichheitsaspekt wird klarer, wenn man sich kontrastive Formulierungen überlegt, z. B. ‚und dass ich auch arbeite'. Bei dieser Formulierung käme durch das „ich *auch*" zwar eine Orientierung an der Norm der Erwerbstätigkeit zum Ausdruck, die aber begründungsbedürftig ist und nicht als selbstverständlich angesehen wird. Verborgen bleibt dabei ‚der Andere', auf den sich das ‚auch' bezieht, dessen Erwerbstätigkeit aber unhinterfragt vorausgesetzt wird. Bei dem „wir beide" ist hingegen ‚für beide' *unterschiedslos* die Norm der Erwerbstätigkeit gesetzt.

Das Gleichheitspostulat bricht jedoch dadurch, dass Caroline anschließend einseitig *ihre* Erwerbstätigkeit zur Disposition stellt, Martins Erwerbstätigkeit nicht zur Sprache bringt und damit diese als selbstverständlich und nicht verhandelbar annimmt und darstellt. Es fällt auf, dass Caroline die Übernahme einer Vollzeitstelle für sich nicht in Betracht zieht, sondern über Reduzierungsmöglichkeiten nachdenkt. Diese Überlegungen erscheinen eher diffus und chaotisch. Da die grundlegenden Informationen zu Möglichkeiten der maximalen Arbeitszeitreduktion Caroline nicht bekannt sind, ähnelt es im Vergleich zur oben angesprochenen Stellenteilung eher einem spontanen, wirren Gedankenspiel als einer Lebens*planung*. Der gedankliche Ausflug ist verwunderlich, da Caroline bisher – u. a. durch das Jahr Vorsprung in der Ausbildung – den (wesentlich) größeren Teil zum Familieneinkommen beigetragen hat. Sie ist bis zur Geburt des zweiten Kindes die Familienernährerin, diejenige die Vollzeit arbeitet, während Martin eine Teilzeitstelle hat. Jedoch wird dieser Aspekt nur kurz im Einzelinterview von Martin angesprochen.[86] Dass Caroline dies weder im Einzel- noch im Paarinterview erwähnt, lässt vermuten, dass sie darauf auch nicht als Machtressource in Aushandlungen rekurriert.

---

86   „Caroline hat auch meistens mehr verdient als ich, weil sie die ganze Stelle hatte, ich die halbe, Caroline war früher Vikarin als ich, war noch Student, hat also verdient, während ich ähm BAföG bekam. Caroline war ZAlerin vor mir ähm, da war ich noch im Vikariatsgehalt" (69/3M).

5.2 Ideale der Lebensführung

Im weiteren Verlauf der Erzählung verweist Caroline auf die Möglichkeit als *Pfarrfrau* zu arbeiten, anstatt sich z. B. als Familienernährerin zu positionieren. Diese Option schließt sie mit der Begründung, „auch eigenes Geld verdienen" zu wollen, für sich aus.[87] Dass ihr eigenes Geld wichtig ist, v. a. vor dem Hintergrund der unentgeltlichen Arbeit von Pfarrfrauen, zeigt, dass sie für ihre (Erwerbs-)Arbeit die entsprechende Entlohnung und darüber vermittelt auch gesellschaftliche Anerkennung einfordert. Es folgt eine Absichtserklärung von Caroline „und das will ich alles unter einen Hut bringen" (52/3C). Die bildreiche Redewendung steht dafür, alles zu schaffen und miteinander vereinbaren zu können bzw. das Erledigen von Aufgaben, die für eine einzelne Person eigentlich zu viel sind. Caroline macht deutlich, dass für sie Doppelerwerbstätigkeit samt Familienaufgaben eine Herausforderung ist und dass sie diese – fast schon kämpferisch – annimmt. Bemerkenswert ist, dass sie das Meistern dieser Herausforderung, das „Vereinbarkeitsmanagement" (Behnke/Meuser 2003, 2005), als *ihre*, nicht aber als Martins oder ihre gemeinsame Aufgabe darstellt.

Caroline führt weiter aus: „und ich will auch Martin da nicht aus der Verantwortung lassen" (52/3C). Neben der Übernahme des Vereinbarkeitsmanagements sieht Caroline die Notwendigkeit dafür sorgen zu müssen, dass Martin Familien*verantwortung* übernimmt. An dieser Stelle manifestiert sich ein Konfliktpotenzial: Caroline sieht Martin in der Verantwortung, unterstellt ihm jedoch mit der Aussage, dass er versucht (zeitweise oder systematisch) sich dieser zu entziehen, so dass ihre Aufgabe darin besteht, ihn (aktiv) daran zu hindern.

Die Verantwortung oder die vorher erwähnte Herausforderung besteht für sie darin, dass „wir uns halt beide um die Kinder kümmern und das wir auch beide unseren Job machen." Ihr schwebt eine geteilte Verantwortung der Kinderbetreuung sowie die Erwerbstätigkeit beider Elternteile vor. An dieser Stelle wiederholt

---

87 Dass sie diese Option überhaupt in Betracht zieht und den Unterschied der Arbeit einer Pfarrerin und einer Pfarrfrau klein redet, deutet wiederum auf ein nicht sehr ausgeprägtes Professionsverständnis von ihr als Theologin hin. Sie ignoriert das mit dem Pfarrberuf verbundene Prestige und die Privilegien sowie die damit einhergehende strukturelle Subordination der Pfarrfrauenposition, indem sie lediglich die Gemeinsamkeiten bestimmter Tätigkeiten des Pfarrers und der Pfarrfrau hervorhebt. Weder Gottesdienste, Kasualien noch die Geschäftsführung kämen als Aufgabenbereiche für eine ‚klassische' Pfarrfrau in Frage. Damit entkoppelt sie ihre Ausbildung von ihren beruflichen Ambitionen: Anstatt dass die Ausbildung logisch und ‚zwangsläufig' sie zur Pfarrerin ‚macht' und sie aufgrund dessen z. B. die Frauenhilfe leitet, rekurriert sie auf das traditionelle Bild des Pfarrhauses mit Pfarrer und Pfarrfrau, die ebenfalls kleinere seelsorgerische Aufgaben innehat. Nur für die Position der Pfarrfrau ist nicht das Theologiestudium Voraussetzung, sondern allein die eheförmige Beziehung zum Pfarrer.

und *erweitert* sie das Gleichheitsideal, sowohl die Kinderbetreuung als auch die Erwerbsarbeit sind Bereiche, in denen Martin und sie gleichermaßen tätig sein sollen. Dies relativiert sie anschließend wieder: Sie sieht sich „mehr Zeit mit den Kindern" verbringen und begründet es damit, dass diese es „einfach selber so signalisieren".[88]

Auf die Frage hin, ob Caroline sich wünscht, dass Martin irgendetwas ändert, spricht sie erstens das gemeinsame Arbeiten an der Paarbeziehung und das (weiterhin) gegenseitige Ermöglichen von Freiräumen an. Zweitens wiederholt sie das Thema Erwerbs- und Familienarbeit und setzt es damit in einen anderen Kontext: Doppelte Erwerbstätigkeit und Kinderbetreuung sieht sie nicht allein als ihre Aufgabe, sondern als *gemeinsam* zu bewältigende Herausforderung. Sie fordert implizit durch die Nennung des Themas bei der Frage nach ihren Änderungswünschen an Martin seinen Beitrag ein: „dass wir es gemeinsam hinkriegen, dass wir beide arbeiten (.), dafür beide (.) uns um die Kinder kümmern" (54/3C). Sie fordert damit den ‚Martin-Anteil' im „wir" stärker ein, ohne z. B. direkt sagen zu müssen, ‚ich möchte, dass Martin sich mehr an der Kinderbetreuung beteiligt' und damit – gegenüber mir, der Interviewerin – durch illoyales Handeln Martin bloß zu stellen und den Eindruck von Unstimmigkeiten innerhalb der Paardyade zu erwecken. Außerdem dehnt sie an dieser Stelle die Verantwortung für das Vereinbarkeitsmanagement auf Martin aus („gemeinsam hinkriegen"): Nicht nur die Erwerbs- und Familienarbeit an sich möchte sie sich teilen, sondern auch das Management, die Organisation, die dafür notwendig ist, soll gemeinsam verantwortet werden.

Das Interesse von Caroline sich mit Martin die Kinderbetreuung bzw. Familienarbeit zu teilen, ist nicht allein auf eine Gleichheitsorientierung zurückzuführen. Wie die Analyse ihrer Wahrnehmung der ersten Elternzeit im Zeitverlauf zeigt, empfindet sie diese als „ambivalent" und konstatiert aus dieser Erfahrung für sich, dass sie „das nicht kann (.) nur zu Hause sein" (246/3g, C). Durch die Erfahrungen der Elternzeit schließt sie die Option einer Nicht-Erwerbstätigkeit und ein ausschließliches Engagement in der Familienarbeit für sich kategorisch aus.

Während sie noch die erste Elternzeit anfangs als „Urlaub" und angenehme „Auszeit" empfindet, sucht sie nach einiger Zeit Beschäftigungsmöglichkeiten für sich. So erwähnt sie den PEKiP-Kurs[89] und das Babyschwimmen als Strategie, um „raus zu kommen", da ihr sonst „die Decke auf den Kopf fällt". Die Bezeichnung der Elternzeit als „Auszeit" lässt darauf schließen, dass Caroline eine dauerhafte Erwerbstätigkeit grundsätzlich voraussetzt und vor diesem Hintergrund die Elternzeit als etwas Besonderes definiert. M. a. W., die Elternzeit wird zur „Auszeit" vor der Folie einer *selbstverständlich angenommenen Erwerbstätigkeit*. Eine Auszeit hat

---

88 Dieser Aspekt wird in Kap. 5.3 ausführlicher diskutiert.
89 PEKiP: Prager Eltern Kind Programm: http://www.pekip.ch, letzter Zugriff am 05.07.2011.

5.2 Ideale der Lebensführung

einen bestimmbaren Anfang und ein Ende. Das Ende muss nicht von vornherein festgelegt sein, aber wäre kein Ende der „Auszeit" geplant, dann wäre es eher ein ‚Ausstieg' aus der Erwerbstätigkeit.

Caroline genießt zunächst die „Auszeit" durch die Elternzeit und führt dafür an, dass sie einen Ausbildungs- und Berufsweg ohne Unterbrechungen hinter sich hat und dadurch ihr die Elternzeit als Möglichkeit „dann mal was anderes zu machen" sehr gelegen kam. So begründet sie beispielsweise das Genießen der Elternzeit nicht damit, dass sie dadurch viel Zeit mit dem Kind verbringen konnte. Vielmehr wird die Elternzeit als eine mögliche und v. a. legitime Form einer ‚Pause' von Ausbildung und Berufstätigkeit gerahmt, die es möglich macht, eine „andere Erfahrung" zu machen. Caroline führt die Freiheiten an, die sich durch die Elternzeit ergeben, nämlich „sich nicht um alles Mögliche kümmern zu müssen und irgendwie Druck zu haben". Diese ausnahmslos positive Wahrnehmung der Elternzeit begrenzt sie auf drei Monate, danach versucht sie sich aktiv, z. B. durch den Besuch eines PEKiP-Kurses, Abwechslung zu verschaffen. Während der PEKiP-Kurs in erster Linie dem Kindswohl dienlich sein soll, taucht er hier als willkommenes Angebot gegen die Langeweile bzw. soziale Isolation eines Elternteiles auf. Die Grenzen des positiven Erlebens der Elternzeit zeigt sie in den folgenden Einzel- und Paarinterviewsequenzen für sich auf:

„Und ich hab das dann sehr genossen, also zumindest die ersten Monate ((lacht)), dann da wirklich da mal raus zu sein und ähm Freiheiten zu haben, sich nicht um alles Mögliche kümmern zu müssen und irgendwie Druck zu haben, das fand ich dann erst wirklich ganz befreiend, aber dann (.) hat's mir doch gefehlt, also so nach drei Monaten, dachte ich, och und was machste jetzt so, hatte irgendwie dann ähm/ ich hatte mal angefangen mal Schwedisch zu lernen, aber dann die Bücher wieder raus geholt, aber das hielt dann nur zwei Wochen, weil dann Ronja doch lebendiger wurde und ((lacht)) ähm ja und hab mir da schon auch so meine Sachen gesucht, die musste dann halt mit zum PEKiP und musste dann halt mit zum Schwimmen und so, damit ich halt raus kam, weil mir dann doch irgendwie die Decke auf den Kopf gefallen ist und mir hat dieser, dieser Anspruch halt irgendwo gefehlt, ne dieses ähm (2) befriedigend äh des Jobs, so irgendwas abgearbeitet zu haben, ne. Jetzt wieder sagen zu können, okay wieder ein Interview mehr, hurra oder sagen zu können, okay Gottesdienst gehalten, ha Feierabend, so dieses Gefühl etwas zu schaffen, irgendwas abzuarbeiten und äh so ein Erfolgserlebnis ja dann irgendwie zu haben, auch wenn's nur so/ also nur 'nen kleines ist in Form vom Gottesdienst oder Interview so ne, aber einfach so, ha was abgearbeitet und so Spülmaschine und so, ja ((seufzend)) kommt halt jeden Tag wieder ne, das ist nicht so befriedigend und nicht so, ja ermutigend, deshalb bin ich auch so ja ähm gespannt, wie das jetzt in der Elternzeit wird (2) ja, ob das da mich auch wieder so einholen wird? (2) Mal schauen. (I: Mhm) Also ja stark ambivalent irgendwie so. (I: Mhm) Mhm." (10/3C)

„Also ich find's eher dann die Herausforderung wirklich zu Hause/ also im Moment geht's noch ne, im Moment noch nicht der große äh Klops da, aber im/ in der Elternzeit mit Ronja, ja in der Elternzeit mit Ronja habe ich das als extrem dann irgendwann belastend empfunden und da habe ich gemerkt, dass ich das nicht kann (.) nur zu Hause sein und es gibt halt so'n paar, die das für sich bewusst so entschieden haben und da/ das nervt mich dann ja halt." (246/3g, C)

An einer anderen Stelle bezeichnet Caroline die Elternzeit zunächst als „Privileg", „Geschenk" und als „Urlaub", „aber irgendwann wird's dann doch Arbeit" (38/3C). Damit rahmt sie die Kinderbetreuung während einer ‚längeren' Elternzeit (bei ihr länger als drei Monate) eher negativ, hier in Form der Attribuierung von Betreuungsaufgaben als „Arbeit" und der betonten Aussprache. Das Negative zeigt sich durch ein Fehlen von etwas aus: Während der Elternzeit fehlen Caroline die Erfolgserlebnisse, der Anspruch und eine Zufriedenheit, die die Arbeit in der Erwerbssphäre verspricht. Sie zeichnet ein Bild der Gegensätze – ebenso wie Martin – zwischen anspruchsvoller Erwerbsarbeit, wo im Sinne eines Produktivitätsgedanken „etwas geschafft wird" und einer immer wiederkehrenden, monotonen Reproduktionsarbeit, wie jeden Tag Windeln wechseln und Spülmaschine ausräumen.

Welche Ideale der Lebensführung lassen sich nun bei *Martin* finden? In Martins Darstellungen spiegeln sich ebenfalls widersprüchliche Orientierungen: Ein ausgeprägtes Professionsverständnis, welches in Spannung steht mit einer Gleichheitsorientierung, die eine geteilte Fürsorge- und Ernährerverantwortung impliziert.

Im Einzelinterview wird deutlich, wie Martin sich seine Familie, das Familienleben und die damit verbundene Arbeit vorstellt: Er hätte gern eine „große Familie", d. h. drei Kinder und möchte *gerne* morgens und abends Zeit mit ihnen verbringen, im Sinne von zeitlich begrenzten und wohlsortierten Momenten am Essenstisch. Der alltäglichen Betreuungsarbeit kann er nichts abgewinnen, sieht aber gleichzeitig wiederum ihre Notwendigkeit bzw. Unvermeidbarkeit. Martin zeichnet ein Idealbild von Familie, Familienleben und -alltag, das den früheren Pfarr- oder Arztfamilien ähnelt: Der Mann ist der hochqualifizierte und angesehene Professionsausübende und die Frau führt den Haushalt, betreut die Kinder, (re-)präsentiert die vorbildliche Pfarrfamilie, unterstützt ihren Mann in seiner Berufsarbeit und bietet ihm einen ruhenden Pol nach der Arbeit.

„Ich erlebe wohl/ momentan ist also extrem wohltuend (…), die Situation, dass ich alleine arbeite momentan und nicht mir den Alltag mit Caroline beruflich teilen muss. Das war vorher viel Organisierer/ Organisiererei, muss halt immer bis nach X-Stadt fahren und brauch dafür das Auto und immer die Frage, arbeitest du heute oder arbeite ich jetzt, ähm, mit dem Auto oder wer holt das Kind ab (…), was hat Priorität, was kann geschoben werden, meine Arbeitszeit, deine Arbeitszeit, (…) ganz egoistisch gesehen, ist es für mich sehr viel bequemer,

5.2 Ideale der Lebensführung

jemand zu Hause zu haben, der sich um die Kinder und um den Rest kümmert, ähm, und ich quasi meine Freude am Beruf haben kann. Dass das nicht die Rel/ Realität äh sein kann oder so und dass das auch nicht das Familienbild ist, was ich habe, ähm genau das/ das unterscheidet es ja nicht von der oder das/ das/ das trennt es ja nicht von der Frage oder von der Sache, das ich's trotzdem angenehm finden kann." (18/3M)

Hier kommt eine starke Ambivalenz zum Ausdruck: Er genießt, dass Caroline sich im Mutterschutz und anschließend in Elternzeit befindet, sie sich um die Kinderbetreuung und den „Rest" kümmert und er seine „Freude am Beruf" haben kann, ohne sich den beruflichen Alltag mit Caroline teilen und koordinieren zu müssen. Er stellt der rationalen Figur der Unvermeidlichkeit (Kinderbetreuung *muss* gemacht werden) die Freude am Beruf gegenüber, das *Dürfen* von verschiedenen Tätigkeiten. Entsprechend seiner Berufsorientierung ist dieses Lebens- und Arbeitsmodell passend und positiv besetzt, da er sich ausgiebig – ohne Koordinationsaufwand durch Carolines Erwerbstätigkeit – seiner Profession widmen kann und die Familienarbeit von Caroline geleistet wird. In dem Kontext sei darauf hingewiesen, dass Martin gerade seine ersten Berufserfahrungen sammelt. Und zum ersten Mal in seinem Berufsleben muss er sich dieses nicht mit Caroline teilen und kann seine Profession voll und ganz ausüben bzw. ‚leben'. Gleichzeitig räumt er ein, dass das nicht „die Realität" sein kann, was zunächst verwundert, denn zum Zeitpunkt des Interviews ist dieses Arrangement für die nächsten elf Monate so geplant. Martin bezieht sich mit „Realität" daher vermutlich weniger auf diesen Zeitraum als darauf, dass es prinzipiell nicht die „Realität" sein kann, dass Caroline ‚für immer zu Hause' bleibt und er ‚alleine' arbeitet. Es würde seiner Gleichheitsorientierung, aber auch v. a. ihren Interessen zu sehr widersprechen.

Martins Professionsverständnis drückt sich indirekt aus in seiner ausführlichen und rhetorisch überspitzten Darstellung der Monotonie der familialen Fürsorgearbeit und seiner Unterforderung bei der Kinderbetreuung:

„Also, Kinder haben Kinderprobleme ähm und das ist (.) einfach anstrengend (…). Ähm und ähm (2) mh, ja der Tag ist so stumpf und stupide ähm (.), denn die meisten Tage bestehen nicht aus dem Zoobesuch, sondern aus morgens aufstehen, äh Frühstück machen, irgendwie gucken, dass/ dass der Frühstückstisch noch aufgeräumt wird, anziehen bis dahin ist das Kind nochmal dreckig geworden, nochmal eben wickeln, wieder unten aufräumen ähm, sich zu überlegen, was mach ich jetzt zweieinhalb Stunden mit mir und dem Kind, ((räuspern)) das ist noch gar nicht in der Lage sich selbst zu beschäftigen, aber es auch nicht wirklich in der Lage ist, den Vater zu beschäftigen (…). Kinder sind nicht in der Lage den Vater zu beschäftigen, denn sie machen (.) stundenlang nichts richtig, also so, man kann nicht mit 'nem einjährigen Kind oder kleiner wirklich spielen, (…) ja, ich glaub, bin da/ bin ich einer von vielen Vätern, die sagen, kleine Kinder sind nichts für

Papas, also so was sagen die ganz viele und das ist sehr aufrichtig, ähm, ich freu mich auch über Moritz und, ähm, und ist auch ganz gemütlich und man kann dabei einschlafen, wenn der auf dem Schoß liegt. Aber es ist, ähm (.), es ist nichts, was ich als andere/ als reizend empfinde, wo ich jetzt sage, das reizt mich jetzt das länger zu tun. Und ich sag mal so (.), nach 'ner Stunde hat man an 'nem Tag auch schon alles erlebt, was man mit 'nem Kind erleben kann und so 'nen Tag hat dann noch plötzlich viel mehr Stunden als eine. (.) Ja, das waren die Gründe, warum ich ein als/ als anstrengend empfunden hab, ähm, (2) man wird nie gefordert, also man hat/ steht nie vor der Frage, schaffst du das ähm (2)." (10/3M)

Martin rekurriert zum einen auf einen behaupteten, verallgemeinernden ‚Vätertopos': „kleine Kinder sind nichts für Papas", denn sie machen „stundenlang nichts richtig", i. e. wenn Kinder reden und spielen können und keine Kleinkinder mehr sind, werden sie für den Papa interessant. Indem er sich auf eine vermeintlich allgemeingültige Annahme aus seiner Umwelt bezieht und diese mit „sehr aufrichtig" qualitativ aufwertet, entwickelt er einen Gegendiskurs zu dem des ‚neuen Vaters' oder der ‚aktiven Vaterschaft', in denen die Verantwortung von Vätern in der Kleinkindphase thematisiert werden. Er verallgemeinert zudem seine individuelle Abneigung gegenüber der Kleinkindbetreuung und macht diese zur Gemeinsamkeit ‚vieler Väter'. Durch seine Aussage entsteht ein Widerspruch zur Gleichheitsorientierung, denn die Zuständigkeit für die Kleinkindbetreuung wird über die erklärte Nicht-Zuständigkeit von *Vätern* indirekt *Müttern* zugeschrieben. Das Ideal einer geteilten Fürsorgeverantwortung wird somit obsolet, stattdessen impliziert die Aussage eine Organisation der innerfamilialen Arbeitsteilung über geschlechterdifferenzierende Zuschreibungen.

Zum anderen kommt in seiner Darstellung eine stark abwertende Haltung gegenüber Familien*arbeit* zum Ausdruck. Er negiert den Arbeitsaspekt der Kinderbetreuung und entwertet diese, indem er die ‚Serviceleistungen' für das Kleinkind, also die fürsorglichen Tätigkeiten, als monoton, langweilig und nicht herausfordernd karikiert und diesen Tätigkeiten später im Interview die attraktive und schöne Welt des Spielens und Tobens mit älteren Kindern gegenüberstellt. Kleinkinder sind hingegen „auch nicht wirklich in der Lage (…), den Vater zu beschäftigen". Mit dieser Aussage transportiert Martin die Erwartung, das Kind sei für die Beschäftigung und ‚Unterhaltung' der Betreuungsperson zuständig und nicht umgekehrt.

Bemerkenswert ist, dass es für Martin *nicht* riskant ist im Einzelinterview so offensichtlich in Opposition zur zuvor im gemeinsamen Interview präsentierten ‚Paarmeinung' zu gehen (vgl. Kap. 5.3). Die Tatsache, *dass* er im Einzelinterview darüber redet, zeigt zwar einerseits wie wenig riskant dies für ihn ist, andererseits

5.2 Ideale der Lebensführung

aber auch, dass für diese ‚Offenbarung' kein Platz ist im Paarinterview, in der gemeinsamen Darstellung als Liebes- und Elternpaar.[90] Wie die Rekonstruktion seiner Berufsorientierung (vgl. Kap. 5.1) erwarten lässt, stellt Martin außerdem dieser ausführlichen Darstellung des Alltags mit Kindern seine Ansicht von ‚echten' Herausforderungen gegenüber, die er allesamt im Erwerbsbereich verortet und ebenfalls anschaulich beschreibt:

> „Ja, meine Jugendfreizeit (...) ist unsere erste Jugendfreizeit, die wir organisieren müssen, 'nen Haufen Kram, an den ich vorher überhaupt nicht gedacht hatte. Versicherungen, die abgeschlossen werden, (...) Frage der Werbung, Frage der Busunternehmen, verschiedene, äh, Sachen, die irgendwie geplant werden müssen, (...) das ist alles irgendwie Herausforderung. Ähm (2), ja, ich mach mit meinen Konfi's nachher (...) Brick Film ähm. Das sind die Lego-Animationsfilme. (...) Das fand ich 'ne coole Idee und ich dachte, da krieg ich die bestimmt begeistert für. Sind die auch, ganz netter Anfang, das hab ich noch nie gemacht, das heißt eben Software runterladen, im Internet surfen, wie das geht (...) und es wird sicherlich so sein, dass ich nochmal nachher zwei Nächte irgendwie dran hänge (.), so was dauert immer länger, ähm. (.) Das sind irgendwie Herausforderungen, die hat man im Alltag mit Kindern nicht." (10/3M)

Seinen Beschreibungen der beruflichen Tätigkeiten kann man folgende charakteristische Attribute entnehmen: Sie sind neu für ihn, abwechslungsreich und herausfordernd, bieten ihm Gestaltungsspielräume, ermöglichen selbstbestimmtes Arbeiten und versprechen Anerkennung, sowohl in monetärer Hinsicht, da diese Tätigkeiten im Rahmen seiner Erwerbsarbeit stattfinden, als auch in Form von sozialer Anerkennung, z. B. von den begeisterten Konfirmanden. Sein Engagement geht über das Notwendige hinaus, indem er bereit ist, zusätzliche Nächte in sein Brickfilm-Projekt zu investieren. Sieht man es unter dem Aspekt seines Professionsverständnisses, erscheint es selbstverständlich, dass er sich als ganze Person einbringt, um ein solches Projekt durchzuführen.

Die Attribute der Berufsarbeit stehen diametral denen aus seinen Beschreibungen des Alltags mit Kindern gegenüber: Diese sind aus seiner Sicht monoton, stupide, langweilig. In der Kinderbetreuung sieht er keine Gestaltungsmöglich-

---

90 Mit dem Paarinterview werden die Orientierungen, Aushandlungen und Konsensfiktionen des Paares rekonstruierbar, während bei den Einzelinterviews eher die individuelle Sichtweise dargelegt wird. Beides spielt im Alltag eine Rolle: Das Paar erlebt sich als Paar und muss miteinander kommunizieren, aushandeln, sich als Paar präsentieren; das Paar besteht aber gleichzeitig aus zwei Personen mit ihrer je eigenen Geschichte samt Erzählungen, die ggf. nicht in den Paarkontext ‚passen', in dem Sinne, dass sie im Paarinterview nicht zur Sprache kommen (können) (vgl. Kap. 3.2 zum Aushandeln einer *gemeinsamen Sicht der Dinge* in Zweierbeziehungen, sowie Kap. 4.1).

keiten, um etwas *Eigenes* zu tun und er bekommt keine konvertible Belohnungswährung angeboten, die die zu leistende Fürsorgearbeit für ihn *wertvoll* macht. Dass beide Bereiche sowohl (stupide) Routine- als auch außergewöhnliche Aufgaben und Herausforderungen bereithalten, lässt sich am Beispiel des Pfarramts zeigen. Der Berufsalltag besteht nicht nur aus dem Organisieren von Freizeiten und Brickfilm drehen, sondern auch aus regelmäßigen Dienstbesprechungen, Verwaltungstätigkeiten und der Redaktion von Gemeindebriefen, die weniger intellektuell herausfordernd und abwechslungsreich sein können. Die *Entwertung* von Familienarbeit gegenüber Berufsarbeit funktioniert hier v. a. vor einem idealisierten Berufshorizont.

Martins Präsentation seiner Berufsorientierung, eines ‚ausschließlichen' Professionsverständnisses, passt ‚logisch' zu seiner Negativ-Darstellung der Familienarbeit. Diese Ideale der Lebensführung sind in sich konsistent, aber konfliktträchtig gegenüber Caroline, die sich eine aktive Beteiligung von Martin an der Familienarbeit wünscht und einfordert. Gleichzeitig präsentiert Martin eine starke Berufsorientierung und ein ausgeprägtes Professionsverständnis, welches sich aber bisher *nicht* in entsprechenden Beschäftigungsverhältnissen widerspiegelt. Demgegenüber ist Caroline lange Zeit die Familienernährerin, was nur am Rande Erwähnung findet und von Caroline in den paarinternen Aushandlungen nicht als Ressource mobilisiert wird (vgl. Kap. 7.3).

5.3 Kinderbetreuung und Elternzeit

In der Interpretation und Analyse der Erzählungen und Darstellungen von Caroline und Martin in den Einzelinterviews zeichnet sich ein *Konflikt hinsichtlich der Übernahme der Kinderbetreuung* ab. Bestätigung und Anerkennung finden sowohl Caroline als auch Martin im Bereich der Erwerbs-, nicht aber ohne weiteres im Bereich der Familienarbeit. Martins (berufs-)biographischer Werdegang wird als nahezu linearer Weg in die Profession erzählt. Die damit verbundene Vereinnahmung der gesamten Lebensführung bleibt dabei unproblematisiert. Bei Caroline hingegen findet sich der nicht-linear ‚re-konstruierte' Weg in den Beruf in Form von ‚Brechungen' im Berufsverständnis wieder. Die Kombination beider unterschiedlicher Berufs- bzw. Professionsverständnisse sowie Ideale der Lebensführung haben insofern Konsequenzen für die innerfamiliale Arbeitsteilung, als Caroline dazu bereit ist, wesentlich *mehr* Familienarbeit als Martin zu übernehmen. Wie dies auf der Paarebene trotz Gleichheitsorientierung ermöglicht und legitimiert

5.3 Kinderbetreuung und Elternzeit

wird, wird anhand der Frage der Aufteilung der Elternzeiten beim ersten und zweiten Kind verdeutlicht.

Im Paarinterview finden sich *zunächst zwei* wesentliche ‚Einflussgrößen' bezüglich der Aufteilung der Elternzeiten. Sie unterscheiden sich bezüglich ihres Geltungsbereiches: Während eine Begründung für die Aufteilung der Elternzeit sowohl für das erste als auch für das zweite Kind relevant gemacht wird, wird die andere nur beim ersten Kind angeführt.

„Karrieremöglichkeit": Die Angleichung des Karrierestandes mit Hilfe von Elternzeiten

In verschiedenen Interviewsequenzen zeigt sich, dass Caroline und Martin die Frage, wie viele Monate Martin jeweils in Elternzeit geht, an ihre beruflichen Rahmengegebenheiten binden, wie das Ende von Prüfungen und des Vikariats. Es ist für sie eher „fremdbestimmt", denn das Examen von Martin „lag nun mal da", hätte er einen Monat früher oder später Examen gemacht, dann wäre er dementsprechend einen Monat früher oder später in Elternzeit gegangen (144/3g). Selbstverständlich ist dabei, dass Caroline den Großteil der Elternzeit übernimmt und Martins Elternzeit kürzer und flexibel entsprechend den von ihnen als relevant erachteten Rahmengegebenheiten ausfällt. Martin zu der Frage der Aufteilung der Elternzeit im Paarinterview:

> „Also, wir nutzen das eine eher als Karrieremöglichkeit, ähm, (C: Genau) zu Gestaltung, denn das war mit dem Examen so, so konnte Caroline arbeiten, während ich, äh, gerade mein Examen fertig hatte und einer konnte anfangen. Und jetzt ist es so, dass wir zweieinhalb Jahre Probezeit haben und weil Caroline, die früher angefangen hatte, konnte man quasi durch längere Elternzeit, die wieder auf parallel schieben, die Zeiten. (C: Mh genau) Und damit gleichzeitig fertig sein und sich gemeinsam auf eine Pfarrstelle bewerben." (103/3g, M)

Ziel ist es, sich nach der Probezeit gemeinsam auf eine Pfarrstelle bewerben zu können. Die Angleichung des bis dato ungleichzeitigen Karrierestandes wird mit Hilfe einer pragmatisch gewählten Elternzeitaufteilung erreicht: Caroline hat zwei Semester vor Martin mit dem Studium der Theologie begonnen und mit Hilfe der längeren Elternzeiten von Caroline kann Martin seinen Karriererückstand nun aufholen.[91] Caroline verliert damit ihren einjährigen Karrierevorsprung sukzessiv durch ihre längeren Elternzeiten bei beiden Kindern.

---

91 Caroline ist ein Jahr älter als Martin und da dieser keinen Zivildienst o. ä. leisten musste, besteht ein Jahr Differenz in der Ausbildung.

Jedoch zeigt sich im Laufe des Paarinterviews, dass diese Art der Funktionalisierung von Elternzeiten nur beim ersten Kind relevant wird. Denn bereits *während* Martins erster Elternzeit beschließen sie für das nächste Mal, dass „Martin auch wieder zu Hause bleibt, halt dann aber nur zwei Monate" (98/3g, C). So lässt sich auch die Formulierung von Caroline verstehen, dass die Elternzeitaufteilung beim zweiten Kind „auch nochmal beruflich ganz praktisch dann auskommt" (102/3g, C). Denn nun wird es nicht mehr als pragmatische *Planung* gerahmt, sondern die Aufteilung stand schon vor der zweiten Schwangerschaft und Geburt des Kindes fest und wird nun ex post über das zeitgleiche Ende ihrer Probezeit legitimiert. Dass Martin exakt zwei Monate und nicht länger oder kürzer in Elternzeit geht, ist zurückzuführen auf die Ausgestaltung des BEEGs und den sog. Partnermonaten mit dem Prinzip ‚use it or lose it' (vgl. dazu Kap. 2.1). Das Verfallen lassen von zwei Monaten Elternzeit mit Elterngeldbezug scheint für das Paar keine Alternative zu sein.

Mit Hilfe der längeren Elternzeiten von Caroline holt Martin seinen Karriererückstand auf. Es erscheint für beide aus verschiedenen Gründen sinnvoll, dass Caroline beim zweiten Kind länger Elternzeit nimmt und somit im Hinblick auf berufliche Qualifikationsschritte zeitlich ausgebremst wird. Martin bringt diesen Aspekt aus seiner Perspektive zur Sprache: Indem er sagt, dass sich durch die längere Elternzeit von Caroline ihre Ausbildungszeiten „*wieder* auf parallel schieben" (103/3g, M) lassen, geht er davon aus, dass diese grundsätzlich parallel gewesen sind bzw. parallel zu sein haben. Es scheint ein Tabu zu sein, dass Caroline karrieretechnisch vor ihm liegt. Damit ist für ihn die wünschenswerte Norm der gleiche Karrierestand und der Vorsprung von Caroline, der sich durch ihren früheren Studienbeginn ergibt, eine zu korrigierende Angelegenheit. Durch die Formulierung eines gemeinsamen übergeordneten Ziels, der gemeinsamen Bewerbung auf eine Pfarrstelle, lässt sich dieser Aspekt konfliktfrei von Martin thematisieren und Caroline kann so ihr berufliches Ausbremsen als sinnvoll erachten und unterstützen.[92]

‚Aktive Vaterschaft' – gemeinsames oder einsames Projekt?

Anhand verschiedener Paarinterviewsequenzen (125, 388/3g) lässt sich zeigen, dass sich v. a. Caroline für die Frage der konkreten Ausgestaltung der Elternschaft, insbesondere der Eltern-Kind-Beziehung und Kleinkindbetreuung verantwortlich fühlt. Ihre Ideen und Planungen fokussieren dabei auf die Ausgestaltung von Martins Vaterschaft, während sie ihre Mutterschaft dem selbstverständlich

---

92 Die Stellenteilung ist für viele Pfarrerehepaare eine Lösungsmöglichkeit für das spezifische Problem der Residenzpflicht im Pfarrhaus, vgl. Offenberger 2008.

5.3 Kinderbetreuung und Elternzeit

voraussetzt. Caroline wünscht sich beim ersten Kind das „Wachsen" eines intensiven Vater-Kind-Verhältnisses. Vor diesem Hintergrund entwickelt Caroline die Vorstellung von Martin als ‚aktivem Vater', während Martin an keiner Stelle den Wunsch äußert, sich aktiv an der Kinderbetreuung, z. B. in Form von Elternzeit, beteiligen zu *wollen*. Dass es zudem eher das Projekt ‚aktive Vaterschaft' als das Projekt einer egalitären Elternschaft darstellt, wird daran deutlich, dass Caroline ihren Anteil an der Kinderbetreuung nicht anspricht, sondern vielmehr voraussetzt und die Beteiligung von Martin an der Kinderbetreuung als wünschenswertes Plus darstellt. So sagt sie, es sei ihr gerade beim ersten Kind wichtig gewesen, dass Martin „auch eine zeitlang" zu Hause sei. In dem „auch" findet sich der Wunsch, Martin möge über ihren (selbstverständlich angenommenen) Anteil hinaus sich an der Kinderbetreuung beteiligen. Das „zeitlang" ist eine so vage Zeitangabe, dass es von ein paar Tagen über mehrere Monate oder Jahre alle möglichen Zeiträume umfassen kann.

In der Retrospektive stellen Caroline und Martin nun ihre einstigen Pläne zur ‚Förderung eines guten Vater-Kind-Verhältnisses' als in der Alltagspraxis nicht umsetzbar dar. Caroline präsentiert ihre Ideale und Vorstellungen und damit verbunden die eher einsamen als gemeinsamen Pläne:

> C: Ja, es [das Elterngeld, AP] erleichtert uns und ich glaub schon auch, dass es mir auch wichtig gewesen wäre, auch wenn es jetzt nicht diese Vätermonate, oder so, also das gesellschaftlich dadurch auch noch mal forciert ist, dass der Mann zu Hause bleibt, dass mir das auch grade beim ersten Kind wichtig gewesen wäre, dass du auch, äh 'ne zeitlang zu Hause (M: Mhm) bist (.), ähm (.) ja. Also auch/ auch für, ähm, meine damalige Illusion, das Verhältnis zwischen Kind und Vater kann doch dann noch mal besonders intensiv wachsen, was ja dann eben die Ronja uns eben 'nen Strich durch die Rechnung gemacht hat
> M: Wobei wir nicht wissen, wie es sonst wäre, ob's noch schlechter oder anders wäre
> C: Genau, nee wissen wir einfach nicht, so. Genau. (125-127/3g)

Caroline bezeichnet ihre damaligen Pläne als „Illusion", eine „beschönigende, dem Wunschdenken entsprechende Selbsttäuschung über einen in Wirklichkeit weniger positiven Sachverhalt" (Duden 1997: 347). Damit stellt sie die Pläne in das Licht des Unmöglichen, so dass die Alltagspraxis anders aussehen muss, da das Problem in den nun nicht-verwirklichbaren, eben ‚illusorischen' Plan verlagert wird. Es wird deutlich, dass es v. a. *ihr Wunsch* ist, dass ein intensives Vater-Kind-Verhältnis ‚wächst'. Martin äußert sich nicht explizit dazu, weder bekräftigt er ihre Pläne noch widerspricht er ihr in irgendeiner Form, so dass er einen schweigenden, abwartenden Part einnimmt. Caroline übernimmt die Verantwortung für die Planung der gemeinsamen Elternschaft, aber hier v. a. für *seine Vaterschaft* und *Väterlichkeit*, die sie mit *ihren* Vorstellungen füllt. Mit anderen Worten: Caroline ist die treibende

Kraft bei der Frage einer ‚aktiven Vaterschaft' und Martin selbst weder unterstützt dies noch widerspricht er ‚hörbar' im Paarinterview.

Begründungsfiguren für die Elternzeitaufteilung und die diskursive Herstellung von Zuständigkeit für die Kinderbetreuung

Die folgenden zwei weiteren Begründungsfiguren haben eine doppelte Funktion: Zum einen sind sie zentral bei der Begründung der Elternzeitaufteilung beim zweiten Kind und zum anderen dienen sie der diskursiven Herstellung der Zuständigkeit von Caroline für die Kinderbetreuung sowohl beim ersten als auch zweiten Kind. Beim ersten Kind legitimieren diese Begründungsfiguren eine Entkopplung von Elternzeit und Kinderbetreuung bei Martin: *Trotz* Martins fünfmonatiger Elternzeit ist Caroline überwiegend für die Kinderbetreuung zuständig.[93] Beim zweiten Kind wird mit Hilfe der Begründungsfiguren von vornherein die Elternzeit von Martin so gering wie möglich, d. h. begrenzt auf zwei Monate, gehalten.

Absolut gesetzte Abneigungen und relative Vorlieben

Anschließend an eine Interviewpassage, in der beide Elternteile konstatieren, dass Caroline die Bezugsperson von Ronja (1. Kind) war und während der Elternzeit von Martin blieb, beginnt Caroline dies zu begründen: „Und das war aber, nähn, nicht nur so, weil wir's (.)" (90/3g). Den ersten Erklärungsversuch, der Gültigkeit für das Paar („wir") beansprucht und auf etwas Gemeinsames hindeutet (z. B. eine gemeinsame Entscheidung), bricht sie ab. Der neue Versuch umfasst demgegenüber einen reduzierten Gültigkeitsbereich, Caroline spricht von ihren persönlichen Vorlieben:

> C: Genau! Und das war aber, nähn, nicht nur so, weil wir's (.)/ also s'es ist auch so, dass ich lieber beim PEKiPs sitze als Martin ähm
> M: ((leise)) Das ist Horror

---

93 Dies impliziert Konsequenzen für (quantitative) Forschungen zur Elternzeit, in denen über die formale Aufteilung der Elternzeit i. d. R. die *faktische Betreuungszuständigkeit* im Alltag abgeleitet wird (vgl. Kap. 2.2, 2.3 und 8). Mit Bezug auf Lenz (2009: 119) halte ich analytisch die Trennung von *Entscheidungen* und *Ausführungen* für notwendig: „Schließlich ist bei Entscheidungen immer auch die Ausführung zu beachten. Eine Entscheidung muss nicht „gleichlautend" in die Tat umgesetzt werden. Vor allem dann, wenn diejenige Person eine Entscheidung auszuführen hat, die beim Entschluss – offen oder verdeckt – dagegen war, bestehen immer auch Chancen, diese zu modifizieren."

5.3 Kinderbetreuung und Elternzeit

C: Also, er hat's auch gemacht, also oder Krabbelgruppe oder so ne, aber kam jedes Mal total gestresst nach Hause und, ähm, genau, das war einmal da/ die eine Sache und dass die Ronja es auch gar nicht so akzeptiert hat. Also, da war die we/ wesentlich sexistischer als wir uns das vorgestellt hatten. (90-92/3g)

Caroline erzählt, dass sie *lieber als* Martin beim PEKiP sitze. Damit ist nicht gesagt, dass sie das (sehr) gern macht, sondern lediglich, dass sie es *im Vergleich zu Martin lieber* macht.[94] Martins Erfahrung mit PEKiP-Besuchen kulminieren in der leisen Kommentierung: „Das ist Horror." Er trifft keine Aussage zu *seinen* Vorlieben bzw. Abneigungen, wie „ich finde das schrecklich", sondern verallgemeinert seine Abneigung zu „Das ist Horror." Damit liegt die Beweislast beim Kurs, zu zeigen, dass er nicht „Horror" ist und nicht bei Martin zu erklären, weshalb er den Kurs nicht mag.[95] Unklar und nicht weiter begründungsbedürftig bleibt damit, weshalb Martin diesen Kurs als „Horror" bezeichnet. Er macht aber deutlich, dass diese Besuche für ihn eine schreckliche und unerträgliche, vielleicht auch gruselige Erfahrung darstellen. Durch die starke Wortwahl setzt Martin seine Abneigung absolut und es erübrigen sich Aushandlungen darüber, wer von beiden mit Ronja den PEKiP-Kurs besuchen wird. Von daher ist es auch nicht verwunderlich, dass Caroline unter den Umständen dies *lieber* tut: Denn der Aussage von Caroline über ihre individuellen Vorlieben, stellt Martin seine absolut gesetzte Abneigung gegenüber, so dass der relationale Charakter von Vorlieben und Abneigungen verloren geht. Caroline versucht das Bild (oder *ihr* Bild) von Martin als ‚aktiven Vater' partiell zu retten, indem sie konstatiert, Martin habe es „auch gemacht" mit der anschließenden Einschränkung, Martin sei aber „jedes Mal total gestresst nach Hause" gekommen.

Etwas später im Paarinterview findet sich die Steigerung und Verallgemeinerung des Absolut Setzens von Gefühlen und Empfindungen: Martin und Caroline werden sich darüber einig, dass Martins Elternzeit beim ersten Kind – in der Retrospektive – eine „Qual" für alle war:

C: Ja, also/ also während der Elternzeit schon gesagt, die/ Martins fünf Monate hier zu Hause waren nicht nur wegen Ronja (.) zu stressig
M: Es war 'ne Qual für uns alle

---

94 Das Einzelinterview mit Caroline gibt uns zwar darüber Auskunft, der Fokus hier liegt indessen darauf, wie Caroline und Martin einen Teil der Kleinkindbetreuung *aushandeln*.

95 Durch die verbale Gegenüberstellung von Vorlieben und Abneigungen grenzen sich beide voneinander ab und bedienen das „sameness taboo" (Rubin 1975: 178, Lorber 1994: 26). Diesen Gedanken entwickle ich im Vergleich mit anderen Fällen in Kap. 6, insbesondere 6.2 weiter.

C: Es war für alle wirklich stressig. Martin war so gestresst und so genervt, dass es mich total gestresst und genervt hat und, ähm, es hat mich auch genervt, zu Hause zu sein und irgendwie so der/ dieser Anspruch fehlt jetzt irgendetwas zu tun und was ab/ ab/ ab/ abzuarbeiten oder so, aber, ähm, so gesamtfamiliär ist die/ äh/ der Stress und die, ähm, Belastung und die nervliche Gereiztheit sehr viel entspannter, wenn ich zu Hause bin, ähm, und so, dass wir jetzt/ das ich jetzt zwölf Monate bleibe und du zwei, was aber auch nochmal beruflich ganz praktisch dann auskommt, weil wir dann nämlich nach der Elternzeit gleichauf sind. (100-102/3g)

An dieser Stelle werden die Folgen des Absolut Setzens von Gefühlen und Empfindungen im Vergleich zu ihrer relativen Darstellung besonders deutlich: Caroline übernimmt den Part „zu Hause zu sein", räumt aber ein, dass dies sie „auch genervt hat". Die ‚Einzelrechnung' fällt negativ für sie aus, aber die ‚Gesamtrechnung' aus der Perspektive der Familie beschreibt sie im Vergleich dazu als *positiver*. Die Übernahme von Kinderbetreuungsaufgaben durch Martin wird für *alle* Beteiligten als so stressig dargestellt, dass es nur plausibel erscheint, dass Caroline mehr Familienarbeit leisten *muss*. Oder um in der Sprache der Ökonomie zu bleiben: Martin stellt die ‚Einzelrechnung' für seine Übernahme der Kinderbetreuung so überzeugend hoch aus, dass die ‚Gesamtrechnung' für die Familie negativ ausfallen *muss*.

So liegt die kurzfristige Lösung des ‚Problems' darin, dass Caroline, „soweit das zeitlich machbar war" (122/3g, M), die Kinderbetreuung trotz Martins Elternzeit beim ersten Kind übernimmt: Sie entkoppeln Martins formale Elternzeit von der Kinderbetreuung. Vom Gesetzgeber vorgesehen ist hingegen, dass der Elternteil in Elternzeit während dieser Zeit den überwiegenden Anteil der Kinderbetreuung leistet.[96] Begünstigend kommt hinzu, dass Caroline in ihrer neuen Stelle, die sie während Martins erster Elternzeit antritt, Aufgaben nicht in vollem Umfang übertragen werden und sie daher im Beruf nicht entsprechend einer 100 Prozent-Stelle gefordert wird. Somit entsteht erst die Möglichkeit, dass Caroline trotz Vollzeiterwerbstätigkeit zeitlich ausgeprägter für die Betreuung des ersten Kindes zuständig sein kann als Martin, der sich in Elternzeit befindet.

Die langfristige Lösung des ‚Problems' findet sich in der Abmachung, die bereits während Martins erster Elternzeit getroffen wird, der zufolge er beim zweiten Kind nur die zwei Partnermonate in Anspruch nehmen wird.

---

96 BEEG § 1 und § 15: Anspruch auf Elterngeld und Elternzeit hat, wer (…) dieses Kind selbst betreut und erzieht (Deutscher Bundestag 2006c). Ausgenommen sind hier Regelungen zur Kombination von Teilzeitarbeit und Elternzeit.

Die gemeinsame Imagination vom widerständigen Kind

Neben dem Absolut Setzen von Abneigungen als Begründungsfigur, die eine Entkopplung von Elternzeit und Kinderbetreuung legitimiert, findet sich im Paarinterview und im Einzelinterview mit Caroline eine weitere Begründungsfigur: *Die gemeinsame Imagination vom widerständigen Kind*. Mit der Aussage in Absatz 92 (s. o.), dass Ronja, ihr erstes Kind, „wesentlich sexistischer" war, „als wir uns das vorgestellt hatten", unterstellt Caroline dem Kind ein diskriminierendes Verhalten gegenüber ihren Eltern aufgrund deren Geschlechtszugehörigkeiten. Damit lädt Caroline die von ihnen wahrgenommenen Unterschiede im Verhalten der neunmonatigen Ronja gegenüber ihren *Eltern* geschlechtlich auf. Möglich wäre – kontrastierend betrachtet – ebenfalls eine Erklärung der Unterschiede über ‚persönliche Eigenschaften' der Individuen Caroline und Martin und nicht über ihre vergeschlechtlichten Elternrollen als ‚Mutter' und ‚Vater'. Caroline hingegen rekurriert als Ressource für Sinnstiftung auf ein mit Geschlecht verbundenes Normensystem (Mama und Papa als geschlechtlich verschiedene Personen sowie Ronja, die ihr Verhalten entsprechend dieser Unterscheidung ‚ausrichtet'). Dies wirkt für das Paar entlastend, da ihnen das wahrgenommene Handeln von Ronja nicht *individuell* zuzuschreiben ist, sondern sie der Darstellung zufolge nach so handelt, weil Martin dem Kind als ‚Mann' bzw. ‚Vater' und Caroline als ‚Frau' bzw. ‚Mutter' gegenüber tritt (vgl. dazu Kap. 3.1).[97]

Damit allein wäre aber noch nicht zu erklären, welches Elternteil ‚diskriminiert' wird und weshalb Ronja den einen oder anderen Elternteil bevorzugen oder ablehnen sollte. Implizit bleibt hier daher die Annahme, dass das Kind die Mutter dem Vater bevorzugt. Alltagsweltliche, oftmals biologistische Begründungen, weshalb dies so sei, gibt es viele, wie z. B. die ‚natürliche, schon immer vorhandene' Bindung zwischen Mutter und Kind und im Gegensatz dazu, das Vater-Kind-Verhältnis, welches ‚erst noch wachsen' muss. Die Argumentationsweise von Caroline und Martin kann zudem insofern als gesellschaftlich (nach wie vor) abgesichert gelten, als zumindest ‚faktisch' überwiegend Mütter und seltener Väter die Kleinkindbetreuung übernehmen (so zeige auch ich mich in der Interviewsituation über die Aussage keineswegs irritiert).

Der ‚Sexismus' von Ronja wird anhand verschiedener Beispiele von Caroline und Martin gemeinsam belegt und mir, der Interviewerin, anschaulich vermittelt. Es geht im Folgenden darum, anhand einer Interviewsequenz exemplarisch zu rekonstruieren, wie die Eltern im Paarinterview gemeinsam ein Bild von dem Kind

---

97 Hirschauer (2013: 43) dazu: „Jede Verhaltensbesonderheit und jede Andeutung einer Spezialisierung kann mit geschlechtlichem Sinn versehen werden und den beiden Enden der Beziehung als ‚Geschlechtseigenart' zugerechnet werden."

zeichnen und welche *Funktion* dieses Bild in den paarinternen Aushandlungen hat, so dass eine Entkopplung von Elternzeit und Kinderbetreuung während Martins erster Elternzeit *möglich* und *legitim* wird, und Carolines Hauptverantwortung in der Kinderbetreuung ihnen, aber auch mir, verständlich erscheint bzw. erscheinen muss.[98] Im folgenden Beispiel erzählen Martin und Caroline – sich gegenseitig unterbrechend und ergänzend – von Ronjas ‚eigenwilligem' Handeln:

M: Und man muss sagen, ähm, die Phasen, in denen sie das nicht akzeptiert, dass ich sie ins Bett bringe oder, ähm, kuscheln komme oder so, die/ die beschränken/ oder die/ oder dies/ meistens dann, wenn ich viel Zeit habe, ähm

C: Ja, das wurde nachdem du/ es gab mal zwei drei Monate, wo sie ganz Papa-affin war, weil sie da, ähm, das war genau/ fing genau an, als du wieder anfingst zu arbeiten

M: Ja

C: Da gab es zwei Monat/ zwei, drei Monate, wo sie nur den Papa wollte und das hörte danach aber auch wieder auf

M: (…) Gestern wurde lange darauf bestanden, auch laut darauf bestanden, dass wir gemeinsam kochten, also mit Papa auf dem Arm [sic!], ähm, haben wir dann noch irgendwie Nudeln gemacht. Das würde sie nicht machen, wenn ich, äh, den Tach über da wär

C: Ja, aber das ließ dann auch wieder nach 'ner halben Stunde, ließ das auch wieder nach, ne

M: Da war auch genug, ja. Genau. Dann durfte ich aber wieder nicht ins Bett bringen, wird dann auch aus'm Zimmer rausgeschmissen, Mama darf lesen und Papa darf nicht mal mehr Gute Nacht sagen, Papa darf auch nachts nicht zudecken, wenn sie bei uns ins Bett krabbelt

C: Mh, Papa darf den Stuhl nicht anschieben

M: Wenn sie am/ beim Essenstisch, also sobald die Möglichkeit steigt/ aber wie gesagt, solche Sachen sind sehr viel häufiger und sehr viel intensiver, wenn ich Zeit habe (C: Ja) für sie, als wenn ich keine Zeit habe, also der Mangel, äh, (C: Als wir) schafft Nachfrage. (128-136/3g)

In dieser Interviewsequenz imaginieren Caroline und Martin Ronja als eigenwillig handelndes Kind, das zu machen scheint, was es möchte und demgegenüber sich die Eltern als inaktiv bzw. passiv und (hilflos) ausgeliefert darstellen: Ronja möchte nicht von Papa ins Bett gebracht werden, Ronja möchte mit Papa kochen oder Ronja möchte von Mama vorgelesen bekommen. Caroline und Martin beschreiben, was Ronja mit welchem Elternteil machen oder nicht machen möchte. Im Mittelpunkt der Erzählung steht dabei die Vater-Kind-Beziehung, die einer

---

98 Es soll dabei keine Aussage darüber getroffen werden und dies ist im Rahmen des gewählten methodischen Zugangs auch nicht möglich, wie das Kind sich ‚tatsächlich' gegenüber den jeweiligen Elternteilen verhalten hat oder verhält.

5.3 Kinderbetreuung und Elternzeit

ständigen und genauen Beobachtung hinsichtlich Qualität und Quantität ausgesetzt ist. Die Beziehung zwischen Vater und Kind ist somit ein zentrales Thema in der Paarbeziehung. Die Mutter-Kind-Beziehung bildet eine unhinterfragte, unproblematisierte Grundlage, vor deren Hintergrund sich die Vater-Kind-Beziehung ‚abspielt' und thematisiert wird.

Martin findet Regelmäßigkeiten im Handeln der Tochter und entwickelt daraus die Theorie, dass väterlicher Anwesenheitsmangel zu väterlicher Beliebtheit bei Ronja führt (128 und 136/3g, M). Das Kind ist demnach nur „Papa-affin", wenn Papa keine Zeit hat. Das ‚keine Zeit haben' und die Papa-Affinität werden dabei (indirekt) an Martins Arbeitszeiten festgemacht. Die grundsätzliche Logik, dass Mangel Nachfrage schafft, wird dabei nur auf das Vater-Kind-, nicht aber das Mutter-Kind-Verhältnis, angewandt. Dieses bleibt vielmehr unthematisiert, da es der Logik widersprechen würde: Denn die von Caroline übernommenen Kinderbetreuungsaufgaben und ihre Anwesenheit stellen die Grundlage für Martins An- und Abwesenheitstheorie dar. Martins Theorie sagt dabei weniger etwas über Ronjas Handeln als über Martin selbst etwas aus: Er ist ein Berufsmensch, ihm macht die Zeit und Beschäftigung mit Ronja Spaß, wenn er hauptsächlich (erwerbs-)arbeiten kann, denn die Interaktionen zwischen Vater und Kind werden immer dann als zufriedenstellend und ‚gelungen' dargestellt, wenn Martin sich beruflich engagiert und z. B. abends begrenzt Zeit für und mit Ronja hat.

Durch die Beobachtung und Analyse des Paares findet eine anhaltende ‚Dramatisierung' der Vater-Kind-Beziehung statt. Grundannahme ist, dass die Interaktionen zwischen Vater und Kind nicht gelingen und es zu Schwierigkeiten kommen wird. Wenn es dann einmal entgegen dieser Grundannahme ‚funktioniert', wird dies von beiden besonders hervorgehoben. Gleichzeitig relativiert Caroline an verschiedenen Stellen (131, 133/3g, C) den ‚Papa-Hype', insbesondere wenn sie für die Betreuung von Ronja zuständig ist und Ronja nach dem Papa verlangt. Sie macht damit deutlich, dass sie die Situationen im Griff hat, auch wenn Ronja „wie am Spieß" brüllt, so ist dies „nach fünf Minuten" wieder erledigt. (Dies könnte auch als impliziter Hinweis von Caroline an Martin zu verstehen sein, dass solche ‚Heul- oder Wutattacken' von Ronja vergänglich sind).

Sprachlich fällt zudem an der Interviewsequenz auf, dass sich Caroline und Martin weniger als Individuen (als Caroline und Martin), sondern vielmehr aus der Perspektive von Ronja in den Rollen als ‚Vater' und ‚Mutter' inszenieren. Durch diese Bezeichnungen werden geschlechterdifferenzierende, stereotype Unterscheidungen gemacht und es kann damit auf gesellschaftliche Normalvorstellungen, was ein ‚guter Vater' und was eine ‚gute Mutter' ist, implizit oder explizit zurückgegriffen werden.

Welche Funktion erfüllt die Imagination vom widerständigen Kind in der Paarbeziehung? Caroline und Martin können über diese ausgehandelte „Konsensfiktion" (Hahn 1983, vgl. auch Hildenbrand 2006) in Kombination mit den anderen Begründungsfiguren sich eines Konfliktes entziehen bzw. ihn ‚lösen'. Dieser ist latent vorhanden, wenn man bedenkt, dass Carolines Pläne von einer ‚aktiven Vaterschaft' Martins und einer engen Vater-Kind-Beziehung darin kulminieren, dass sie selbst während seiner Elternzeit für die Kinderbetreuung grundsätzlich zuständig ist. Die ‚Lösung' liegt nun darin, dass Caroline ihre Vorstellungen und Pläne einer ‚aktiven Vaterschaft' von Martin als „Illusion" bezeichnet, seine Abneigungen absolut und ihre Vorlieben relativ dargestellt werden, die Aufteilungen der Elternzeiten als „Karrieremöglichkeit" rationalisiert werden und Ronja gemeinsam als widerständig handelndes Kind imaginiert wird.

Caroline leistet in der Folge mehr Familienarbeit als aufgrund von Martins Elternzeit zu erwarten gewesen wäre. Die ‚Rechnung' für Caroline stimmt damit zunächst nicht, jedoch für das ‚System Familie'. So lässt sich verstehen, wie es dazu kommt, dass Caroline sich mit der zusätzlichen Arbeit durch die Kinderbetreuung während Martins Elternzeit bei Ronja arrangiert und sie die Elternzeit von Martin beim zweiten Kind noch vor Schwangerschaft und Geburt einvernehmlich auf die zwei Partnermonate beschränken. Martin kann sich entsprechend seines Selbst- und Professionsverständnisses beruflich engagieren. Seine Berufstätigkeit ist somit nicht nur legitimiert, sondern sie scheint für das Wohlergehen der Familie geradezu *notwendig*, beide Kinder sind betreut und alle Familienmitglieder bezeichnen sich im Vergleich zu anderen Lösungen als *weniger* gestresst. Die Konsensfiktion vom widerständigen Kind trägt auf diese Weise zur Stabilisierung der Zweierbeziehung und des ‚Systems Familie' bei.

5.4 ‚Begründungsfiguren zur Aufteilung der Elternzeit' als Schlüsselkategorie

Zusammenfassend lassen sich einige Phänomene und Kategorien für den Fallvergleich herausarbeiten:

1. Als Ergebnis der dargestellten Fallanalyse von Familie Weber zeigt sich, dass es *Diskrepanzen in den Darstellungen im Paar- und Einzelinterview* gibt. Das ist zunächst nicht weiter überraschend, interessant ist dabei, was unterschiedlich dargestellt wird bzw. worüber unterschiedlich berichtet wird. Im Paarinterview ist die ‚gemeinsame Imagination des widerständigen Kindes' als Erklärung zentral für die Übernahme eines Großteils der Kinderbetreuung durch Caroline *während* Martins Elternzeit beim ersten Kind sowie für die kürzere Elternzeit

5.4 ‚Begründungsfiguren zur Aufteilung der Elternzeit'

von Martin beim zweiten Kind (und dementsprechend längere Elternzeit von Caroline). Caroline rekurriert auch im Einzelinterview auf diese Konsensfiktion, allerdings fügt sie dem ‚widerständigen Kind' noch den ‚widerständigen Martin' hinzu, den sie bezüglich der Kinderbetreuung „nicht aus der Verantwortung" lassen will. Martin legt hingegen in seinem Einzelinterview ausführlich und anschaulich dar, dass er Familienarbeit, insbesondere die Kinderbetreuung, zwar für notwendig hält, aber nicht gerne macht. Gegenüber Caroline und mir, der Interviewerin, thematisiert Martin im Paarinterview allerdings seine Unlust nicht. Hier wirkt die Konsensfiktion, die ein fragiles Gebilde ist, welches durch das offene Preisgeben seines absoluten Desinteresses an Kinderbetreuung, ihre Glaubwürdigkeit und damit Funktionalität einbüßen würde. Nur über die Konsensfiktion lässt sich die diskursiv hergestellte Gleichheitsorientierung des Paares in Einklang bringen mit der geschilderten, eher traditionalen innerfamilialen Arbeitsteilung. M. a. W.: Die Konsensfiktion ist notwendig, damit beide ohne ‚Glaubwürdigkeitsverlust' gemeinsam von ihrer Gleichheitsorientierung abweichen können und eine geschlechterdifferenzierende ‚klassische' Arbeitsteilung möglich und ‚sinnvoll' wird.

2. Es zeigt sich ein *Zusammenhang zwischen Berufsorientierung, Karrierestatus und Einstellungen sowie Darstellungen zu Familienarbeit und Kinderbetreuung*: Martins ausgeprägtes Professionsverständnis lässt seine dauerhaft aktive Beteiligung an Kinderbetreuung und Familienarbeit nicht zu, bzw. schließt diese aus. Demgegenüber weist Caroline eine Berufsorientierung auf, die sich mit Familienaufgaben eher vereinbaren lässt. Allerdings ist dabei zu beachten, dass die bis zum Interviewzeitpunkt verwirklichten Erwerbskonstellationen nicht den jeweiligen Berufsorientierungen und zumindest für Martin nicht seinem Professionsverständnis entsprechen: Caroline hat nach ihrer ersten Elternzeit eine volle Stelle, während Martin zwölf Monate eine halbe Stelle innehat und erst durch Carolines zweite Elternzeit Teile von ihrer Stelle übernehmen kann, um Vollzeit zu arbeiten.

Der (unterschiedliche) berufliche Status zum Zeitpunkt der Familiengründung spielt insofern eine Rolle, als das Paar Anzahl und Zeitpunkt der jeweiligen Elternzeitmonate beim ersten Kind an Martins Prüfungsende orientiert und die Aufteilung beim zweiten Kind ex post u. a. darüber legitimiert, dass es „beruflich ganz praktisch dann auskommt" (102/3g, C), da Martin über die längeren Elternzeiten von Caroline ein Ausbildungsjahr ‚aufholt' und sie sich gemeinsam auf eine Stelle bewerben können. Daraus ergeben sich *forschungsleitende Fragen für die Analyse weiterer Interviews:* Welche Bedeutung messen die Interviewteilnehmenden ihrer Erwerbstätigkeit und Karriere bei und in welchem Verhältnis stehen die Berufsorientierungen der Partner zueinander?

Wie werden die Berufsverständnisse *im Paar* hergestellt? Inwiefern werden die Berufsorientierungen sowie der Karriere-/Berufsstatus der jeweiligen Partner in den Interviews relevant oder nicht relevant gemacht? Welche Funktionen haben die Relevantsetzungen in Bezug auf Erzählungen, Darstellungen und Begründungen bezüglich der familialen Arbeitsteilung (Elternzeitaufteilung, Kinderbetreuung, etc.) in den Interviews; inwiefern dienen sie als Begründungsfiguren (s. Punkt 4)?

3. *Bedeutung von Elternzeit für anschließende Arbeitsteilungsarrangements:* Im dargestellten Fall von Familie Weber zeigt sich eine zunehmende ‚Re-Traditionalisierung' der innerfamilialen Arbeitsteilung, insbesondere der Zuständigkeit für die Kinderbetreuung trotz der formalen Elternzeit von Martin beim ersten Kind. Die Entkopplung von Elternzeit und Kinderbetreuung während Martins fünfmonatiger Elternzeit setzt sich in einer überwiegenden Zuständigkeit von Caroline für die Kinderbetreuung nach der ersten Elternzeit und einer längeren Elternzeit beim zweiten Kind fort. Mögliche *forschungsleitende Fragen* sind: Inwiefern berichten die Paare von Routinen und Praktiken, die durch eine geteilte Inanspruchnahme der Elternzeit ‚entstanden' sind und anschließend fort- oder nicht fortgeführt werden. Woran ‚scheitern' solche Routinen und Praktiken?

4. *Begründungsfiguren zur Aufteilung der Elternzeit*: Es finden sich bezüglich der Aufteilung der ersten und zweiten Elternzeit im Paar- und in den Einzelinterviews von Caroline und Martin Weber übereinstimmende und divergente Begründungsfiguren. Die Begründungsfigur ‚Imagination vom widerständigen Kind', die im Paarinterview ausführlich gezeichnet wird, übernimmt die Funktion einer Konsensfiktion um den Konflikt darüber zu ‚lösen', wer wie viel Kinderbetreuung leistet. Weitere Begründungsfiguren sind die Verabsolutierung von Abneigungen, die „Karrieremöglichkeit", im Sinne der Angleichung des Karrierestandes und das „Wachsen" der Vater-Kind-Beziehung (Projekt ‚aktive Vaterschaft').

Anhand der dargestellten Fallanalyse Caroline und Martin Weber sowie zwei weiteren Fallanalysen (Paar Reinburger/Hoffmann (#2) und Paar Franke/Ruppel (#6)) und deren Vergleich habe ich die Kategorie *‚Begründungsfiguren zur Aufteilung der Elternzeit'* (Punkt 4) zur Schlüsselkategorie ausgearbeitet und in der Kontrastierung mit den übrigen Fällen weiterentwickelt (ausführlicher zum Forschungsstil, vgl. Kap. 4; zu den Kriterien, welche Kategorie als Schlüsselkategorie dienen sollte, vgl. Strauss 1994: 67). *Unter Begründungsfiguren zur Aufteilung von Elternzeit/-geld verstehe ich Erzählungen und Argumentationen, die im Paar- und/oder Einzelinterview vom Paar und/oder einem Partner vorgebracht werden, um die gewählte Aufteilung der Elternzeit darzulegen, zu begründen und zu legitimieren.*

5.4 ,Begründungsfiguren zur Aufteilung der Elternzeit'

An der Schlüsselkategorie orientiert, habe ich im Fallvergleich mit einbezogen den Zusammenhang von Berufsorientierung, Karrierestatus und Darstellungen zu Familienarbeit (Punkt 2), sowie die Bedeutung von Elternzeit für anschließende Arbeitsteilungsarrangements (Punkt 3). Verworfen habe ich im Laufe der Analyse den Fokus auf Konsensfiktionen und damit verbundene Diskrepanzen von Darstellungen im Paar- und Einzelinterview (Punkt 1). Während in der dargestellten Fallanalyse *systematische* Differenzen der Erzählungen und Darstellungen in Paar- und Einzelinterviews auffällig sind, tauchte dieses Phänomen in den anderen Fällen so nicht auf.

Da die Interviews während oder nach der Elternzeit eines oder beider Partner stattgefunden haben, wird die *retrospektive Sicht des Paares* auf ihre Aushandlungen zur Aufteilung der Elternzeit rekonstruiert. Die jeweiligen Darstellungen der Paare und/oder Partner sind dabei beeinflusst von aktuellen Aushandlungen und Konflikten zur innerpartnerschaftlichen Arbeitsteilung. Mit den Begründungsfiguren soll analytisch gefasst werden, wie das Paar seine Aushandlungen und Aushandlungsergebnisse zur Aufteilung der Elternzeit expliziert und legitimiert. Die zentrale Frage ist: *Wann bzw. in welchem Kontext, wie und mit welchen Konsequenzen argumentiert wer mit welcher Begründungsfigur?* Weitere forschungsleitende Fragen für die Analyse der einzelnen Begründungsfiguren sind:

- Was wird wie begründet?
- Was wird als begründungsbedürftig angesehen, was ist nicht begründungsbedürftig?
- Wer führt welche Begründungsfigur an und welche Funktion/en erfüllt diese?
- Welche Konsequenz(en) hat die Begründungsfigur, v. a. für die Darstellung der alltäglichen innerfamilialen Arbeitsteilung während der Elternzeit und im Anschluss sowie beim ersten Kind für die Aufteilung der Elternzeit beim zweiten Kind?[99]

Die Begründungsfiguren beziehen sich auf einen der folgenden zwei Fragekomplexe:

a. Wie selbstverständlich nehmen *beide Elternteile* Elternzeit/-geld in Anspruch? Dies wird ausführlich und fallvergleichend in *Kap. 6 Wer betreut das Kind?* erörtert.
b. Welcher Partner nimmt bzw. nimmt nicht, *wie viele Monate* Elternzeit/-geld in Anspruch? Dies wird in *Kap. 7 Wer nimmt wie lange Elternzeit?* diskutiert.

---

99 Vorausgesetzt, das Paar hat mehr als ein Kind.

Wer betreut das Kind? 6

Ziel der empirischen Analyse ist es, zu klären, inwiefern die reformierte Ausgestaltung des Elterngeldes als Einkommensersatzleistung und die Einführung von Partnermonaten bei Doppelverdiener- und Doppelkarrierepaaren eine egalitäre Arbeitsteilung nach Familiengründung begünstigt (vgl. Kap. 2.1). Im Fokus stehen *paarinterne Aushandlungen*, da auf dieser Ebene Handlungsoptionen er- und verschlossen werden können (vgl. Kap. 3.2). So stellt sich z. B. die Frage, wie Paare ihre Einkommenssituation und ihre Arbeitsplatz(un)sicherheit bei der Entscheidung für oder gegen eine (gemeinsame) Inanspruchnahme von Elternzeit/-geld interpretieren und gewichten. Die Analyse der Interviews fokussiert auf das aus drei Einzelfallanalysen und deren Vergleich entwickelte zentrale Konzept ‚Begründungsfiguren zur Aufteilung der Elternzeit' (vgl. Kap. 5).

Unter *Begründungsfiguren zur Aufteilung der Elternzeit* verstehe ich Erzählungen und Argumentationen, die im Paar- und/oder Einzelinterview vom Paar und/oder einem Partner vorgebracht werden, um die gewählte Aufteilung der Elternzeit darzulegen, zu begründen und zu legitimieren. Die zentrale Frage ist: *Wann bzw. in welchem Kontext, wie und mit welchen Konsequenzen argumentiert wer mit welcher Begründungsfigur?* Die Begründungsfiguren beziehen sich auf einen der folgenden zwei Aspekte: zum einen generell darauf, ob und wie selbstverständlich Elternzeit/-geld von *beiden* Elternteilen in Anspruch genommen wird (Kap. 6) und zum anderen, welcher Elternteil *wie viele Monate* Elternzeit nimmt bzw. nicht nimmt (vgl. dazu Kap. 7).

Für den Aspekt ‚Wer betreut das Kind?' ließen sich anhand des gesamten Materials vier zentrale Begründungsfiguren herausarbeiten. Sie unterscheiden sich in der *Selbst- und Fremdzuschreibung von Betreuungsverantwortung und -aufgaben*.

1. ‚**Hegemonic Mothering**': Beide Elternteile sehen selbstverständlich und einvernehmlich die Mutter in der Betreuungsverantwortung, während der Vater oder

die Partnerin/Ko-Mutter als (deutlich) weniger kompetent und verantwortlich positioniert wird (Kap. 6.1).

2. ‚**Sameness Taboo**': Beide Elternteile verstehen sich auf der Paarebene als potenziell egalitäre Betreuungspersonen. Der Vater versucht jedoch implizit über geschlechterdifferenzierende Annahmen seine Betreuungsverantwortung zu minimieren (Kap. 6.2).

3. ‚**Maternal Gatekeeping**': Die Mutter schreibt sich selbst die Hauptverantwortung für die Betreuung des Kindes zu und versucht das Engagement des Vaters zu begrenzen. Der Vater hingegen versteht sich als egalitärer Elternteil und widersetzt sich dem ‚Maternal Gatekeeping' (Kap. 6.3).

4. ‚**Equally Shared Parenting**': Beide Elternteile sehen sich selbstverständlich, einvernehmlich und im gleichen Maße in der Betreuungsverantwortung (Kap. 6.4).

6.1 „Wenn irgendwas gewesen wär, hätt ich dich angerufen" – Hegemonic Mothering

Ein zentrales Charakteristikum dieser Begründungsfigur ist, dass sie in den Interviews nicht *explizit* auftaucht: Die von beiden Partnern angenommene grundsätzliche Zuständigkeit der Mutter für die Kleinkindbetreuung ist so selbstverständlich, dass dies keiner Erwähnung bedarf und von beiden Elternteilen als unterhinterfragte ‚Tatsache' behandelt wird. Es erübrigen sich folglich (konfliktbehaftete) Aushandlungen über die Aufteilung der Elternzeit und der anschließenden innerfamilialen Arbeitsteilung. Anhand der Interviews mit Julia und Wolfgang Brückner (#4) werde ich zentrale Merkmale der Begründungsfigur ‚Hegemonic Mothering' herausarbeiten. Diese stehen exemplarisch für die Paare Alexandra und Felix Wagner (#7), Nina Pfeffer und Philipp Becker (#9) sowie Christiane und Franziska Kant (#1) (vgl. Kap. 4.3 zum Sample).

In den Interviews mit Julia und Wolfgang Brückner wird an verschiedenen Stellen deutlich, dass Julia in der Selbst- und Fremdzuschreibung allein für die Kinderbetreuung verantwortlich ist. Zwar nimmt Wolfgang parallel zu Julias Mutterschutz zwei Monate Elterngeld in Anspruch, ein nicht-paralleler und/oder längerer Elterngeldbezug von Wolfgang wird allerdings von beiden an keiner Stelle in Betracht gezogen.[100] Des Weiteren betreut Wolfgang Johanna durchaus zeitweise

---

100 Da Wolfgang nicht in einem Arbeitsverhältnis steht, sondern selbstständig ist, hat er Anspruch auf Elterngeld, nicht jedoch auf Elternzeit.

6.1 Hegemonic Mothering

allein, jedoch vor dem Hintergrund, dass im Zweifelsfall (ausschließlich) Julia kompetent und verantwortlich ist.

Thema der folgenden Sequenz aus dem gemeinsamen Interview ist, wie das Paar seit Geburt des Kindes seine Freundschaften pflegt:

J: Ja, ich bin auch abends (.) relativ schnell wieder weg gegangen. (...)
W: Du warst/ du warst auch am Stammtisch dann relativ schnell
J: Ja, ich war auch beim Stammtisch immer mal wieder
W: Ja, die Johanna hat geschlafen und wenn irgendwas gewesen wär, hätt ich dich angerufen
J: Genau
W: Also, des ging gut. (129-134/4g)

Wolfgang schreibt im Einvernehmen mit Julia prinzipiell ihr die Betreuungsverantwortung zu. Dabei spezifiziert er nicht, was vielleicht hätte passieren können, sondern formuliert recht pauschal „wenn irgendwas gewesen wär". Er geht dann davon aus, dass Julia für das „irgendwas" zuständig ist und es ‚lösen' kann, er aber nicht. Julia wird als kompetente Betreuungsperson entworfen, was zwar die Kompetenz von Wolfgang in Frage stellt, aber dafür weniger Verantwortung und Arbeit für ihn bedeutet.[101]

Herausgehoben wird Julias abendliches Weggehen, welches durch Wolfgang ermöglicht wird. Die umgekehrte Variante, dass Wolfgangs abendliches Weggehen durch Julia ermöglicht wird, wird hier nicht relevant. Allerdings erwähnt Wolfgang im Einzelinterview am Rande, dass er schon die „Möglichkeit" hätte, abends in einen Verein etc. zu gehen, „weil Julia dann zu Hause wär" (52/4W). Die beiden Darstellungen unterscheiden sich hinsichtlich der Selbstverständlichkeiten und der damit verbundenen ‚Leistungen': Während Julias abendliches Weggehen im Paarinterview relativ ausführlich dargestellt und dabei Wolfgangs Betreuungsleistung relevant gemacht wird, erwähnt Wolfgang lediglich, dass er abends in einen Verein gehen könnte und die Betreuung von Johanna durch Julia sichergestellt sei. Dies kann er nur vor der Annahme formulieren, dass Julia normalerweise für die Betreuung von Johanna zuständig ist, mit der dargestellten Ausnahme, die dann besonders betont wird. Darüber hinaus sieht Wolfgang für sich zeitlich flexibler und spontaner die Möglichkeit, abends etwas zu unternehmen: „und dann geh ich vielleicht 'ne Runde laufen" (52/4W). Während Julias Weggehen als fester Termin

---

[101] Ein möglicher Einwand gegen diese Lesart könnte lauten, dass zu diesem Zeitpunkt Julia das Kind stillt und Wolfgang sich hier auf die Ernährung des Kindes bezieht, die er unter Umständen nicht leisten kann. Dagegen spricht jedoch m. E. seine unspezifische Formulierung „wenn *irgendwas* gewesen wär".

im Voraus feststeht und geplant werden kann, sind sportliche Betätigungen, wie Laufen, meist spontanere und unter Umständen häufigere Aktivitäten.

In der Folge ist für das Paar nur das *nicht* selbstverständliche Engagement von Wolfgang ‚sichtbar', welches von beiden besonders anerkennend hervorgehoben wird. Umgekehrt zeigt sich die selbstverständliche, nicht begründungspflichtige Verantwortung von Julia besonders deutlich daran, dass lediglich ihre Erwerbstätigkeit in Konkurrenz zur Betreuung des Kindes gesetzt wird. Wolfgangs Erwerbstätigkeit wird hingegen vorausgesetzt und steht mit Ausnahme seiner zwei parallelen Elterngeldmonate *nicht* zur Disposition:

J: Als ich dann angefangen hab, ein bisschen zu arbeiten, (.) da kam mir das schon nicht mehr so luxuriös vor mit dem Elterngeld ((lacht)), äh weil des ziehen/ wird einem ja quasi wieder abgezogen und da war's dann halt so, ähm, Elterngeld plus des, was ich verdient hab, minus Kinderkrippe, minus Fahrtkosten, (.) da stand ich dann nicht mehr so gut da im Endeffekt (.)
W: Mhm, da wär's für dich, sag mer mal, rein wirtschaftlich wär's besser gewesen, du wärst zu Hause geblieben
J: Ja
W: Das hat dich auch ein bisschen gestört dabei
J: Ja
W: Wobei du arbeiten gehen wolltest einfach, nicht nur aus finanziellen Gründen, sondern ja, pff, weil de dafür an die Uni bist, gelernt hasch und (.) ja auch weiterhin im Job bleiben wolltest
J: Ja. (211-217/4g)

Neben der Frage der Wirtschaftlichkeit des Arrangements (‚lohnt es sich?') wirft Wolfgang später im Paarinterview die Frage der Machbarkeit auf:

W: Und wenn's keine Krippe gegeben hätt, dann könntest du nicht arbeiten
J: Richtig
W: Schlichtweg hin oder wir müssten umziehen und hier bei meinen Eltern irgendwo ganz in der Nähe wohnen. Dann wär mer, sag ich mal, auf Familie angewiesen, dann würd's/ würd es gehen, ansonsten würd es nicht gehen (2). Also wenn/ na gut Tagesmutter und so geht schon auch, aber also wenn's das nicht gäb, 'ne Betreuungsmöglichkeit, dann wär's nicht möglich, dann wär/ dann wär Julia Hausfrau (J: Ja) und nix anderes
J: Ja, aber 'ne Tagesmutter, äh, ja zu finden, ist nicht einfach. Wobei 'ne Tagesmutter, stell ich mir dann halt auch die Frage, äh, warum soll ich mein Kind zu 'ner anderen Frau bringen, damit die mit ihm zu Hause ist, also da denk ich mir, das kann ich auch (W: Mhm), würde mir schwerer fallen. (295-299/4g)

Das Betreuungsarrangement des Paares sieht wie folgt aus: Julia nimmt zwölf Monate Elternzeit und Wolfgang nimmt parallel zu Julia die ersten zwei Lebensmonate des Kindes Elterngeld in Anspruch. Julia kombiniert nach sechs Monaten Elternzeit diese mit 20 Prozent Erwerbstätigkeit. Während dieser Zeit wird das Kind in einer Kita betreut.

Julias Alleinverantwortlichkeit zeigt sich in der ersten Interviewsequenz darin, dass sie die Kinderbetreuungskosten ausschließlich mit dem Einkommen aus ihrer Erwerbstätigkeit verrechnet. Kontrastierend ist vorstellbar, dass bei geteilter Betreuungsverantwortung die Kosten dafür (zumindest gedanklich) ebenfalls geteilt und nicht ausschließlich mit einem Einkommen verrechnet werden. Die Kosten für die Kinderbetreuung sind hier also nicht als gemeinsam zu finanzierende Angelegenheit gedacht (was keine Aussage darüber beinhaltet, ob die Betreuungskosten faktisch gemeinsam beglichen werden).

Nachfolgend übernimmt Wolfgang diese Kosten-Nutzen-Rechnung und expliziert die Konsequenz, die sich aus seiner Sicht daraus ergibt: „rein wirtschaftlich wär's besser gewesen, du wärst zu Hause geblieben" (212/4g, W). Es zeigt sich, welche Folgen diese gedankliche Kosten-Nutzen-Rechnung haben kann, indem Wolfgang Julias Aufrechnung fraglos übernimmt und unter dem Gesichtspunkt der ‚Wirtschaftlichkeit' ihre Erwerbstätigkeit in Frage stellt. Wie die kontrastive Überlegung zeigt, kann jedoch die Frage der ‚Wirtschaftlichkeit' auch anders beantwortet werden, wenn man davon ausgeht, dass beide Elternteile für die Betreuung des Kindes verantwortlich sind und dementsprechend die Kosten für die externe Kinderbetreuung auf die Ermöglichung beider Erwerbstätigkeiten ‚angerechnet' werden. Oder die rein monetäre Kosten-Nutzen-Rechnung lässt sich durch weitere Faktoren ergänzen, die dann durchaus zu einem anderen Ergebnis führen können (vgl. 218/4g, W). Nichtsdestotrotz liegt auch der erweiterten ‚Rechnung' allein die Verrechnung von Kinderbetreuungskosten mit dem Erwerbseinkommen der verantwortlichen Betreuungsperson, hier der Mutter, zugrunde.

Der gleichen Logik folgen die Überlegungen in der zweiten Interviewsequenz: Der Krippenplatz ermöglicht Julia ihre Erwerbstätigkeit und im Gedankenspiel von Wolfgang wird deutlich, *ohne* Krippenplatz „wär Julia Hausfrau". Die institutionell gesicherte Betreuung des Kindes wird *explizit* als Voraussetzung für Julias Erwerbstätigkeit konfiguriert, während die Voraussetzung für Wolfgangs Erwerbstätigkeit – die prinzipielle Verantwortung von Julia für die Familienarbeit – *implizit* bleibt.[102] In dieser Logik verhaftet, fordert Wolfgang nur folgerichtig ein besseres institutionelles Betreuungsangebot:

---

102 Dieses Phänomen beschreibt Arlie Hochschild (1990: 29) ebenfalls in ihrer Studie: „Die Frauen, die ich befragte, schienen viel stärker als ihre Männer zwischen den unterschiedlichen Anforderungen, die Beruf und Familie an sie stellten, hin- und hergerissen zu sein. Sie sprachen lebhafter und ausführlicher als ihre Männer über diesen Konflikt.

„Ich glaub, was noch/ noch, sag mer mal, die Vorsicht vor dem Kinderkriegen noch so ein bisschen mehr nehmen würde, wenn's einfach des Betreuungsangebot nen anderes ist, also wenn des entsprechend ausgebaut ist, damit's einer, ich sag mal akademischen, berufstätigen Frau, ähm, leichter gemacht wird, in ihren Beruf wieder zurück zu gehen." (294/4g, W)

Die Konsequenzen aus der gemeinsamen Sicht des Paares, Julia habe die alleinige Betreuungsaufgabe und -verantwortung inne, zeigen sich auf mehreren Ebenen:

a. Alltagspraxis: Julia wird zur alleinigen ‚kompetenten Betreuungsperson' („und wenn irgendwas gewesen wär, hätt ich dich angerufen") (132/4g, W).
b. Inanspruchnahme von Elterngeld: Wolfgang nimmt zeitlich parallel zu Julias Mutterschutz zwei Monate Elterngeld in Anspruch und ist währenddessen in geringem Umfang selbstständig tätig. Eine nicht-parallele Inanspruchnahme wird an keiner Stelle von Julia und/oder Wolfgang in Betracht gezogen.
c. Erwerbstätigkeit und Freizeit: Wenn Julia die Betreuung zeitweise nicht übernehmen möchte oder kann, muss sie entweder die Betreuung durch den Vater, durch eine Babysitterin oder die Kinderkrippe organisieren. Die entstehenden Kosten für die ‚Auslagerung' *ihrer* Betreuungstätigkeit und -verantwortung wird dann allein ihr zugedacht.

Bei Nina Pfeffer und Philipp Becker (#9) ist ähnlich wie bei Wolfgang und Julia Brückner selbstverständlich gesetzt, dass Nina im Wesentlichen für die Betreuungsarbeit zuständig ist. Dies ist für das Paar ebenfalls nicht weiter begründungsbedürftig. Jedoch lässt sich hier eine Gleichzeitigkeit von Selbstverständlichkeit und situativer Thematisierung beobachten:

I: Und, wie habt ihr das dann so gemanagt, also vor allen Dingen erst mal nach der Geburt von Tom? (2)
N: Meinst jetzt, wie lange Philipp auch zu Hause geblieben ist und überhaupt?
I: Joa, was ihr überhaupt/ genau Familie, Leben, Berufsleben, alles gemeinsam, zusammen
N: Ich, völlig zurück gesteckt (.). Nein (.) ((lacht kurz)). Ich weiß gar nicht bei Tom, wie lange bist'n da mit zu Hause geblieben? Auch vier Wochen? (53-56/9g)

Die sehr allgemeine Frage deutet Nina mit ihrer Rückfrage sehr spezifisch in Hinsicht auf die Betreuungsleistung von Philipp, wodurch ihre achtzehn-monatige

---

(...) Sie sahen in der „zweiten Schicht" allein *ihr* Problem, und die meisten Ehemänner stimmten ihnen darin zu."

6.1 Hegemonic Mothering

Elternzeit (zunächst) unerwähnt bleibt. Auf das Stichwortgeben hin, sagt Nina dann: „Ich, völlig zurück gesteckt" und expliziert damit eine massive Änderung *ihres* Berufs- und Privatlebens, wobei ‚etwas zurückstecken' nicht auf einen freiwilligen Verzicht hinweist. Nach einer kurzen Pause widerspricht sie ihrer eigenen Aussage mit „Nein", lacht kurz und kehrt zu der Frage zurück, wie lange Philipp beim ersten Kind mit zu Hause geblieben ist. Das „Nein", das kurze Lachen und der Themawechsel relativieren das zuvor konstatierte „ich, völlig zurück gesteckt". In dieser Interviewpassage thematisiert Nina in der subversiven Form eines Scherzes (vgl. Berger 1998) die ungleiche innerfamiliale Arbeitsteilung, dass für die Familienarbeit (nur) sie „völlig zurück steckt". Direkt im Anschluss kehrt sie mit der Überlegung zu Philipps zu Hause Sein zu der Selbstverständlichkeit ihrer Betreuungsarbeit und der Besonderung von Philipp zurück.

Während in den bisher diskutierten Fällen der Paare Brückner (#4) und Pfeffer/Becker (#9) eine Gemeinsamkeit darin liegt, dass die Betreuungsverantwortung entlang der (zwei-)geschlechtlichen Differenzierung ‚Frau-Mann' respektive ‚Mutter-Vater' zu- und abgeschrieben wird, trifft dies auf das Paar Franziska und Christiane Kant (#1) nicht zu.

Im Unterschied zu den o. g. Paaren erwähnen Franziska und Christiane die Idee, sich bei Liam, dem ersten Kind, die vierzehn Elterngeldmonate je zur Hälfte zu teilen (vgl. dazu Kap. 7.1). Dadurch jedoch, dass Franziska kurz vor Geburt des Kindes erkrankt und längerfristig krankgeschrieben wird, sind sie beim ersten Kind für ein Jahr gemeinsam zu Hause. Bei Edda, dem zweiten Kind, nimmt allein Christiane Elterngeld in Anspruch, während Franziska sich in einer schulischen Ausbildung befindet.

Es zeigt sich, dass (auch) eine gleichgeschlechtliche Paarkonstellation, in Kombination mit der Idee, sich die Elternzeit zu teilen und letztlich zwölf Monate gemeinsam zu Hause, nicht *automatisch* zu einer geteilten Fürsorgeverantwortung führen, denn auch in diesem Fall wird von beiden Elternteilen die Betreuungsverantwortung Christiane, der leiblichen Mutter, zugeschrieben.[103] Im Gegensatz

---

103 Darüber hinaus nimmt Franziska, die bereits ein eigenes (inzwischen erwachsenes) Kind hat, das bei ihr aufgewachsen ist, demnach sie über eine langjährige praktische Betreuungs- und Erziehungserfahrung verfügt, ebenfalls nicht automatisch die Position der oder einer kompetenten Betreuungsperson ein. Dieser Punkt kann sowohl für sie als ‚bessere' Betreuungsperson sprechen, aber auch gegen sie, in dem Sinne, dass ihre bisher kinderlose Partnerin Christiane nun die Chance erhalten soll, sich ihren Kinderwunsch zu erfüllen und ‚Mutter' mit sämtlichen Betreuungsaufgaben zu werden. An dieser Stelle zeigt sich eine Grenze des Samples: Da in keinem anderen Paar (soweit mir bekannt), Partner bereits aus vorherigen Beziehungen Kinder haben, sind hier weitergehende Vergleiche und Kontrastierungen nicht möglich.

zu den anderen Paaren rekurrieren sie darüber hinaus in einem zunächst scheinbaren Widerspruch diskursiv auf eine Gleichheitsorientierung, wobei sich der Rekurs auf Gleichheit, betrachtet für das gesamte Interviewmaterial keineswegs als dominant herausstellt.

I: Und, wie haben Sie sich dann für sich so gemanagt? Also, Sie waren im Erziehungsjahr[104] und Sie waren ⌊dann krankgeschrieben⌉?
F: ⌊Ich war zu Hause ja⌉
C: Ein ganzes Jahr lang
I: Und das war dann (2) sozusagen, wer was gemacht hat?
C: Äh, ja gut, wir sind ja nun beides, zwei Frauen und ähm (.) wir machen beide alles. (.) Also des ist, ähm, sowohl sie als auch ich sind handwerklich begabt, sowohl sie als auch ich können Kochen, Waschen etc. pp. ne Haushalt und so weiter, und so hat man sich gegenseitig irgendwie ergänzt, ne. So, der eine hat das gemacht, der andere das. Der eine ist mal morgens aufgestanden, der andere ist dann mal nachts aufgestanden und so weiter, ne. Ähm, ja (.) so halt dann dementsprechend
F: Na die erste Zeit bin ich immer ins Krankenhaus von morgens bis abends gegangen, weil sie ja ähn ähm 'nen Kaiserschnitt hatte (I: Okay) und sie ja noch gar nicht groß sich bewegen konnte, da hab ich dann immer das Kind fertig gemacht und im Elternzimmer war ich dann mit dem Kind und so und zu Hause hab ich das dann hier weiter geführt, bis es dann ihr besser ging. (…)
C: (…) das war dann halt eben, aber, pff gut, ich war ja dann ruck zuck auf den Beinen dann (F: Ja) nachher wieder und dann ja, (.) das hat sich dann halt immer aus der Situation heraus ergeben, so ne (F: Ja), wer dann halt eben, was macht (F: Ja) ((räuspern))
F: Wir sind dann meistens zusammen Einkaufen gefahren und so, weil wir hatten ja die Zeit, wir waren ja alle beide zu Hause (I: Ja), das halt auch genossen zusammen. Ich hab halt (.) fast den ganzen Tag die Kamera in der Hand gehabt und hab das Kind (C: (brummen)), Millionen von Bilder geschossen (C: ((brummen)) Mhm), zum Leid meiner Frau (C: Mhm mhm) und sie immer: <u>Ach, ich seh doch gar nicht so gut aus</u>. Mir egal, zack zack ((I lacht)) (2) ja (C: Genau). (92-111/1g)

Es fällt auf, dass die Beispiele, die Christiane für „wir machen beide alles" bringt, sich im Wesentlichen auf Haushaltsarbeit beziehen, aber weniger auf die Kinderfürsorge. Franziska erzählt dann, wie sie die erste Zeit nach Geburt des Kindes die tägliche Fürsorgearbeit übernimmt, zunächst im Krankenhaus und dies zu Hause weiterführt. Daran knüpft sie eine zeitliche Begrenzung: „bis es dann ihr besser ging" (97/1g, F). Damit rahmt Franziska ihren ‚Einsatz' als zeitlich begrenzte

---

104 Weder „Erziehungsjahr" noch „Elternzeit" ist hier die richtige Formulierung, da Selbstständige zwar *Elterngeld* beziehen können, aber keinen Anspruch auf *Elternzeit* haben.

6.1 Hegemonic Mothering

Übernahme der Kleinkindfürsorge bis Christiane wieder körperlich fit genug ist, diese (im Wesentlichen) zu übernehmen. Christiane ist auch wieder „ruck zuck auf den Beinen" und Franziska widmet sich nun „fast den ganzen Tag" ihrem Hobby, Kind und Partnerin zu fotografieren und z. B. beim Baden zu filmen. Gemein ist diesen Situationen, dass die Person, die filmt oder fotografiert i. d. R. einen Beobachterstatus hat und in der Zeit keine oder wenig praktische Betreuung leisten kann (wie baden, trösten, spielen, wickeln, füttern) – auch wenn sie anwesend ist.

Franziska übernimmt zwar Familienarbeit, aber sehr distinkte Aufgabenbereiche und solche, die sich mit ihren Leidenschaften kombinieren lassen: Sie spielt mit den Kindern, badet sie abends (während Christiane die Wohnung aufräumt und die Milchflaschen der Kinder zubereitet), fotografiert die Kinder und ersteigert bei Ebay Kinderbedarf, wie Kinderwagen oder Kindersitze für das Auto. Das heißt, zum einen ist, wenn Franziska sich um die Kinder kümmert, meist auch Christiane involviert, zum anderen übernimmt Franziska Tätigkeiten, jedoch unter Anweisung von Christiane. So fängt während des Paarinterviews Edda an zu weinen, Christiane berichtet gerade über die Problematik von mangelnden Krippenplätzen für beide Kinder und Franziska steht auf und kümmert sich um Edda, wobei parallel Christiane dies verfolgt und Anweisungen gibt:

> „(…) weil die Gruppen so klein sind, die sind halt nur fünfzehn, äh, Kinder stark und, ähm, sind dann von vornherein irgendwie gehn/ gehn ja nicht alle auf einmal, sondern/ ((zu F:)) Du musst erst mal die Milch warm machen, Baby ((räuspern)), von Edda, die steht da noch (.), nee das ist Liams (3)/ ähm und dann/ dann brauchen wir gleich zwei ne (I: Mhm), weil (.) Edda klein, Liam auch noch klein, ne der ist ja auch noch keine drei." (245/1g, C)

Die korrigierenden Anweisungen können vieles bedeuten: Christiane hat tagsüber in Abwesenheit von Franziska ein ausgeklügeltes Flaschensystem entwickelt, so dass Franziska da nicht durchblicken *kann*, Franziska übernimmt diese Tätigkeit eher selten und hat daher keine Routine oder aber Christiane spielt hier ihre Kompetenz aus und Franziska hätte die Aufgabe durchaus ohne Anweisungen ‚korrekt' erledigt. Unabhängig davon wird deutlich, dass Christiane hier als kompetente Betreuungsperson, die befugt ist, Anweisungen zu geben, und Franziska als Helferin, in Erscheinung treten (vgl. dazu Kaufmanns (2005: 279ff.) Ausführungen zum „schuldbewussten Schüler"). Prekär werden diese gegenseitigen Positionierungen (nur) in einem Bereich, dem Erfahrungswissen in Kinderangelegenheiten:

C: Ich hab natürlich, klar, auch, äh, irgendwie hat man dann auch Freunde, die dann auch Kinder haben, wo man dann sich auch einfach auch austauscht, ne. So hey, wie hast du das gemacht, ne, hey, wie hast nochmal 'ne Idee oder ich steh jetzt gerade vor dem und dem oder so, ne, oder hör mal watt wird, was is dir denn

jetzt passiert oder so, ne, dass man sich da und da ein bisschen austauscht, das
man da einfach so, ähm, sich nochmal Tipps und gegenseitig irgendwie helfen
kann oder so, das is auch (...)
F: Warum fragste mich denn nicht?
C: Deine Tochter ist groß ⌊und alt⌉
F: ⌊Ja, aber die war doch⌉ mal klein
C: Und du bist noch älter ((alle lachen)). Nein, wir unterhalten uns ja auch (3), ne (3). (233-237/1g)

Vor dem Hintergrund, dass Franziska über entsprechendes Erfahrungswissen verfügt, da sie eine inzwischen erwachsene Tochter überwiegend allein aufgezogen hat, stellt sie sich als ‚Ratgeberin' zur Verfügung, wird jedoch von Christiane zurückgewiesen. Christiane macht anschließend zur Einigung in dieser Frage das Zugeständnis, sie würden sich „ja auch" unterhalten. Nach zwei längeren Pausen scheint das Thema geklärt, bzw. alle sind sich darüber (stillschweigend) einig, dass dieser Punkt nicht weiter ausdiskutiert werden sollte, und ich stelle eine thematisch gänzlich neue Frage.

Jenseits des Bereichs ‚Erfahrungswissen' opponiert weder Franziska gegen ihren ‚Helferstatus' noch Christiane gegen ihre prinzipielle Betreuungszuständigkeit. Gestützt wird diese Lesart durch die Erzählungen von Christiane über ihre beiden Elterngeldzeiten. Auffällig ist, dass sie keine prinzipielle Unterscheidung zwischen diesen beiden vornimmt, obwohl sie beim ersten Kind gemeinsam zu Hause waren und nach Geburt des zweiten Kindes Christiane tagsüber beide Kinder alleine betreut. Mit anderen Worten: Für Christiane scheint es keinen *erwähnenswerten* Unterschied zu machen, ob Franziska dabei ist oder nicht, da sie in jedem Fall für die Familienarbeit zuständig ist. In diesem Zusammenhang werden jedoch Ausnahmen erwähnenswert. So erzählt Christiane im Einzelinterview, dass sie neulich an einem Wochenende einen eigenen Flohmarktstand betrieben hat, während Franziska einen „ganzen Tag (...) alleine" für die Kinderbetreuung zuständig war:

„(...) und das war dann auch mal schön zu wissen, so, moa, meine Frau muss jetzt mal ein ganzen Tag mit den Kindern alleine irgendwie, damit sie auch mal sieht, so was ich eigentlich so den ganzen Tach mach und das ist 'ne große Herausforderung ((lachend)), so 'nen ganzen Tag, so mit den Kindern zu bewältigen, ähm." (142/1C)

Im Paarinterview bringt Franziska *ihre Sicht* auf die familialen Positionen wie folgt auf den Punkt:

„Meine Frau ist nicht mehr meine Frau, meine Frau ist jetzt eine Mutter." (177/1g, F)

6.1 Hegemonic Mothering

Franziska registriert und formuliert hier ausschließlich eine ‚Veränderung' bei ihrer Partnerin zur *Mutter,* nicht jedoch bei sich selbst. Kontrastierend wäre auch die Aussage denkbar gewesen, dass beide nun nicht mehr nur ein Paar sind, sondern Eltern oder Mütter. So jedoch wird nur Christiane zur *Mutter,* während das, was Franziska mit Geburt der Kinder wird, nicht expliziert wird.[105] Im Kontext der vorherigen Interpretationen betrachtet und indem sie daran die Bemerkung anschließt, dass sie jetzt nicht mehr an erster Stelle stehe, zielt Franziska nicht allein auf die ‚Mutterschaft', das ‚Haben' von Kindern ab, sondern auf Mütterlichkeit: Ihre Partnerin ist „jetzt eine Mutter", da sie sich vorrangig um die Kinder kümmert.[106]

Bemerkenswert ist der Fall im Vergleich zu Julia und Wolfgang Brückner (#4), und Nina Pfeffer und Philipp Becker (#9) in dreierlei Hinsicht:

1. Vor dem Hintergrund des aktuellen Forschungsstandes zu gleichgeschlechtlichen Paaren und Eltern wäre eher eine geteilte Fürsorge- und Ernährerinnenverantwortung zu erwarten gewesen (vgl. Kap. 2.2) als eine Retraditionalisierung der Arbeitsteilung.
2. *Trotz* einer zwölfmonatigen, *gemeinsamen* Familienzeit beim ersten Kind und der anfänglichen Idee, sich die Elternzeit zu teilen, etabliert sich keine (Darstellungs-)Praxis einer geteilten Fürsorgeverantwortung.
3. Das Paar muss sich nicht (und tut dies auch nicht) an Gleichheitsdiskursen von und über ungleichgeschlechtliche(n) Paare(n) und solchen zu ‚aktiver Väterlichkeit' abarbeiten. Sie sind gar nicht erst verdächtig, eine retraditionalisierte, nicht-egalitäre Partnerschaft und Elternschaft zu leben, da sie wegen ihrer Paarkonstellation mit Blick auf Geschlechtszugehörigkeit *gleich* sind. Es fehlt eine (potenziell ungleichheitsfördernde) Geschlechterdifferenzierung und insbesondere im Kontext von Elternschaft der vieldiskutierte (nicht) ‚aktive Vater'. In der Folge können sie im Vergleich zu den interviewten ungleichgeschlechtlichen Paaren faktisch eine traditionale Arbeitsteilung entlang der

---

105 Abgesehen davon, dass sie für die Kinder die ‚Mami' ist und Christiane die ‚Mama'.
106 Eine andere Lesart wäre, dies nur als Aussage über die Verwandtschaftsbeziehung zu sehen. Dies würde zunächst Sinn machen, da Christiane von beiden Kindern die ‚leibliche Mutter' ist. Würde Franziska jedoch allein auf die Verwandtschaftsbeziehung rekurrieren, würde sie hier ihren eigenen ‚Status' als Mutter einer erwachsenen Tochter vernachlässigen (dann müsste die Aussage heißen: Meine Frau ist jetzt ‚auch' eine Mutter). Und da im Interviewmaterial deutlich wird, dass das Paar die Kinder als gemeinsame („unsere Kinder") betrachtet und somit beide gleichermaßen die Eltern sind, ist diese Lesart m. E. nicht schlüssig.

Differenzierung leibliche und nicht-leibliche Mutter praktizieren, ohne derer verdächtig zu werden und dies legitimieren zu müssen.[107]

Wie bereits zu Beginn des Kapitels erwähnt, ist das Besondere an der Begründungsfigur, dass sie nicht als explizite Begründung notwendig ist, da sie für die Paare als ausreichend selbstverständlich gilt. Dies ist jedoch nur dann der Fall, wenn beide Elternteile dies als unhinterfragte ‚Tatsache' behandeln. Wenn dies so ist, dann erübrigen sich oftmals konfliktbehaftete Aushandlungen über die Aufteilung der Elternzeit und der anschließenden innerfamilialen Arbeitsteilung.

Exemplarisch für die Paare Alexandra und Felix Wagner (#7), Nina Pfeffer und Philipp Becker (#9), und Franziska und Christiane Kant (#1) zeigt sich bei Julia und Wolfgang Brückner (#4), dass Julia in der Selbst- *und* Fremdzuschreibung allein für die Kinderbetreuung zuständig ist, die keiner expliziten Begründung und Erwähnung bedarf. Wolfgang bezieht zwar parallel zu Julias Mutterschutz zwei Monate Elterngeld, ein nicht-paralleler und/oder längerer Elterngeldbezug von Wolfgang wird jedoch von beiden an keiner Stelle in Betracht gezogen. Die parallele Elternzeit des Vaters lässt sich als „Kann- oder Wunschleistung" (Ehnis 2008: 63) beschreiben. Im Gegensatz dazu steht die Betreuungsverantwortung und Elternzeit der Mutter als Pflichtleistung. Diese Pflichtleistung ist aber so selbstverständlich, dass sie in den Interviews nicht als solche *explizit* und *begründungspflichtig* wird. Während die Leistung der Mutter vorausgesetzt wird, wird in den Interviews die des Vaters von beiden herausgestellt und betont. Im Vergleich dazu wird in der gleichgeschlechtlichen Zweierbeziehung ebenfalls die Leistung der *Mutter* vorausgesetzt, jedoch die der Partnerin *nicht* von beiden besonders hervorgehoben.[108]

---

107 Dies soll nicht die problematische Annahme implizieren, die traditionale Arbeitsteilung des Paares ließe sich ‚einfach' über die Unterscheidung leibliche und nicht-leibliche Mutter ‚erklären', so wie äquivalent dazu die Geschlechterdifferenzierung bei ungleichgeschlechtlichen Paaren (gelegentlich) umstandslos herangezogen wird (vgl. kritisch dazu Kap. 2.3, 6.5 und 8). Durch das Sample sind mögliche Kontrastierungen und Vergleiche zwischen *gleichgeschlechtlichen Paaren* limitiert: So könnten durchaus andere Aspekte erklärenden Charakter haben, wie der Altersabstand der Partner, Kinder aus vorherigen Beziehungen oder ein unterschiedlich starker Kinderwunsch. Wünschenswert wäre zur Kontrastierung weiteres Datenmaterial mit gleichgeschlechtlichen Paaren gewesen. Dies ließ sich jedoch nicht in dem Zeitrahmen der vorliegenden Untersuchung umsetzen.
108 Während Franziska ihre Aufgaben und Leistungen im Einzelinterview darlegt (z. B. abends die Kinder baden, während Christiane aufräumt), findet eine *gemeinsame* Besonderung ihrer Leistungen im Paarinterview *nicht* statt, und auch Christiane hebt diese in ihrem Einzelinterview nicht hervor.

6.1 Hegemonic Mothering

Das Paar Wagner (#7) stellt in einer Hinsicht eine Ausnahme dar: Zwar wird auch hier die Betreuungsverantwortung selbstverständlich Alexandra zugeschrieben, jedoch nimmt Felix – auf ‚Empfehlung' von Alexandra – *länger* als zwei Monate Elternzeit.[109] Alexandra und Felix Wagner zu der Frage im Paarinterview, wie sie zu dieser konkreten Aufteilung gekommen sind:

F: Warst du mehr oder weniger ne (A: Mhm), du hast gesagt, wie sieht's aus, vier Monate du?
A: Ja, wir hatten uns halt in der Schwangerschaft überlegt, was, wer wie lange bleibt und ich hab dann halt gesagt, naja ich fänd's/ fände es schöner, wenn du auch vier Monate machst, das, ähm, dass du einfach auch mehr vom Kind hast und (.) ähm
F: Ich hab ja gesagt
A: Ja, genau und da war das dann eigentlich (.) mit den zehn Monaten und ich glaub, ich hab das dann mit dem letzten Monat, hab ich dann auch später erst beantragt (.) auf Arbeit. (246-249/7g)

Im Vergleich zu den Paaren Kant (#1), Brückner (#4) und Pfeffer/Becker (#9) ermuntert Alexandra Felix dazu länger als zwei Monate in Elternzeit zu gehen, der auf diesen Vorschlag eingeht. Das Vorschlagen und Ermuntern von Alexandra verweist darauf, dass es für *beide Elternteile* nicht selbstverständlich ist, dass sie sich die Elternzeiten teilen – sonst würde Alexandra nicht Felix ermuntern und Felix nicht gefragt werden müssen (vgl. dazu Kap. 6.4). Damit verbleiben sie in der Logik der Begründungsfigur ‚Hegemonic Mothering', weisen aber Entwicklungspotenzial für ein *konsensuelles* Teilen der Fürsorgeverantwortung auf: Denn in den Darstellungen des Paares wird deutlich, dass Alexandra ‚ihre' Betreuungsverantwortung ein stückweit an Felix abgibt und er sie annimmt. Pointiert formuliert, wird Felix zu einem ‚eigenständigen Helfer'. Diese paradoxe Kombination ergibt sich daraus, dass beide einerseits selbstverständlich im Wesentlichen Alexandra die Betreuungsverantwortung zuschreiben, andererseits aber beide sich um eine ‚Selbstständigkeit' von Felix in der Betreuungsverantwortung bemühen.

In der Gesamtbetrachtung der Interviews der Paare Kant (#1), Brückner (#4), Wagner (#7) sowie Pfeffer/Becker (#9) zeigt sich, dass einem zentralen Ideal der familialen Lebensführung und Arbeitsteilung das zugrunde liegt, was Patrick Ehnis (2008: 57, 2009: 162) mit dem Begriff der „hegemonialen Mütterlichkeit" zu fassen sucht: Jene Formen geschlechtsbezogener Praktiken und (Selbst-)Zuschreibungen,

---

109 Alexandra war elf Monate und Felix vier Monate in Elternzeit, davon einen gemeinsam. Im Anschluss an ihre Elternzeit ist Alexandra wieder erwerbstätig, allerdings nur für einen Monat, da ihr zwischenzeitlich betriebsbedingt gekündigt wurde und sie zunächst arbeitslos und dadurch zwei weitere Monate mit Felix parallel zu Hause ist.

„welche die Präsenz von Müttern (statt von Vätern) bei der Kinderbetreuung nahe legen" und im Sinne eines „zwanglosen Zwangs" „zu einer ‚selbstverständlichen Einwilligung' von Frauen und Männern in eine traditionelle Arbeitsteilung beitragen" (vgl. auch Kap. 3.1).[110] Väter müssen demnach nicht begründen, wenn sie *keine* Familienarbeit, sondern nahezu ausschließlich *finanzielle* Fürsorge durch ihre Erwerbsarbeit übernehmen (wollen):

> „Es wird davon ausgegangen, dass die väterliche Erziehungsarbeit eine „Kann- oder Wunschleistung" ist, deren Länge und Dauer verhandelbar ist, während bei der Mutter vorausgesetzt wird, dass es für sie und das Kind notwendig sei, eine gewisse Zeit zuhause bei ihrem Neugeborenen zu bleiben. Die Unterscheidung zwischen Wunschleistung (Väter) und Pflichtleistung (Mütter) ist m. E. die zentrale Basis des geschlechterdifferenten Umgangs von Betrieben mit Elternzeiten." (ebd. 2008: 63)

Vor dem Hintergrund der bisher diskutierten Analyseergebnisse gilt es, das Konzept von Ehnis (2008, 2009) in einigen Punkten weiterzuentwickeln. Unter ‚Hegemonic Mothering' verstehe ich in einer interaktionstheoretischen Perspektive die *gemeinsame Herstellung und Bestätigung der überwiegenden Zuständigkeit der Mutter für das Kind und den ‚Ausschluss' des Vaters oder der Partnerin/Ko-Mutter durch beide Elternteile.* Diese zunächst unscheinbare Weiterentwicklung des Konzepts eröffnet analytisch die Perspektive auf *Aushandlungen* in Paarbeziehungen über die Betreuungsverantwortung, da der *folgenreichen Differenzierung des Elternpaares in ‚Mutter' und ‚Vater'* bzw. *‚Mutter' und ‚Partnerin'/‚Ko-Mutter'* expliziter Rechnung getragen wird. Denn die von Ehnis formulierten Verhaltenserwartungen an ‚Mütter' implizieren gleichzeitig Verhaltenserwartungen an Väter, Partnerinnen oder Ko-Mütter, nämlich dass diese sich *nicht* in gleicher Weise fürsorglich engagieren (wollen) wie die Mutter.[111] Vielmehr nehmen in diesen Fällen der Vater oder die Partnerin, bzw. Ko-Mutter die Position des „(schuldbewussten) Schülers" oder der ‚Helferin' ein, wie es Jean-Claude Kaufmann (2005: 279ff.) für die Hausarbeit bei ungleichgeschlechtlichen Paaren dargelegt hat (vgl. auch die empirischen Befunde von Lupton/Barclay 1997: 129 und Richter 2011: 163f.).

Mit der Definition erweitere ich den Fokus, so dass nicht nur ungleichgeschlechtliche Paare sich dieser Begründungsfigur bedienen (können), sondern wie in dem Fall von Christiane und Franziska Kant (#1), auch gleichgeschlechtliche (lesbische)

---

110 In englischsprachigen Publikationen wird dieses Phänomen meist als „exclusive mothering" oder „intensive mothering" bezeichnet (vgl. Hays 1996 und Christopher 2012: 75).

111 Inwiefern die Begründungsfigur empirisch auch Gültigkeit bei gleichgeschlechtlichen, schwulen Elternpaaren haben kann, ist mit dem vorliegenden Sample nicht zu klären.

Paare. Zwar läuft bei diesen die Differenzierung nicht wie bei ungleichgeschlechtlichen Paaren nach Geschlechtszugehörigkeit, so dass wie bei Ehnis einzig die Unterscheidung von ‚Müttern' und ‚Vätern' relevant wird. Wie die Aussage von Franziska jedoch sehr deutlich gemacht hat, gibt es in ihrer Familie „eine Mutter" und das ist Christiane. Die denkbare Annahme, dass nun beide (geschlechtsneutral) Eltern oder aber Mütter sind, ist damit ausgeschlossen.[112]

Des Weiteren zeigen die folgenden Begründungsfiguren ‚Sameness Taboo' (Kap. 6.2), ‚Maternal Gatekeeping' (Kap. 6.3) und ‚Equally Shared Parenting' (Kap. 6.4), dass ‚Hegemonic Mothering' *eine* unter anderen möglichen Begründungsfiguren ist, wenngleich damit keine Aussage über ihre *quantitative* Verbreitung und Bedeutung getroffen wird, was im Zuge des gewählten methodischen Zugangs auch nicht möglich wäre.

6.2 „Kleine Kinder sind nichts für Papas" – Sameness Taboo

Die im vorherigen Kapitel diskutierte Begründungsfigur ‚Hegemonic Mothering' zeichnet sich dadurch aus, dass Selbst- und Fremdzuschreibung von Betreuungsverantwortung übereinstimmen: Beide Partner sind sich einig darüber, dass die Mutter im Wesentlichen die Betreuungsverantwortung und -kompetenz innehat. Folglich erübrigen sich konfliktbehaftete Aushandlungen über die Aufteilung der Elternzeit und der Arbeitsteilung nach der Elternzeit.

Im Gegensatz dazu steht die anhand der Interviews von Caroline und Martin Weber (#3) herausgearbeitete Begründungsfigur ‚Sameness Taboo', bei der sich Selbst- und Fremdzuschreibung von Betreuungsverantwortung unterscheiden. Dies führt zu konfliktreichen Aushandlungen zur Elternzeitaufteilung (vgl. die ausführliche Fallanalyse von Caroline und Martin Weber, Kap. 5).

Die Begründungsfigur ‚Sameness Taboo' lässt sich durch die Gleichzeitigkeit zweier widersprüchlicher Handlungsorientierungen charakterisieren. In Kritik

---

112 Sprachlich gerät man damit an Grenzen, denn logisch wäre im Anschluss an die diskutierten empirischen Ergebnisse, eine Differenzierung nach dem Grad der Involvierung der jeweiligen Elternteile in die Familienarbeit – nicht jedoch ausschließlich nach Geschlecht. Da jedoch die geschlechterdifferenzierende Unterscheidung von Eltern in ‚Mütter' und ‚Väter' dominiert, stellt sich die Frage, was Franziska in dieser Konstellation ist. Eine Möglichkeit ist, sie als *Ko-Mutter* zu bezeichnen. Damit wäre sprachlich ein stückweit die Vorrangstellung *einer Person* (der ‚Mutter') in familialen Belangen repräsentiert, wie es charakteristisch ist für *diese* Begründungsfigur.

an Koppetsch und Burkart (1999), die von einer Diskrepanz zwischen Idealen und Praxis bei Doppelkarrierepaaren ausgehen, zeigt Maiwald (2009) in einer Fallstudie, dass die Ideale nicht konsistent seien und daher eine Gleichzeitigkeit von widersprüchlichen Handlungsorientierungen und Idealen möglich ist. Diese Gleichzeitigkeit bezieht sich hier auf egalitäre und geschlechterdifferenzierende Orientierungen, d. h. Orientierungen an Gleichheit und einer grundlegenden sozialen Verschiedenheit der Geschlechter.

Während Caroline Weber einerseits die modernisierte Versorgerehe (wobei der Mann selbstverständlich der Hauptnährer und die Frau die Hauptverantwortliche der Familienarbeit und Zuverdienerin ist) zeitweise diskursiv zum Ideal erhebt, bedient sie sich andererseits einer Egalitätsrhetorik, mit der sie auf eine geteilte Verantwortung der Familienarbeit und die Erwerbstätigkeit beider Partner rekurriert:

> „Ja, und Vorsatz ist halt weiterhin auch das, also Partnerschaft halt irgendwie hinzukriegen und dass wir beide arbeiten. Das fänd ich schon wichtig. (…) natürlich könnte ich auch als/ grade als Pfarrersfrau ne kannste ja trotzdem wunderbar, äh, arbeiten und, äh, ob du es jetzt als Pfarrerin machst oder ob du's als Pfarrfrau Frauenhilfe machst, tut sich jetzt nichts, ne. Ähm, aber auch das gef/ nicht das aber/ nach wie vor dieses, ja ich will auch eigenes Geld verdienen, ne (I: Mhm) und das will ich alles unter einen Hut bringen und ich will auch Martin da nicht aus der Verantwortung lassen, sondern ja, dass wir uns halt beide um die Kinder kümmern und dass wir auch beide unseren Job machen. Dass ich eher dann schon die bin, die mehr Zeit mit den Kindern hat und verbringt, ist klar, weil sie das einfach so selber so signalisieren, aber, ähm, ja, aber ich will trotzdem auch weiterhin selber auch arbeiten. Und das irgendwie hin zu kriegen, das find ich äh/ das möchte ich gerne schaffen oder das möchte ich, dass wir das schaffen." (52/3C)

Im Verlauf der Erzählung verweist Caroline auf die Möglichkeit als *Pfarrfrau* zu arbeiten. Diese Option schließt sie mit der Begründung, „auch eigenes Geld verdienen" zu wollen für sich aus. Dass ihr eigenes Geld wichtig ist, v. a. vor dem Hintergrund der unentgeltlichen Arbeit von Pfarrfrauen, zeigt, dass sie für ihre (Erwerbs-)Arbeit die entsprechende Entlohnung und darüber vermittelt auch gesellschaftliche Anerkennung einfordert. Es folgt eine Absichtserklärung von Caroline „und das will ich alles unter einen Hut bringen". Die Redewendung steht für das Erledigen und Vereinbaren von Aufgaben, die für eine einzelne Person eigentlich zu viel sind. Caroline macht deutlich, dass für sie Doppelerwerbstätigkeit samt Familienaufgaben eine Herausforderung ist, der sie sich – fast schon kämpferisch – annimmt. Sie stellt dabei das Meistern dieser Herausforderung, das „Vereinbarkeitsmanagement" (Behnke/Meuser 2003, 2005) als *ihre* Aufgabe dar. *Gleichzeitig* rahmt sie das Vereinbarkeitsmanagement als *gemeinsame* Angelegenheit: Sowohl

6.2 Sameness Taboo

am Ende dieser Interviewsequenz („das möchte ich, dass *wir* das schaffen") als auch auf die Frage hin, was sie sich wünscht, dass Martin irgendetwas ändert, führt sie die doppelte Erwerbstätigkeit und Kinderbetreuung als gemeinsam zu bewältigende Aufgabe an. Die egalitäre Fürsorge- und Ernährerverantwortung scheint jedoch im Paar keine *Selbstverständlichkeit* zu sein: Zum einen unterstellt Caroline mit der Aussage „ich will auch Martin da nicht aus der Verantwortung lassen", er versuche sich dieser (zeitweise oder systematisch) zu entziehen, so dass sie dafür Sorge zu tragen hat, ihn daran zu hindern. Zum anderen entkräftet sie das Gleichheitsideal, indem sie ihren wesentlich höheren Beitrag zur Kinderbetreuung damit begründet, dass dies „klar" sei, da die Kinder es „einfach selber so signalisieren".

In Martins Darstellungen gerät sein ausgeprägtes Professionsverständnis in Widerspruch zu einer Gleichheitsorientierung, die das Teilen von Erwerbs- und Familienarbeit impliziert. Aufschlussreich dazu ist die Antwort von Martin auf die Frage im Einzelinterview: „Und wie war das dann für dich so die Frage, gehst du in Elternzeit oder nicht?"[113] Martin antwortet mit einem Statement, dass es für ihn „relativ selbstverständlich" war, in Elternzeit zu gehen. Das „relativ" deutet darauf hin, dass es nicht eine ‚absolute', sondern durch die Relation *abgeschwächte* Selbstverständlichkeit ist. Er setzt die Darstellung zu seinen persönlichen Überzeugungen fort und führt sie aus:

> „Ich würde auch, nachdem ich auch jetzt sagen würde, ich ginge nicht gerne wieder in Elternzeit, vor allem nicht für so lange, es dennoch für klar halten, dass es gemacht werden muss und dass es keinen erdenklichen Grund gibt, warum (.) Caroline (.) das eher machen muss als ich." (10/3M)

Martin präsentiert hier seine Vorstellung von Zuständigkeiten für die Familienarbeit und beginnt mit dem Eingeständnis, dass er nicht gerne wieder in Elternzeit gehen würde, „vor allem nicht für so lange". Seine Aussage ist im Konjunktiv formuliert, wodurch sein Statement im Raum der Möglichkeiten und Unmög-

---

113 Die Frage dürfte bei Müttern auf massive Irritationen stoßen, da es in Deutschland als selbstverständlich und gesellschaftlich unhinterfragt gilt, dass der Gesetzgeber der Mutter i. d. R. für eine bestimmte Zeit (‚Mutterschutz') eine Berufstätigkeit untersagt. Die Frage danach, ob ein Elternteil in *Elternzeit* geht oder nicht, stellt sich aber zunächst theoretisch für beide gleichermaßen. Diese Frage wurde von mir in den Interviews jedoch nicht gegenüber Müttern, sondern nur gegenüber Vätern gestellt. Bei den Müttern habe ich selbstverständlich angenommen, dass sie in Elternzeit gehen bzw. waren. Dadurch wurde die Unterscheidung in selbstverständliche Pflichtleistungen für Mütter und optionale Leistungen für Väter durch meine Fragen im Interview mit reproduziert (vgl. die Ausführungen zu „Hegemonialer Mütterlichkeit" in Kap. 3.1).

lichkeiten verortet wird und an Schärfe verliert. Seine Grundannahme – eine rationale Abwägung – bezüglich der *Notwendigkeit* von Familienarbeit lautet: es „muss" gemacht werden und es gibt „keinen erdenklichen Grund", warum Caroline das eher machen „muss" als er. Zunächst gibt es seines Erachtens kein Argument (z. B. biologistische Argumente, dass die Betreuung durch eine Mutter ‚besser' für das Kind ist), welches die Aufteilung der Elternzeit zwischen Caroline und ihm ‚beeinflussen' würde. Er präsentiert sich als aufgeklärter und emanzipierter Mensch, der eine partnerschaftliche Zuständigkeit für die Kleinkindbetreuung für „klar hält" und bezieht sich damit auf gesellschaftliche Egalitätsnormen. In diesem Absatz kommt ein Konflikt zum Ausdruck zwischen gesellschaftlichen Egalitätsnormen, die für Martin auf diskursiver Ebene Gültigkeit haben und seinen konträren persönlichen Präferenzen und beschriebenen Verhaltensweisen. Im weiteren Verlauf der Erzählung führt Martin zwei weitere ‚Prinzipien' ein: Er „muss das halt machen", wenn es „irgendwie für die Familie sinnvoll ist (…) unter den Umständen das/ der eigenen Motivation und der Lebensqualität für alle" (10/3M). Das von Martin propagierte Grundprinzip der partnerschaftlichen Aufteilung von Elternzeit wird an dieser Stelle ergänzt durch weitere Prinzipien mit dem Potenzial, die Grundannahme zu unterlaufen. Das Motiv könnte dann zugespitzt formuliert lauten: In dem Moment, wo es mir keinen Spaß macht (eigene Motivation), macht es der Familie keinen Spaß mehr (Lebensqualität für alle) und dann ist es nicht mehr sinnvoll für die Familie. Die Konsequenz daraus ist, dass die Gleichheitsorientierung bezüglich der Elternzeitaufteilung unterlaufen werden kann, begründet über individuelle Vorlieben und Abneigungen und einer gesamtfamiliären ‚Lebensqualität'.

Nichtsdestotrotz wünscht sich Martin eine „große Familie" und möchte *gerne* morgens und abends Zeit mit ihnen verbringen, im Sinne von zeitlich begrenzten und wohlsortierten Momenten am Essenstisch. Der alltäglichen Betreuungsarbeit kann er nichts abgewinnen, sieht aber ihre Notwendigkeit. Martin stellt der rationalen Figur der Unvermeidlichkeit (Kinderbetreuung *muss* gemacht werden), seine Freude am Beruf gegenüber, das *Dürfen* von verschiedenen Tätigkeiten. Er erlebt es als „extrem wohltuend", dass Caroline sich im Mutterschutz und anschließend in Elternzeit befindet, sie sich um die Kinderbetreuung und den „Rest" kümmert und er seine „Freude am Beruf" haben kann, ohne sich den beruflichen Alltag mit Caroline teilen und koordinieren zu müssen (18/3M). Gleichzeitig räumt er ein, dass das nicht „die Realität" sein kann, dass Caroline ‚für immer zu Hause' bleibt und er ‚alleine' arbeitet. Dies würde seiner Gleichheitsorientierung, aber auch v. a. Carolines Interessen zu sehr widersprechen.[114]

Vor diesem Hintergrund zeichnet sich bei Caroline und Martin Weber ein *Konflikt* hinsichtlich der Übernahme der Kinderbetreuung ab: Während Caroline einerseits die modernisierte Versorgerehe zeitweise diskursiv zum Ideal erhebt, bedient sie sich andererseits einer Egalitätsrhetorik, mit der sie auf eine geteilte Verantwortung der Familienarbeit und die Erwerbstätigkeit beider Partner rekurriert. In Martins Darstellungen spiegeln sich ebenfalls widersprüchliche Orientierungen: Ein ausgeprägtes Professionsverständnis, welches in Spannung steht mit einer Gleichheitsorientierung, die eine geteilte Fürsorge- und Ernährerverantwortung impliziert. Die Lösung dieses Konflikts findet sich auf zwei Ebenen: Eine wird gemeinsam von Caroline und Martin ausführlich im Paarinterview dargelegt und die andere führt Martin in seinem Einzelinterview an.

Im *Paarinterview* imaginieren Caroline und Martin Ronja als sehr eigenwilliges Kind, das zu machen scheint, was es möchte und demgegenüber sich die Eltern als inaktiv und (hilflos) ausgeliefert darstellen:

> M: Gestern wurde lange darauf bestanden, auch laut darauf bestanden, dass wir gemeinsam kochten, also mit Papa auf dem Arm [sic!], ähm, haben wir dann noch irgendwie Nudeln gemacht. Das würde sie nicht machen, wenn ich, äh, den Tach über da wär
> C: Ja, aber das ließ dann auch wieder nach 'ner halben Stunde, ließ das auch wieder nach, ne
> M: Da war auch genug ja. Genau. Dann durfte ich aber wieder nicht ins Bett bringen, wird dann auch aus'm Zimmer rausgeschmissen, Mama darf lesen und Papa darf nicht mal mehr Gute Nacht sagen, Papa darf auch nachts nicht zudecken, wenn sie bei uns ins Bett krabbelt
> C: Mh, Papa darf den Stuhl nicht anschieben. (132-135/3g)[115]

Mit der ‚Imagination vom widerständigen Kind' können Caroline und Martin *gut begründet* von der Gleichheitsorientierung abweichen. Da das Kind sich der Betreuung durch den Vater widersetzt, ist es für Martin und Caroline legitim, dass Martin wesentlich weniger Kinderbetreuung leistet, als es aufgrund ihrer

---

114 An dieser Stelle Martin jedoch die viel zitierte „verbale(n) Aufgeschlossenheit bei weitgehender Verhaltensstarre" (Beck 1986: 169) zu unterstellen, würde der Komplexität und Widersprüchlichkeit der Orientierungen und Ideale *beider Partner* nicht gerecht werden.

115 Die ungekürzte Interviewpassage und ausführliche Interpretation sind in Kap. 5.3 nachzulesen.

Gleichheitsorientierung zu erwarten gewesen wäre.[116] Eine Entkopplung von Elternzeit und Kinderbetreuung während Martins erster Elternzeit wird mit Hilfe dieser ausgehandelten „Konsensfiktion" (Hahn 1983) *möglich* und *legitim* und Carolines Hauptverantwortung in der Kinderbetreuung erscheint in der Folge als verständlich und notwendig.

Im *Einzelinterview* mit Martin kommt eine andere Perspektive zur Sprache. Der rationalen Figur der Unvermeidlichkeit von Kinderbetreuung und der Aussage, es gebe „keinen erdenklichen Grund", warum Caroline das eher machen „muss" als er, stellt Martin rhetorisch zugespitzt das Monotone und Unzumutbare von Familienarbeit gegenüber:

> „Also Kinder haben Kinderprobleme, ähm, und das ist (.) einfach anstrengend (…) mh, ja, der Tag ist so stumpf und stupide, ähm (.), denn die meisten Tage bestehen nicht aus dem Zoobesuch (…). Kinder sind nicht in der Lage, den Vater zu beschäftigen, denn sie machen (.) stundenlang nichts richtig (…) ja, ich glaub, bin da/ bin ich einer von vielen Vätern, die sagen, kleine Kinder sind nichts für Papas, also so was sagen die ganz viele und das ist sehr aufrichtig." (10/3M)

Vor dem Hintergrund einer stark abwertenden Haltung gegenüber Kleinkindbetreuung und Familienarbeit in dieser Darstellung, postuliert Martin die Konsequenz *für Väter*: „kleine Kinder sind nichts für Papas", denn sie machen „stundenlang nichts richtig". Erst wenn Kinder reden und spielen können und keine Kleinkinder mehr sind, werden sie für den Papa interessant.[117] Indem Martin sich auf diesen ‚Vätertopos'

---

116 Eine Legitimierung über unterschiedlich hohe Einkommen oder Karrierestatus ist in diesem Fall nicht möglich, da Caroline (bis zur zweiten Elternzeit) Familienernährerin ist und ein Jahr Karrierevorsprung hat(te) (vgl. Kap. 7.3).

117 Ehnis (2009: 162) hat diese (stereotype) Annahme wie folgt beschrieben: „Väter nehmen ebenfalls an, mit ihren Kindern erst »richtig etwas machen zu können« (spielen, raus gehen, reden), wenn diese älter sind. Das Väterselbstbild ist mit der Vorstellung des Vaters als Erzieher und nicht des Vaters als Betreuers seiner Kinder gekoppelt" (vgl. auch Kap. 3.1). Passend dazu eine Fallbeschreibung aus der empirischen Studie von Richter (2011: 102): „Herr C. erlebt diese Aufteilung als ideal, da er sich im Umgang mit seinen älteren Kindern sehr sicher, in der Deutung der Bedürfnisse des Babys jedoch unsicher fühlt. Er hegt generelle Zweifel daran, dass Väter für die Pflege von Säuglingen und Kleinkindern geeignet sind und sieht sich gleichzeitig in seinen Kompetenzen und seiner Beziehung zu seinen älteren Kindern gestärkt. Herr C.: „Die Großen, die sagen einem ganz genau, ich hab Zahnschmerzen, das tut weh, das tut weh, aber er weint halt. Und dann muss man raten, was hat der Kerl jetzt. (…) ich liege da meistens verkehrt. Ich weiß dann nicht, ist er jetzt müde, hat er Hunger, tut ihm was weh? Dann ist die Mama in der Nähe, dann gebe ich ihn einfach rüber und die weiß dann was zu machen ist. Das ist halt so. Ich glaube, Väter sind da nicht allzu gut dafür geeignet, für solche kleinen Kinder" (F3, I1, §277-279). Die Argumentation ähnelt der von Martin Weber

6.2 Sameness Taboo

bezieht und ihm eine (nahezu) allgemeine Gültigkeit mit seiner Einschätzung „so was sagen die ganz viele und das ist sehr aufrichtig" zuspricht, entwickelt er eine Gegenposition zum Diskurs über ‚neue Väter', in dem u. a. die Verantwortung von Vätern in der Kleinkindphase thematisiert wird. Mit dieser rhetorischen Strategie verallgemeinert Martin seine individuelle Abneigung gegenüber der Kleinkindbetreuung und macht diese zu einer *legitim* erscheinenden Gemeinsamkeit ‚vieler Väter'. Durch seine Aussage entsteht ein Widerspruch zur paarintern geteilten Gleichheitsorientierung: Die Zuständigkeit für die Kleinkindbetreuung wird (vorausgesetzt es handelt sich um ungleichgeschlechtliche Zweierbeziehungen) über die erklärte Nicht-Zuständigkeit von *Vätern* indirekt *Müttern* zugeschrieben. Das diskursive Ideal einer geteilten Fürsorgeverantwortung wird somit in der Umsetzung obsolet. Stattdessen impliziert die Aussage eine Organisation der innerfamilialen Arbeitsteilung über *geschlechterdifferenzierende Zuschreibungen*.

Charakteristisch für diese Begründungsfigur ist die Gleichzeitigkeit von egalitären und geschlechterdifferenzierenden Orientierungen, die eine (konflikträchtige) Diskrepanz in der Selbst- und Fremdzuschreibung von Betreuungsverantwortung impliziert. Sowohl in der Interviewpassage zur ‚Imagination vom widerständigen Kind' als auch in Martins Statement „kleine Kinder sind nichts für Papas" wirkt das *Sameness Taboo* (Rubin 1975: 178) als Ressource für Sinnstiftung und zur Konfliktlösung.[118] Während sich bei Rubin und Lorber (1994: 26) das ‚Sameness Taboo' darauf bezieht, dass ‚Männer' und ‚Frauen' *verschieden* voneinander definiert werden (müssen), zeigt sich im Fall von Caroline und Martin Weber, dass sich dies wirkungsvoll auf ‚Mütter' und ‚Väter' übertragen lässt. Demnach haben nicht nur ‚Frauen' und ‚Männern' „zunächst einmal und in allen Belangen verschieden zu sein" (Gildemeister/Wetterer 1992: 202), sondern daran gekoppelt auch ‚Mütter' und ‚Väter'. Bezugnehmend auf Rubin (1975) stellt Lorber (1994: 26) fest: „If the differences between women and men begin to blur, society's »sameness taboo« goes into action" (vgl. auch Kap. 3.1). Dass dies jedoch *nicht zwingend* zutrifft, sondern charakteristisch ist für *diese* Begründungsfigur zur

---

      mit dem zentralen Unterschied, dass Martin *nicht* behauptet, dass er ‚als Vater' nicht für die Betreuung des Kleinkindes geeignet wäre, sondern salopp formuliert, ist das Kind keine angemessene Beschäftigung für ihn.
118 Inwiefern in diesem Fall die von Fenstermaker, West und Zimmerman (1991) und Backett (1982: 59) beschriebene ‚Praxis' einer „systematische(n) Pflege von kleinen praktischen Idiotien (Formen des ‚Arbeitsunvermögens' gewissermaßen)" (Hirschauer 1994: 689) von Martin zur Vermeidung von Familienarbeit betrieben wird, lässt sich nicht anhand des Interviewmaterials klären. Konstatiert werden kann, dass in den *Erzählungen* und *Darstellungen* eine solche Praxis nicht thematisiert wird.

Selbst- und Fremdzuschreibung von Betreuungsverantwortung, werde ich in Kap. 6.4 und 6.5 darlegen.

6.3 „So das allererste Mal überhaupt weggehen, da macht man sich natürlich Sorgen" – Maternal Gatekeeping

Die Gleichzeitigkeit von egalitären und geschlechterdifferenzierenden Orientierungen und eine Diskrepanz in der Selbst- und Fremdzuschreibung von Betreuungsverantwortung sind charakteristisch für die diskutierte Begründungsfigur ‚Sameness Taboo' (Kap. 6.2) und die folgende zu ‚Maternal Gatekeeping'. Anhand der Interviews mit Birgit Reinburger und Lars Hoffmann (#2), und Ulrike und Helmut Schwarz (#8) werde ich zentrale Merkmale der Begründungsfigur ‚Maternal Gatekeeping' herausarbeiten.

Die Begründungsfigur beinhaltet einen Konflikt über die Familienarbeit. Während Birgit Reinburger auf ihre selbstverständliche Verantwortung und Kompetenz für das Kleinkind rekurriert, fokussiert Lars Hoffmann auf eine geteilte Fürsorgeverantwortung:

> „Und dann ging des eigentlich/ musste man ja auch eben dann auch sich mit der Frage dann auseinandersetzen, wie geht's dann weiter, wenn das Kind da ist äh, (…) ähm, die Entscheidung dann, äh, wer bleibt wann wie zu Hause und kümmert sich ums Kind." (76/2g, L)

Lars setzt das *Aufteilen* der Elternzeit als selbstverständlich und formuliert die Frage offen in Hinsicht auf *Betreuungspersonen* und *Länge*. Dies impliziert, dass beide (potenziell) Elternzeit nehmen *wollen*[119] und beide gleichermaßen das Recht darauf haben. Auszuhandeln gilt es ‚nur', wer wie viele Monate Elternzeit in Anspruch nimmt, da in der Formulierung nicht von vornherein für die eine oder andere Betreuungsperson eine bestimmte Anzahl an Monaten reserviert oder (selbstverständlich) angenommen wird.

Die Offenheit bezüglich der Betreuungspersonen setzt sich in der Darstellung von Birgit jedoch nicht fort:

B: Wenn man sich jetzt so überlegt, wie's zu dieser Entscheidung gekommen ist, gibt's glaub ich (.) mehrere Ebenen, einerseits die Ebene, dass es für mich mit

---

119 Vgl. kontrastierend dazu die Darstellungen von Martin Weber (#3) zu Elternzeiten, die gemacht werden *müssen* in Kap. 6.2.

6.3 Maternal Gatekeeping

> größeren Risiken verbunden wäre, lang raus zu gehen, weil ich eben mit befristeten Verträgen in der Forschung bin und er verbeamtet ist. Zweitens, dass du, glaub ich, Lust hattest? (.) Ähm das hat schon auch 'ne Rolle gespielt (2) (...)
> L: Also ich meine, wir hatten eigentlich beide Lust gehabt. (88-89/2g)

Birgit führt als zweiten von ihr als relevant erachteten Punkt für die Aufteilung der Elternzeit, fragend an Lars gewandt, *sein* Interesse an der Elternzeit an.[120] Sie verhandelt somit seine ‚Gründe' für die Elternzeit und nicht ihre, wodurch ihr Interesse an Elternzeit unausgesprochen bleibt und vorausgesetzt wird. Das „das hat schon auch 'ne Rolle gespielt" zeigt, dass das Interesse, Elternzeiten zu übernehmen, bei beiden Partnern (grundsätzlich) vorhanden sein muss, aber das Interesse des Vaters hier entscheidend für das *ob* und *wie* des Aufteilens der Elternzeit wird. Die vermeintlich eindeutige Zuschreibung, Elternzeit stelle für Mütter eine selbstverständliche Leistung bzw. ‚Pflichtleistung' dar und für Väter eine „Kann- oder Wunschleistung" (Ehnis 2009) wird durch Lars in Frage gestellt. Im Anschluss an Birgits Annahme, bestätigt Lars mit „wir hatten eigentlich beide Lust gehabt". Er erweitert den Fokus, so dass sie beide, also auch Birgit, als Interessenten an der Elternzeit sichtbar werden. Damit expliziert er Birgits stillschweigende Annahme über ihr eigenes Interesse an der Elternzeit und geht entsprechend einer Gleichheitsorientierung von zwei interessierten, potenziellen Betreuungspersonen aus.

Der Fall zeigt jedoch auch, dass es nicht ausreicht, wenn allein der Vater die Betreuungsverantwortung bei beiden Elternteilen verortet, sondern dass die Partnerin eine ‚Gatekeeper'-Funktion einnehmen und versuchen kann, das Engagement des Vaters zu begrenzen. So beginnt Birgit im Paarinterview bei der Frage, wie sie jeweils ihre Elternzeit erlebt haben, zunächst ausführlich darüber zu sprechen, wie sie die Elternzeit von Lars erlebt hat:

> B: Also für mich, pff, (.) schwer die erste Zeit (2), also so das allererste Mal überhaupt weggehen. N'da macht man sich natürlich Sorgen, ähm. Das war schon bevor der eh das losging (.). Das hing damit zusammen, ich hab sehr lange gestillt. Ich hab anderthalb Jahre gestillt, ähm (.), das ist so ganz am Anfang, als es noch nicht so mit Abpumpen und Fläschchen funktionierte, da war's immer doof, wenn man wegging und nicht wusste, ob's jetzt, äh, klappt, (...) ich hab natürlich die Trennung empfunden (2). Ich hab (.) mir nicht Sorgen gemacht, ob's gut funktionieren ka/ funktioniert zu Hause, ich hab eher so gar praktische Sorgen
> L: Du redest jetzt aber eigentlich mehr von der Zeit, wo du angefangen hast zu arbeiten, ne?

---

120 Die Darstellung der gesamten Interviewsequenz und die Diskussion der übrigen von Birgit angeführten „Ebenen" erfolgt in Kap. 7.2 und 7.3.

B: Ja jetzt fang ich ja an. Jetzt hab/ erst hab ich vor der Zeit geredet ((lacht)), jetzt als es dann losging, hab ich mir eigentlich nicht so Sorgen gemacht, ob ihr da gut zusammen, ob das so passt, das ist ja eher ein Trennungsschmerz von mir aus gesehen. Ähm und
L: Moment mal, jetzt geht's doch erst mal um deine Elternzeit ((lacht))
B: Ach so , ich dachte
I: Die auch ((lacht)), ja 's stimmt schon
B: Ja, stimmt
I: Aber die/ so rum ist es genauso auch interessant ((lacht))
B: Gut, dann mach ich das jetzt erst mal fertig
L: Ja, das ist dann mehr so die Wahrnehmung, dass ich Elternzeit gemacht habe und du nicht, ne so'n bisschen
B: Die hab ich witzigerweise auch die Wahrnehmung. Ich hab/ ich denk immer, dass das mein Mutterschutz ist. Die/ das ich da noch zwei Monate länger gemacht hab, das denk ich irgendwie nie. Für mich ist das immer noch so, diese Mutterschutzzeit, ehrlich gesagt. (107-117/2g)

Birgit macht ihre Abwesenheit vom Kind relevant und artikuliert ihre „Sorgen". Zwar konstatiert sie, sie habe sich *keine* Sorgen gemacht, „ob's gut (…) funktioniert zu Hause", jedoch allein die sofortige Thematisierung ihrer Bedenken und Nicht-Sorgen während der „Trennung" verweisen auf die Bedeutung dieser *für sie* hin. Voraussetzung für dieses Relevantwerden ist, dass sie sich allein als kompetent und verantwortlich für das Kind fühlt. Da Lars hingegen von einer geteilten Fürsorgeverantwortung ausgeht, scheint es ihm unangenehm zu sein, dass Birgit über ihre Sorgen während seiner Betreuungsverantwortung für das Kind spricht und so interveniert er anschließend mehrfach, um Birgit darauf aufmerksam zu machen. Während er acht Monate *allein* die tägliche Betreuungsverantwortung für das Kind innehatte, verbleibt Birgit hier in ihrer Erzählung bei ihren (anfänglichen) Sorgen – der rote Faden *ihrer* Geschichte ist *ihre Abwesenheit* vom Kind. In einer Re-Version ihrer Erzählung individualisiert sie den „Trennungsschmerz": „das ist ja eher ein Trennungsschmerz von mir aus gesehen" und macht somit ein Zugeständnis an Lars und seine Kompetenzen als fürsorglicher Elternteil. Lars artikuliert nach mehreren kleineren Interventionen letztlich sein Unbehagen und kommentiert die Ausführungen von Birgit mit: „Ja, das ist dann mehr so die Wahrnehmung, dass ich Elternzeit gemacht habe und du nicht, ne so'n bisschen." Die prägnante Analyse der ‚Problematik' von Lars deutet darauf hin, dass der Konflikt bereits früher Gegenstand von Aushandlungen des Paares war und in der Interviewsituation eine Variation, bzw. Aktualisierung dessen zur Aufführung kommt.

Diese Lesart bestätigt sich in der anschließenden Interviewsequenz, in der Lars über sein Erleben der Elternzeit berichtet:

6.3 Maternal Gatekeeping

L: Also, die sa mal so die erste Woche war recht anstrengend ((lacht))
B: Da war diese Milchgeschichte auch noch
L: Ja, da/ da ich musste dann ja, weil sie nur Muttermilch gekricht hat, ähm, wir hatten jetzt auch nicht irgendwie Pulver oder so Schnickschnack da dann gehabt (.), äh, hat ich dann irgendwie erstmal den Eindruck, ich weiß gar nicht, ob's, äh, dann richtig war oder nicht, äh, jedenfalls das irgendwie die Konserven, die ich da grade, äh, aufgetaut hab, äh, das die nicht, äh, mehr in Ordnung waren. Und dann hat ich da'n schreiendes Kind ((lacht)) und äh musste dann irgendwie die nächste, ähf, Flasche dann schnell auftauen, die war irgendwie auch nicht in Ordnung, dann die dritte, die hat's dann irgendwann dann gepasst und, äh
B: Hintergrund war das 's des die nicht sauer war, aber die hat so'n komischen Geruch, das ham ich dann mal irgendwie mal über die Leche [La Leche Liga, AP] wieder rausgefunden, also die kann/ es gibt Muttermilchtypen, wo die dann irgendein pf irgendein Fett dann zerfällt und das gibt so'n bisschen komischen Geruch und der riecht sauer, also ⌊'s war genießbar, aber⌉
L: ⌊Naja, also der hat dann jedenfalls⌉ nich gerochen, aber ich/ ich hab's mich dann jedenfalls nicht getraut, ihr zu geben und, ähm, das war irgendwie erstmal dann so der ja erste Einstieg gewesen und ähm
B: ((leise)) Woll'n Sie noch'n bisschen Tee?
I: ((leise)) Ja, ich würd gern
L: Naja aber ich sach mal so, nach den ersten paar Tagen hat sich das dann eigentlich, äh (2)
B: Eingeschuckelt
L: Was so die Ebene geht, äh, dann, äh, eigentlich ganz gut, äh, einge (.) spielt und, ähm (.) aber's war dann eben, sach ich mal, die umgekehrte Erfahrung wie bei meiner Frau, das, äh, das eben doch, äh, eine dauerhafte Anspannung irgendwie bedeutet, weil also Sophie war's jetzt auch eher nicht so'n Kind, das man irgendwie, äh, gut in die Ecke legen konnte und dann hat es da irgendwie, äh, selbstzufrieden da rumgelegen, sondern die, ähm, ⌊musste rund ⌉
B: ⌊Musste dabei sein⌉
L: Um die Uhr, äh, immer, äh, an einem dran sein, also die musste auf'm Arm sein und, äh, ich hatte da manchmal echt ja ⌊komplizierte Überlegungen⌉
B: ⌊Schwierigkeiten zu kochen⌉
L: Äh, gemacht, wie ich das jetzt hinkriege mit einer Hand, äh, irgendwie das Mittagessen zu zubereiten ((I lacht)) oder, äh, auch mal unter die Dusche zu gehen, was mach ich mit dem Kind, äh, weil es eigentlich nicht alleine ⌊bleiben kann in der Zeit, das⌉
B: ⌊Sach mal Tragetuch⌉ ham wir da auch zu der Phase noch nicht gemacht, ne, (.) oder du nicht
L: Nee, mhmh, das kam dann bisschen später dann
B: Ja
L: Aber, na gut, also insofern war das eben wirklich so, man hat, äh, bei der Arbeit zumindest irgendwie mal ne Mittagspause. (126-145/2g)

Mit Fokus auf die Interviewdynamik und die Paarinteraktion zeigt sich, dass Lars *sein Erleben* der Elternzeit nicht darstellen kann ohne die verbale Präsenz von Birgit in Form von informativen Erklärungen, Unterbrechungen und einem ‚Agenda Setting' („Milchgeschichte", „Kochen", „Tragetuch"). Im Gegensatz zu anderen Interviewpassagen, in denen das Paar *gemeinsam eine* Geschichte erzählt, indem sie sich *wechselseitig* Stichwörter geben, Bestätigung suchende Rückfragen an den Partner stellen und auf das Gesagte des Partners jeweils eingehen, versucht hier Lars alleine sein Erleben darzustellen und geht nur vereinzelt auf die Einwürfe von Birgit ein. Beide ‚kämpfen' in der verbalen Aushandlung über Rederechte, Kompetenzen und Deutungshoheiten in Fragen der Kinderfürsorge. Dadurch dass Birgit Reinburger für sich selbst die überwiegende Betreuungsverantwortung und -kompetenz beansprucht *und* Lars Hoffmann auf eine *geteilte* Fürsorgeverantwortung rekurriert, entsteht ein *Konkurrenzverhältnis* und *Konflikt* zwischen den Eltern.

Eine Variation, wie sich die Diskrepanz von Selbst- und Fremdzuschreibung von Betreuungsverantwortung und der Konflikt darüber ausdrückt, stellt der ‚Maternal Gatekeeping'-Fall von Ulrike und Helmut Schwarz (#8) dar: Ulrike möchte einerseits, dass Helmut sich beteiligt, ist aber andererseits nicht bereit, ihn als gleichberechtigten Elternteil zu akzeptieren, wogegen er zeitweise opponiert. Im Gegensatz zu Birgit *lobt* Ulrike im Interview die ‚Leistungen' von Helmut. In der Dankbarkeitsasymmetrie (Helmut lobt nicht Ulrikes Beitrag zur Familienarbeit) zeigt sich das Paradox der Anerkennung: Dadurch, dass (nur) Ulrike Helmut für seine Betreuungsarbeit lobt, verwehrt sie ihm die Anerkennung seiner Betreuungsarbeit *als egalitären Beitrag* zur Familienarbeit und die Position als egalitärer Elternteil (*neben* ihr).

Auf die Frage nach Rückmeldungen aus dem Freundeskreis zu ihrer Elternzeitaufteilung kommen Ulrike und Helmut nach einer Weile darauf zu sprechen, wie sie selbst die Aufteilung bewerten:

H: Aber es war eben für uns die beste Lösung
U: Und der Helmut hatte wahrscheinlich dann auch bewiesen, dass das auch gut läuft und da musste sich auch keiner sorgen, also wenn das jetzt irgendwie nicht so gut gewesen wäre, hätten die vielleicht auch mal gesagt, mhmh naja (.), aber das war alles super und (3) ((klatscht dreimal in die Hände, U und I lachen))
H: Ja, das kann ich ab und zu mal ge⌊brauchen⌉
U: ⌊Haste⌉ fein gemacht, noah. (.) Jetzt so, wenn wir so da drüber reden, da wird mir das erstmal so richtig klar eigentlich irgendwie. ⌊Im Alltag läuft das manchmal/ geht das manchmal so 'n bisschen unter und⌉
H: ⌊Ja, wie gut ich das gemacht hab, noah, das ich gar nicht⌉/ das ich gar nicht der ahnungslose (.) ⌊Papa bin⌉
U: ⌊Aber eigentlich⌉ noah, das/ ich hab das schon wieder fast vergessen, ((H und I lachen)) wie das/ weil 's alles so sich überschlägt immer. (351-356/8g)

6.3 Maternal Gatekeeping

Im Vergleich zu Birgit und Lars haben Ulrike und Helmut zum Zeitpunkt der Interviews zwei Kinder, so dass sich – wie bei Martin und Caroline Weber (Kap. 6.2) – mögliche Veränderungen in der Aufteilung der Elternzeit beobachten lassen.[121] Beim ersten Kind rahmen Ulrike und Helmut die Elternzeitaufteilung als „Strategie", um das Pendeln von Helmut zwischen Wohn- und Arbeitsort zu beenden (vgl. Kap. 7.2). Ulrike erzählt dazu im Paarinterview:

> „Also, ich muss mal sagen (.), als das erste Kind unterwegs war, da ham wir ja das ziemlich rational irgendwie überlegt, was können wir machen, das wir hier zusammen sein können, ne, weil er ja noch in R-Stadt halt den/ die Stelle hatte (.), und da hab ich gesagt, ja gut, ich geh dann nach vier Monaten wieder arbeiten und das war für mich alles (2) logo, noah so. Und dann warn die vier Monate um und ich sollte wieder arbeiten gehn und da hab ich dann schon gemerkt, dass mir das schwer gefallen ist und deshalb war für mich klar, (.) dass ich das beim zweiten Kind (.) auf alle Fälle nicht so machen will. Also ich hatte dann auch versucht, ob ich vielleicht noch 'nen Monat länger zu Hause bleiben kann, aber das ging nicht, weil (.) mein Vertreter nach Neuseeland wollte und da schon alles gebucht hatte und (...) deshalb musst ich dann halt wieder gehn und deshalb war das für mich klar, dass ich (.) das jetzt nicht wieder so mache (.) und (.) also jetzt genieß ich die Zeit auch total, muss ich sagen, also ich vermisse nichts, (.) was die Arbeit betrifft, was ich mir vor(.)her auch nicht so gedacht hätte, dass mir das so leicht fällt, das loszulassen." (151/8g, U)

Aus den Erfahrungen beim ersten Kind zieht Ulrike für sich den Schluss, beim zweiten Kind es „auf alle Fälle nicht so machen" zu wollen. Aus dem Kontext lässt sich schließen, dass sie damit von vornherein eine *längere* Elternzeit mit Elterngeldbezug für sich beansprucht.

Mit Bezug auf die Elternzeitaufteilung beim ersten Kind stellt sich Ulrike als diejenige dar, die die „Lösung" mitgetragen habe und positioniert sich *allein* als *entscheidend* für das Gelingen dieser, während Helmut im Gegenzug *seinen Beitrag* darlegt:

> U: Also, das war alles in allem irgendwie (.) alles rund (.)
> H: Joah, ach Gott. (3) Ich bin da
> U: Die eine Lösung und die andere auch, aber was sicher auch daran liegt, also dass (.) ich die Lösungen auch voll innerlich so mitgetragen hab, also das war für mich total okay und deshalb (.) ⌊hab ich das auch gut erlebt⌉
> H: ⌊Ja für mich war das auch so⌉, das ist so besp/ also das war so besprochen und jetzt wird so gemacht so. (.) Und ich bin da eigentlich auch ganz/ ganz pragmatisch rangegangen an die Sache. (.) Ich hab mir gesagt, ich mach das so wie ich

---

121 In den Überlegungen von Birgit und Lars finden sich verschiedentlich Hinweise auf eine mögliche *längere* Elternzeit von Birgit, sollten sie ein zweites Kind bekommen.

das für richtig halte und dann werd ich sehen, wie's Kind drauf reagiert und (2) es hat sich nicht beschwert. (154-157/8g)

Helmut rekurriert hier nicht auf ein mögliches Lob von Ulrike, sondern setzt eigene Standards der Betreuungsarbeit („wie ich das für richtig halte"), die er anhand der Reaktionen des Kindes beurteilt. Dadurch dass er *nicht* Ulrike die Kompetenz zuspricht, zu beurteilen, wie gut er die Betreuungsaufgaben ‚ausführt', macht er sich unabhängig von möglichen Standards und Bewertungen seitens Ulrike, die ihn zum ‚Schüler' oder ‚Praktikanten' von ihr degradieren würden (vgl. Kap. 6.1). Vielmehr positioniert er sich in dieser Interviewpassage unabhängig von ihr als *kompetenter Elternteil*.

Die Diskrepanz in der Selbst- und Fremdzuschreibung von Betreuungsverantwortung zwischen Ulrike und Helmut führt zu einem Modus der Kooperation *im Alltag*, der sich durch Konflikte und Konkurrenz auszeichnet. Ulrikes (nahezu) Alleinanspruch auf Betreuungsverantwortung und -kompetenz und Helmuts Anspruch auf eine geteilte Fürsorgeverantwortung impliziert eine dauerhafte, wenn auch latente Auseinandersetzung in der Aushandlung einer innerfamilialen Arbeitsteilung. So formuliert Ulrike bei der Terminabsprache für das Einzelinterview *ihr Problem* einer *gemeinsamen*, alltäglichen Betreuungsarbeit, welches einen Angriff auf Helmuts Anwesenheit und Betreuungsbeteiligung beinhaltet:

I: Sollen wir morgen/ ist dir lieber um 20 Uhr statt 19 Uhr zu sagen, wegen ⌊Kindern ins Bett bringen? ⌉
U: ⌊Nee oder 19.30⌉, (I: 19.30) nee, ich sag ja immer, wenn ich alleine bin, (.) dann läuft immer alles besonders gut und dann sitz ich wahrscheinlich 19 Uhr hier ⌊und denke, oh mein Gott⌉
I: ⌊Und denkst, wann kommt sie denn? ((lacht))⌉
U: Jetzt ist es doch eine Stunde Zeit
H: Siehste da/ da frag ich mich nu, was heißt das, da läuft das besonders gut. ((I lacht)) ⌊Soll das heißen, dass⌉
U: ⌊Na da wunder ich mich selber manchmal⌉
H: Soll das heißen, dass wenn ich da bin, es nicht läuft?
U: Nee, nee das soll es nicht heißen ((H lacht)). Aber irgendwie/ (I: Aber ich glaub) ich mach mir dann immer so 'ne Rübe, dass ich das nicht hinkrieg und dann wunder ich mich immer, wahrscheinlich sind die Kinder dann auch so besonders lieb, ich weiß doch auch nicht ((lacht))
H: Nee, wahrscheinlich achtest du viel zu sehr auf mich, wenn ich da bin
U: Kann sein
H: Du bist also/ ((U und I lachen)) ich könnte das genauso sagen, (.) ich find/ empfinde das aber nicht als <u>besonders</u> gut, wenn/ ⌊wenn ich allein/ wenn ich alleine bin⌉
U: ⌊Oder vielleicht ja, da hat man⌉
H: Es ist einfach so

6.3 Maternal Gatekeeping

U: Sein Plan und es läuft durch, ⌊das kann schon sein. Man hat and/⌉
H: ⌊Genau. Man/ Man hat⌉
U: Weniger noch Wechselwirkungen vielleicht
H: Mh, bei dir wahrscheinlich mehr als bei mir also. (.) Wenn du sagst, du hast dein Plan und ich quirl da noch drinne rum, dann stört dich das
U: Frauen sind so ⌊((unverständlich)) mehr Wechselwirkungen⌉
H: ⌊Wahrscheinlich mich/ mich auch, wenn ich mir meinen Plan zurecht lege.⌉ Ich meine, das ist nun mal so
I: Mh, ja
H: Wenn man sich seinen Plan zurecht legt und dann jeden Handgriff (.), aber (2) ja das ka/ das kann ⌊schon sein. Das/ das/ das wenn die⌉
U: ⌊Nee, sagen wir 19 Uhr 30.⌉ (653-674/8g)

Eine Einigung in der Interviewsituation stellen sie gemeinsam darüber her, dass sie es als *unproblematisch* rahmen, wenn jemand (Ulrike) sich einen Plan zurecht legt und es entsprechend durchläuft, es jedoch zu Störungen kommen kann, wenn jemand anderes (Helmut) darin „rumquirlt". Dies deutet darauf hin, dass es keinen gemeinsam geteilten ‚Masterplan' gibt, sondern Ulrike die Planungs- und z. T. Ausführungshoheit für sich beansprucht. In ihren Plänen ist allerdings kein *passender* Platz für Helmut's Betreuungsarbeit sowohl aus ihrer als auch aus seiner Sicht.

Die Interpretationen und Analysen der Interviewsequenzen von Birgit Reinburger und Lars Hoffmann (#2) sowie Ulrike und Helmut Schwarz (#8) zeigen eine Diskrepanz in der Selbst- und Fremdzuschreibung von Betreuungsverantwortung, die sich auf verschiedenen Ebenen manifestiert: in den Darstellungen der ersten Elternzeit, in der Aufteilung der Elternzeit beim zweiten Kind bzw. in den Überlegungen dazu und wie in der letzten Interviewpassage, in der alltagspraktischen Kooperation, die sich als prekäre ‚Zusammenarbeit' des Elternpaares darstellt.

Charakteristisch für die Begründungsfigur ist, dass die Mutter sich selbst die Hauptverantwortung für die Betreuung des Kindes zuschreibt und versucht, das Engagement des Vaters zu begrenzen. Der Vater hingegen versteht sich als egalitärer Elternteil und widersetzt sich dem ‚Maternal Gatekeeping'. In verschiedenen empirischen Forschungsarbeiten wird auf das Phänomen des ‚Maternal Gatekeeping' verwiesen: Hochschild 1990, Coltrane 1996, Fagan/Barnett 2003, König 2006, Gaunt 2008, Meuser 2011, 2012; für einen Überblick, vgl. Lupton/Barclay 1997 und Allen/Hawkins 1999. So betrachtet Michael Meuser (2011: 74) das Phänomen im Kontext von Geschlechtsnormen und deren „Wirkmächtigkeit" und „Beharrungsvermögen" bei ‚Verstößen':

„Die Wirkmächtigkeit von Geschlechtsnormen hat Barrieren zur Folge, die vor allem dann sichtbar werden, wenn Väter sich anschicken, ihre gewandelten Einstellungen tatkräftig umzusetzen – wenn sie ihre Arbeitszeit reduzieren wollen, wenn sie Familienarbeit als (auch) ihren Kompetenzbereich reklamieren. Diese mehr oder minder offene Opposition gegen Geschlechtsnormen lässt deren Beharrungsvermögen umso deutlicher hervortreten. In dem einen Fall sind es vor allem die Arbeitgeber oder Vorgesetzten, die an die Gültigkeit der Geschlechtsnormen erinnern, in dem anderen Fall sind es die Ehefrauen."

Dass dieses Phänomen keineswegs nur bei ungleichgeschlechtlichen Paaren auftreten kann, zeigen Dalton und Bielby (2000) in ihrer Studie zu gleichgeschlechtlichen Paaren. So kann ein Konkurrenzverhältnis und Konflikt über die Selbst- und Fremdzuschreibung von Betreuungsverantwortung im Zusammenhang mit der Differenzierung in leibliche und nicht-leibliche Mutter entstehen:

> „Interestingly, it is not just outsiders but sometimes the mothers themselves who perpetuate normative prescriptions regarding the „proper" gender makeup of the family. In this case, a biological mother speaks of her partner's experience of invisibility and her own participation in that experience.
> »When I was pregnant people would just talk to me and ignore her or when he was a newborn they'd be asking how I was doing and not too many people checked in with her [partner]. And she [partner] just kept saying a lot, „I really understand how dads feel, I really understand", or why dads just sometimes recede. Because not only the spouse is maybe being really protective in wanting to be in charge of everything, like I, we had a lot of fights about me, you know. I'd pack the diaper bag, I'd remind her, you know, I was treating her more like a babysitter than that she could make her own decisions and do things her way. And we had to work that out pretty early on that I wanted to control her interactions with him. And then, you know, the rest of the world didn't see her as, didn't acknowledge her [as his mother]« (Lisa)." (ebd.: 53)

Im Vergleich zu den von mir interviewten Paaren scheint das ‚Maternal Gatekeeping' in diesem Fall eher ein Übergangsphänomen gewesen zu sein, welches in den Aushandlungen des Paares explizit *zur Sprache* gebracht und ihnen reflexiv zugänglich geworden ist. Die Konsequenzen für Mütter, wenn ihre Partner dem Ruf nach einer stärkeren Beteiligung an der Familienarbeit folgen, lassen sich mit Arlie Hochschild (1990: 256) wie folgt fassen: „Wenn Frauen wollen, daß ihre Ehemänner sich in der Familie stärker engagieren, müssen sie auch bereit sein, die Macht und die Anerkennung für die zu Hause geleistete Arbeit zu teilen."

Eine empirische und konzeptuelle Systematisierung des Phänomens unter dem Begriff *‚Maternal Gatekeeping'* haben Sarah M. Allen und Alan J. Hawkins (1999) geleistet:

> „(…) we propose that maternal gatekeeping consists of a set of beliefs about mothering and fathering that influences mothers' behaviors in relation to the allocation of family work. Maternal gatekeeping is the mother's reluctance to relinquish responsibility for family matters by setting rigid standards, wanting to be ultimately accountable

6.3 Maternal Gatekeeping

for domestic labor to confirm to others and to herself that she has a valued maternal identity, and expecting that family work is truly a woman's domain." (ebd. : 205)

Mit Verweis auf andere empirische Studien konstatieren die Autoren, dass ‚Maternal Gatekeeping' „can be one important source of men's underinvolvement in domestic labor and may inhibit mutually satisfactory arrangements for sharing family work" (ebd.: 200).

> „Some women both cherish and resent being the primary caregiver and feel both relieved and displaced by paternal involvement. They are both intentional and hesitant about negotiating for more collaborative sharing and feel guilty and liberated when men become more involved in family work (...). This ambivalence about increased paternal involvement serves to keep the gate to the domestic garden periodically swinging open and shut." (ebd.: 202)

Jedoch mangelt es der Konzeptualisierung von Allen und Hawkins (1999) an analytischer Trennschärfe, da sie die innerfamiliale Arbeitsteilung nicht konsequent als *Aushandlungsphänomen* betrachten. Eine Nichtbeachtung der Paarinteraktionen führt zu alleinigen Fokussierungen auf das Handeln der Mutter *oder* des Vaters:

> „Fathers also may collude or act in ways that support maternal gatekeeping to maintain gender specialization in family work. Men may choose to do less frequently performed tasks, outwait their partner, ask many questions about the task, do the task poorly, or plead ineptness." (ebd.: 203)

Vor dem Hintergrund meiner empirischen Arbeit impliziert diese Aussage *nicht* ein ‚Maternal Gatekeeping', sondern trifft entweder auf die Begründungsfigur ‚Hegemonic Mothering' oder ‚Sameness Taboo' zu – je nachdem, welche Position die Mutter innerhalb der Aushandlungen einnimmt. In der Analyse meines Interviewmaterials zeigt sich, dass es nicht allein um das Handeln der Mutter *oder* des Vaters gehen kann, sondern innerfamiliale Arrangements sich nur in der Relation der Handelnden zueinander angemessen verstehen lassen (vgl. für die Argumentation auch Walzer 1998, Fox 2009). Als analytische und theoretische Schlussfolgerung gilt es ‚Maternal Gatekeeping' konsequent als *Aushandlungs- und Interaktionsphänomen des Paares* zu fassen, welches sich nicht allein aus den Handlungen eines Partners erklären lässt.

6.4 „Jeder darf zu Hause bleiben" – Equally Shared Parenting

Diese Begründungsfigur ist gekennzeichnet durch das Ideal einer egalitär geteilten Fürsorgeverantwortung: Nicht die Betreuungsverantwortung der Mutter wird als selbstverständlich vorausgesetzt, sondern beide Elternteile sehen sich gleichermaßen in der Betreuungsverantwortung. Anhand der Interviews von Anne und Tobias Sommer (#5), und Klara Franke und Stefan Ruppel (#6) arbeite ich zentrale Merkmale der Begründungsfigur ‚Equally Shared Parenting' heraus.

Im Paarinterview mit Klara Franke und Stefan Ruppel erzählt Klara auf die Frage, wie sie es nach der Geburt von Oskar und Christin „so gemanagt" (97/6g, I) haben, dass sie bei beiden Kindern die ersten sieben Monate zu Hause war „und dann der Stefan (.) jetzt die nächsten sieben Monate" (98/6g, K). Damit ist die Frage für Klara und Stefan beantwortet und die von ihnen getroffene Aufteilung ist für beide nicht weiter begründungs- oder erklärungsbedürftig. Auf weitere Nachfrage erläutert Klara, *wie* sie zu der konkreten Aufteilung der Elternzeit gekommen sind:

K: Wir wolltens fair machen, jeder darf (.) zu Hause bleiben und jeder darf dieselbe Zeit zu Hause bleiben (.) und der Stefan hat auch immer gesagt, ich will auch zu Hause bleiben, ich will nicht derjenige sein, der hier ständig schrubben geht, seine Kinder nicht sieht (2) und ich hab auch gesagt, ich will auch bald wieder arbeiten gehn, ich bin nicht so die (.) die Mutter, die, äh, sich völlig für ihre Kinder aufgibt und (.) zu Hause bleibt und dafür alles gibt, (2) ge (2)
S: Ja, (.) so war das. (102-103/6g)

Klara bringt das Argument der Fairness, welches sie inhaltlich näher ausführt. Prinzip I: „Jeder darf zu Hause bleiben." Sie verwendet hier das Wort ‚dürfen', während in anderen Fällen bei der Aufteilung die Frage im Raum steht, wer zu Hause bleiben ‚muss' (vgl. Kap. 6.2). Anschließend führt sie Prinzip II an: „Jeder darf dieselbe Zeit zu Hause bleiben" (vgl. dazu Kap. 7.1). Die Figur wird allein von Klara angeführt, kann aber als gemeinsam geteilte Begründung gelten, da Stefan im Anschluss an Klaras Ausführungen, diese mit „Ja, (.) so war das" bestätigt und so stehen lässt.

Klaras Ausführungen erinnern an Spielregeln, die für *alle* Spielende unabhängig von Alter, Einkommen oder Geschlechtszugehörigkeit gleichermaßen gelten. Sie formuliert damit ohne implizite oder explizite Ansprüche oder Zuschreibungen eines Elternteiles auf die Elternzeit, dass beide Elternteile gleichermaßen Anspruch darauf haben, zu Hause zu bleiben. Auffällig ist dies vor dem Hintergrund von geschlechtsstereotypen Zuschreibungen, nachdem die Mutter als zentral für die Kleinkindfürsorge angesehen wird (vgl. dazu die Begründungsfigur ‚Hegemonic

6.4 Equally Shared Parenting

Mothering', Kap. 6.1) und es in Deutschland aktuellen Zahlen zufolge ‚üblich' ist, dass die Mutter (bei ungleichgeschlechtlichen Paaren) den überwiegenden Anteil der Elternzeit in Anspruch nimmt (vgl. Kap. 2.2). So gesehen ‚missachten' die aufgestellten Fairnessprinzipien dominante geschlechterdifferenzierende Normen (zum konstitutiven Zusammenhang von Sphärentrennung und Geschlechterkonstruktion, vgl. Kap. 2.3).

Klara antizipiert einige gesellschaftliche ‚Normalitätserwartungen' und grenzt sich in ihren Ausführungen davon ab: Da ist zum einen Stefans expliziter Wunsch „auch" zu Hause bleiben zu wollen, der einher geht mit einer negativen Konnotation von Erwerbsarbeit („schrubben gehen") und einer positiven Rahmung von Elternzeit und der Möglichkeit, Zeit mit den eigenen Kindern verbringen zu können. Zum anderen führt Klara das ‚Gegenstück' zu Stefans Commitment in der Familienarbeit an, ihre Bereitschaft „auch bald wieder" arbeiten zu gehen und so im Wesentlichen die Ernährerinnenfunktion zu übernehmen und ihm (bereitwillig und selbstverständlich) das Feld der Kinderbetreuung zu überlassen (vgl. dazu Kap. 6.3).

Sowohl für Klara und Stefan als auch für Anne und Tobias gab es keinen größeren Aushandlungsbedarf oder Auseinandersetzungen darüber, *ob* sie die Elternzeit teilen (wollen). Im Gegensatz zu den Paaren, anhand derer die Begründungsfiguren ‚Sameness Taboo' und ‚Maternal Gatekeeping' herausgearbeitet wurden, rahmen es hier *beide* Partner als selbstverständlich, *ohne* anschließend Einschränkungen darzulegen oder ihr Bedauern bzw. ihre Sorgen auszudrücken. Zunächst Stefan und Tobias zu der Entscheidung, Elternzeit in Anspruch zu nehmen:

I: Und wie war das für dich so die Frage, gehst du in Elternzeit, ja, nein und wie lange?
S: Nö, das war eigentlich nie 'ne Frage und das/ wir warn uns auch ziemlich schnell einig, wie (.) ((zu Christin:)) was is denn los/ wie lange und das war also keine Diskussion bei uns. (2) Das wir halbe-halbe machen wollten, (.) war schon immer klar und (.) das ich's mach sowieso. (37-38/6S)

Und Tobias zu einer ähnlich formulierten Frage im Einzelinterview:

„Pff (.), das haben wir daheim uns überlegt und es war eigentlich ziemlich schnell/ ja eigentlich schon gleich klar, dass ich da Lust drauf hab, auf Elternzeit. (2) Ja, und dann hab ich das dem Theater mitgeteilt (.), beizeiten, (.) man muss sie ja nicht beantragen, man hat ja ein Anrecht darauf. Habe ich dann mitgeteilt, dass ich gerne in Elternzeit gehen würde." (17/5T)

Im Vergleich zu Martin Weber (#3) formulieren beide Väter den *Wunsch* in Elternzeit zu gehen (vgl. Kap. 6.2). Wird dieser Wunsch seitens des Vaters expliziert, führt dies noch nicht automatisch zu einem ‚Equally Shared Parenting'. Wie in Kap.

6.3 zum ‚Maternal Gatekeeping' herausgearbeitet, können Mütter versuchen, das Engagement des Partners in der Familienarbeit zu begrenzen. In der oben zitierten Interviewpassage von Klara wurde bereits deutlich, dass sie *gerne* bereit ist, den Bereich der Familienarbeit und Kinderbetreuung mit Stefan zu teilen. Die Darstellung von Anne zu der Frage, wie sie zu der Elternzeitaufteilung gekommen sind, beinhaltet ebenfalls, wie bei Klara, eine dezidierte Abgrenzung zu einem „klassischen Verständnis" innerfamilialer, geschlechterdifferenzierender Arbeitsteilung. Fremd ist Anne jedoch der Gedanke, „ein ganzes Jahr daheim" zu bleiben nicht, aber dies scheint für sie keine befriedigende Option zu sein:

> „Ja, wie sind wir dazu gekommen. Irgendwie war das von Anfang an relativ klar, also dass wir das aufteilen wollen. Dass eben auch der Tobi zu Hause bleibt. Das ist/ war auch ihm ein Anliegen und ich mein, ich hab schon auch mal überlegt, ob ich nicht gar ein ganzes Jahr daheim bleiben will. (...) also es war jetzt nicht so, dass ich mich hab wirklich überwinden müssen zu sagen, oh, okay, dann teilen wir es halt auf, sondern, dass es eigentlich, ähm, (.)/ eigentlich auch klar war, das wir das gut finden. (I: Ja) Wenn halt eben auch, ja, so dieses klassische, äh, Verständnis, Frau bleibt zu Hause, Mann geht arbeiten, das es bei uns eigentlich so nicht stattfindet und des war auch wirklich beidseitig, dass er/ eben auch der Tobi, das einfach auch wollte, ja." (147/5g, A)[122]

Die Interviewpassagen zeigen, dass Paare, die sich Elternzeit und Familienarbeit egalitär teilen, sich in ihren *Darstellungen* abgrenzen (müssen) gegen eine ‚traditionale' Arbeitsteilung. Einerseits setzen sie ihre Arrangements als *selbstverständlich*, andererseits finden sich anschließend immer wieder Brüche, indem sie den Wunsch des Vaters nach Elternzeit und im Gegenzug das ‚Freigeben' der Familienarbeit seitens der Mutter betonen oder begründen. Sie rekurrieren auf geschlechterdifferenzierende Zuschreibungen von Betreuungsverantwortung, um sich explizit davon abzugrenzen. Schlussfolgern lässt sich daraus, dass sie für sich selbst ihr Arrangement als ‚normal' betrachten, vor dem Hintergrund von dominanten gesellschaftlichen ‚Normalitätsannahmen' jedoch in Begründungszwänge geraten. So rechtfertigen sie sich in den Interviews für ihr Arrangement, *ohne* dass es (explizit) in Frage gestellt wurde. Dass ihr Arrangement in anderen Zusammenhängen durchaus Fragen hervorruft, die Begründungszwänge implizieren, wird in der folgenden Interviewsequenz deutlich:[123]

---

122 Die ungekürzte Interviewpassage interpretiere und diskutiere ich in Kap. 7.2 und 7.3.
123 Auf subtilere Zuschreibungspraxen durch Fragen weist Francine Deutsch (2001: 26) hin: „Every time someone asks an expectant woman about her work plans while ignoring her husband's plans, it communicates that parenting is primarily a mother's responsibility."

K: Die erste Frage, wenn ich mich irgendwo vorstelle im Geschäft und sag, mein Name: Klara Franke und wenn's dann irgendwann zu Kinder und ich dann irgendwie, ich hab zwei Kinder, oh wie alt sind die denn, wenn ich dann sag (.), vier Jahre und acht Monate (2) und wo ist ihr Baby jetzt? ((S und I lachen)) (2) Allein zu Hause, mein Gott, dann sag ich, mein Mann ist zu Hause (.) ⌊und ja, wenn der wieder/ wenn⌉
S: ⌊Was, isst der das Kind nicht?⌉
K: Wenn der wieder arbeiten geht, ja, da geht sie in die Kita, oh, so ein kleines Kind, so früh weg geben und solang ((S lacht)) dieses/ ja solang diese Sprüche noch kommen und solang des noch in den Köpfen ist, wird sich da nicht groß was ändern. (470-472/6g)

In den Interviews zeigen sich zwei weitere zentrale Merkmale: Das Vereinbarkeitsmanagement ist eine *gemeinsame* Angelegenheit des Paares (vgl. im Kontrast dazu Kap. 6.1) und die Aufgaben während der Elternzeit werden nicht geschlechterdifferenzierend organisiert, sondern beide übernehmen in der Elternzeit bzw. während ihrer alleinigen Erwerbstätigkeit die gleichen Aufgaben. Beides sind Bereiche, die anderen empirischen Studien zufolge, auch dann wenn Väter Erziehungs- oder Elternzeit in Anspruch nehmen, tendenziell (noch) geschlechterdifferenzierend organisiert werden (vgl. dazu Kassner/Rüling 2005: 240).

An verschiedenen Stellen in den Interviews von Stefan und Klara wird deutlich, dass sie eine gemeinsame Perspektive und Verantwortung für das Vereinbarkeitsmanagement haben, Stefan im Paarinterview dazu: „wir ham uns auch neulich, äh, (.) darüber geeinigt, äh, wie wir dann danach weitermachen" (111/6g, S). Zum einen macht Stefan allein mit dem (erstmaligen) Ansprechen der Frage nach der innerfamilialen Arbeitsteilung nach seiner Elternzeit deutlich, dass (‚auch') er sich dafür verantwortlich fühlt. Gleichzeitig spricht er von „wir" und setzt somit die gemeinsame Verantwortlichkeit als Standard. Zum anderen bedeutet seine Aussage, dass für sie nicht von vornherein *eine* Lösung feststeht, sondern dass das konkrete Arrangement von Beruf, Familie, Haushalt und Freizeit situativ aushandlungsbedürftig ist.

Bezüglich der Aufgaben während der Elternzeit gibt es bei Anne und Tobias Sommer einige Regeln, die Tobias erläutert:

„Wer Kindzeit hat, also der/ wer schaffen, ja wer schaffen gehen muss, bringt sie abends ins Bett. Wer Elternzeit hat, steht sie morgens auf. Dann hat sie auch von beiden Eltern was." (41/4T)

„Umstellung war da halt, wie gesagt, für mich, als ich meine Elternzeit dann hatte, aber (.) ja, wie gesagt, also ich fand des nicht, äh, (.) es hat mich jetzt nicht/ nicht gebeutelt oder so, des war dann schon halt ungewohnt morgens nicht arbeiten gehen ((T und I lachen)), huch (.). Gut, ja, da war/ da war dann ich dann natürlich, äh, dann auch verantwortlich nachts. Klar wer grad nicht schafft, ist für/ für/ für/ hat die Nachtwache (.). Aber des hat dann auch, äh, ziemlich schnell funktioniert, das dann, (.) äh, man hört's/ man hört'se ja schreien, aufstehen, Halbschlaf, rüber, Fläschchen (.) und da war man dann auch schon so ein bisschen/ hat/ hatte man sich auch schon ein bisschen, ja mit/ mit den Nächten hat man sich dann auch schon (.)/ hat man sich auch schon so ein bisschen dran, äh, äh, ja äh, äh, ja des Nachtmanagement organisiert. Keine Ahnung, ja, das man dann Heißwasser dann in der Thermoskanne parat hat und zwei/ zwei/ drei Fläschchen stehen parat (.), Milchpulver steht parat." (75/5g, T)

Die Logik, nach der Anne und Tobias bestimmte Tätigkeiten aufteilen, wie Kind ins Bett bringen und nachts versorgen, richtet sich einzig danach, wer gerade in Elternzeit und wer erwerbstätig ist. Irrelevant ist hier hingegen die Geschlechtszugehörigkeit der Personen, ob nun ‚Mutter' oder ‚Vater' in Elternzeit oder erwerbstätig ist, wird bei der Aufgabenverteilung nicht thematisch.

Charakteristisch für die Begründungsfigur ‚Equally Shared Parenting' ist, dass *beide Elternteile* gleichermaßen Anspruch darauf haben, in Elternzeit zu gehen. In der eingangs zitierten Interviewsequenz von Klara heißt es, „jeder *darf* zu Hause bleiben". In der Formulierung ist die nicht unerhebliche Voraussetzung enthalten, dass jeder *möchte* und somit die Frage der Kleinkindbetreuung als gemeinsame Aufgabe erachtet wird. Im Kontrast zu den drei anderen Begründungsfiguren ‚Hegemonic Mothering', ‚Sameness Taboo' und ‚Maternal Gatekeeping' werden hier keine impliziten oder expliziten geschlechterdifferenzierenden Zuschreibungen bezüglich der Betreuungsarbeit vollzogen. Die Selbst- und Fremdzuschreibung von Betreuungsverantwortung zwischen den Partnern stimmt darüber hinaus überein, so dass kein grundsätzlicher Konflikt diesbezüglich zu konstatieren ist.[124]

Mit der Begründungsfigur ist gesetzt, dass beide Partner Elternzeit nehmen wollen und dürfen, *offen* ist, wer wie viele Monate übernimmt, da die gesamte Elternzeit mit Elterngeldbezug (ausgenommen der Mutterschutz) zur Aushandlung zwischen den Partnern zur Debatte steht: Während Klara Franke und Stefan Ruppel für sich ein quantitatives Egalitätsprinzip reklamieren („jeder darf dieselbe Zeit zu Hause bleiben", Kap. 7.1), machen Anne und Tobias Sommer ihre berufliche und finanzielle Situation (entscheidungs-)relevant (vgl. Kap. 7.2 und 7.3).

---

124 Dies bedeutet nicht, dass es *keine* Konflikte oder Auseinandersetzungen innerhalb der Zweierbeziehungen generell und über Betreuungsfragen geben würde. Die Partner üben durchaus Kritik aneinander, z. B. wünscht sich Anne, dass Tobias manchmal „ein bisschen organisierter" sein könnte, rahmt dies aber als *persönlichen* Wesenszug bzw. „Macke" (83/5A) und lädt es *nicht* geschlechtlich auf (‚er ist halt unorganisiert, weil er ein Mann ist', vgl. dazu Kap. 3.1).

6.4 Equally Shared Parenting

In der deutschsprachigen Literatur wird das Phänomen des egalitären Teilens von Familien- und Erwerbsarbeit zwischen den Partnern auch unter den Begriffen „geteilte Elternschaft" oder „partnerschaftliche bzw. egalitäre Arbeitsteilung" gefasst (Busch et al. 1988, Flaake 2009, 2011). Der hier verwendete Begriff ‚Equally Shared Parenting' für die herausgearbeitete Begründungsfigur verweist demgegenüber stärker als ‚geteilte Elternschaft' auf die (alltägliche) *Praxis der geteilten Fürsorgearbeit durch die Eltern* (vgl. Ehrensaft 1984, 1987, Coltrane 1996, Deutsch 1999, 2001).

Diane Ehrensaft (1984: 43) konzeptualisiert unter Rückgriff auf die Arbeiten von Nancy P. Hawley ‚Equally Shared Parenting' wie folgt:

> „Who is engaged in shared parenting? Any two individuals both of whom see themselves as primary caretakers to a child or children. As defined by Nancy Press Hawley, elements of shared parenting include: (a) intimacy, both between sharing adults and between adults and children; (b) care of the child in a regular, daily way; (c) awareness of being a primary caretaker or parent to the children; (d) ongoing commitment; and (e) attention paid to the adult relationship. In addition to daily caretaking functions, we are talking about two individuals who fully share responsibility for the ongoing intellectual, emotional, and social development of the child."

Eine breitere Definition leisten Marc und Amy Vachon (2010: xix) in ihrer praxisorientierten Handreichung für Eltern: „Equally shared parenting is the purposeful practice of two parents sharing equally in the four domains of childraising, breadwinning, housework, and time for self."[125] Auch wenn die Bereiche Erwerbstätigkeit, Hausarbeit und Freizeit (im Sinne von Zeit für sich selbst) in diesem Kapitel nicht im Vordergrund standen, zeigt sich in den Interviews ihre Verwobenheit mit einer egalitär geteilten Fürsorgeverantwortung: Wenn die Betreuungsverantwortung eine gemeinsame Angelegenheit ist, stellt sich für beide die Frage, wer wem abends einen ‚freien' Abend, Zeit zum Fotografieren oder Sonntag morgens die Möglichkeit zum Reiten gewährt. Das gegenseitige Ermöglichen von Freiräumen scheint bei den Paaren weniger das Problem als eine prinzipielle Zeitknappheit, insbesondere wenn beide nach der Elternzeit meist wieder (nahezu) Vollzeit erwerbstätig sind (vgl. auch König 2012: 213f.).

Kennzeichnend für die Paare Sommer (#5) und Franke/Ruppel (#6) ist, dass mit dem ‚Equally Shared Parenting' ein ‚not doing gender' einhergeht: Die Selbst- und

---

125 Ähnlich, jedoch ohne Rekurs auf ‚Freizeit' oder ‚Selbstsorge', definieren Busch, Hess-Diebäcker und Stein-Hilbers (1988: 11f.) „geteilte Elternschaft": „Wir meinen damit ein Familienmodell, in dem zwei Elternteile mit Kind(ern) zusammenleben, beide zu gleichen Zeitanteilen erwerbstätig sind und die Erziehung der Kinder und die Haushaltsarbeiten nach ihrem eigenen Selbstverständnis zeitgleich oder gleichverantwortlich unter sich aufteilen."

Fremdzuschreibung von Betreuungsverantwortung beinhaltet *keine* systematischen Geschlechterdifferenzierungen, so dass Elternzeiten, Familien- und Erwerbsarbeit *nicht* geschlechterdifferenzierend organisiert werden.

6.5 Variationen in der Selbst- und Fremdzuschreibung von Betreuungsverantwortung

Für die in Kapitel 6 aufgeworfene Frage: ‚Wer betreut das Kind?' wurden anhand von Interviews mit Doppelverdiener- und Doppelkarrierepaaren vier zentrale Begründungsfiguren herausgearbeitet:

- Hegemonic Mothering
- Sameness Taboo
- Maternal Gatekeeping und
- Equally Shared Parenting.

Im Folgenden werde ich zentrale Aspekte der Begründungsfiguren vergleichend diskutieren und anschließend die Ergebnisse systematisieren. Die Begründungsfiguren differieren in der Selbst- und Fremdzuschreibung von Betreuungsverantwortung, d. h. darin, welchen Anteil der Vater oder die Ko-Mutter an der Kinderbetreuung sich selbst zuschreibt und welcher ihm oder ihr von der Mutter zugeschrieben wird.[126] Der Anteil der Mutter wird hingegen in allen Varianten vorausgesetzt, wobei die Begründungsfigur ‚Equally Shared Parenting' dahingehend eine Ausnahme darstellt, dass *beiden Elternteilen* gleichermaßen die Betreuungsverantwortung zugeschrieben wird. Gegenstand der Betrachtung waren ausschließlich verhandelbare Betreuungsarrangements wie die Elternzeit, nicht aber gesetzlich vorgeschriebene ‚Auszeiten' wie der Mutterschutz.

Paare, die auf die Begründungsfiguren ‚Hegemonic Mothering' und ‚Equally Shared Parenting' rekurrieren, haben wesentlich weniger Konflikte bezüglich der Elternzeitaufteilung auszutragen, da Selbst- und Fremdzuschreibung von Betreuungsverantwortung übereinstimmen. Paare mit den Begründungsfiguren ‚Sameness Taboo' und ‚Maternal Gatekeeping' praktizieren hingegen eine konfliktbehaftete

---

126 Zur Erinnerung, der Fokus der Arbeit liegt auf Doppelverdiener- und Doppelkarrierepaaren in der Familiengründungsphase. Explizit ausgeschlossen sind daher Paare mit anderen Erwerbsarrangements sowie alleinversorgende, -erziehende Eltern und andere Betreuungsarrangements mit bspw. mehr als zwei Elternteilen.

6.5 Selbst- und Fremdzuschreibung von Betreuungsverantwortung

Aufteilung. In diesen Fällen bestehen deutliche Diskrepanzen nicht nur *zwischen* den Selbst- und Fremdzuschreibungen, d. h. zwischen den Partnern, sondern darüber hinaus zeigen sich Ambivalenzen *innerhalb* der Selbst- und Fremdzuschreibungen von Betreuungsverantwortung.

Julia Brückner (#4) beispielsweise versteht sich als alleinige ‚kompetente' Betreuungsperson und wird so auch von Wolfgang gesehen. Dadurch gerät Wolfgang als mögliche ‚gleichwertige' Betreuungsperson gar nicht erst in das Blickfeld des Paares (vgl. Kap. 6.1). Er nimmt zwar *auch* zwei Monate Elterngeld in Anspruch, diese aber parallel zu Julias Mutterschutz und er ist währenddessen in geringem Umfang selbstständig tätig. Bei Paaren, die wie Julia und Wolfgang Brückner (#4), Nina Pfeffer und Philipp Becker (#9), und Christiane und Franziska Kant (#1), auf die Begründungsfigur ‚Hegemonic Mothering' rekurrieren, wird die Elternzeit zu einer selbstverständlichen Pflichtleistung der *Mutter*, während die des *Vaters* oder der *Ko-Mutter* eine Kann- oder Wunschleistung darstellt (vgl. für die Unterscheidung Ehnis 2008, 2009). In Folge der *(geschlechter-)differenzierenden Zuschreibung* von Betreuungsverantwortung sind für beide Elternteile weitere Karriereschritte von Julia, Nina und Christiane nur in Konkurrenz zu ‚ihren' Betreuungsaufgaben denkbar, so dass beispielsweise im Fall von Julia und Wolfgang diese den ihr angebotenen Ressortleiterposten ablehnt. Wolfgangs, Philipps und Franziskas berufliche Entwicklungen und Erwerbstätigkeiten bleiben hingegen weitestgehend unberührt von der Familiengründung (ausführlicher dazu Kap. 7.2).

Bei Anne und Tobias Sommer (#5) sowie Klara Franke und Stefan Ruppel (#6) sind hingegen die gesamten 14 Monate Elternzeit mit Elterngeldbezug Aushandlungsgegenstand. Sie verstehen dabei die gesetzlichen Regelungen als prinzipiellen Anreiz, sich die Elternzeit zu teilen, aber die sog. Partnermonate nicht als ‚Vorgabe', dass ein Elternteil (meist der Vater) – wenn überhaupt – ‚nur' die zwei Monate Elternzeit nimmt. Die Elternzeit wird demnach bei den Paaren, die auf die Begründungsfigur ‚Equally Shared Parenting' rekurrieren, zu einer selbstverständlichen Pflicht- *und* Wunschleistung *beider* Elternteile. Implizit enthalten ist darin, dass beide Elternteile *gleichermaßen* als kompetente Betreuungspersonen gelten (vgl. Kap. 6.4).

Diesbezüglich ist bei Lars Hoffmann und Birgit Reinburger (#2) sowie Ulrike und Helmut Schwarz (#8) ein Konflikt zu erkennen, da Birgit und Ulrike sich eher als (alleinige) kompetente Betreuungspersonen betrachten und in unterschiedlichen Formen ihren Partnern diesen Status (versuchen) ab(zu)sprechen. So legt Birgit Reinburger im Paarinterview zunächst ihre Gedanken zur Elternzeit von Lars dar, dass sie sich da „keine Sorgen" gemacht habe und unterbricht ihn häufig mit Einwänden oder Kommentaren bei seiner Erzählung zu seiner Elternzeit. In der Interviewsituation schafft sich Birgit damit eine Präsenz und Kompetenz bezüglich Lars' Darstellungen seiner Elternzeit. Im Kontrast dazu stellen Lars und Helmut sowohl *ihre Partnerinnen* als auch *sich selbst* als kompetente Betreuungspersonen dar (vgl. Kap. 6.3). Der Konflikt wäre nicht vorhanden, wenn Lars und Helmut sich wie Wolfgang (#4) als Betreuungsperson zweiten Ranges und ‚Schüler' sehen oder Birgit und Ulrike wie Anne (#5) und Klara (#6) ihre Partner als gleichwertige Betreuungspersonen anerkennen würden. Während die Paare für die Aufteilung der Elternzeit beim *ersten* Kind eher auf die Begründungsfigur des ‚Equally Shared Parenting' zurückgreifen, zeigt sich in den Interviews, die *nach* den Elternzeiten beim ersten Kind stattfanden, das Phänomen des ‚Maternal Gatekeeping': Die retrospektive Darstellung der ersten Elternzeit, (z. T.) einseitige Überlegungen zu Arbeitszeitreduzierungen und dem Vereinbarkeitsmanagement, sowie bei Ulrike und Helmut die Aufteilung der Elternzeit beim *zweiten* Kind, sind gekennzeichnet von paarinternen Diskrepanzen in der Selbst- und Fremdzuschreibung von Betreuungsverantwortung.

Caroline Weber (#3) entwirft sich ebenso wie Julia Brückner oder Birgit Reinburger als kompetente Betreuungsperson, wünscht sich aber im Gegensatz zu beiden ein höheres Engagement von Martin in der Kleinkindbetreuung, als dieser bereit ist, zu leisten. Einerseits weisen *beide* eine ausgeprägte Gleichheitsorientierung auf, die eine *geteilte* Fürsorge- und Ernährerverantwortung impliziert. Andererseits versucht der Vater über geschlechterdifferenzierende Annahmen, wie „kleine Kinder sind nichts für Papas", die egalitäre Betreuungsverantwortung außer Kraft zu setzen. In die Unterscheidung von Eltern in ‚Mütter' und ‚Väter' werden bei der Begründungsfigur ‚Sameness Taboo' geschlechterdifferenzierende Betreuungskompetenzen und -zuständigkeiten eingewoben. In der Folge werden die Elternteile zu qualitativ differenten Betreuungspersonen. In Anlehnung an die Studie von Berk (1985: 201) bedeutet dies: Indem Caroline im Wesentlichen die Familienarbeit übernimmt, Martin sich selbst davon ausschließt und seinen alleinigen Fokus auf die Erwerbsarbeit legt, ‚macht' Caroline nicht nur Haus- und Familienarbeit und Martin ‚ist' erwerbstätig, sondern beide stellen darüber zugleich eine qualitative Differenz von Geschlecht her (vgl. Gildemeister/Robert 2008: 120). Im Vergleich zu den anderen Fällen wird bei dieser Begründungsfigur Familienarbeit, Elternzeit und Kinderbetreuung als unliebsame Notwendigkeit in den Vordergrund gestellt und zu einer zu vermeidenden Aufgabe.[127] Es zeigt

---

127 Lars, Helmut, Stefan und Tobias – andere ‚Väter' um einmal Martins Argumentation zu folgen – betonen hingegen neben dem Arbeitscharakter, ihre Freude an der Elternzeit und stellen dabei ihren persönlichen ‚Nutzen' heraus. Beispielsweise rahmt Stefan Familienarbeit nicht als Notwendigkeit, die gemacht werden muss, sondern als etwas was (ihm) Spaß macht und was er (deshalb) gerne macht. Deutlich wird, dass Stefan Elternzeit als eine willkommene Erweiterung seiner (Handlungs-)Möglichkeiten im Vergleich zur Erwerbsarbeit sieht. Obwohl er für Kinderbetreuung und Haushalt zu-

6.5 Selbst- und Fremdzuschreibung von Betreuungsverantwortung

sich eine zunehmende ‚Re-Traditionalisierung', da Martin die Kinderbetreuung während seiner fünfmonatigen Elternzeit weitestgehend an Caroline abzugeben vermag. Die Entkopplung von Elternzeit und Kinderbetreuung während Martins Elternzeit setzt sich in einer überwiegenden Zuständigkeit von Caroline für die Kinderbetreuung nach der Elternzeit und einer längeren Elternzeit beim zweiten Kind fort (vgl. Kap. 5.3 und 6.2).

Im Vergleich der vier Begründungsfiguren zeigt sich bei Diskrepanzen in der Selbst- und Fremdzuschreibung von Betreuungsverantwortung (‚Sameness Taboo' und ‚Maternal Gatekeeping') eine Konflikthaftigkeit in den Aushandlungen. Dieses Ergebnis ist aufschlussreich, da in anderen Forschungsarbeiten eher auf das Konfliktpotenzial bei egalitären Familien- und Erwerbsarrangements verwiesen wird: Der Annahme von Judith Stacey (1991: 258f., nach Lorber 1999: 275), „eine normenlose *gender*-Ordnung, in der die jeweiligen Elternaktivitäten, die Sexualität und die Verteilung von Arbeit, Verantwortung und Ressourcen allesamt und immer wieder zur Disposition stehen", könne „beträchtliche Konflikte und Verunsicherung auslösen", widersprechen die empirischen Ergebnisse zur Begründungsfigur ‚Equally Shared Parenting'. Paare, die eine geteilte Fürsorge- und Ernährerverantwortung praktizieren, entwickeln Aushandlungs- und Kooperationsmodi mit (quantitativen) Verteilungs- und Gerechtigkeitsprinzipien (vgl. Kap. 7.1) und ‚Regeln', die jedoch nicht geschlechterdifferenzierend angelegt sind (vgl. Kap. 6.4). Es steht nicht „immer wieder alles" zur Disposition, vielmehr konnten Aushandlungsmodi jenseits von Geschlecht herausgearbeitet werden, die ebenfalls ‚Ordnung' herstellen.

Einen „Anstieg der Konflikthaftigkeit" in den Aushandlungen zu Elternzeiten bei „zunehmender beruflicher Gleichstellung", ähnlich hohen Einkommen und egalitären Orientierungen, konstatiert Richter (2011: 361) in seiner empirischen Studie (vgl. auch Kap. 2.2). Mit der impliziten Übernahme von ressourcentheoretischen und Rational-Choice-Annahmen geht er davon aus, dass bei Partnern mit in etwa gleich hohen Einkommen Aushandlungs- und Planungskonflikte wahrscheinlicher werden, da diese über „(nahezu) gleiche Voraussetzungen und Rahmenbedingungen" verfügen, sowohl Erwerbs- als auch Familienarbeit zu übernehmen (ebd.: 149). Demgegenüber verweisen die hier präsentierten Ergebnisse darauf, dass in den Diskrepanzen der Selbst- und Fremdzuschreibung von Betreuungsverantwortung ein (oder das) Konfliktpotenzial liegt. Darüber hinaus argumentiere ich, dass die vier zentralen Begründungsfiguren ‚Hegemonic Mothering', ‚Sameness Taboo', ‚Maternal Gatekeeping' und ‚Equally Shared Parenting' die Wahrnehmung und Bedeutung von Einkommen(-sverhältnissen) und beruflichen

---

ständig ist, ermöglicht dies ihm im Vergleich zur Erwerbsarbeit mehr (v. a. zeitliche) Freiräume.

Rahmengegebenheiten entscheidend moderieren (vgl. Kap. 7). Zurückgewiesen werden die Annahmen, dass gleiche Einkommen und Berufsorientierungen in Aushandlungen von Doppelverdiener- und Doppelkarrierepaaren für diese dieselbe Bedeutung haben und dass gleiche Einkommen und Berufsorientierungen *an sich* ein (höheres) Konfliktpotenzial beinhalten.

Anknüpfend an diese vergleichende Darstellung der Begründungsfiguren systematisiere und diskutiere ich die Ergebnisse mit Blick auf folgende drei Aspekte:

1. Wer betreut das Kind? Familienarbeit als eigenständiger Aushandlungsbereich
2. Blinde Flecken in gesellschaftspolitischen Diskursen und wissenschaftlichen Untersuchungen zu ‚aktiven Vätern'
3. Aktualisierung und Neutralisierung von Geschlecht in den Selbst- und Fremdzuschreibungen von Betreuungsverantwortung.

1. Wer betreut das Kind? Familienarbeit als eigenständiger Aushandlungsbereich

Trotz ihrer Unterschiedlichkeit verweisen die Begründungsfiguren auf einen gemeinsamen Punkt: die Relevanz von Familienarbeit und Elternzeiten als *eigenständigen* Aushandlungsbereich. Der Fokus auf Berufs- und Karriereorientierungen bzw. Erwerbsarbeit und Einkommen in theoretischen und empirischen Arbeiten zur Arbeitsteilung von Paaren in der Familiengründungsphase greift zu kurz, da sich die Zuständigkeiten für *Familienarbeit* nicht (allein) angemessen über *Erwerbsarbeit* und *Einkommen* konzeptualisieren lassen (vgl. Kap. 2.2 und 2.3).[128] Vielmehr ist ein Ergebnis des Fallvergleiches, dass sich Doppelverdiener- und Doppelkarrierepaare nicht allein die Frage stellen, wer die Familie in finanzieller Hinsicht versorgt und wer entsprechend in welchem zeitlichen Umfang erwerbstätig sein darf bzw. muss, sondern parallel und z. T. unabhängig davon, wer das Kind betreuen darf oder muss. Deutlich wurde, dass nicht allein Erwerbstätigkeit und Karriere beider Partner als auszuhandelndes, gelegentlich konfliktbehaftetes ‚Gut' gelten kann (so z. B. Kassner/Rüling 2005: 236 und Burkart 2009b: 252), sondern ebenso die Familienarbeit und damit verbundene gesetzlich und finanziell geförderte Auszeiten von der Erwerbstätigkeit in Form von Elternzeiten.

Eine Ausnahme in der Forschungsliteratur stellt die quantitative Studie zur Arbeitsteilung gleichgeschlechtlicher Paare von Dürnberger (2011) dar. Die Autorin resümiert, dass „kindbezogene(n) Tätigkeiten selbst Inhalt der Verhandlungen im

---

128 Auch in meiner Analyse lag zunächst der Fokus auf Berufs- und Karriereorientierungen (vgl. Kap. 5).

Paar" sein können und diese Frage „nicht über die Verteilung der Erwerbsarbeit mitentschieden werden" (ebd.: 160). Daran anknüpfend stellt sie die Vermutung an, dass ebenso ungleichgeschlechtliche Paare Kinderbetreuung als nutzenstiftenden Bereich sehen könnten, den es auszuhandeln gelte (ebd.: 164). Mit den Begründungsfiguren zur Selbst- und Fremdzuschreibung von Betreuungsverantwortung kann ich empirisch zeigen, dass bei un-/gleichgeschlechtlichen Paaren Elternzeit und Familienarbeit ein relevanter und eigenständiger Aushandlungsbereich ist und unter Umständen ein Konfliktfeld darstellt. Inwiefern Familienarbeit geschlechterdifferenzierend oder egalitär als zu vermeidender oder erstrebenswerter Arbeitsbereich in den Aushandlungen gilt, variiert zwischen den Begründungsfiguren. In welchem Verhältnis dazu paarinterne Aushandlungen zu Beruf, Karriere und Einkommen zu konzeptualisieren sind, wird in Kap. 7 ausführlich diskutiert.

2. Blinde Flecken in gesellschaftspolitischen Diskursen und wissenschaftlichen Untersuchungen zu ‚aktiven Vätern'

Die Begründungsfiguren zur Selbst- und Fremdzuschreibung von Betreuungsverantwortung zeigen, dass Arrangements zu Elternzeit und Arbeitsteilung bei Paaren ein Aushandlungsphänomen darstellen. Aufteilungen zur Elternzeit sowie allgemeiner zu Familien- und Erwerbsarbeit lassen sich somit nur in der Betrachtung des Zusammenspiels beider Partner verstehen und nicht hinreichend mit Blick auf nur einen Partner (vgl. dazu Kap. 3.2).

Parentales Engagement, Elternzeitarrangements und innerfamiliale Arbeitsteilung wurden bisher zu selten in empirischen und theoretischen Forschungsarbeiten *konsequent* als *Aushandlungsphänomen* konzeptualisiert. Im Gegensatz dazu scheint das folgende Muster in sozialwissenschaftlichen Studien dominant zu sein: Zunächst wird (meist) auf die Relevanz von Aushandlungen in Zweierbeziehungen verwiesen, um anschließend *entweder* auf Mütter(-lichkeiten) *oder* Väter(-lichkeiten) zu fokussieren (exemplarisch Fox 2009: 155, für eine Ausnahme vgl. Walzer 1998).

Diese Vereinseitigung ist zum einen analytisch problematisch, wie die systematischen Differenzen der Begründungsfiguren zur Selbst- und Fremdzuschreibung von Betreuungsverantwortung zeigen. Zum anderen hat die Vereinseitigung Konsequenzen in wissenschaftlichen, gesellschaftlichen und politischen Diskursen darüber, wer wofür verantwortlich gemacht, ‚beschuldigt' oder außerordentlich ‚gelobt' wird: So geraten entweder Väter, Mütter oder Ko-Mütter als ‚Verhinderer' oder ‚Förderer' von egalitären oder traditionalen Arrangements der Arbeitsteilung in das Blickfeld. Daran geknüpft werden entsprechend einseitige Analysen, Forderungen, Beschuldigungen und Lösungsvorschläge, die der Varianz von Betreuungsarrangements und der Komplexität von Aushandlungen nicht hinreichend gerecht werden. Dazu einige Beispiele:

> „Die historisch entstandene Gemengelage von neuem Bewußtsein und alten Lagen ist in doppeltem Sinne explosiv: Die jungen Frauen haben – in der Angleichung der Bildung und in der Bewußtwerdung ihrer Lage – Erwartungen auf mehr Gleichheit und Partnerschaft in Beruf und Familie aufgebaut, die auf *gegenläufige* Entwicklungen auf dem Arbeitsmarkt und im Verhalten der Männer treffen. Die Männer umgekehrt haben eine *Rhetorik der Gleichheit* eingeübt, ohne ihren Worten Taten folgen zu lassen." (Beck 1986: 162)

> „Aus den vergangenen Überlegungen folgt jedoch, dass der familiäre Alltag zunehmend zu einem Konfliktfeld wird, in dem beide Eltern ihre Ansprüche auf Erwerbsarbeit neu verhandeln müssen. Allerdings werden diese Konflikte meist erst dann ausgetragen, wenn Kinder vorhanden sind. Eine „Lösung" des Geschlechterkonflikts bestünde in einem stärkeren familialen Engagement der Väter." (Kassner/Rüling 2005: 236)

> „Die Möglichkeiten von Vätern, stärker in das Binnengeschehen der Familie involviert zu sein, werden des Weiteren davon bestimmt, inwieweit die Frauen bereit sind, Familienaufgaben aus der Hand zu geben – und damit tradierte Einflusszonen zu verlieren. (…) Väter, die sich verstärkt in der Familienarbeit engagieren, befinden sich oft in einer ambivalenten Lage. Einerseits erfährt ihr Engagement die Wertschätzung ihrer Frauen, gleichwohl verteidigen diese den Haushalt als ihre Domäne. Sie beanspruchen, die Standards der Hausarbeit zu definieren. Der Vater gerät leicht in die Position des Juniorpartners seiner Frau. Das väterliche Engagement erfolgt zu großen Teilen unter ‚Anleitung' der Mutter." (Meuser 2011: 76)

Vor dem Hintergrund der diskutierten Ergebnisse ist m. E. die Debatte um die sog. ‚aktiven', ‚neuen' oder ‚modernen Väter' deutlich differenzierter zu führen. Alle hier untersuchten Väter nahmen Elternzeit/-geld in Anspruch und können somit zu den ‚aktiven Vätern' gezählt werden. Ihr Betreuungsengagement unterscheidet sich jedoch deutlich in Selbstverständlichkeit und (zeitlicher) Intensität. Problematisch ist, dass sowohl im wissenschaftlichen als auch gesellschaftlichen Diskurs zu ‚neuen Vätern' i. d. R. die Betreuungsverantwortung der Mutter vorausgesetzt wird und die des Vaters besonders hervorgehoben. Eine Debatte um ‚neue' oder ‚aktive Mütter' scheint in dem Kontext geradezu absurd. In der systematischen Konzeptualisierung von Elternzeit und innerfamilialer Arbeitsteilung als Aushandlungsphänomen geraten demgegenüber automatisch *beide Partner* sowie paarinterne Aushandlungen, Selbstverständlichkeiten, Besonderungen und Konflikte in den Blick.

3. Aktualisierung und Neutralisierung von Geschlecht in den Selbst- und Fremdzuschreibungen von Betreuungsverantwortung

In der vergleichenden Betrachtung der Begründungsfiguren ‚Hegemonic Mothering' und ‚Equally Shared Parenting' habe ich als gemeinsames Charakteristikum herausgearbeitet, dass Selbst- *und* Fremdzuschreibung von Betreuungsverantwortung übereinstimmen. Dadurch haben diese Paare wesentlich weniger stark konfliktbehaftete Aushandlungen über die Elternzeit zu führen. Im Gegensatz dazu zeigt sich bei den anderen beiden Begründungsfiguren ‚Sameness Taboo' und ‚Maternal Gatekeeping' ein deutlich höheres Konfliktpotenzial bezüglich der Elternzeitaufteilung.

Beide lassen sich idealiter in der analytischen Abstraktion als Kombination von ‚Hegemonic Mothering' und ‚Equally Shared Parenting' systematisieren und für beide ist eine Gleichzeitigkeit von egalitären und geschlechterdifferenzierenden Orientierungen charakteristisch.

Tabelle 8 Aktualisierung und Neutralisierung von Geschlecht in den Selbst- und Fremdzuschreibungen von Betreuungsverantwortung

‚**Hegemonic Mothering'** → Geschlechterdifferenzierende Orientierungen ‚**Equally Shared Parenting'** → Egalitäre, geschlechtsindifferente Orientierungen	‚**Sameness Taboo'** und ‚**Maternal Gatekeeping'** → Gleichzeitigkeit von egalitären und geschlechterdifferenzierenden Orientierungen
Selbst- und Fremdzuschreibung von Betreuungsverantwortung stimmen überein	Selbst- und Fremdzuschreibung von Betreuungsverantwortung differieren

Für die Begründungsfigur ‚Hegemonic Mothering' ist ein Aktualisieren von Geschlecht zu konstatieren, in deren Folge geschlechterdifferenzierende Selbst- und Fremdzuschreibungen von Betreuungsverantwortung relevant werden: Die ‚Mutter' wird zur alleinigen kompetenten Betreuungsperson und der ‚Vater' oder die ‚Ko-Mutter' werden zum Praktikanten oder zur Helferin. In Anlehnung an die Ergebnisse einer empirischen Studie zu egalitären Paaren von Rüling (2007) lassen sich diese geschlechterdifferenzierenden Deutungen von Familien- und Hausarbeit als „Traditionalisierungsfalle" konzeptualisieren. Der für das bürgerliche Familienmodell charakteristische, konstitutive Zusammenhang von Sphärentrennung und Geschlechterkonstruktion findet sich hier relativ ungebrochen wieder (vgl. Kap. 2.3). Geschlechterdifferenzierende „Mythen", wie Mütter hätten eine besondere, ‚natürliche' Bindung zum Kind und Väter könnten Kinder nicht so gut (wie Mütter) hegen und pflegen, werden zu sich selbsterfüllenden Prophezeiungen, dadurch dass Eltern entsprechend ihren Alltag organisieren. So bekommt die Mutter überhaupt erst die Möglichkeit, eine besondere Bindung zum Kind und höhere Kompetenzen im Umgang mit dem Kind zu entwickeln, welche dann die geschlechterdifferenzierenden Annahmen bestätigen (Deutsch 2001: 26, Lorber 1999: 245f., vgl. auch Coltrane 1996, Lupton/Barclay 1997). Ein explizites Verweisen auf solche ‚Mythen' fand in den Interviews nicht statt: Die Paare organisieren zwar einvernehmlich Familien- und Erwerbsarbeit geschlechterdifferenzierend, thematisieren dies jedoch nicht als solche. Daraus lassen sich widersprüchliche Schlüsse ziehen, die eine Gleichzeitigkeit von Institutionalisiertheit und Krise von Geschlechtszuweisungen implizieren: a. Eine geschlechterdifferenzierende Arbeitsteilung ist, aus Sicht der Paare, nicht begründungspflichtig, da diese (nach wie vor) als hochgradig institutionalisiert gelten kann. b. Das Thematisieren und Explizieren ist riskant, da Ungleichheiten sichtbar werden würden, die einer partnerschaftlichen Beziehungsform vor dem Hintergrund einer angenommenen Geschlechtergleichheit widersprechen und das Arrangement illegitim erscheinen ließe (vgl. Wetterer 2004: 64). c. Die Dethematisierung seitens der Paare verweist auf eine Irrelevanz von Geschlecht. Im Anschluss an die Kritik von Hirschauer (2001: 211) an systemtheoretischen Beschreibungen ist „eine Dethematisierung nicht gleichbedeutend mit einer Inaktivierung" von Geschlecht, während eine Thematisierung „die Krise ihres selbstverständlichen kulturellen Gebrauchs" anzeigen würde. Für die interviewten Paare Kant (#1), Brückner (#4) und Pfeffer/Becker (#9) verweist die Dethematisierung und mangelnde Begründungspflicht von geschlechterdifferenzierenden Zuschreibungen von Betreuungsverantwortung *tendenziell* auf die Krisenfestigkeit dieser ‚traditionalen' Form der Arbeitsteilung,[129]

---

129 Alternativ wäre denkbar, dass Person A, begründet über individuelle Vorlieben mehr und Person B weniger Betreuungsarbeit übernehmen möchte und zwischen dem zufälligen In-Eins-Fallen von persönlichen Vorlieben und in der theoretischen Perspektive ‚passenden' Geschlechtszugehörigkeit, ein unzulässiger Zusammenhang hergestellt wird. Dem Vorwurf der Reifizierung ist entgegenzuhalten, dass die Paare, die auf die Begründungsfigur ‚Hegemonic Mothering' rekurrieren, *nicht* darlegen und begründen, welcher Elternteil, welche individuellen Vorlieben und Abneigungen hat und welche Konsequenzen das Paar für sich daraus für die innerfamiliale Arbeitsteilung zieht. Eine derartige Thematisierung wäre jedoch bei einer Selbst- und Fremdzuschreibung von Betreuungsverantwortung auf Grundlage von individuellen Vorlieben zu erwarten.

6.5 Selbst- und Fremdzuschreibung von Betreuungsverantwortung

während für das Paar Wagner (#7) eine *Gleichzeitigkeit* von Institutionalisiertheit und Krise von Geschlechtszuweisungen konstatiert werden kann.

Demgegenüber sind die Begründungsfiguren ‚Sameness Taboo' und ‚Maternal Gatekeeping' (bereits) in ihrer Gestalt ambivalent: die Paare rekurrieren episodisch auf eine folgenreiche Geschlechterunterscheidung *und* auf Egalität. Ein explizites Bezugnehmen auf eine geschlechterdifferenzierende Betreuungsverantwortung ist in diesen Paarkontexten prekär: Weder kann Birgit auf diese Weise Lars gegenüber ihre Ansprüche durchsetzen, noch kann Martin sich so der Familienarbeit entziehen. Explizite, geschlechterdifferenzierende Annahmen zur Betreuungsverantwortung äußert Martin beispielsweise ausschließlich im Einzelinterview, im Paarinterview ist dies hingegen so nicht thematisch, da eine gemeinsam geteilte, bindende Gleichheitsorientierung der Paare es nahezu unmöglich macht. Jedoch über ‚Umwege', wie der ‚Imagination vom widerständigen Kind' (vgl. Kap. 5.3), können Martin und Caroline Weber (#3) von der Gleichheitsorientierung abweichen und eine traditionale Arbeitsteilung implementieren. Zu konstatieren ist für diese Begründungsfiguren die Gleichzeitigkeit einer Aktualisierung und Neutralisierung von Geschlecht, die in ihrer Ambivalenz Aushandlungskonflikte zur innerfamilialen Arbeitsteilung evoziert.

Charakteristisch für die Begründungsfigur ‚Equally Shared Parenting' ist ein situatives „Vergessen des Geschlechts" (Hirschauer 2001) in der Selbst- und Fremdzuschreibung von Betreuungsverantwortung. Mit anderen Worten: Elternzeiten und innerfamiliale Arbeitsteilung werden bei diesen Paaren geschlechtsindifferent organisiert. Dies geht jedoch nicht mit einem systematischen oder programmatischen Absehen von Geschlecht einher, vielmehr rekurrieren die Paare ebenfalls episodisch auf Geschlechterdifferenzierungen.

Exemplarisch dazu eine Interviewpassage von Klara Franke und Stefan Ruppel (vgl. auch Kap. 6.4):

I: Genau, mit den Kindern (.) und die Frage, also wir warn ja eher so beim Wunsch und/ und wie war das dann, so dann plötzlich zu dritt zu sein (2) für euch?
K: Es war am Anfang natürlich schon 'ne Umstellung, ich weiß noch, ich hab irgendwann mal zum Stefan gesagt, weischt (.) für dich ändert sich irgendwie hier grad gar nix und für mich ändert sich irgendwie alles. Ich bin auf einmal zu Hause, ich hab'n (.) Säugling irgendwie, ich hab selber viele Fragen, weiß selber nicht, wie ich das manchmal regeln soll, mein Tagesablauf ist völlig (.), völlig durcheinander, ((S atmet hörbar aus)) (2) ja. (3) Und für dich? (.)
S: Also fü/für mich kam die Veränderung viel später. Ich glaub, das ist für Männer immer so, ich hab das neulich auch der Maja gesagt, (.) äh, das/, als sie (.) mir sagte, dass ihr, äh, Freund, mit dem sie jetzt ein Kind kriegt, ähm, eben noch gar nicht so auf der Höhe war, ähm, da hab ich gesagt, dass das bei den Männern immer erst später kommt, weil erst wenn's da ist, dann wirklich Realität isch

und für Frauen es einfach viel früher Realität isch. Deswegen war das für mich immer erst so, ne supi, Wolke Sieben und als es dann da war, mit den schlaflosen Nächten, war das dann erst die Umstellung (2), fand ich (2) für mich

K: Ja, aber ich hatte schon das Gefühl das/ da war der Oskar schon da, da hast du noch so getan als wär (.)

S: Friede, Freude, Eierkuchen ((S und K lachen)). Nee klar, ich fand das auch. Natürlich war das anstrengend am Anfang, aber ich, ähm, (.) das ist ja auch äh/ ich fand das alles (2), ich war da voller Adrenalin und (.) das hat mer ja auch lange durchgehalten (.), dann mit diesen schlaflosen Nächten, diesem wenigen Schlaf (2), ähm, das ging schon. (2) Ich fand das nicht/ also ich fand's, (3) ja (.), immer noch gut und dann irgendwann mal bin ich so nen bisschen auf den Boden der Tatsachen so gekommen und (3) ja, (.) aber ich fand's eigentlich fast schlimmer, die Umstellung bei der/ bei der Christin dann (2), das fand ich, ähm (.) wesentlich eingreifender (.) das Ganze ist/ also da gab's ja dann überhaupt keine Freizeit mehr. Und, äh, mit zwei Kindern, das fand ich viel viel (K: Ja) intensiver dann. (84-89/6g)

In dieser Interviewpassage werden Klara und Stefan von „‚Karteileichen' der Geschlechterregistrierung zu ‚Aktivisten' einer Gemeinschaft" (Hirschauer 2001: 208), indem sie auf Geschlecht als Ressource für Sinnstiftung rekurrieren.

Ein anderes Beispiel für die Aktivierung von Geschlecht habe ich in Kap. 6.4 bereits herausgearbeitet: In den Darstellungen grenzen sich die Paare von einer ‚traditionalen' Arbeitsteilung ab, indem sie geschlechterdifferenzierend u. a. den Wunsch des Vaters nach Elternzeit und die Berufsorientierung der Mutter thematisieren. Insofern stimme ich Hirschauer (2001: 211) zu, der die Thematisierung (von Geschlecht) als Ausdruck einer „Krise ihres selbstverständlichen kulturellen Gebrauchs" versteht (s. o.), halte jedoch eine weitere Unterscheidung für sinnvoll: Thematisierung als Bestätigung der in der Krise befindlichen Praxis, wie Martins Aussage „kleine Kinder sind nichts für Papas" und Thematisierung als Abgrenzung, wie es für die Begründungsfigur ‚Equally Shared Parenting' charakteristisch ist.

Ein zentrales Ergebnis ist, dass die Paare Sommer (#5) und Franke/Ruppel (#6) zwar situativ auf Geschlecht rekurrieren und ihre Erfahrungen und Erlebnisse als Eltern geschlechterdifferenzierend mit Sinn versehen (können).[130] Dies impliziert jedoch, und das ist ein zentraler Unterschied zu den übrigen drei Begründungs-

---

130 Zentrale Voraussetzung dieses Analyseergebnisses ist, dass sowohl die Rahmung des Forschungsinteresses im Kontakt mit den Interviewten als auch die Fragen selbst *nicht* (zwangsläufig) eine Thematisierung von Geschlechterdifferenzierungen evozieren, indem diese z. B. ‚als Frauen oder Mütter' oder ‚als Männer oder Väter' angesprochen werden (vgl. dazu Kap. 4.2).

6.5 Selbst- und Fremdzuschreibung von Betreuungsverantwortung

figuren, *keine* (geschlechterdifferenzierenden) Folgen für die Arbeitsteilung.[131] Bezogen auf die Arbeitsteilung der Paare sind es Differenzierungen, die jedoch keinen Unterschied machen („a difference that makes no difference" (Hirschauer 2001: 217, mit Verweis auf Bateson 1972)).

Maiwalds (2010: 267f.) These von „Geschlechterdifferenzierungen als Gesellschaftsspiel" scheint sich bei den Paaren, die auf die Begründungsfigur ‚Equally Shared Parenting' rekurrieren, zu bestätigen (vgl. Kap. 3.1):

> „Vielleicht haben wir in der Zukunft verstärkt mit einer Art harmloser kultureller Schizophrenie zu rechnen, die dadurch gekennzeichnet ist, dass innerhalb ein und derselben Sozialbeziehung relativ flüssig Differenzkommunikation und Gleichheitsdiskurs einander ablösen können."

Eine *allgemeine* Tendenz in diese Richtung ist empirisch hingegen nicht zu konstatieren. Während für die ‚Equally Shared Parenting'-Paare die Differenzkommunikation ein ‚harmloses Gesellschaftsspiel' darstellt, ist dies für die Paare, die auf die übrigen drei Begründungsfiguren rekurrieren, *folgenreich* für die Aushandlungen zur Elternzeit und innerfamilialen Arbeitsteilung, im Sinne geschlechterdifferenzierender Selbst- und Fremdzuschreibungen von Betreuungsverantwortung oder einer konflikthaften Ambivalenz aus Gleichheits- und Differenzorientierung.

---

[131] Damit verlieren sie nicht (gänzlich) ihren Sinn als Geschlechterbeziehung, wie Hirschauer (2013: 40f., 48f.) vermutet.

Wer nimmt wie lange Elternzeit? 7

In *Kap. 6 Wer betreut das Kind?* wurden als Begründungsfiguren zur Selbst- und Fremdzuschreibung von Betreuungsverantwortung ‚Hegemonic Mothering', ‚Sameness Taboo', ‚Maternal Gatekeeping' und ‚Equally Shared Parenting' herausgearbeitet. In den folgenden Kapiteln diskutiere ich Begründungsfiguren zu der Frage ‚Wer nimmt wie lange Elternzeit?' Ziel ist es, durch einen systematischen Vergleich von Begründungsfiguren zur Inanspruchnahme von Elternzeit/-geld herauszuarbeiten, wie Doppelverdiener- und Doppelkarrierepaare ihre konkrete monatliche Aufteilungsentscheidung begründen und welche Rolle ‚Faktoren' wie Einkommen, Karrierechancen, bzw. bereits erreichte Karrierepositionen spielen (vgl. dazu Kap. 2.2 und 2.3). Zentral ist dabei die Exploration der ‚Situation', d. h. die Einschätzung der Paare hinsichtlich ihres erreichten Bildungsniveaus, ihrer beruflichen Ambitionen und Karrieren. Insbesondere geht es um das Vergleichen beider Karrieren im Hinblick auf finanzielle und arbeitsplatzbezogene Sicherheiten sowie Risiken aus der Perspektive der Paare (vgl. dazu Kap. 3.2 und 3.3). Dies stellt nicht nur eine (gedankliche) Anpassung des Individuums und des Paares an gegebene ‚Bedingungen', wie z. B. die Nominalwerte der Erwerbseinkommen dar. Vielmehr handelt es sich bei den Aushandlungen um eine Konstruktion von Realität, durch die Handlungsoptionen – im doppelten Wortsinn – wahrgenommen werden.

Tabelle 9 Überblick zu den Elterngeld- und Elternzeitarrangements

Angabe in Monaten			1	2	3	4	5	6	7	8	9	10	11	12	13	14
Paar Kant (#1)	Christiane	1. Kind								14						
	Franziska									krank geschrieben						
	Christiane	2. Kind								14						
	Franziska									keine EZ, in Ausbildung						
Paar Reinburger/ Hoffmann (#2)	Birgit					4								TZ 30h		
	Lars										8					
Paar Weber (#3)	Caroline	1. Kind						9								
	Martin													5		
	Caroline	2. Kind							12							
	Martin															2
Paar Brückner (#4)	Julia							6			TZ 10h				TZ 20h	
	Wolfgang			2												
Paar Sommer (#5)	Anne							6								
	Tobias										8					
Paar Franke/ Ruppel (#6)	Klara	1. Kind					7									
	Stefan										7					
	Klara	2. Kind					7									
	Stefan										7					
Paar Wagner (#7)	Alexandra									11						
	Felix													4		
Paar Schwarz (#8)	Ulrike	1. Kind				4				TZ 20-30h						
	Helmut			TZ 20h							10					
	Ulrike	2. Kind							12							
	Helmut								TZ 35h							2
Paar Pfeffer/ Becker (#9)[132]	Nina	2. Kind							18							
	Philipp		1				TZ 20h									

---

132 Dargestellt wird hier nur die Elternzeitaufteilung beim zweiten Kind, da das erste Kind von Nina Pfeffer und Philipp Becker (#9) vor Einführung des Elterngeldes geboren wurde.

7.1 „Jeder darf dieselbe Zeit zu Hause bleiben"

Die Begründungsfigur „Jeder darf dieselbe Zeit zu Hause bleiben" ist gekennzeichnet durch das Ideal einer egalitär geteilten Fürsorgeverantwortung, welche quantitativ bestimmt wird. Nicht die Betreuungsverantwortung der Mutter wird dabei als selbstverständlich vorausgesetzt (vgl. Kap. 6.4), sondern beide Elternteile sehen sich *zeitlich zu gleichen Anteilen* in der Betreuungsverantwortung. Anhand der Interviews von Klara Franke und Stefan Ruppel (#6), die bei beiden Kindern jeweils sieben Monate Elternzeit nehmen, sowie Lars Hoffmann und Birgit Reinburger (#2), die u. a. auf eine quantitative Egalität rekurrieren, aber nicht verwirklichen, arbeite ich zentrale Merkmale dieser Begründungsfigur heraus.

Klara Franke und Stefan Ruppel (#6) antworten auf meine Frage im Paarinterview, wie sie es nach der Geburt von Oskar und Christin „so gemanagt" haben, folgendes:

K: Äh, wir haben's bei beiden Kindern gleich gemanagt. Ich war die ersten sieben Monate (.) zu Hause, insgesamt kriegt man ja, wenn der Partner zwei Monate Elternzeit beantragt und auch macht, vierzehn Monate lang Elterngeld und ich war die ersten sieben Monate zu Hause (.) und dann der Stefan (.) jetzt die nächsten ⌊sieben Monate⌋
S: ⌊Genau⌋
K: Das haben wir bei beiden Kindern so gemacht (.)
I: Und wie seid ihr zu der Aufteilung gekommen? (.)
K: Wir wollten's fair machen, jeder darf (.) zu Hause bleiben und jeder darf dieselbe Zeit zu Hause bleiben (.) und der Stefan hat auch immer gesagt, ich will auch zu Hause bleiben, ich will nicht derjenige sein, der hier ständig schrubben geht, seine Kinder nicht sieht (2), und ich hab auch gesagt, ich will auch bald wieder arbeiten gehn, ich bin nicht so die (.), die Mutter, die, äh, sich völlig für ihre Kinder aufgibt und (.) zu Hause bleibt und dafür alles gibt. (98-102/6g)

Gleich zu Beginn löst Klara die von mir in der Frage getroffene Unterscheidung eines möglicherweise *unterschiedlichen* ‚Managements' pro Kind auf und erklärt, dass sie es „bei beiden Kindern gleich gemanagt" haben. Nach einem Ausflug in zentrale gesetzliche Regelungen, in dem Klara den paarinternen Aushandlungsgegenstand von vierzehn Monaten Elternzeit mit Elterngeld darlegt, erzählt sie, dass sie die ersten sieben Monate zu Hause war „und dann der Stefan (.) jetzt die nächsten sieben Monate." Sie beendet die Darstellung mit einer Variation ihrer Ausgangsworte, dass sie es „bei beiden Kindern so gemacht" haben. Auf weitere Nachfrage erläutert sie, wie sie zu der konkreten Aufteilung der Elternzeit gekommen sind: „Wir wollten's fair machen, jeder darf (.) zu Hause bleiben und jeder darf dieselbe Zeit zu Hause bleiben." Klara bringt das Argument der Fairness, welches sie inhaltlich näher ausführt: Neben „Jeder darf zu Hause bleiben" (vgl. Kap. 6.4) führt sie ein zweites Prinzip an: „Jeder darf dieselbe Zeit zu Hause bleiben."

Mit diesem Prinzip ist der ‚Aufteilungsschlüssel' für die Elternzeit eindeutig definiert: Die zur Verfügung stehenden vierzehn Monate Elternzeit mit Elterngeldbezug werden exakt zur Hälfte geteilt, so dass jeder Elternteil sieben Monate Elternzeit nimmt. Implizit enthalten in Prinzip II und zuvor von Klara expliziert, ist die Selbstverständlichkeit, dass sie bei jedem Kind die Elternzeit gleich aufteilen. Es scheint für sie keine Frage zu sein, die Aufteilung der Elternzeit für jedes Kind neu auszuhandeln. Anschließend distanziert sich Klara *geschlechterdifferenzierend* von den von ihr antizipierten gesellschaftlichen ‚Normalitätserwartungen', die sie aufgrund der aufgestellten ‚Spielregeln' und Aufteilungsprinzipien nicht erfüllen (vgl. in Kap. 6.4 und 6.5 die ausführliche Interpretation und Kontextualisierung dieser Sequenz).

Für die Begründungsfigur „Jeder darf dieselbe Zeit zu Hause bleiben" ist äquivalent zu der Begründungsfigur ‚Equally Shared Parenting' (Kap. 6.4) charakteristisch, dass sie unabhängig von Alter, Augenfarbe oder Geschlecht geltend gemacht wird. In diesem Aufteilungsprinzip sind keine impliziten oder expliziten geschlechterdifferenzierenden Ansprüche oder Zuschreibungen *eines* Elternteiles auf die Elternzeit enthalten, vielmehr wird *beiden Elternteilen* derselbe Zeitraum zugesprochen. In der positiven Formulierung „jeder *darf*" ist als nicht unerhebliche Voraussetzung enthalten, dass ‚jeder möchte oder will' und die Frage der Kleinkindbetreuung und Familienarbeit im Sinne des ‚Equally Shared Parenting' als gemeinsame Aufgabe erachtet wird.

Das Prinzip einer quantitativen Gleichheit bestimmt die Aufteilung der Elternzeiten bei beiden Kindern eindeutig. In der Folge lassen sich keine Begründungsfiguren finden, die auf die aktuelle Karrieresituation eines oder beider Elternteile, die Einkommenssituation des Paares oder andere Aspekte verweisen. Im Umkehrschluss zeigt sich, dass diese Begründungsfigur von arbeitsplatz-, karriere- und einkommensbezogenen Aspekten unabhängig ist: Aushandlungsgegenstand sind hier ausschließlich die Elternzeiten. Diese Begründungsfigur bestätigt das in Kap. 6.5 angeführte Argument für eine theoretische und empirische Konzeptualisierung von Elternzeiten und Familienarbeit als eigenständigen Aushandlungsgegenstand.

Beide Elternteile haben die gleiche Zeit zu Hause mit dem Kind und theoretisch könnte die ‚Auszeit' von der Erwerbstätigkeit für beide in positiver wie negativer Hinsicht für die Berufs- und Karriereentwicklung dasselbe bedeuten. Jedoch ist vor dem Hintergrund eines geschlechtersegregierten Arbeitsmarktes und einer gesellschaftlich (nach wie vor) verankerten geschlechterdifferenzierenden Arbeitsteilung und Sphärentrennung davon auszugehen, dass potenzielle positive oder negative

Folgen der Elternzeit ungleich und zwar geschlechterdifferenzierend ausfallen (können) (vgl. Kap. 2.3).

Klara rahmt ihre ‚kurzen' Elternzeiten positiv bzw. ohne negative Folgen, sie kommt zurück an ihren „alten Schreibtisch" und kann nach den sieben Monaten ihre „alten Themen" wieder übernehmen (61, 63/6K). Auch bei Stefan ist die Elternzeit an sich ohne negative Folgen, was er selbst u. a. seinem Arbeitsumfeld zuschreibt:

> „Alles, äh/ ich mein, es ist halt/ es ist natürlich schwieriger, ich glaub, wenn ich so 'nen klassischen Männerberuf hätte, äh, als Ingenieur, ähm (.), in irgend'ner, äh (.), klassischen und oder mittel, ja mittelklassischen Unternehmen, dann (2) glaub ich, dass das schwieriger wär, dann (.) würden einen schon n'paar Leute blöd angucken, aber bei uns (.) des is ja, also sind ja sehr viele Frauen auch und alles sehr sozial und da ist es eigentlich völlig normal, denk ich (.) und da ist/ gab's also wirklich kein Aufriss." (44/6S)

Es zeigt sich jedoch, dass die angedachte Reduzierung seiner Arbeitszeit nach der Elternzeit möglicherweise nicht ohne Folgen für seinen Aufgabenbereich bleibt:

> „Ich reduzier jetzt und jetzt äh, tut meine Chefin bisschen blöd, äh, jetzt komm ich vielleicht nicht mehr an meinen alten Platz zurück (2), wobei da die Chefärzte auch noch 'nen Wörtchen mitzureden haben und, ähm, mit denen steh ich ganz gut, also das is jetzt grad so in der Diskussion, das is mir eigentlich grade zu blöd irgendwie (.) ähm, da auch (2)/ ich warte da einfach ab und dann mal schauen, aber ich werd reduzieren und (.) irgendwann früher oder später komm ich wieder dahin (2), vielleicht nicht gleich von Anfang an, aber irgendwann mal. (2) Ja." (46/6S)

Umgekehrt sieht Klara die Garantie für den Erhalt ihres Arbeits- und Kompetenzbereiches nicht nur in der ‚kurzen' Elternzeit, sondern auch darin, dass sie jedes Mal mit 80 Prozent Arbeitszeitvolumen weiterarbeitet:

> „Mh, das war für mich/ für mich war's schon immer klar, dass ich die erste Zeit zu Hause bleib, aber für mich war auch klar, dass ich nicht drei Jahre zu Hause bleib und für mich war aber auch klar, dass ich dann nich nur in Anführungszeichen (.) mit fünfzig Prozent wieder einsteig (.), weil mer muss ganz klar sagen, da haste bei Unternehmen H auch keine Chance (.), da hast du karrieretechnisch keine Chance, da kannste 'nen Sachbearbeiterjob machen und das war's (.) und das war mir halt immer zu wenig (2) und deswegen bin ich bei beiden Mal mit achtzig Prozent zurückgekommen." (43/6K)

Im Fall von Klara und Stefan sind die Elternzeiten unproblematischer als die anschließenden Arbeitszeiten, wobei die Arbeitszeitreduzierung von Stefan eher negative

Folgen haben könnte, als die von Klara. Jedoch hat Klara auch zum Zeitpunkt des Interviews, zunächst befristet auf ein Jahr, ihre Stelle auf 100 Prozent aufgestockt. Neben Klara Franke und Stefan Ruppel (#6), die das Ideal einer quantitativen Gleichheit bei beiden Elternzeiten umsetzen, rekurrieren Lars Hoffmann und Birgit Reinburger (#2) darauf und v. a. Lars legt es als Maßstab zugrunde, vor dessen Hintergrund er ihre ‚abweichende' Elternzeitaufteilung – Birgit nimmt vier Monate und Lars acht Monate Elternzeit in Anspruch – darstellt.[133] Zum Ende des Einzelinterviews frage ich Lars, ob er „es" wieder machen würde:

> „Ich würd's wieder machen auf jeden Fall, ja. (2) Wobei ich eigentlich, äh (.) denke eben normal wäre, ähm, so ne, äh, pari-pari Situation und, ähm, wenn das jetzt nicht, äh, bei Birgit jetzt mit dieser Projekt, äh, phase, äh, so gewesen wär, Sachen irgendwie in einem anderen Stadium gewesen wären, dann, ähm, hätten wir's auch irgendwie anders gemacht, dann, ähm, hätte sie auch mehr abgekriegt, also sie hätte auch gerne mehr ge<u>mach</u>t und, ähm (.) da wär natürlich jetzt erst mal unter Gerechtigkeitsaspekten dann ne fifty-fifty-Aufteilung, äh, hätte sich da angeboten und, ähm, ich hab jetzt nen bisschen mehr, sag ich mal, gemacht, äh, aber äh, so dass ich mir auch vorstellen könnte, wenn wir jetzt nochmal in die Situation kämen, dass, äh, sie auch dann <u>mehr</u> macht, einfach sozusagen 's zum Ausgleich dafür, dass ich das letzte Mal mehr gemacht habe." (57/2L)

Ebenso wie Klara und Stefan setzt Lars eine „pari-pari Situation" bei der Elternzeitaufteilung als „normal", d. h. als Norm, vor deren Hintergrund er jedoch anschließend erklärt, weshalb sie davon abweichen ‚mussten'. Als wesentlichen Hinderungsgrund führt er Birgits Projektphase an (vgl. dazu Kap. 7.2). Wäre das laufende und das Folgeprojekt in einem anderen Stadium gewesen, dann „hätte sie [Birgit, AP] auch mehr abgekriegt." Zum einen rahmt Lars die Elternzeit als ‚gefragtes Gut' und wie in Kap. 6.5 ausgeführt als eigenständigen Aushandlungsbereich, so dass sich Zuständigkeiten für Elternzeit und Familienarbeit nicht (ausschließlich) über die Aushandlungen zu Erwerbstätigkeit/Karriere und Einkommen herleiten lassen. Zum anderen wird deutlich, dass Birgit – unter anderen Umständen – „mehr abgekriegt" hätte, wobei ‚mehr' nicht ‚alles' impliziert und somit Lars seinen Anspruch auf Elternzeit nicht prinzipiell in Frage stellt. Die Darstellung beinhaltet ein Zugeständnis an Birgit und ein In-Rechnung-Stellen ihres Wunsches nach einer längeren Elternzeit als vier Monate. Deutlich wird, dass

---

133 Formal nimmt Birgit nach den acht Monaten Elternzeit von Lars noch zwei Monate Elternzeit in Anspruch (insgesamt also sechs Monate). Formal jedoch deshalb, da sie in der Zeit ca. 30 Stunden/Woche erwerbstätig ist und das Kind überwiegend von einer Tagesmutter betreut wird. Da sie jedoch zwei Monate Anspruch auf Elterngeld ‚übrig' haben und dieser in Kombination mit einer Erwerbstätigkeit bis zu 30 Stunden/Woche erhalten bleibt, bezieht Birgit in dieser Zeit Elterngeld.

7.1 „Jeder darf dieselbe Zeit zu Hause bleiben" 223

die getroffene Elternzeitaufteilung nicht für alle Beteiligten, insbesondere nicht für Birgit, eine zufriedenstellende Lösung darstellt (vgl. auch Kap. 6.2). Lars wiederholt anschließend mit anderen Worten das Aufteilungsprinzip, das seines Erachtens sich ‚anbietet': „da wär natürlich jetzt erst mal unter Gerechtigkeitsaspekten dann ne fifty-fifty-Aufteilung, äh, hätte sich da angeboten". Vorausgesetzt ist dem die Annahme von zwei Betreuungspersonen, die das gleiche Recht und den gleichen Anspruch auf Elternzeit haben. Daraus leitet sich ab, dass es gerecht ist, wenn beide Anspruchsberechtigten sich das ‚begehrte Gut' in quantitativer Hinsicht je zur Hälfte teilen. Vor dem Hintergrund dieser Gerechtigkeitsvorstellung ist es für Lars denkbar, dass für Birgit – als Ausgleich – wenn sie „jetzt nochmal in die Situation kämen" – eine längere Elternzeit in Frage käme als es die erwähnte „fifty-fifty-Aufteilung" nahelegen würde.

Die Orientierung an einer quantitativen Gleichheit weist nicht nur Lars auf, sondern auch Birgit, wobei sie im Paarinterview eine weitere ‚Ideallösung' anspricht:

L: Nee, sonst hätt' man das vielleicht auch anders gemacht (.)
B: ((leise)) Ja
L: Da hätt man wahrscheinlich fifty-fifty gemacht
B: Aber wir hatten auch/ das ist vielleicht auch noch äh/ wir hatten eigentlich als Ideal hatten wir, dass wir beide auf fünfzig Prozent runtergehn. Das geht aber, ähm, jetzt da war dann die El/ das El/ die rechtliche Rahmenbedingung doch 'ne Rolle gespielt, weil sich dann einfach unsere Zeiten um die Hälfte verkürzt hätte (.), ähm, also es is so das. ⌊Dann hätten wir nur noch 'nen halbes Jahr⌉
L: ⌊((unverständlich)) also⌉
B: Machen können/ wären wir zwar beide
L: Dann hätten wir sieben Monate das praktisch machen können, jeder fünfzig Prozent (…)
B: Und das war uns zu kurz für Sophie, dann so früh in 'ne Fremdbetreuung zu gehen und deshalb ham wir uns dann, äh, zu/ schweren Herzens zu dieser Radikallösung entschieden, wir hätten eigentlich lieber diese fünf, das war eigentlich unser Ideal, dass wir beide (C: Mh) sagen fünfzig Prozent, ham wir auch länger rumrecherchiert, ob das nicht doch geht, aber es geht eben nicht (2) ja. (97-104/2g)

Lars spricht eine „fifty-fifty"-Aufteilung an, wobei er sich vermutlich auf die o. g. Variante bezieht, d. h. beide nehmen nacheinander sieben Monate Elternzeit in Anspruch. Die Abgrenzung von Birgit mit „Aber wir hatten auch" deutet ebenfalls darauf hin, dass die folgende angesprochene Aufteilung eine andere Variante darstellt. Dieses Modell sieht vor, dass beide ihre Erwerbstätigkeit auf 50 Prozent Arbeitszeitvolumen reduzieren und sich entsprechend Elternzeit und Kinderbetreuung je zur Hälfte teilen. Da jedoch der Anspruch auf Elternzeit mit Elterngeld sich (bisher) unabhängig davon ‚aufbraucht', ob jemand erwerbstätig ist oder nicht, bedeutet dies eine Begrenzung des Modells auf sieben Monate (vgl. Kap. 2.1). Eine Änderung dieser gesetzlichen Regelung wurde im Rahmen der Koalitionsverhandlungen von CDU und SPD im November 2013 diskutiert. Das Gesetz zur Einführung des „Elterngeld Plus" soll zum 1. Januar 2015 in Kraft treten und wird die von Birgit angesprochene ‚ideale' Kombination von Elternzeit mit Elterngeldbezug und Teilzeitarbeit künftig ermöglichen.

In einem weiteren Interview wird das quantitative Aufteilungsprinzip thematisch. Franziska und Christiane Kant (#1) hatten vor der Erkrankung von Franziska angedacht, dass sie sich die Elternzeit je zur Hälfte teilen. Jedoch zeigt sich in der retrospektiven Erzählung, welche geringe (Handlungs-)Orientierung dieses Prinzip für das Paar entfaltet (hat). Franziska dazu im Einzelinterview auf das explizite Nachfragen meinerseits, wie die *Planung* des Paares vor ihrer Erkrankung gewesen war:

> „Ich wär, glaub ich, aber ein halbes Jahr gegangen (…), des weiß ich jetzt gar nicht genau, mhm ((I lacht)), ob das 'nen halbes Jahr nur schon war oder ob, ich glaub 'nen halbes Jahr war das, ich glaub, wir wollten das teilen direkt (…). Ich glaub 'nen halbes Jahr war das, also so das ich ab/ nee, Januar, nee vier Monate, vier Monate waren das, wären das nur gewesen genau ((leise:)) vier, sechs (.). Nee, Quatsch (.). Klar, Januar bis/ bis April und dann hätten wir ja noch zwei Monate, klar 'nen halbes Jahr wäre das gewesen, wo ich zu Hause geblieben wäre." (52, 54/1F)

Im Vergleich zu den Darstellungen von Lars und Birgit wird deutlich, dass es die Idee „wir wollten das teilen direkt" bei Franziska und Christiane Kant zwar gab, die dahinter stehende Annahme von zwei gleichen Betreuungspersonen und eines daran geknüpften Fairness- oder Gerechtigkeitsgedanken jedoch keine (prinzipielle) Gültigkeit innerhalb der Paarbeziehung entfaltet (vgl. auch Kap. 6.1).

So selbstverständlich wie Klara Franke und Stefan Ruppel das Prinzip der quantitativen Gleichheit bei der Aufteilung der Elternzeit postulieren, so voraussetzungsvoll ist es jedoch, wie der Vergleich mit Lars Hoffmann und Birgit Reinburger gezeigt hat. So können befristete Arbeitsverträge, die zum Zeitpunkt der Elternzeit in ‚kritischen' Übergangsphasen sind, eine „fifty-fifty-Aufteilung" aus Sicht des Paares unmöglich machen. Die folgenden zu diskutierenden Begründungsfiguren zeigen darüber hinaus einen weiteren Aspekt: Allein die Thematisierung und Orientierung an einer quantitativen Gleichheit bei der Aufteilung von Elternzeit/-geld scheint eher die Ausnahme als die Regel zu sein.

7.2 „Erhalt der beruflichen Perspektive"

Für die Begründungsfigur „Erhalt der beruflichen Perspektive" ist charakteristisch, dass das Paar auf berufliche Aspekte verweist, um seine monatliche Aufteilung der Elternzeit und des Elterngeldbezuges darzulegen. Anhand der Interviews von Birgit Reinburger und Lars Hoffmann (#2), Anne und Tobias Sommer (#5), Caroline und Martin Weber (#3), Julia und Wolfgang Brückner (#4), Nina Pfeffer und Philipp Becker (#9), Christiane und Franziska Kant (#1) sowie Helmut und Ulrike Schwarz (#8) arbeite ich zentrale Merkmale dieser Begründungsfigur heraus. Zunächst interpretiere ich dazu Interviewpassagen getrennt für jedes Paar und anschließend vergleiche ich sie miteinander. Vorausgesetzt ist diesem Vergleich, dass beide Partner vor der Familiengründung erwerbstätig waren und somit theoretisch beide Erwerbstätigkeiten oder Karrieren entscheidungsrelevant werden können.

„nee, dann wär ich draußen gewesen"

Birgit Reinburger nimmt die ersten vier Lebensmonate des Kindes und Lars Hoffmann die folgenden acht Monate Elternzeit in Anspruch. Anschließend nimmt Birgit formal die verbleibenden zwei Monate Elternzeit mit Elterngeldbezug, in Kombination mit 70 Prozent Erwerbstätigkeit und der Inanspruchnahme einer Tagesmutter für die Betreuung des Kindes. Sowohl im Paar- als auch in den Einzelinterviews wird von beiden Elternteilen mehrfach Birgits Karrieresituation, in der sie sich zum Zeitpunkt der Schwangerschaft befindet, und das damit verbundene befristete Arbeitsverhältnis, relevant gemacht.

Lars stellt auf die Frage, „Und wie haben Sie's dann danach mit der Elternzeit (.) gemacht (.) nach Sophies Geburt?" (84/2g, I) zunächst in einem kurzen Abriss ihre Aufteilung der Elternzeit und die anschließenden Betreuungsarrangements dar. Daran anschließend lenkt Birgit mit ihrer Antwort in Richtung ‚Gründe für die Aufteilung der Elternzeit' und es entspannt sich darüber ein Dialog zwischen Birgit und Lars:

B: Wenn man sich jetzt so überlegt, wie's zu dieser Entscheidung gekommen ist, gibts, glaub ich (.), mehrere Ebenen, einerseits die Ebene, dass es für mich mit größeren Risiken verbunden wäre, lang raus zu gehen, weil ich eben mit befristeten Verträgen in der Forschung bin und er verbeamtet ist. Zweitens, dass du, glaub ich, Lust hattest? (.) Ähm, das hat schon auch 'ne Rolle gespielt. (2) Ich denke, diese finanzielle Sache mit dem Elterngeld hat 'ne Rolle gespielt, aber nicht die primäre [sic!], also 's hat insofern 'ne Rolle gespielt, dass man zum Beispiel ohne das auch noch sei/ hätte umziehen müssen (I: Mhm) oder so was (.) und dann

	hätten wir's vielleicht uns, weiß ich nicht (2), was halt nicht so'n ⌊Unterschied/ der Unterschied zwischen dir und mir war ja nicht so groß damals⌉
L:	⌊Naja (...), die Aufteilung wär sicherlich⌉ also ich meine, wir hatten eigentlich beide Lust gehabt, ne
B:	Ja das stimmt
L:	Und ähm letztlich, äh, ist ⌊das Pendel äh dann äh⌉
B:	⌊Ne berufliche Entscheidung⌉
L:	Sag ich mal dazu'g, dass ich, äh, Hauptzeit mache, äh, deswegen kommen, weil ich eben
B:	Wegen meiner beruflichen Sache
L:	In einer sicheren äh Ausgangsposition bin
B:	Ja
L:	Und mir das eher erlauben konnte, weil (.) bei dir ja, äh, dann eben auch, äh, grade dann die Weichen wieder gestellt werden mussten, um den ⌊Anschlussvertrag da äh zu kriegen⌉
B:	⌊Nächsten Vertrag zu bekommen ja⌉
L:	Nee, sonst hätt man das vielleicht auch anders gemacht (.)
B:	((leise)) Ja
L:	Da hätt man wahrscheinlich fifty-fifty gemacht. (88-99/2g)

Deutlich wird in dieser Interviewpassage, dass das Paar in der retrospektiven Darstellung eine reflektierte Haltung gegenüber der getroffenen Aufteilung und den ‚Gründen' dafür einnimmt. Mit der Formulierung „Wenn man sich jetzt so überlegt, wie's zu dieser Entscheidung gekommen ist, gibt's, glaub ich (.), mehrere Ebenen", antizipiert und adressiert Birgit mein Forschungsinteresse und liefert ihre eigene ‚Analyse': So geht sie nicht in Form einer (Nach-)Erzählung darauf ein, *wie* sie zu der Aufteilung gekommen sind, sondern präsentiert stark komprimiert Begründungen für die Aufteilung der Elternzeit. Birgit benennt zunächst, die aus ihrer Sicht relevanten „Ebenen" für die Elternzeitaufteilung: Als ersten Punkt führt sie die „größeren Risiken" für sich an, wenn sie „lang raus" gegangen wäre, als Zweiten bringt sie Lars' Interesse an der Elternzeit ein (vgl. dazu Kap. 6.3) und als Dritten „diese finanzielle Sache mit dem Elterngeld" (vgl. dazu Kap. 7.3).

Den ersten Punkt, die „größeren Risiken" eines „lang raus" Gehens führt Birgit darauf zurück, dass sie mit befristeten Verträgen in der Forschung tätig ist und Lars *im Vergleich* ein ‚sicheres' Beamtenverhältnis aufweisen kann. Vor dem Hintergrund von dreijährigen, befristeten Verträgen und ihres in Kürze auslaufenden Vertrages wird eine ‚längere' Elternzeit zum beruflichen Risiko, während das Beamtenverhältnis von Lars so gerahmt wird, dass er es sich „eher erlauben" kann in Elternzeit zu gehen. In dieser Interviewpassage macht das Paar die differenten Sicherheiten ihrer Arbeitsverhältnisse in Relation zueinander relevant.

Mögliche negative Konsequenzen für die Karriere von Lars werden nicht expliziert. Vielmehr stellt Lars an verschiedenen Stellen im Einzelinterview ein optimales

7.2 „Erhalt der beruflichen Perspektive"

Passungsverhältnis zwischen seinen beruflichen und familiären Anforderungen her. So sieht er in der Elternzeit weniger eine ‚Gefahr' für seine Karriere, sondern vielmehr einen Optionsgewinn, den er für sich zu nutzen weiß: Er verbindet die achtmonatige Elternzeit mit einem ohnehin bald anstehenden Referatswechsel und fehlt dadurch während seiner Elternzeit in keiner Abteilung, weil seine alte Stelle neu besetzt werden kann und er noch keiner neuen Abteilung zugewiesen wird. Zugrunde liegen dem ein Beamtenverhältnis und organisationale Voraussetzungen, wie ministeriale Rotationsprinzipien. Diese *interpretiert* Lars für sich als *positive Gelegenheitsstrukturen*, die es ihm ‚ermöglichen', Elternzeit so in Anspruch zu nehmen, dass dies für das „alte Referat nicht, äh, so schmerzlich" ist (13/2L).

Daneben stellt Lars ein zweites, persönliches Passungsverhältnis zwischen seinen beruflichen Vorstellungen und der Elternzeit als „Sabbatical" her:

„Ja, es war für mich irgendwie (3), sach ich mal, ich hab's auch irgendwie als so 'nen Sabbatical, äh, wahrgenommen, 's äh (2) konnte ich auch irgendwie in der Zeit gut gebrauchen, äh, diese Ratspräsidentschaft eben auch 'ne sehr anstrengende Phase gewesen ist, äh, wie gesagt, Urlaubssperre gab's auch und, äh, man hatte auch ein Jahr vorher schon intensiv vorbereitet und dann dieses halbe Jahr war dann, äh, eben auch sehr, ähm (.), intensiv gewesen und naja, ich sach mal so, ich hab auch, äh, bisher es eigentlich immer als ähm sehr angenehm empfunden, wenn ich immer so alle zwei, drei Jahre irgendwo auch mal wieder so'n (.) Wechsel habe, also jetzt irgendwie so, wenn man dann irgendwann zu sehr Routine entwickelt, dann ähm (3) motiviert mich die Arbeit dann auch irgendwann nicht mehr so, weil man dann irgendwie, sach ich mal so, dass äh Feld dann abgegrast ht und äh äh das ist dann natürlich, sag ich mal, dann etwas entspannter das Arbeiten, aber es ist auch äh nicht mehr so spannend und, ähm, und insofern finde ich es eigentlich immer ganz angenehm, wenn man auch dann irgendwann mal wieder was Neues machen kann und ähm (.), das war eben irgendwie auch so'n Punkt gewesen, dass ich jetzt so, sag ich mal, diese Form der internationalen Zusammenarbeit (...), auch irgendwo's Gefühl hatte, es reicht jetzt, ähm, ich kann jetzt mal so 'nen Wechsel vertragen und, ähm, es war mir dann auch irgendwo ganz recht, dass es, äh, sag ich mal jetzt, ein Wechsel ins äh Privatleben war, also das war natürlich jetzt irgendwie auch insgesamt 'ne spannende neue Erfahrung mit dem Kind und, ähm (2), dann ist man, sach ich mal, auch auf einmal sein eigener Herr, äh, organisiert sich dann irgendwie sein Tach äh, wie's äh ffh, sag ich mal, nach eigenen Maßstäben eim am besten gefällt äh, in der Verwaltung ist es natürlich so, dass man da auch in 'ner Hierarchie drin steckt und äh auch in 'nem gewissen Umfang dabei fremdbestimmt ist, bei dem, was man tut und ähm (2), ja also insofern hat mich eigentlich dieser äh Wechsel (.) sehr genossen. (2) Hätte ich auch noch länger machen können." (17/2L)

Den aus seiner Sicht wünschenswerten ‚Wechsel' hält Lars nicht ausschließlich im beruflichen Bereich für realisierbar, sondern spricht allgemein von „was Neues machen", so dass er darunter seine Elternzeit als „Sabbatical" sinnvoll und für sich gewinnbringend fassen kann. Dem liegt implizit zu Grunde, dass er Erwerbs- und Familienarbeit als gleichwertig ansieht. Wäre dies nicht der Fall und würde er z. B. die Berufsarbeit höher bewerten, wäre Elternzeit als ein adäquater ,Wechsel' nicht denkbar (vgl. kontrastierend dazu Martin Webers (#3) Gegenüberstellung von Familien- und Erwerbsarbeit in Kap. 5.2 und 6.2).

Birgit hingegen bezeichnet die ausgehandelte Elternzeitaufteilung als „Radikallösung" für die sie sich „schweren Herzens" entschieden haben (104/2g, B; vgl. Kap. 7.1). Sie kann kein Passungsverhältnis herstellen zwischen ihrer Karriere und den damit verbundenen Anforderungen, und ihren Vorstellungen und Wünschen eines zeitlich intensiven Involviert-Seins in der Familienarbeit. Birgit dazu auf die Frage, wie es für sie war, in Mutterschutz und Elternzeit zu gehen:

B: Schön ((I lacht)). Ich hätt's gerne länger gemacht (.). S'warn lange Überlegungen, also ich hätt nix dagegen gehabt, auch 'nen Jahr zu Hause zu sein, also (.), mh, aber es war eben die Überlegung, dass ich eben <u>auch</u> an diesem, mh, Niveau vom Job festhalten will (2)
I: ⌊Und das wär für's⌉
B: ⌊ Man kann halt⌉ nicht beides machen. Nee, dann wär ich draußen gewesen (2)
I: Dann wär's Projekt quasi
B: Dann wär's abgeschlossen gewesen und dann hätt ich kein Folgeprojekt bekommen und, ähm (2), ja, das Folgeprojekt hatte ich auch Lust zu, das hatte ich mir auch/ das war/ war das jetzt dieses? (2) Jetzt muss ich mal schwer nachdenken (5). Mh, nee, das war das nicht, aber es war halt mitten in diesem (...)projekt, was ich mir auch selber ausgedacht hatte und das ja (4). (28-32/2B)

Birgits berufliche Situation mit projektbezogenen, befristeten Verträgen schließt eine längere Elternzeit *ohne* massive Folgen für ihre Karriere aus. Jedoch steht ihr Wunsch nach einer einjährigen Elternzeit, den sie ausschließlich im Einzelinterview anbringt, nicht nur in Konflikt mit ihrer Karriere, sondern auch mit Lars' und der im Paar ausgehandelten (Gerechtigkeits-)Vorstellung einer „fifty-fifty"-Aufteilung (vgl. dazu Kap. 7.1).

Birgits Aussage „man kann halt nicht beides machen" erinnert an die empirische Studie von Becker-Schmidt (1985) zu Fabrikarbeiterinnen mit dem Titel „Eines ist zuwenig – beides ist zuviel". Wobei sich die ,Unvereinbarkeit' nicht aus dem mangelnden Engagement des Partners erklären lässt, sondern aus der hohen Karriereorientierung, der Vertragssituation *und* dem Anspruch und Wunsch von Birgit, überwiegend für die Betreuung des Kindes und die Familienarbeit zuständig zu sein.

7.2 „Erhalt der beruflichen Perspektive"

Zwar bestehen deutliche Diskrepanzen in der Selbst- und Fremdzuschreibung von Betreuungsverantwortung zwischen den Partnern (vgl. Kap. 6.3), jedoch handeln Birgit und Lars als *gemeinsames* ‚Ziel' einer Doppelkarriere den „Erhalt der beruflichen Perspektive" (47/2L) aus. Dieses ‚übergeordnete' Ziel legitimiert einerseits die Abkehr von dem „fifty-fifty"-Prinzip *und* andererseits von Birgits (einseitigem) Wunsch einer einjährigen Elternzeit.

„Angst um den Arbeitsplatz"

Während bei Birgit Reinburger und Lars Hoffmann (#2) die Begründungsfigur „Erhalt der beruflichen Perspektive" die konkrete Länge der Elternzeit von Birgit und daran orientiert die von Lars bestimmt, stellt sich dies bei Anne und Tobias Sommer (#5) diffuser dar. Anne geht die ersten sechs Monate und Tobias mit einem Monat Überschneidung acht Monate in Elternzeit, so dass sie den sechsten Lebensmonat des Kindes parallel in Elternzeit sind. Im Paarinterview legt Anne dar, wie sie zu ihrer Aufteilung der Elternzeit gekommen sind:[134]

> „Ja, wie sind wir dazu gekommen. Irgendwie war das von Anfang an relativ klar, also dass wir das aufteilen wollen. Das eben auch der Tobi zu Hause bleibt. Das ist/ war auch ihm ein Anliegen und ich mein, ich hab schon auch mal überlegt, ob ich nicht gar ein ganzes Jahr daheim bleiben will. Sicher dann ist natürlich auch noch/ was so ein bisschen mitgespielt hat, dass es so/ da zu der Zeit bei meinem Arbeitgeber etwas merkwürdig war, dass man da auch dann so komische Geschichten gehört hat von Frauen, die halt in Elternzeit sind, die dann plötzlich ihren Job nicht wieder zurück gekriegt haben und des ist halt bei uns dann schon so, dass ich die Hauptverdienerin bin und da hat dann auch so/ schon so ein bisschen auch die Angst um den Arbeitsplatz mitgespielt. Wobei wir eigentlich schon (.) vorher, (.) also es war jetzt nicht so, dass ich mich hab wirklich überwinden müssen zu sagen, oh, okay, dann teilen wir es halt auf, sondern dass es eigentlich, ähm(.)/ eigentlich auch klar war, dass wir das gut finden. Wenn halt eben auch ja so dieses klassische äh Verständnis, Frau bleibt zu Hause, Mann geht arbeiten, das es bei uns eigentlich so nicht stattfindet ((lacht)) und des war auch wirklich beidseitig, das er, eben auch der Tobi, das einfach auch wollte, ja (3)." (147/5g, A)

Zunächst erläutert Anne, dass es „von Anfang an relativ klar" war, „dass wir das aufteilen wollen". Gesetzt ist demnach, dass das Paar sich die Elternzeit teilen möchte (vgl. Kap. 6.4), jedoch nicht, wie viele Monate jeder Elternteil übernehmen

---

134 Im Paarinterview mit Anne und Tobias Sommer fehlt zeitweise ein Partner, wie in der folgenden Interviewsequenz, da Pauline mehrfach wach wurde und laut weinte, so dass sich abwechselnd ein Elternteil, meist nach einer kurzen verbalen Abstimmung, um sie kümmerte.

wird. Die Variante, dass Anne für ein Jahr zu Hause bleibt und Tobias zwei Monate Elternzeit nimmt, spricht Anne als erstes an, führt sie jedoch nicht als ‚echte' Alternative und deutlichen Wunsch ihrerseits weiter aus. Danach kommt sie auf einen anderen Aspekt zu sprechen: Die „etwas merkwürdig(e)" Situation zu der Zeit bei ihrem Arbeitgeber und den „komischen Geschichten", die davon handeln, dass Kolleginnen, die in Elternzeit waren, „plötzlich ihren Job nicht wieder zurück gekriegt haben". In den Formulierungen „merkwürdig" und „komische Geschichten" drückt sich eine gewisse Distanz gegenüber dem Gehörten aus, das womöglich eher den Status von Gerüchten hat. Gleichzeitig kann Anne nicht umhin, diese „Geschichten" in irgendeiner Form ernst zu nehmen. Zuvor ordnet sie ein, welche Relevanz sie selbst diesen „Geschichten" für ihre paarinternen Aushandlungen zur Elternzeit beimisst: „was so ein bisschen mitgespielt hat". Die „Geschichten" werden zwar relevant für die Aufteilung, werden aber von Anne nicht als allein ausschlaggebend für diese angeführt.

Die „merkwürdig(e)" Situation bei ihrem Arbeitgeber stellt Anne in den Kontext der Selbstbeschreibung als „Hauptverdienerin" (vgl. dazu Kap. 7.3) und schließt zunächst ihre Ausführung mit dem Ziehen der Konsequenz aus beidem: „und da hat dann auch so/ schon so ein bisschen auch die Angst um den Arbeitsplatz mitgespielt." Die von Anne angeführte „Angst um den Arbeitsplatz" lässt sich positiv formulieren als „Erhalt der beruflichen Perspektive" fassen. Anne Sommer hat zwar nicht wie Birgit Reinburger die Problematik eines Anschlussprojektes mit neuem Arbeitsvertrag als Ausgangspunkt, da sie unbefristet beschäftigt ist, möchte aber ebenso wie Birgit am erreichten inhaltlichen und finanziellen Niveau festhalten und ihr bisheriges Aufgabengebiet als mittlere Führungskraft (Teamleiterin) beibehalten.

Im Anschluss an ihre Ausführungen zur „Angst um den Arbeitsplatz" kommt Anne auf ihre vorherige Einordnung zurück, wie zentral die Arbeitgebersituation aus ihrer Sicht in den paarinternen Aushandlungen zur Elternzeitaufteilung waren, und relativiert diese ein weiteres Mal: „Wobei wir eigentlich schon vorher, also es war jetzt nicht so, dass ich mich hab wirklich überwinden müssen zu sagen, oh, okay, dann teilen wir es halt auf, sondern dass es eigentlich, ähm (.)/ eigentlich auch klar war, dass wir das gut finden." Im Gegensatz zu Birgit steht bei Anne die „Angst um den Arbeitsplatz" nicht ihren Ansprüchen und Wünschen zur Elternzeitaufteilung und innerfamilialen Arbeitsteilung entgegen, sondern fördern vielmehr den bereits vorhandenen Aufteilungsgedanken. So findet sich entsprechend sowohl bei Anne als auch Tobias eine pragmatisch-positive Rahmung der getroffenen Elternzeitaufteilung (vgl. auch Kap. 6.4). Anne und anschließend Tobias dazu, wie sie ihre Elternzeiten erlebt haben:

7.2 „Erhalt der beruflichen Perspektive"

„Das war schön (.) ((lacht)). Ja, also, ich fand's halt sehr schön, das man einfach auch die Möglichkeit hat, sich halt ganz und gar um das Kind zu kümmern. (...) Ja, auf der anderen Seite ist es halt schon so, dass ich mich dann auch wieder gefreut habe, arbeiten zu gehen, also mir wurde das schon nach ein paar Monaten auch zu einseitig, ich hätte jetzt nicht jahrelang zu Hause bleiben wollen, also die Zeit, die ich gehabt hab, war gut und war auch schön, war auch richtig, dass man das so gemacht hat. Aber es hat auch von der Länge her voll gepasst ((lacht))." (143, 145/5g, A)

„Ja, erstmal war's ungewohnt, halt nicht mehr arbeiten zu gehen, aber (.) wie gesagt, ich war ja vorher auch schon mit der Pauline durchaus, äh (.), viel in Kontakt und dann war's/ war der Sommerurlaub/ war jetzt nicht solange her und dann war ich da eigentlich auch schon gewohnt (2), ähm, mit ihr viel Zeit, auch den ganzen Tag, zu verbringen. Der Übergang hat sich ja relativ geschmeidig gestaltet, da werden/ (.) 'n im Oktober gemeinsam Elternzeit hatten. Von dem her, also 's hatte (.) nicht irgendwie rums gemacht und hoppla, jetzt bin ich in Elternzeit und, äh, ((I lacht)) (.) was wird jetzt aus mir, was mach ich da jetzt, sondern das ha/hat eigentlich ziemlich flüssig geklappt." (27/5T)

Im Paarinterview frage ich nach, wie sie zu ihrer konkreten monatlichen Aufteilung gekommen sind:

A: Also, für mich war das irgendwie, diese sechs Monate, (.) war irgendwie, ich weiß auch nicht genau, wie man jetzt genau da drauf/ das hat sich irgendwie, weiß nicht, sechs Monate ist 'nen halbes Jahr, das ist 'ne runde Zahl irgendwie. Gut, und ich denk mal bei dir die acht Monate haben sich dann einfach dadurch ⌊ergeben, dass man ja⌉
T: ⌊Das war halt der Rest dann, ja⌉
A: Wenn man's sich teilt, dann ja auch die zwei Monate mehr kriegt, (.) das haben wir dann natürlich (.) auch in Anspruch genommen
T: Nehmen wir mit
A: Und einen Monat hatten wir dann ja auch noch zusammen (.) Elternzeit
T: Also, das hat sich überschnitten einen Monat, (A: Ja) dann war's für alle Beteiligten kein so'n harter Schnitt. (304-309/5g)

Und Tobias ähnlich diffus dazu im Einzelinterview:

„(...) wie man's sich dann genau aufgeteilt hat, ich weiß gar nicht mehr so hundertprozentig (.), wie wir dann drauf gekommen sind, dass wir's uns jetzt sechs-acht aufteil/ sechs Monate, acht Monate aufteilen. (2) Das weiß ich jetzt nicht mehr." (17/5T)

Anne und Tobias Sommer berufen sich weder auf ein quantitatives Gleichheitsideal wie Klara Franke und Stefan Ruppel (vgl. Kap. 7.1) noch gibt ein Projektende, wie bei Birgit Reinburger und Lars Hoffmann, konkrete Anhaltspunkte für die

Aufteilung. Die unklare Erinnerung von Anne und Tobias deutet auf zwei Aspekte hin: Erstens die Aushandlungen über die konkrete Aufteilung waren konsensuell und relativ unproblematisch, so dass sie in der Retrospektive nicht auf Pro- und Kontra-Argumente und Begründungen zurückgreifen können.[135] Zweitens, während der jeweiligen Elternzeiten wird von keinem der beiden die Aufteilung prinzipiell in Frage gestellt, so dass die Aufteilungsentscheidung selbstverständlich und unhinterfragt bleibt. Die monatliche Elternzeitaufteilung wird für Anne und Tobias Sommer demnach irrelevant, da es keine (laufenden) paarinternen Auseinandersetzungen darüber gibt.

„Karrieremöglichkeit"

Caroline und Martin Weber (#3) rekurrieren in ihren Erzählungen ebenfalls auf berufliche Aspekte, um ihre Elternzeitaufteilungen darzulegen.[136] Die Frage, wie viele Monate *Martin* beim *ersten Kind* in Elternzeit geht, binden sie an berufliche Rahmengegebenheiten, wie das Ende von Prüfungen und des Vikariats. Es ist für sie eher „fremdbestimmt", denn das Examen von Martin „lag nun mal da", hätte er einen Monat früher oder später Examen gemacht, dann wäre er dementsprechend einen Monat früher oder später in Elternzeit gegangen (144/3g). So nimmt beim ersten Kind Caroline neun Monate und Martin fünf Monate Elternzeit (beim zweiten nimmt Caroline zwölf und Martin anschließend zwei Monate Elternzeit). Selbstverständlich ist dabei, dass Caroline den Großteil der Elternzeit übernimmt und Martins Elternzeit kürzer und flexibel, entsprechend den von ihnen als relevant erachteten beruflichen Rahmengegebenheiten ausfällt. Martin zu der Frage der Aufteilung der Elternzeiten im Paarinterview:

> „Also, wir nutzen das eine eher als Karrieremöglichkeit, ähm, (C: Genau) zu Gestaltung, denn das war mit dem Examen so, so konnte Caroline arbeiten, während ich, äh, gerade mein Examen fertig hatte und einer konnte anfangen. Und jetzt ist es so, dass wir zweieinhalb Jahre Probezeit haben und weil Caroline, die früher angefangen hatte, konnte man quasi durch längere Elternzeit, die wieder auf parallel schieben, die Zeiten. (C: Mh genau) Und damit gleichzeitig fertig sein und sich gemeinsam auf eine Pfarrstelle bewerben." (103/3g, M)

---

135 Die konträre Lesart wäre, dass die Aushandlungen so konfliktreich waren, dass ein gemeinsames Vergessen und Verdrängen stattgefunden hat (vgl. für eine solche Lesart Busch et al. 1988: 110ff.). Unter Berücksichtigung des gesamten Datenmaterials ist diese Lesart in dem Fall jedoch nicht schlüssig (vgl. auch Kap. 6.4).

136 Dies ist ein nur leicht geänderter Abschnitt aus der Fallanalyse zu Caroline und Martin Weber in Kap. 5.3.

7.2 „Erhalt der beruflichen Perspektive"

Die Anzahl der Elternzeitmonate von Martin werden beim ersten Kind an das Ende von Martins Examen gekoppelt. Dadurch wird die Länge von Martins Elternzeit an seine Ausbildung geknüpft, während Caroline selbstverständlich länger Elternzeit nimmt und ihre Elternzeitmonate sich flexibel danach richten, wie viele Monate Martin nimmt. Beim zweiten Kind hingegen bestimmt die Begründungsfigur „Karrieremöglichkeit" nicht die Länge von Martins Elternzeit, sondern legitimiert ex post die zuvor bereits ausgehandelte Aufteilung. Denn bereits *während* Martins erster Elternzeit beschließt das Paar für das nächste Mal, dass „Martin auch wieder zu Hause bleibt, halt dann aber nur zwei Monate" (98/3g, C). So lässt sich auch die Formulierung von Caroline verstehen, dass die Elternzeitaufteilung beim zweiten Kind „auch nochmal beruflich ganz praktisch dann auskommt" (102/3g, C). Denn nun wird es nicht mehr als pragmatische, berufliche *Planung* gerahmt, wie beim ersten Kind, sondern die Aufteilung stand schon vor der zweiten Schwangerschaft und Geburt des Kindes fest und der Verweis auf berufliche Aspekte dient als Legitimation (vgl. dazu Kap. 7.4).

Mit Hilfe der längeren Elternzeiten von Caroline holt Martin seinen Karriererückstand auf. Es erscheint für beide aus verschiedenen Gründen sinnvoll, dass Caroline beim zweiten Kind länger Elternzeit nimmt und somit im Hinblick auf berufliche Qualifikationsschritte zeitlich ausgebremst wird. Martin bringt diesen Aspekt aus seiner Perspektive zur Sprache: Indem er sagt, dass sich durch die längere Elternzeit von Caroline, ihre Ausbildungszeiten „*wieder* auf parallel schieben" lassen, geht er davon aus, dass diese grundsätzlich parallel gewesen sind bzw. parallel zu sein haben. Es scheint ein Tabu zu sein, dass Caroline karrieretechnisch vor ihm liegt. Damit ist für ihn die wünschenswerte Norm der gleiche Karrierestand, und der Vorsprung von Caroline, der sich durch ihren früheren Studienbeginn ergibt, eine zu korrigierende Angelegenheit. Durch die Formulierung eines gemeinsamen übergeordneten Ziels, der gemeinsamen Bewerbung auf eine Pfarrstelle, lässt sich dieser Aspekt konfliktfrei von Martin thematisieren und Caroline kann so ihr berufliches Ausbremsen als sinnvoll erachten und unterstützen.

„ich kann im Moment noch nicht zusagen, so 'ne Leitungsfunktion zu übernehmen"

Während Birgit Reinburger und Lars Hoffmann (#2), Anne und Tobias Sommer (#5) sowie (beim ersten Kind) Caroline und Martin Weber (#3) die *Aufteilung* der Elternzeit ausgehandelt haben, scheint sich die Frage danach Julia und Wolfgang Brückner (#4) nicht zu stellen. Julia nimmt zwölf Monate Elternzeit und nachdem eine neue Kita in der Nähe eröffnet wird und Johanna einen Platz bekommt, beginnt Julia nach sechs Monaten wieder stundenweise zu arbeiten und erhöht sukzessiv auf 50 Prozent Arbeitszeitvolumen. Wolfgang bezieht parallel zu Julia die ersten zwei Lebensmonate des Kindes Elterngeld in Kombination mit einer reduzierten Erwerbstätigkeit von ca. 10-16 Stunden pro Woche. Wolfgang im Einzelinterview zu der Frage, inwiefern die Partnermonate für ihr Elternzeitarrangement eine Rolle gespielt haben:

> „Pff, ja (2), also hab ich mir nie so Gedanken gemacht, weil es klar war, dass Julia auf jeden Fall 'nen halbes Jahr nicht arbeiten geht und (.), ja, wie ich schon gesagt hab, des war eigentlich so, wie wenn wir beide Urlaub haben, also wir haben sehr viel Zeit füreinander gehabt und, ähm, konnten es schon genießen einfach auch." (32/4W)

„Klar" ist sowohl für Wolfgang als für Julia, dass Julia im Wesentlichen für die Kinderbetreuung und Familienarbeit zuständig ist (vgl. auch Kap. 6.1). So stellt sich nicht die Frage nach einer Aufteilung der Elternzeit, im Sinne von nicht-parallelen Elternzeiten. Selbstverständlich ist, dass Julia länger in Elternzeit geht, zunächst angedacht war am Anfang ein Jahr. Durch die neue Kita, die Julia eine Erwerbstätigkeit ermöglicht und einen flexiblen Arbeitgeber, beginnt sie nach sechs Monaten wieder stundenweise zu arbeiten. Die zwei Elterngeldmonate von Wolfgang demgegenüber sind etwas, dass sich „gut ergeben" hat, Julia dazu im Einzelinterview:

> „Ja, des hat sich halt gut ergeben, dass der Wolfgang es in dem Moment einrichten konnte (.), und für uns war des dann, tja, nochmal ein bisschen 'ne Erleichterung, dass er dann in der Zeit auch ein Verdienst hat, sozusagen des Elterngeld bekommen, (.) aber wäre er jetzt selbständig gewesen in einer eigenen Praxis, hätte er sich des wahrscheinlich nicht erlauben können, zwei Monate weg zu bleiben. (.) Und dann machen auch die 1800 Euro nichts mehr aus, die man maximal kriegen kann ne (I: Ja). Er als Selbstständiger, wenn dann, ähm, in seinem Fall jetzt, dann die Patienten weg bleiben oder so, und man kann ja auch nicht des Personal frei stellen für zwei Monate, man kann ja nicht dicht machen." (34/4J)

Julia rahmt die zwei Elterngeldmonate von Wolfgang als ein Plus, das Wolfgang zu der Zeit „einrichten konnte". Ihrer Darstellung zufolge wäre es jedoch nicht erforderlich gewesen, dass Wolfgang Elterngeld in Anspruch nimmt, so dass die Betreuung des Kindes gewährleistet ist. So werden die ‚Partnermonate' von Wolfgang zu einer *Option*, einer „Kann- und Wunschleistung" (Ehnis 2009), während die Elternzeit von Julia „klar war" und zu einer *selbstverständlichen (Pflicht-)Leistung* wird. Die Frage des „Erlauben Könnens" von Elternzeit stellt sich in diesem Fall nur für Wolfgang, nicht jedoch für Julia. Sie stellt in dieser Interviewpassage der Situation vor der Elternzeit, eine Selbstständigkeit von Wolfgang mit eigener Praxis gegenüber und kommt zu dem Ergebnis, dass in einer solchen Situation er es sich

7.2 „Erhalt der beruflichen Perspektive" 235

hätte „wahrscheinlich nicht erlauben können, zwei Monate weg zu bleiben". Zum einen ist für das Paar sowohl eine nicht-parallele als auch längere Elternzeit von Wolfgang als zwei Monate in den Interviews nur nach sehr expliziter Nachfrage ein Thema (vgl. Kap. 7.3). Zum anderen ist Julias Herausstellen der potenziellen Schwierigkeiten einer Elternzeit von Wolfgang vor dem Hintergrund interessant, dass er selbst als Praxisvertretung gearbeitet hat – eine Möglichkeit, die Julia somit bekannt ist, an dieser Stelle jedoch nicht von ihr erwähnt wird. Demgegenüber führt Wolfgang dies durchaus als Alternative an. Auf die Frage, inwiefern seine Elternzeit berufliche Vor- oder Nachteile für ihn gehabt habe, antwortet er:

> „Mhm, das war egal. (.) Das war völlig egal, also dadurch, dass ich selbstständig war, war es völlig egal. (.) Und es hat, ich war selbstständig, hab aber keine Mitarbeiter gehabt, ne, das muss man dazusagen, ähm (.) wenn das in der jetzigen Situation wär, hätt das Nachteile gehabt. Im Prinzip, sobald man Mitarbeiter hat, die weiterbezahlen muss, muss man entweder 'ne Vertretung nehmen, wenn des funktioniert, ist gut oder wenn man sagt, naja, man bezahlt die Mitarbeiter einfach weiter, dann, ja, ist es finanziell ein Problem, weil dann des Elterngeld vorne und hinten nicht reicht, also oder des kann man vergessen." (26/4W)

Für Wolfgang bringen die zwei Elterngeldmonate keine beruflichen Nachteile mit sich. Diese sieht er nur für die Situation als Selbstständiger mit Mitarbeitern, wobei er die Alternative einer Praxisvertretung anspricht. In den Interviewpassagen wird deutlich, dass die Elternzeit von Julia jenseits der Frage von beruflichen Nachteilen für sie selbstverständlich ist, während die von Wolfgang sich „gut ergeben" hat. Es entsteht dabei der Eindruck, dass eine Elternzeit von Wolfgang aus Sicht des Paares nur dann ‚möglich' ist, wenn sie keinerlei berufliche Nachteile hat, bzw. keinerlei Aufwand oder Mühe mit sich bringt. Pointiert formuliert: Elternzeit und Familienarbeit dürfen keine (oder so wenig wie möglich) Auswirkungen auf die Erwerbs- bzw. Selbstständigkeit haben.

Demgegenüber stellt Julia „möglicherweise" berufliche Nachteile für sich fest: Durch eine organisationale Umstrukturierung wird aus ihrem Arbeitsbereich, einer Stabsstelle, ein Ressort, für das eine Leitung gesucht wird:

> „Und wäre ich nicht in Mutterschutz gegangen, wäre verm/möglicherweise vermutlich ich diese Ressortleitung gewesen. Aber ne, ((lacht)) dadurch dass ich nicht da war, konnte ich das halt auch nicht übernehmen (…). Und im Moment ist die Stelle auch noch unbesetzt, und ich wurde schon auch gefragt von unserem Vorstand, ja, ob ich mir des vorstellen kann, des zu machen, (2) in absehbarer Zeit und, ähm, des war dann letztes Jahr im Juni, als ich eben grad wieder angefangen hatte mit ein paar Stunden und da hab ich noch gesagt j/also im Moment steht für mich die Familie an erster Stelle. (…) ich kann im Moment noch nicht zusagen so 'ne Leitungsfunktion (2) zu übernehmen oder dann wieder zu 100 Prozent zu kommen

oder so. Und (.) ja von daher hat's/ (.) kann ich's noch nicht beurteilen, welche Nachteile des jetzt für mich im beruflichen Werdegang hat. Aber des Gefühl war bei mir schon immer da, ich werde da rausgerissen aus diesem Weg. Ich hab nicht den Anspruch, hier 'ne Wahnsinnskarriere zu machen, ähm, und unheimlich viel Geld zu verdienen und, ähm (.), Statussymbole anzuhäufen, ja ((lacht)), da danach steht mir überhaupt nicht der Sinn, aber ich möcht halt mein Beruf ausüben und des war schon immer so ein bisschen des Ding, ja durch (.) ähm (.) durch ein Kind, durch die Entscheidung für Familie (.) steht des halt zurück und, ähm, des kann man dann vielleicht nicht so machen, wie man's gerne würde." (26/4J)

Für Julia schließen sich Familien- und Erwerbsarbeit vor dem Hintergrund ihrer alleinigen Zuständigkeit für die Kinderbetreuung in einer bestimmten Form (Leitungsfunktion und Vollzeit) zumindest zeitweise aus (vgl. auch Kap. 6.1):

„Und da dacht ich mir so, ja, des geht dann nicht Teilzeit und als Mutter kann man sowas nicht machen." (30/4J)

Im Vergleich zu Birgit Reinburger und Lars Hoffmann sowie Anne und Tobias Sommer wird Julias Erwerbstätigkeit, der Erhalt oder die Förderung ihrer beruflichen Perspektive nicht zu einer gemeinsamen Angelegenheit des Paares. Die Karriere von Wolfgang und damit verbundene, wahrgenommene (Un-)Möglichkeiten und Nachteile eines Elterngeldbezuges hat das Paar demgegenüber durchaus im Blick. Julias berufliche Aufstiegschance steht für Julia und Wolfgang in direkter Konkurrenz zu der ihr zugeschriebenen Familienarbeit. Eine alternative innerfamiliale Arbeitsteilung, die den Erhalt und die Förderung ihrer beruflichen Perspektive implizieren würde, scheint für das Paar kein Thema zu sein. Denkbar wäre bspw. eine stärkere zeitliche Involvierung von Wolfgang. Diesbezüglich finden sich jedoch in den Interviews keine Hinweise oder Überlegungen des Paares. Vielmehr konstatiert Julia, dass „durch die Entscheidung für Familie" berufliche Aspekte „halt zurück" stehen. Es ist für sie damit einerseits nicht völlig unproblematisch „rausgerissen" zu werden, andererseits scheint sie es als eine Art Schicksal für sich an- oder hinzunehmen.

Wolfgang positioniert Julias Erwerbstätigkeit ebenfalls in direkter Konkurrenz zu *ihren* Betreuungsaufgaben, bringt jedoch im Einzelinterview die Möglichkeit eines Au-Pairs oder einer „Putzfrau" (72/4W) ein. Auf die Nachfrage, ob das momentan ein Wunsch oder Planung ist, antwortet Wolfgang:

„Genau, würd ich jetzt mal sagen, also weil/ weil sonst einfach, äh, für Julia, äh, Karriere oder des Berufliche die nächsten, ich würd mal sagen, fünf sechs Jahre, äh, pf, 'nen Abstellgleis ist irgendwie. Ich glaub, es macht ihr Spaß und sie hat Potenziale und, ähm (2), hätte trotzdem noch sehr viel von Familie, muss aber entsprechend

7.2 „Erhalt der beruflichen Perspektive"

organisieren. Und da bin auch ich bereit, sagen mer mal beruflich, äh pff, ich muss keine 60 Stundenwoche haben, sondern ich kann auch entsprechend ein bisschen reduzieren, (.) ja. Aber ich fänd's schon schön, wenn sie einfach, ähm (.), beruflich nicht nur die Teilzeitmutti ist, sondern jetzt auch nicht die volle Karrierefrau, aber so ein bisschen was machen kann und, äh, da einfach die Möglichkeit hat, auch ihrer, sag ich, ihre Ausbildung, ihr Studium und ihr Potenzial zu nutzen. Das fände ich gut." (76/4W)

Die berufliche Entwicklung von Julia gerät zwar nicht aus dem Blick von Wolfgang (und ihr selbst), jedoch wird deutlich, dass es überwiegend ihre Aufgabe und Herausforderung ist, Familienarbeit und eine berufliche Entwicklung zwischen „Teilzeitmutti" und „volle(r) Karrierefrau" umzusetzen. Zwar bietet Wolfgang in seiner Darstellung an, „ein bisschen zu reduzieren", nur scheint eine Reduzierung von einem Niveau von 60 Stunden aus, eine Übernahme von Betreuungsaufgaben, z. B. am (späten) Nachmittag, dennoch nicht zu ermöglichen.

„ich hätte auch woanders dann hin versetzt werden können"

Nina und Philipp Becker (#9) handeln für beide Kinder eine Elternzeit von achtzehn Monaten aus, die selbstverständlich und unhinterfragt Nina übernimmt. Philipp nimmt beim zweiten Kind parallel zu Nina den ersten und ein paar Monate später in Kombination mit Teilzeit einen weiteren Monat Elternzeit. Auf die Frage im Paarinterview, wie sie zu diesem Arrangement gekommen sind, stellt Philipp zunächst die Gleichbehandlung beider Kinder in den Vordergrund:

P: Ich glaub (.), ich, (.) ja, die anderthalb Jahre, die waren einfach schon da, weil wir gesagt haben, okay, beim Tom haben wir das gemacht und des wollen wir dem Lukas auch geben, sozusagen. Ich meine, viele sagen ja nach 'nem Jahr läuft's Geld ab in dem Moment und nach 'nem Jahr ist ja meistens immer die Fristen von dem Arbeitgeber, wo du/ wo die sagen, bis ein Jahr hat man ein ⌊Anspruch auf den Arbeitsplatz⌉
N: ⌊War bei mir auch so⌉
P: Ja (.) und äh, wenn man natürlich gesagt hat anderthalb, dann hat man nicht mehr den Anspruch auf den Arbeitsplatz in dem Moment ne ⌊und äh ja⌉
N: ⌊Ich hätte auch⌉ woanders dann hin versetzt werden können
P: Aber des war uns jetzt in dem Fall dann, äh (.), nicht so (.) also
N: Ja nicht egal, aber es war uns wichtig, weil des
P: So ein Jahr schon halt zu früh für die Krippe halt einfach, also da war das jetzt nicht ganz (.) ⌊wichtiger zu arbeiten⌉
N: ⌊Mit anderthalb Jahren⌉ können se zumindest schon mal laufen und selber ein bisschen los legen und deswegen fanden wir das von der Entwicklung her am günstigsten. (88-95/9g)

Im Vordergrund steht für das Paar der Wunsch die Kinder nicht „zu früh" in eine institutionelle Kinderbetreuung zu geben. Vorausgesetzt ist dem, dass Nina für diesen Zeitraum die Kinderbetreuung übernimmt. Ein Arrangement mit einer längeren und nicht-parallelen Elternzeit von Philipp wird nicht in Betracht gezogen.[137] Philipp spricht anschließend einen mit diesem Arrangement verbundenen beruflichen Nachteil für Nina an: Sie hat keinen Anspruch mehr auf ihren bisherigen Arbeitsbereich und könnte versetzt werden. Das Paar handelt dialogisch aus, das Ninas berufliche Entwicklung vor dem Wunsch einer möglichst langen Betreuung der Kinder zu Hause zweitrangig ist – zwar „nicht egal", aber weniger wichtig. Im Einzelinterview führt Nina die potenziellen Vorteile einer einjährigen Elternzeit und die Nachteile ihres Arrangements bei beiden Kindern[138] an:

> „Ja (.) ich glaub, wenn ich nach 'nem Jahr gesagt hätte, ich komm wieder (.), da hätte ich vielleicht 'ne Verlängerung gekriegt. (.) Aber ich hab ja bewusst gesagt, ich bleib anderthalb Jahre, also wurde auch nur der Vertrag für die zwei Jahre verlängert, wo diese/ da haben sie ja diese Möglichkeit, innerhalb von zwei Jahren zwei Mal sozusagen zu befristen (.) ne (2), und dann war, ja, es war halt sozusagen die Entscheidung gegen die Arbeit, des war/ ich wusst ja nicht, das ich zurück gehen kann. (…) und auch jetzt beim Zweiten war's 'ne bewusste Entscheidung zu sagen, anderthalb Jahre, weil ich auch Kollegen hab, die gesagt haben, ich komm nach einem Jahr, dann kriegen die natürlich ihre Stelle weg/ äh wieder, meine war komplett weg und ich hatte nur des Glück, dass eine Kollegin in Rente gegangen ist und dass das gerade zeitlich gepasst hat." (39/9N)

Vor Geburt des ersten Kindes ist sie befristet beschäftigt. Nina ist sich „bewusst" darüber, dass in ihrer Elternzeit das Vertragsende liegt und ihr mit der längeren Elternzeit die Möglichkeit einer Verlängerung verwehrt bleibt. Nach ihrer Elternzeit gelingt es ihr zunächst mit einem befristeten und zwischenzeitlich entfristeten Arbeitsvertrag wieder beim selben Arbeitgeber anzufangen bzw. weiterzuarbeiten. Durch die zweite Elternzeit verliert sie ihren vorherigen Arbeitsbereich („meine(r) war komplett weg"). Nina hat „Glück", zum Zeitpunkt ihres Wiedereinstiegs geht eine Kollegin in Rente, so dass sie vor Ort wieder eingesetzt werden kann. Ohne dieses „Glück" hätte eine Versetzung innerhalb der Region (unter Umständen auch darüber hinaus) angestanden. Retrospektiv, aus einer Situation heraus, in der sie

---

137 So könnten sie z. B. mit einer nicht-parallelen Inanspruchnahme vierzehn Monate Elternzeit mit Elterngeldbezug und vier Monate ohne Elterngeldbezug (statt sechs) in Anspruch nehmen.

138 Die Elternzeitaufteilung beim ersten Kind steht ansonsten nicht im Fokus der Analyse, da zu der Zeit noch das Bundeserziehungsgeldgesetz (BErzGG) und noch nicht das Bundeselterngeld- und Elternzeitgesetz galt.

zwei Mal ‚gepokert' und gewonnen hat, sieht Nina die potenzielle Versetzung eher gelassen:

> „(...) also sag ich mir, wäre auch in Ordnung gewesen. Klar wär jetzt nicht schön gewesen, aber hätte ich in Kauf genommen." (41/9N)

„und wenn's halt zwischenzeitlich irgendwie Hartz IV gibt, dann ist das so"

Christiane und Franziska Kant (#1) hatten beim ersten Kind die „Idee", bzw. da „wäre geplant gewesen", sich die Elternzeit zu teilen. Kurz zuvor erkrankt Franziska und beide bleiben gemeinsam ein Jahr zu Hause, Franziska ist krankgeschrieben und Christiane bezieht Elterngeld.

Christiane zu der Frage, wie sie es dann beim zweiten Kind (bzw. dritten Kind, wenn man Franziskas erwachsenes Kind mitzählt) organisiert haben:

> „Ja, wie war das beim Zweiten? (.) Also wir haben uns einfach dann, ähm/ ich hab ja aufgehört zu arbeiten, dann, ja, fürs äh Erziehungsjahr und, ähm, da ich im ähm eben in einem Selbstständigen-Status gearbeitet hatte, ähm, war auch noch nicht ganz klar, wie ich wieder anfange zu arbeiten. Ich wollte eigentlich gerne nach einem Jahr wieder anfangen zu arbeiten, das hat aber nicht mehr gepasst, das ging nicht mehr so. (.) Und dann haben wir halt zusammen überlegt (.), äh, soll das nochmal ein Einzelkind sein und alleine quasi aufwachsen, (...) und dann haben wir uns ja dafür entschieden, das wir noch ein Zweites dann wollen." (114/1g, C)

Christiane verbindet in ihrer Darstellung zwei Entwicklungen: Das „nicht mehr passen" ihres beruflichen Wiedereinstiegs, sie hatte vor Geburt des ersten Kindes selbstständig auf Honorarbasis als Jugend- und Heimerzieherin gearbeitet und die Überlegung, bzw. der Wunsch, ein zweites Kind zu bekommen.

Nicht weiter erwähnenswert und begründungsbedürftig ist für das Paar, dass Christiane beim zweiten Kind vierzehn Monate[139] Elterngeld bezieht. Im Paarinterview antworten beide gleichzeitig und sehr knapp auf die Frage, ob geplant sei, dass Franziska auch in Elternzeit geht:

---

139 Bei gleichgeschlechtlichen Paaren mit eingetragener Lebenspartnerschaft gibt es zwei Elternzeitoptionen: 1. Über den Status als eingetragene Lebenspartner haben beide gleichermaßen das Recht auf Elternzeit/-geld. 2. Adoptiert die Ko-Mutter in dem Zeitraum das Kind *nicht*, kann die leibliche Mutter als ‚Alleinerziehende' vierzehn Monate Elternzeit/-geld beanspruchen (vgl. Kap. 2.1).

C: Nein, des geht nicht wegen der Umschulung
F: Nee, nee, nee des geht nicht. (133-138/1g)

Aus Sicht des Paares schließt die schulische Ausbildung von Franziska eine Elternzeit bzw. einen Elterngeldbezug aus. Jenseits von möglichen organisatorischen Schwierigkeiten fällt auf, dass das Paar weder Überlegungen anstellt, wie in der Situation eine Aufteilung der Betreuungsverantwortung möglich gemacht werden könnte, noch bedauern sie dies (vgl. zur Kontrastierung die Überlegungen von Birgit und Lars zu der nicht umsetzbaren Kombination von Teilzeit und Elternzeit für beide Elternteile). Dadurch entsteht der Eindruck, dass die Frage einer *Aufteilung* der Elternzeit beim zweiten Kind nicht (mehr) in den Aushandlungen des Paares zur innerfamilialen Arbeitsteilung relevant wird. Vielmehr wird von beiden selbstverständlich Christiane (nahezu) die alleinige Betreuungsverantwortung zugeschrieben (vgl. auch Kap. 6.1).

Deutlich wird in der Betrachtung des gesamten Interviewmaterials des Weiteren, dass die beruflichen Optionen von Christiane nach den Elterngeldmonaten beider Kinder sehr diffus bleiben. Eine Rückkehr in denselben Arbeitsbereich schließt sie wegen zu hoher psychischer und physischer Belastungen der Tätigkeit aus. Gefragt nach ihren beruflichen Planungen für die Zeit, wenn beide Kinder in der Kita betreut werden, antwortet Christiane: „Ideen gibt es diverse" (34/1C), diese reichen von Mutter-Kind-Heim, Kinderhospiz, „für einen beschränkten Zeitraum" Altenheim bis hin zu

> „und wenn das am Anfang so wäre, dann würd ich auch putzen gehen, das ist dann einfach, ähm, um einfach nochmal ein Ausgleich zu kriegen." (36/1C)

Während das Paar von der schwierigen Suche nach Kitaplätzen berichtet, wird die berufliche Entwicklung von Christiane oder der Erhalt ihrer beruflichen Perspektive im Paarinterview nicht thematisch. Im Einzelinterview, welches vier Monate vor dem Ende ihres Elterngeldbezuges stattfindet, macht Christiane deutlich, dass sie sich „keine Sorgen" mache:

> „Mit 'nem Job, das wird/ das wird noch spannend werden, so ne, das is aber, da ist halt eben die Grundvoraussetzung, das, ähm, auch die Kinderbetreuung wieder, ähm, klar ist und da wir als äh äh Kleinstfamilie hier einfach, sach ich jetzt mal, mehr oder weniger einfach alleine sind, ist das natürlich (I: Ist das Grundvoraussetzung), ist das 'ne Grundvoraussetzung, äh, die einfach schlecht gewährleistet wird. Das ist so ein bisschen, (.) beeindruckt mich aber im Moment eigentlich gar nicht. Also, ähm, das hört sich irgendwie vielleicht auch komisch an so ne irgendwie, aber ähm (2), ich meine, wir müssen auch gucken, wie wir irgendwie, ich sag's jetzt mal ganz platt, mit dem Arsch an die Wand kommen, so ne, aber (.)

7.2 „Erhalt der beruflichen Perspektive"

> ähm. Ich mach mir da trotzdem keine Sorgen und wenn's halt zwischenzeitlich irgendwie Hartz IV gibt, dann ist das so, ich weiß, dass das kein Dauerzustand sein wird. Ähm, also bis die Kinder einfach dann einfach im Kindergarten, in der Schule sind, dann, ne ähm, dann wird das mit Sicherheit auch wieder anders, aber wenn das in der Zwischenzeit so ist, dann ist das so (…). Also ich mein, es wird immer irgendwie 'ne Grätsche sein, es/ es wird immer irgendwie äh, ich mein, einer von uns beiden ist ja immer jetzt schon weg (I: Ja) so ne, ähm, also sprich, ich mein Franziska, die ist ja nu auch, ähm, in 'ner Umschulung und das ist/ sagen wir immer, dass das Arbeit ist, das ist auch ganz klar, das ist ne so, äh, wenn unser Junior fragt, ne, so dann ganz klar, Mami geht zur Arbeit, das ist so. Und das wird ja nachher wird das ja irgendwie auch vergleichbar sein, wenn se dann selbst im Job ist oder so ne, das ist dann schon. Wenn ich dann auch noch anfange, dann zu arbeiten zu gehn, dann müssen wir halt mal gucken, wie wir das irgendwie, aber des geht dann auch, des ist eigentlich so. (.) Ja, mache ich mir jetzt nicht so ein/ den Kopf." (168/1C)

Ebenso wie im Fall von Julia Brückner (#4) sieht Christiane ihre Erwerbstätigkeit in direkter Konkurrenz zu ‚ihren' Betreuungsaufgaben: Damit sie erwerbstätig sein kann, wird eine institutionelle Kinderbetreuung notwendig, Franziska als mögliche Betreuungsperson taucht in den Überlegungen hingegen nicht auf. Selbstverständlich vorausgesetzt ist vielmehr die Erwerbstätigkeit von Franziska. Während Julia Brückner (#4) in ihrer Darstellung eine gewisse Ambivalenz bezüglich ihrer Berufs- und Familiensituation zum Ausdruck bringt, nimmt Christiane Kant eher eine gleichgültige bis trotzige Haltung gegenüber ihrer eigenen beruflichen Entwicklung ein.

„wenn 'en Zwerg kommt, ist Schluss mit der Pendelei"

Vor Geburt des ersten Kindes führen Ulrike und Helmut Schwarz (#8) eine Fern- und Wochenendbeziehung, da Helmuts Arbeitsort ca. 500 Kilometer entfernt von seiner Heimatstadt und Ulrikes Arbeits- und Wohnort liegt. Im Paarinterview erläutert Helmut, welche Gedanken sie sich vor Geburt des ersten Kindes gemacht haben:

> „Wir hatten gesagt, ähm (2), wenn 'en Zwerg kommt, ist Schluss mit der Pendelei. (.) Wie auch immer wir das hinkriegen. (.) So und deswegen war dann erst mal/ da ich ja immer noch in R-Stadt in Lohn und Brot stand, ja wie/ wie macht man Ende Pendelei: Elternzeit. (.) So, da ich ein sehr saisonbedingten Beruf habe, bei dem man, sagen wir mal, im Sommer n'bisschen kürzer treten kann, aber im Winter geht's da richtig heftig zu (2) und ich meine Kollegen jetzt nicht ganz in der Luft hängen lassen wollte, hab ich gesagt, okay (…) pass auf, ich mach bis Ende des Jahres noch (.) halbtags Homeoffice und mach dann ab ersten Januar 2010 komplett Elternzeit. (.) So und so ist es dann gewesen." (21/8g, H)

Zentrales Ziel des Paares ist es, mit Geburt des ersten Kindes keine Fernbeziehung mehr zu führen, sondern gemeinsam zu wohnen. Dafür sind beide bereit, anderweitig Kompromisse einzugehen. Implizit und selbstverständlich gesetzt ist als gemeinsamer Wohnort die Stadt, in der Helmut und Ulrike aufgewachsen sind und in der Ulrike wohnt und arbeitet. Das Paar begründet diese Entscheidung nicht mit der Betonung der damit verbundenen beruflichen Vor- und Nachteile des einen oder anderen Elternteiles. Nicht zur Diskussion steht außerdem ein Umzug von Ulrike in die Stadt, in der Helmut bislang arbeitet: Alternativ hätte das Paar vor dem Hintergrund, dass Helmut den größeren Teil zum Familieneinkommen beiträgt (vgl. Kap. 7.3), seine Karriere und Erwerbstätigkeit in R-Stadt als relevanter aushandeln können. Dann wäre aus Sicht des Paares (nur) der Arbeitsort von Helmut als gemeinsamer Ort in Frage gekommen.[140]

Die Lösung des Paares besteht hingegen darin, dass Helmut seinen Wohn- und Arbeitsort mit Hilfe von Homeoffice und Teilzeitarbeit[141] für vier Monate und anschließender zehnmonatiger Elternzeit nach A-Stadt verlegt:

> U: Das war sozusagen unsere Strategie, dass er hier sein kann, dass er dann Elternzeit macht und ich eben dann wieder auf Arbeit gehe, halbtags, noah
> H: Und der Parallelplan war ebend hier 'nen Job zu finden. (.) Also die Elternzeit dazu zu nutzen. (97-98/8g)

Den mit diesem Arrangement verbundenen Organisationsaufwand legt Helmut anschließend dar: Er zieht aus seiner Wohnung in R-Stadt aus, „feiert" sein Langzeitkonto ab und nimmt „Resturlaub" vor und zur Geburt des Kindes.

> „(...) und dann hab ich meinen ersten quasi Homeoffice-Arbeitstag am (Datum) oder so gehabt. (.) Und der Deal war einfach, einmal die Woche nach R-Stadt zu kommen, (.) beziehungsweise nach Bedarf. (.) Das war am Anfang/ sah nach Bedarf aus, dass ich gleich irgendwie in den ersten zwei Wochen wohl zweimal war (.), weil was fertig werden musste (.) urplötzlich. (.) Und dann hab ich mich da aber in R-Stadt rar gemacht bis Ende Oktober (.) und bin dann nur, sagen wir, so November, Dezember dann quasi jede Woche einmal hochgefahren. (2) Ja und ab Januar war ich dann zu Hause." (23/8g, H)

---

140 Für den Aspekt, wie getrennt lebende Paare zum Zeitpunkt einer Familiengründung ihre Arbeits- und Wohnsituation (neu) aushandeln, waren in meinem Sample keine weiteren Vergleichsfälle vorhanden. In anderen empirischen Studien wurden die mit dieser Situation verbundenen Aushandlungen und Konflikte herausgearbeitet, z.B. Behnke/Meuser 2005 und Rusconi/Solga 2011.

141 Beide Elternteile beantragen beim ersten Kind zwei Jahre Elternzeit um „die Geschichte mit Teilzeitarbeit da wahrnehmen zu können" (135/8g, H).

7.2 „Erhalt der beruflichen Perspektive"

Helmut *schafft* sich die Möglichkeit im Homeoffice Teilzeit tätig zu sein, um einerseits seine Kollegen nicht „ganz in der Luft hängen zu lassen in der Saison", aber andererseits das im Paar ausgehandelte zentrale Ziel des gemeinsamen Wohnens zu erreichen:

> „Also ich hab einfach durchgerechnet. Ich hab mir die drei Großen [Kunden, AP] hergenommen, hab gesagt, so das (.) sind quasi (.) zwei Monate Arbeit, also kann man das auf vier Monate verteilen (.) auf halbtags. Hab das dann auch ganz offensiv mit den Kunden besprochen, (.) weil die mussten alle ihre Datenlieferungstermine ändern. Ich hab einfach angerufen, hab gesagt, so und so, ich geh in Elternzeit, ich will sie aber noch betreuen (.), äh und sie wollen ihr Zeug termingerecht haben, das will ich auch gewährleisten, aber (.) dazu brauch ich die Daten (.) Anfang Oktober. Ich sag, ich muss mir das einteilen (.). (…) Ähm, das (.) bringt also/ das wird nix, wenn ich sozusagen das/ wenn's im bisherigen Rahmen ist mit der Datenlieferung. (.) Nö, und die waren da alle sehr kooperativ, also ich meine, gut, ich kannte sie auch schon lange genug ((lacht)). Also, es waren eben auch Kunden, die ich die ganze Zeit betreut habe, also zehn Jahre lang." (95, 97/8H)

Deutlich wird, dass sich die Möglichkeit der Teilzeitarbeit nicht von alleine ‚ergibt', sondern aktiv von Helmut hergestellt wird, indem er seine Pläne „ganz offensiv mit den Kunden" bespricht und notwendige Voraussetzungen für das Gelingen des Arrangements schafft, wie die Änderung von Datenlieferungsterminen. Ebenso wie Lars Hoffmann (#2) stellt Helmut Schwarz ein Passungsverhältnis zwischen beruflichen und familiären Anforderungen her. Demgegenüber stellt Ulrike ihre zunehmend ambivalente Haltung gegenüber dem Elternzeitarrangement beim ersten Kind dar und zieht Konsequenzen für die Elternzeitaufteilung beim zweiten Kind:

> „Also, ich muss mal sagen (.), als das erste Kind unterwegs war, da ham wir ja das ziemlich rational irgendwie überlegt, was können wir machen, dass wir hier zusammen sein können, ne, weil er ja noch in R-Stadt halt den/ die Stelle hatte (.) und da hab ich gesagt, ja gut, ich geh dann nach vier Monaten wieder arbeiten und das war für mich alles (2) logo, noah so. Und dann warn die vier Monate um und ich sollte wieder arbeiten gehn und da hab ich dann schon gemerkt, dass mir das schwer gefallen ist und deshalb war für mich klar, (.) dass ich das beim zweiten Kind (.) auf alle Fälle nicht so machen will. Also, ich hatte dann auch versucht, ob ich vielleicht noch 'nen Monat länger zu Hause bleiben kann, aber das ging nicht (…) deshalb musst ich dann halt wieder gehn und deshalb war das für mich klar, dass ich (.) das jetzt nicht wieder so mache (.) und (.) also jetzt genieß ich die Zeit auch total, muss ich sagen, also ich vermisse nichts, (.) was die Arbeit betrifft, was ich mir vor(.)her auch nicht so gedacht hätte, das mir das so leicht fällt, das los zu lassen." (152/8g, U)

Ebenso wie bei Birgit Reinburger und Lars Hoffmann (#2) und Anne und Tobias Sommer (#5), die als zentrales gemeinsames Ziel den „Erhalt der beruflichen Perspektive" von Birgit und Anne aushandeln, einigen sich Ulrike und Helmut (#8) auf das „zusammen sein können" als oberste Priorität in der Frage der Elternzeitaufteilung. Ähnlich wie Birgit, aber im Gegensatz zu Anne, sieht Ulrike zwar in der retrospektiven Betrachtung den Sinn der Elternzeitaufteilung, erzählt jedoch auch das ihr „das schwer gefallen ist", nach vier Monaten Elternzeit wieder erwerbstätig zu sein. Während Birgit Überlegungen zu potenziell anderen Elternzeitaufteilungen beim zweiten Kind anstellt, kann Ulrike ihre bereits durch- und umsetzen: Beim zweiten Kind nimmt sie zwölf Monate Elternzeit und Helmut anschließend zwei Monate.

Es zeigt sich, dass der „Erhalt der beruflichen Perspektive" von Helmut und Ulrike Schwarz (#8) vor dem Hintergrund der Priorität, gemeinsam zu wohnen, zweitrangig bzw. stark relativiert wird. Vor allem die berufliche Entwicklung von Helmut Schwarz wird infrage gestellt, da die Wahl des gemeinsamen Wohnortes nicht auf seinen bisherigen Arbeitsort fällt. Durch das Arrangement mit Teilzeitarbeit und Homeoffice in den ersten vier Monaten, indem Helmut seine drei großen Kunden weiterhin bearbeitet, findet er einen Kompromiss zwischen den beruflichen Anforderungen seines Arbeitgebers und dem gemeinsamen Wunsch des Paares zusammen zu wohnen. Nach der zehnmonatigen Elternzeit (mit Elterngeldbezug) von Helmut beim ersten Kind ist für das Paar selbstverständlich, dass Helmut sich eine neue Arbeitsstelle in der Region sucht. Ulrike kann hingegen nach der Elternzeit an ihren vorherigen Arbeitsplatz zurückkehren.

Zwischenfazit

In diesem Kapitel standen im Fokus der empirischen Analyse Begründungen der Paare für ihre Elternzeitaufteilung, die auf berufliche Aspekte verweisen. In der vergleichenden Betrachtung zeigt sich eine hohe Varianz darin, welche beruflichen Aspekte relevant gemacht werden: Angefangen von dem Ende eines befristeten Arbeitsvertrages von Birgit Reinburger (#2), über die „Angst um den Arbeitsplatz" von Anne Sommer (#5) und einer Orientierung bei der Aufteilung der Elternzeit an Martin Webers (#3) Ausbildungszeiten als „Karrieremöglichkeit" beim ersten Kind bis hin zu Julia Brückners (#2) Ablehnung einer Leitungsfunktion, Nina Pfeffers (#9) Inkaufnahme von potenziellen Konsequenzen für den Zuschnitt ihres Arbeitsbereiches (Stichwort Versetzung) und Christiane Kants (#1) diversen, aber unkonkreten beruflichen Perspektiven.

Ebenfalls zeigt sich eine Varianz darin, welche Erwerbstätigkeit(en) oder Karriere(n) in den Aushandlungen der Paare zur Elternzeit und innerfamilialen Arbeitsteilung (nicht) relevant gemacht werden. Die Ergebnisse haben dabei zur

7.2 „Erhalt der beruflichen Perspektive" 245

Voraussetzung, dass beide Partner vor Geburt des Kindes erwerbstätig waren. Systematisieren lassen sich die Relevantsetzungen als ein Kontinuum:

- Erwerbstätigkeit eines Elternteiles ist selbstverständlich, die des anderen nahezu irrelevant: Christiane und Franziska Kant (#1)
- Erwerbstätigkeit und Karriere eines Elternteiles ist selbstverständlich, die des anderen ist zweitrangig: Wolfgang und Julia Brückner (#4), Nina Pfeffer und Philipp Becker (#9)
- Erwerbstätigkeit beider Elternteile ist beim ersten Kind selbstverständlich, beim zweiten steht die Vermeidung einer ‚längeren' Elternzeit des Vaters im Vordergrund: Martin und Caroline Weber (#3)
- Erwerbstätigkeit eines Elternteiles wird als ‚notwendig' für den finanziellen Unterhalt der Familie gerahmt, die des anderen bleibt unerwähnt: Anne und Tobias Sommer (#5)
- Berufliche Situation beider Elternteile wird hinsichtlich der Arbeitsverträge und damit verbundenen Sicherheiten und Risiken gegeneinander abgewogen: Birgit Reinburger und Lars Hoffmann (#2)
- Situative Irrelevanz der beruflichen Perspektiven beider Elternteile durch das prioritäre ‚Ziel' eines gemeinsamen Wohnortes des Paares: Ulrike und Helmut Schwarz (#8)

Für Christiane und Franziska Kant (#1), Julia und Wolfgang Brückner (#4), Alexandra und Felix Wagner (#7) sowie Nina Pfeffer und Philipp Becker (#9) ist die Elternzeit der Mutter und die Nachrangigkeit bzw. Irrelevanz ihrer Karriere so selbstverständlich, dass dies in den Interviews nicht explizit begründet werden muss. Christiane, Julia und Nina verstehen sich selbst als alleinige ‚kompetente' Betreuungspersonen und werden so auch von ihren Partnern gesehen (vgl. Kap. 6.1). Dadurch geraten weder Wolfgang, Franziska noch Philipp als mögliche ‚gleichwertige' Betreuungspersonen in das Blickfeld des Paares. Beim Paar Kant (#1) steht eine Elternzeit von Franziska v. a. beim zweiten Kind nicht, und bei den Paaren Brückner und Pfeffer/Becker ‚nur' die zwei Partnermonate zur Diskussion. In diesen Fällen wird ausschließlich die berufliche Situation des Vaters bzw. der Ko-Mutter relevant gemacht: Wenn die – aus Sicht des Paares – es ‚zulässt', dann nimmt der Partner zwei Monate (meist parallel) zur Mutter Elternzeit (vgl. dazu Kap. 7.4). In der Folge der alleinigen Betreuungsverantwortung sind z. B. für Julia und Wolfgang Brückner weitere Karriereschritte von Julia nur in Konkurrenz zu *ihren* Betreuungsaufgaben denkbar, so dass Julia letztlich den ihr angebotenen Ressortleiterposten ablehnt.

Ambivalent stellt sich die Situation bei Caroline und Martin Weber (#3) dar: Beim ersten Kind werden Ausbildungszeiten, v. a. das Ende des Examens von Martin relevant gemacht und betont, dass durch seine Elternzeit Caroline bereits den nächsten Ausbildungsschritt beginnen konnte. Das Paar hat beide Karrieren im Blick. Beim zweiten Kind hingegen dienen berufliche Aspekte ausschließlich als ex post Legitimation dafür, dass Caroline nun zwölf Monate und Martin zwei „Partnermonate" Elternzeit nimmt. Wie in der Fallanalyse in Kap. 5 und Kap. 6.2 herausgearbeitet, ist die Aufteilung nicht so selbstverständlich, unhinterfragt und v. a. unproblematisch wie bei den Paaren Kant (#1) und Brückner (#4).

Zunächst nicht ähnlich scheinen die Fälle Sommer (#5), Reinburger/Hoffmann (#2) und Schwarz (#8): Obwohl Anne und Tobias Sommer nur Annes *berufliche* Situation relevant machen, zeigt sich unter Berücksichtigung der direkt damit verknüpften *finanziellen* Begründung (vgl. Kap. 7.3), dass das Paar ebenso wie Birgit und Lars die berufliche Situation beider Elternteile in den Aushandlungen zur Elternzeit relevant machen. Die Paare handeln dabei die Bedeutung ihrer Karrieren aus, aber auch die möglichen Konsequenzen von Elternzeit für die weitere berufliche Entwicklung. Sie verhandeln dabei über die Aufteilung der gesamten 14 Monate, *ohne* von vornherein eine bestimmte Anzahl von Monaten für die Mutter oder den Vater zu ‚reservieren'. Dies impliziert, dass die Elternzeit beider Elternteile als selbstverständliche Pflicht- *und* Wunschleistung gerahmt wird. Demgegenüber findet sich als maximaler Kontrast beim Paar Schwarz (#8) eine situative Irrelevanz der beruflichen Perspektive *beider Elternteile* für die Elternzeitaufteilung durch das übergeordnete Ziel eines gemeinsamen Wohnortes. Gemein ist allen drei Fällen jedoch, dass beide Elternteile gleichermaßen als kompetente Betreuungspersonen für die Elternzeit in Betracht gezogen werden und die Paare vor dem Hintergrund ihrer beruflichen oder wohnlichen Situation ein für sie passendes Arrangement aushandeln.

7.3 „Das hat ja schon auch damit zu tun, dass du deutlich mehr verdienst als ich"

Für die Begründungsfigur „Das hat ja schon auch damit zu tun, dass du deutlich mehr verdienst als ich" ist charakteristisch, dass das Paar auf finanzielle, einkommensbezogene Aspekte verweist, um seine monatliche Aufteilung der Elternzeit mit Elterngeldbezug darzulegen. Durch den Fokus auf Doppelverdiener- und Doppelkarrierepaare ist den empirischen Ergebnissen vorausgesetzt, dass beide Partner vor der Familiengründung über ein eigenes Einkommen verfügen.

Anhand der Interviews von Birgit Reinburger und Lars Hoffmann (#2), Anne und Tobias Sommer (#5), Helmut und Ulrike Schwarz (#8), Julia und Wolfgang Brückner (#4) sowie Nina Pfeffer und Philipp Becker (#9) arbeite ich zentrale Merkmale dieser Begründungsfigur heraus. Dazu interpretiere ich zunächst Interviewpassagen getrennt für jedes Paar, um sie anschließend miteinander zu vergleichen.

„der Unterschied zwischen dir und mir war ja nicht so groß damals"

Das Paar Reinburger/Hoffmann (#2) verweist im Wesentlichen auf den „Erhalt der beruflichen Perspektive" von Birgit als Begründung für ihr Elternzeitarrangement (vgl. Kap. 7.2). In Birgits Erörterung von ‚Gründen' für ihre Elternzeitaufteilung im Paarinterview kommt sie zudem auf finanzielle Aspekte zu sprechen:

> „Ich denke, diese finanzielle Sache mit dem Elterngeld hat 'ne Rolle gespielt, aber nicht die primäre [sic!], also 's hat insofern 'ne Rolle gespielt, dass man zum Beispiel ohne das auch noch sei/ hätte umziehen müssen oder so was (.), und dann hätten wir's vielleicht uns, weiß ich nicht (2), was halt nicht so'n Unterschied/ der Unterschied zwischen dir und mir war ja nicht so groß damals." (88/2g, B)[142]

Birgit führt von sich aus die „finanzielle Sache mit dem Elterngeld" und deren Relevanz an: Ohne das Elterngeld hätten sie vielleicht umziehen müssen, während in der Kombination von Elterngeld und einem Erwerbseinkommen es keine Folgen für ihre Wohnsituation hat. Deutlich wird, dass die Einkommen beider Elternteile *keine* Relevanz für die monatliche Aufteilung der Elternzeit hat.

An die Umzugsoption knüpft Birgit dann die Überlegung „und dann hätten wir's vielleicht uns, weiß ich nicht", die sie nicht direkt weiter ausführt. Denkbar wäre ein gedanklicher Ausflug in alternative Elternzeitaufteilungen gewesen, nach dem Motto ‚dann hätten wir es uns vielleicht anders überlegt'. Birgit unterbricht diesen Gedankengang zunächst und stellt fest „der Unterschied zwischen dir und mir war ja nicht so groß damals". Sie bezieht sich auf einen möglichen Unterschied zwischen Lars' und ihrem Einkommen, interpretiert diesen als „nicht so groß" und schließt damit ihre finanzielle Situation als Entscheidungskriterium für die Verteilung der Elternzeitmonate aus. Denn bei ähnlich hohen Einkommen ist es in finanzieller Hinsicht irrelevant, welcher Elternteil wie lange Elternzeit in Anspruch nimmt. Die Konsequenz ihrer Betrachtung führt sie selbst nicht mehr aus: Im Prinzip hätten sie es sich auch anders überlegen können, *finanziell* hätte es keinen ‚großen' Unterschied gemacht. Wobei der Perspektive von Birgit, der „Unterschied"

---

142 Für die ungekürzte Interviewsequenz, s. Kap. 7.2.

sei damals „ja nicht so groß" gewesen, Aushandlungen im Paar vorausgesetzt sind, welche Einkommensdifferenz (noch) als ‚ähnlich' hoch gelten kann.

Später im Paarinterview präzisiert Birgit ihren Maßstab für „nicht so groß(e)" Einkommensunterschiede bei der Frage, inwiefern die Ausgestaltung des Elterngeldes als Einkommensersatzleistung bei ihren Überlegungen zur Elternzeitaufteilung eine Rolle gespielt habe:

> B: Also, es ist zu dem Zeitpunkt so gewesen, das wir zwar schon 'nen Einkommen/ auch schon unterschiedliche Ein/ also klassisch unterschiedliche Einkommen haben, dass du, glaub ich, zu der Zeit ein Drittel mehr verdient hast oder (3), aber es war der Unterschied, ob du oder ich das mache mit einem nicht so riesen finanziellen Verlust verbunden, wenn das jetzt noch mal so wäre äh, wäre das größer, weil ich ja jetzt auch reduziert hab, ähm, da würden wir, glaub ich, etwas mehr rechnen müssen (3), aber damals hat das nicht so 'ne Rolle gespielt
> L: Nee, damals war's eigentlich mehr die Frage, weil bei Birgit das eine Projekt zu Ende ging und das nächste dann angeschoben werden musste, damit, äh, wieder der nächste Vertrach gesichert ist, äh, und deshalb ham wir gesacht, weil das nämlich genau in diese Phase fiel, dass ich dann eben, äh, auch die meiste Zeit dann raus gehe, ansonsten hätten wir das auch anders aufgeteilt, also da/ also ich würd mal sagen, damals war's, äh, ökonomisch jetzt weniger die, äh, hat das weniger 'ne Rolle gespielt, das war dann mehr, sach ich mal, jetzt so von der Sicherheit des Arbeitsplatzes 'ne Frage. (238-239/2g)

Birgit konstatiert „klassisch unterschiedliche Einkommen", deren Differenz sie zugunsten von Lars' Einkommen auf ungefähr ein Drittel schätzt. An die mathematische Bestimmung der Differenz schließt Birgit die *Relevanz* derselben an, die als paarintern ausgehandelt gelten kann, da sie diese im Paarinterview anführen kann, Lars weder widerspricht noch andere Anzeichen eines möglicherweise prekären Status dieser Aussage zu finden sind: „aber es war der Unterschied, ob du oder ich das mache mit einem nicht so riesen finanziellen Verlust verbunden". Birgit *bewertet* demnach den finanziellen Verlust durch ihre gewählte Aufteilung als so gering, dass er zu vernachlässigen sei. Differenzen in den Einkommen lassen sich demnach zwar mathematisch allgemeingültig beziffern, jedoch werden ihnen durch die *notwendige* Interpretationsleistung des Paares, d. h. ihre Aushandlung darüber, inwiefern die Differenz aus ihrer Sicht ‚klein' und ‚unerheblich' oder ‚groß' ist, (unterschiedliche, z. T. konträre) *Bedeutungen* zugeschrieben.

Direkt im Anschluss an diese Interviewsequenz stellt Birgit Überlegungen zur Aushandlungs- und Entscheidungssituation bei einem potenziell zweiten Kind an:

> B: Aber wenn wir's jetzt, wenn ich jetzt noch mal schwanger werden würde, wäre der
> L: Jetzt wär's was anderes, ⌊aber damals war's so⌉

B:	⌊Wär's ja das größer/ die Rechen⌉ das Rechenbeispiel, das wär ein größerer Verlust (3), wie weit das dann wirklich 'ne Rolle spielen würde oder nicht, kann man so prognostizierend schwer sagen, aber's ⌊wär so das es etwas⌉
L:	⌊Als die/ je nachdem⌉ wie die Lebenssituation ist, äh, könn die, äh
B:	Sich das dann auch ändern
L:	Die Gründe eben sich auch wandeln
B:	Also, es könnte zum Beispiel gut sein, das da eben wir dann ausrechnen, das es dann eben nicht mehr so reicht (.) und dann könnte's zum Beispiel sein, das wir sagen, okay, wir ziehn woanders hin oder wir sagen nee, dann mach ich länger, ähm, es kann aber auch sein, das, äh, er dann sagt, naja, also das mach/ hab ich jetzt einmal gemacht, ich weiß nicht, ob das noch mal'n zweites Mal, also, das muss man <u>dann</u> echt sehn, in welchem Karriere(.)phase man ist, bin ich grad am Anfang eines befristeten Vertrages oder am Ende, äh, wie lange ist er in seinem jetzigen Referat, das ist, kann man nicht so, das ist ja/ das muss man dann entscheiden (2), also's wenn ich jetzt noch mal schwanger werden würde, ist es nicht klar im Moment, wer wie lange zu Hause bleibt, das muss man dann entscheiden. (240-246/2g)

Bemerkenswert ist, dass Birgit von alleine auf dieses Thema zu sprechen kommt und dabei eine widersprüchliche Haltung einnimmt: Einerseits versucht sie die potenzielle Aushandlungssituation ‚vorherzusagen', andererseits betont sie mehrfach, dass eine Prognose schwer oder nicht möglich sei.

Lars unterbricht Birgit nach der Themeninitiierung nicht nur mit dem Zugeständnis „jetzt wär's was anderes", sondern auch einer Verteidigung der getroffenen und umgesetzten Elternzeitaufteilung beim ersten Kind: „aber damals war's <u>so</u>". Im weiteren Dialog einigt sich das Paar darauf, dass die Frage der Elternzeitaufteilung bei einem zweiten Kind „was anderes" wär und je nach „Lebenssituation" sich die „Gründe" auch ändern können: Konsens in dieser Interviewsituation wird, dass es die potenzielle und zukünftige Elternzeitaufteilung neu auszuhandeln gilt. In der anschließenden längeren Ausführung von Birgit bricht sie ein stückweit den Konsens, indem sie verschiedene Zukunftsszenarien entwirft, die – bis auf die berufliche Begründungsfigur – allesamt eine längere Elternzeit ihrerseits implizieren. Sie nutzt zwei Strategien dafür: Zum einen argumentiert sie mit einem „größere(n) Verlust" in finanzieller Hinsicht, da sie zu dem Zeitpunkt durch ein Reduzieren ihrer Erwerbsarbeitszeit auf 70 Prozent weniger verdient, während Lars weiterhin Vollzeit beschäftigt ist, so dass sich die Einkommensdifferenz erhöht. Zum anderen führt sie Lars' potenzielles Desinteresse an einer (längeren) Elternzeit an: „es kann aber auch sein, das, äh, er dann sagt, naja also das mach/ hab ich jetzt einmal gemacht, ich weiß nicht, ob das noch mal'n zweites Mal". Vor dem Hintergrund von Lars' Erzählungen zu seiner Elternzeit und seiner Vorstellung von „Gerechtigkeit" bei der Elternzeitaufteilung, scheint dieses Zukunftsszenario mehr ein Wunsch von Birgit zu sein als von Lars selbst (vgl. dazu Kap. 6.1). Er gesteht Birgit zwar durchaus eine ‚längere' Elternzeit zu, aber ‚nur' als „Ausgleich" dafür, dass er beim ersten Kind mehr gemacht hat, als es eine aus seiner Sicht gerechte „fifty-fifty-Aufteilung" vorsehen würde (vgl. Kap. 7.1).

Zusammenfassend lässt sich sagen, dass das Paar konsensuell seine finanzielle Situation und Einkommensdifferenz für die Elternzeitaufteilung beim ersten Kind als nicht ausschlaggebend einstuft. Demgegenüber führt Birgit die Erhöhung der Einkommensdifferenz durch ihre Arbeitszeitreduzierung als *mögliches* Argument für *ihre* längere Elternzeit bei einem potenziell zweiten Kind an.

„das hat ja schon auch damit zu tun, dass du deutlich mehr verdienst als ich"

Anne und Tobias Sommer (#5) verweisen mehrfach in den Interviews auf eine Relevanz ihrer Einkommensdifferenz für die getroffene Elternzeitaufteilung: Sie begründen diese mit dem (wesentlich) höheren Einkommen von Anne in Kombination mit dem „Erhalt der beruflichen Perspektive" (vgl. Kap. 7.2):

> „Was so ein bisschen mitgespielt hat, dass es so/ da zu der Zeit bei meinem Arbeitgeber etwas merkwürdig war. Dass man da auch dann so komische Geschichten gehört hat von Frauen, die halt in Elternzeit sind, die dann plötzlich ihren Job nicht wieder zurück gekriegt haben und des ist halt bei uns dann schon so, dass ich die Hauptverdienerin bin und da hat dann auch so/ schon so ein bisschen auch die Angst um den Arbeitsplatz mitgespielt." (147/5g, A)[143]

Anne knüpft an das Hören von „komische(n) Geschichten" über ihren Arbeitgeber, demnach einige Frauen nach der Elternzeit „plötzlich ihren Job nicht wieder zurück gekriegt haben", eine Selbstbeschreibung als „Hauptverdienerin", was in der Kombination zu einer diffusen „Angst um den Arbeitsplatz" resultiert.

Annes Argumentation lautet: Weil sie Hauptverdienerin ist, hat sie eine besondere Verantwortung (und Pflicht) dafür zu sorgen, dass sie ihren Arbeitsplatz behält, um auch langfristig den Familienunterhalt zu sichern. Daher investiert sie in die ‚Sicherheit' ihres Arbeitsplatzes mit einer kürzeren Elternzeit als es statistisch momentan in Deutschland für Mütter ‚üblich' ist (vgl. Kap. 2.2).

Tobias bringt im Paarinterview (als Anne gerade wegen des weinenden Kindes abwesend ist) auf die Frage, wie sie zu der Elternzeitaufteilung gekommen sind, einen weiteren finanziellen Aspekt zur Sprache:

---

143 Für die ungekürzte Interviewsequenz, s. Kap. 7.2.

"Ah, das hat sehr irdische Gründe, bei Firma A verdient man viel mehr als bei (Arbeitgeber von Tobias), also, sie kriegt/ hat, glaub ich, sie hat ungefähr so viel Elterngeld bekommen, wie ich Bruttolohn ((T und I lachen)) (2). Ja, so, in der Gewichtsklasse bewegen wir uns (.) ja normal, die kriegt ah ja viel mehr Netto als ich Brutto." (113/5g, T)

Tobias rekurriert nicht auf mögliche langfristige Folgen für den Familienunterhalt, wie Anne zuvor, sondern auf die finanziellen Vorteile der Elternzeitaufteilung an sich: Je länger er Elternzeit in Anspruch nimmt und je kürzer Anne, umso mehr Geld haben sie insgesamt zur Verfügung. Später im Paarinterview als beide wieder anwesend sind, entspannt sich folgender Dialog zwischen Anne und Tobias zu der Frage, welche Rolle die Einkommensabhängigkeit des Elterngeldes für sie bei der Elternzeitaufteilung gespielt hat:

A: Hm (.) bisschen schon, aber eher eine untergeordnete Rolle, würd ich sagen. (2) Also, es war schon klar, dass, wenn ich arbeiten geh und du hast Elternzeit, dass wir dann insgesamt mehr Geld haben, also man hat das schon mal ausgerechnet (T: Na klar), klar, was man dann zur Verfügung hat, aber das war eigentlich nicht ausschlaggebend, würd ich mal sagen
T: Ausschlaggebend wofür?
A: Wie wir das jetzt geplant haben (.)
T: Das wir so geplant haben
A: Ja, das wir's auch so aufgeteilt haben
T: Oh jaja, das hat ja schon auch damit zu tun, dass du deutlich mehr verdienst als ich (.)
A: Ja
T: Na gut und dazu war da halt noch, dass die Firma A zu der Zeit (.) ⌊äh auch Leute⌉
A: ⌊Ja, genau das⌉ war jetzt schon bisschen kritisch
T: Weggepackt hat. Oder ja während der Elternzeit halt so, oh tut/ ja, ⌊verlänger' mal, mach mal drei Jahre Elternzeit⌉
A: ⌊Ja, (.) das war/ das mein ich⌉ das war eigentlich, ja eher der Grund. (.) Weil ich mein, selbst wenn/ wenn ich Elternzeit hab/ gehabt hab und du hast gearbeitet, ham wir immer noch genug Geld gehabt, also
T: Ja, ja, ja, ja, aber so
A: Weniger wie sonst, aber's war okay
T: Aber dafür haben wir jetzt auf jeden Fall mehr Geld, grad wenn du schaffst und ich Elternzeit und ich Elterngeld hab (.)
A: Jaja, das stimmt
T: Jaja, und nicht nur (.) so'n bisschen mehr ((T und A lachen))
A: Ist schon 'n Unterschied, ja. (286-302/5g)

„Klar" war, dass die Variante, in der Tobias Elternzeit (mit Elterngeld) nimmt und Anne erwerbstätig ist, diejenige ist, indem das Paar „insgesamt mehr Geld" zur

Verfügung hat. Die Einschätzungen zu den finanziellen Vor- und Nachteilen der Elternzeit-Konstellationen basieren Anne zufolge nicht auf ‚Vermutungen', sondern „man hat das schon mal ausgerechnet". Tobias bestätigt dies als Selbstverständlichkeit mit „Na klar". Anschließend relativiert Anne die *Bedeutung* von finanziell mehr oder weniger attraktiven Elternzeitarrangements als „nicht ausschlaggebend". Tobias hingegen widerspricht Annes Einschätzung und betont die Relevanz ihres „deutlich" höheren Einkommens für die Elternzeitaufteilung. Dem stimmt Anne zögernd mit einem „Ja" zu und nun relativiert Tobias die alleinige Relevanz von Annes hohem Einkommen durch den Verweis auf die schwierige Situation bei Annes Arbeitgeber zu dem Zeitpunkt. Dem „Wegpacken" von Arbeitnehmerinnen, indem man ihnen drei Jahre Elternzeit nahelegt, kann Anne als „Grund" für ihre Elternzeitaufteilung zustimmen. Einerseits geht sie damit auf das Konsensangebot von Tobias ein, andererseits betont sie anschließend ein weiteres Mal die relative (und geringe) Bedeutung der monetären Differenz für die Entscheidung der monatlichen Elternzeitaufteilung. Umgekehrt stimmt nun Tobias dieser Einschätzung nur halb zu und setzt zum „aber so" an, da unterbreitet Anne ihr Konsensangebot „Weniger wie sonst, aber's war okay". Tobias insistiert anschließend darauf, dass sie mit der Variante „grad wenn du schaffst und (...) ich Elterngeld hab" „auf jeden Fall mehr Geld" haben und „nicht nur (.) so'n bisschen mehr". Daraufhin lachen beide kurz und Anne rückt von ihrer relativierenden Einschätzung ab und bestätigt Tobias' Perspektive mit „Ist schon'n Unterschied, ja".

Während Anne eher auf die schwierige Situation bei ihrem Arbeitgeber als Begründung für ihre Elternzeitaufteilung fokussiert (vgl. auch Kap. 7.2) und die finanziellen Vor- und Nachteile der jeweiligen Elternzeitarrangements als zweitrangig einstuft, stellt sich die Rangfolge der Begründungen aus Sicht von Tobias umgekehrt dar. Konsens besteht im Paar darüber, *dass* beide Aspekte für die Elternzeitaufteilung relevant waren. Wie bereits in Kap. 7.2 herausgearbeitet, *koppelt* das Paar an diese Begründungsfiguren jedoch keine konkrete monatliche Aufteilung, sondern die Idee und der Anspruch sich die Elternzeit zu teilen, wird verstärkt.

„ich krieg für's zu Hause sein und mich um's Kind kümmern so viel Geld, das kriegen andere nicht mal, wenn sie voll auf Arbeit gehen"

Helmut Schwarz (#8) führt als „Nebenbedingung" für ihre Elternzeitaufteilung beim ersten Kind, v. a. für seine ‚längere' Elternzeit, an, dass sie es sich finanziell leisten konnten. Im Paarinterview antwortet er auf die Frage, welche Rolle die einkommensabhängige Ausgestaltung des Elterngeldes für ihre Elternzeitaufteilung gespielt habe:

7.3 „… dass du deutlich mehr verdienst als ich" 253

> „Ja, wir sind da/ sind da eigentlich ganz pragmatisch rangegangen (.). Also wir wussten, dass wenn ich Elterngeld beantrage, dass ich Vollsatz kriege (.) und da hab ich von Anfang an gesagt, ich krieg für's/ da/ zu Hause sein und mich um's Kind kümmern so viel Geld, (.) das kriegen andere nicht mal, wenn sie voll auf Arbeit gehen (I: Stimmt (lacht)). So. (.) Und dann haben wir uns angeguckt, was Ulrike für halbtags noch bekommt (2) und haben festgestellt, dass das das reichliche dreifache der Miete ist und damit alles im grünen Bereich ist. (.) Also, das/ wir haben einfach so/ so die Miete als Maßstab hergenommen, gesagt, okay die darf jetzt, was weiß ich, nicht mehr als vierzig Prozent oder so sein (.). So und von der Warte her (.) haben wir da eigentlich, (2)/ warn/ warn die Zahlen klar, und die Zahlen warn okay für uns, also (.) so dass (.) diese (.) ja (.) diese Nebenbedingung da eigentlich nicht zum Tragen gekommen ist, können wir uns das leisten oder nicht." (382/8g, H)

In der Darstellung von Helmut ist gesetzt, *dass* er länger in Elternzeit mit Elterngeldbezug geht: Als Begründung führt das Paar den gemeinsamen Wunsch an, mit Geburt des ersten Kindes das berufsbedingte Pendeln von Helmut zu beenden (vgl. dazu Kap. 7.2).

Helmut rahmt ihren Umgang mit finanziellen Fragen als „ganz pragmatisch": Sie *„wussten",* dass er „Vollsatz", also 1.800 Euro im Monat Elterngeld bekommt. Ähnlich wie bei Anne und Tobias Sommer (#5) deutet dies auf faktische Kalkulationen des Paares im Zuge der Aushandlungen zur Elternzeit hin.

Anschließend führt Helmut aus, welche *Bedeutung* er dieser finanziellen Situation zuschreibt: „und da hab ich von Anfang an gesagt, ich krieg für's/ da/ zu Hause sein und mich um's Kind kümmern so viel Geld, (.) das kriegen andere nicht mal, wenn sie voll auf Arbeit gehen". Helmuts Bedeutungszuschreibung beruht nicht auf einem Vergleich zwischen seinem Erwerbseinkommen und seinem Elterngeldsatz, und einer Interpretation der Differenz (vgl. Birgit Reinburger und Lars Hoffmann (#2)). Vielmehr vergleicht er die Höhe seines Elterngeldes (Vollsatz) mit Erwerbseinkommen von anderen Menschen, die z. T. weniger für ihre Erwerbsarbeit bekommen als er in diesem Fall für das „zu Hause sein und (…) um's Kind kümmern". In der Folge betont er nicht den finanziellen Verlust, der durch das Elternzeitarrangement entsteht, vorausgesetzt man vergleicht paarintern (wie Anne und Tobias Sommer (#5)). Sondern Helmut sieht den Gewinn und den Vorteil des Arrangements im Vergleich zu Menschen, die deutlich weniger verdienen als er und sich u. U. einen solchen „Luxus" (198/8H) nicht leisten können. Die von mir zur Kontrastierung angeführte alternative Interpretation dieser Situation kennt Helmut: „andere Großverdiener sehen das bestimmt anders, also (.) die sagen, ach da krieg ich nur dann" (198/8H). Diese in der Tendenz dominantere Interpretation entfaltet für Helmut und Ulrike jedoch keine Relevanz für die Elternzeitaufteilung – sie wird nicht zu einem ‚Hinderungsgrund'.

In der zitierten Interviewsequenz geht Helmut des Weiteren darauf ein, wie sie eine weitere Idee – das Ulrike nach ihrer viermonatigen Elternzeit mit 20 Stunden pro Woche reduziert arbeitet – auf ihre Finanzierbarkeit überprüft haben. Deutlich wird, das ein „Maßstab" notwendig ist und definiert werden muss, vor dessen Hintergrund eine Variante als finanziell tragbar oder aber nicht tragbar gelten kann.

Wie bei Birgit Reinburger und Lars Hoffmann (#2) bereits ausgeführt, ‚reine Zahlen' führen nicht zu Aufteilungsentscheidungen, sondern die *Bedeutung* von Differenzen in den Familieneinkommen durch verschiedene Arrangements von Elternzeit- und Erwerbsarbeit müssen im Paar ausgehandelt werden. Drei zentrale Schritte dazu werden in der Interviewpassage deutlich: Herstellen von Kenntnis über die Erwerbseinkommen und entsprechendem Elterngeldsatz, Aushandeln eines Maßstabs zur Bewertung und Aushandeln der Bedeutungszuschreibung des mathematischen ‚Ergebnisses', die u. U. einem postulierten Maßstab widersprechen kann. Mit Helmut's Worten: „warn die Zahlen klar und die Zahlen warn okay für uns".

Ulrike und Helmut Schwarz (#8) begründen ihre Elternzeitaufteilung nicht mit finanziellen Aspekten, rahmen diese jedoch als „Nebenbedingung", welche „eigentlich nicht zum Tragen gekommen ist". Sie kalkulieren das geplante Arrangement durch und bewerten das Ergebnis als etwas, das sie sich „leisten" können.

„ich bin der Hauptverdiener einfach, des ist einfach, ist so ja"

Wie bereits in den Kapiteln 6.1, 6.5 und 7.2 herausgearbeitet, stellt sich für Julia und Wolfgang Brückner (#4) die Frage nach einer *Aufteilung* der Elternzeit nicht, da Julia und Wolfgang übereinstimmend Julia als hauptverantwortlich für die Familienarbeit und Kinderbetreuung sehen. Situativ ausgehandelt wird allein, ob Wolfgang es beruflich „sich leisten" kann, zwei Monate parallel zu Julia Elterngeld in Anspruch zu nehmen.

Bei der Frage nach Wünschen an Julia kommt Wolfgang im Einzelinterview nach einiger Zeit darauf zu sprechen, dass Johanna „kein Einzelkind" bleiben soll:

> „Sie [Julia, AP] wird sich immer, also, ja einfach zeitlich bedingt etwas mehr um die Kinder kümmern als ich. (2) Ja, einfach auch aus dem Grund, muss man knallhart sagen, weil ihr Gehalt nicht ausreicht, um uns zu ernähren, ne, und äh ich bin der Hauptverdiener einfach, des ist einfach, ist so ja. Und des ist ein Grund." (72/4W)

Wolfgang führt die höhere zeitliche Zuständigkeit von Julia auf ihr geringeres Gehalt im Vergleich zu seinem zurück und bezeichnet sich selbst als „Hauptverdiener". Mit den Formulierungen „Sie wird sich *immer*", „muss man knallhart sagen" und „des ist einfach, ist so ja" macht Wolfgang zwei Dinge deutlich: a. Seine ‚Position' als „Hauptverdiener" ist ein unumstößlicher *Fakt*, an dem es nichts herum zu deuten gibt. b. Er legt Julias zeitlich intensivere Zuständigkeit für die Kinder auf ein „immer" fest: Auch in der Zukunft wird Wolfgang demnach „Hauptverdiener" und Julia die Hauptverantwortliche für Familienarbeit bleiben. Wobei die Formulierung „etwas mehr" als eine Untertreibung und möglicherweise auch Geringschätzung von Julias Betreuungsaufgaben und -verantwortung verstanden werden kann.

Eine derart grundsätzliche Aus- und Vorhersage überrascht einerseits vor dem Hintergrund von z. T. kontingenten Karriere- und Einkommensentwicklungen. Theoretisch scheinen diese nicht generell *vorherbestimmt* zu sein. Andererseits verwundert Wolfgangs sichere Zukunftsprognose ihrer Erwerbsarbeits- und Betreuungsarrangements nicht: Die Chancen, dass Julia irgendwann so viel verdient wie er, sind deshalb schon nicht so hoch, da sie nach Geburt des Kindes nicht (wieder) Vollzeit arbeitet (im Gegensatz zu ihm) und sie – zum Zeitpunkt der Interviews – vorhandene Aufstiegsangebote nicht wahrnimmt (vgl. Kap. 7.2). Aber auch unabhängig von der konkreten, bisher ausgeschlagenen Karrieremöglichkeit von Julia wird Wolfgang vermutlich mit seiner Zukunftsprognose nicht daneben liegen. Aber nicht, weil er besser als andere in die Zukunft schauen kann. Vielmehr bekommt seine Aussage, die mit der im Paar ausgehandelten Selbst- und Fremdzuschreibung von Betreuungsverantwortung an Julia (‚Hegemonic Mothering', Kap. 6.1) übereinstimmt, den Charakter einer sich selbst erfüllenden Prophezeiung. In der Annahme, dass Wolfgang „immer" der Hauptverdiener und Julia die Familienverantwortliche sein wird, handelt das Paar eben jene Erwerbsarbeits- und Betreuungsarrangements aus, die dieser Annahme entsprechen. Das Ergebnis dieser Aushandlungen ist die Erfüllung der Prophezeiung: Wolfgang ist und bleibt der „Hauptverdiener" und Julia ist im Wesentlichen für die Familienarbeit zuständig.

Wolfgang stellt in dem Interviewzitat ebenfalls fest, dass Julias „Gehalt nicht ausreicht um uns zu ernähren". Dies ist nachvollziehbar, insofern Wolfgang weder sein eigenes Einkommen oder seinen eigenen Elterngeldsatz in Rechnung stellt. Betrachtet man jedoch die finanzielle Situation während das Paar Anspruch auf Elterngeld hat, dann wäre ein Arrangement *denkbar*, in dem Julias (volles) Gehalt plus Elterngeld von Wolfgang vorübergehend den Familienunterhalt decken könnte. Zumal Wolfgang mehrfach betont, dass die Höhe des Elterngeldes ausreichend war und sie nicht „ans Konto" (mit gespartem Guthaben) gehen mussten:

> „Und wir haben's [das Elterngeld, AP] vom Anfang an nicht eingeplant für die Sachen, wir haben also immer das so ge/oder ich hab's immer so gerechnet, das bezahlen wir irgendwie so und dann geht mer halt mal ein bisschen ans Konto und das musst man gar nicht, das ging so." (208/4g, W)

„Als ich dann auch die Summe gesehen hab, hab ich mir gedacht, ok pf ah, des ist ja toll, klar nehm ich gerne mit, (.) aber eigentlich würden wir es nicht mal brauchen (.) ne." (173/4g, W)

„Mit dem Elterngeld ham mer ausgerechnet, was du weniger hasch effektiv. Und mir sind da irgendwie soweit gekommen, gut wir haben relativ sparsam gewohnt, aber des mer hätten Wohnung und so (.) paar wesentliche Sachen einfach davon hätten bezahlen können. (2) (…) bin auch so erzogen worden, das ich, sag mer mal äh, das ich auf solche Dinge auch immer ein Polster anleg (…), also auch wenn ich jetzt 'nen halbes Jahr nix gefunden hätte zu arbeiten, hätt ich da entsprechend einfach Rücklagen gehabt und mir haben sie nicht mal gebraucht." (202/4g, W)

Im Einzelinterview folge ich Wolfgangs Argumentation von entscheidungsrelevanten Einkommensdifferenzen und entwerfe entsprechend ein gedankliches Szenario:

I: Und wenn Julia jetzt das Gleiche verdienen würde oder mehr als du, könntest du dir sozusagen beim zweiten Kind auch vorstellen auch zu Hause zu bleiben? (2)
W: Pff, für wie lange?
I: ((lacht)) Die Frage stell ich zurück (W: Okay), also ist ja frei wählbar, von daher (.)
W: Also, bis zu zwei drei Monate ja und länger nicht. Hängt einfach damit zusammen, das ich da irgendwann, pff/ werd irre, also ich muss, ich geh gerne arbeiten un/und ich brauch auch da, äh (2)/ ich bin nicht derjenige, der zwei Monate Urlaub macht und dann nur am Strand rum liegt, das wird mir nach zwei Tagen langweilig einfach. Und/ und dann muss ich rumreisen, was sehen, was machen. Ähm, und auch da wird's so sein nach zwei drei Monaten, äh, die mit Sicherheit sehr schön sein werden, werd ich einfach, äh, auch was machen wollen und von dem her nicht länger als zwei bis drei Monate. Ähm (.), dann will ich wieder arbeiten gehen. (.) Wo ich bereit wäre, wenn Julia entsprechend verdienen würde, äh, und bei mir beruflich gehen würde, würde ich/ wär ich bereit, auch etwas zu reduzieren, sagen wir mal (.) nicht 50 Prozent, aber sagen wir mal so 70 Prozent, 75 Prozent, des würd ich machen. (87-90/4W)

Auf die Frage reagiert Wolfgang mit einer Rückfrage, die sich auf die zeitliche Dauer seiner Elternzeit in meinem Gedankenexperiment bezieht. Würde ihn *allein* das Geld daran hindern, mehr Familienarbeit zu übernehmen, wäre hier eine Antwort wie: ‚Klar', ‚Gerne' oder ‚Das könnte ich mir gut vorstellen' zu erwarten gewesen. In meiner Antwort umgehe ich eine zeitliche Festlegung meinerseits (z. B. auf die sog. ‚Vätermonate') und lasse ihm die Wahl. Wolfgang legt daraufhin dar, dass er sich nicht vorstellen kann, länger als zwei, drei Monate Elterngeld zu beziehen und Familienarbeit zu leisten. Er lässt wenig oder nahezu keinen Aushandlungsspielraum für einen längeren Elterngeldbezug mit „werd irre, also ich muss, ich gehe gerne arbeiten". Dies begründet er mit *Urlaubserfahrungen*, die er implizit mit

Betreuungsaufgaben, d. h. mit Familien*arbeit* gleichsetzt. Mit dem Urlaubsvergleich marginalisiert Wolfgang den Arbeitsaspekt, der mit Kinderbetreuung und Familienarbeit verbunden ist. Zu vermuten ist, dass er den Eindruck von ‚Urlaub' aus seinen zwei *parallelen* Elterngeldmonaten mit Julia gewonnen haben könnte.[144] Wolfgang will „einfach, äh, auch was machen" und dies ist für ihn im Rahmen eines (längeren) Elterngeldbezuges nicht, sondern nur in Form von Berufsarbeit möglich. Demgegenüber signalisiert er seine Bereitschaft, sich durch eine Reduzierung seiner Arbeitszeit an der Familienarbeit zu beteiligen – vorausgesetzt Julia verdient „entsprechend" und es würde bei ihm „beruflich gehen".

Als Fazit lässt sich festhalten: Wolfgang legitimiert die ausgehandelte Arbeitsteilung für „immer" mit Hilfe seines höheren Einkommens. Selbst wenn die Einkommenssituation anders aussehen würde, kann Wolfgang sich jedoch eine längere Elternzeit als zwei bis drei Monate nicht *vorstellen*. Damit ist keine Vorhersage meinerseits verbunden, dass Wolfgang in Zukunft in jedem Fall so *handeln* wird. Aber es ist davon auszugehen, dass seine explizierten Annahmen, zumal sie nicht im Konflikt mit denen von Julia stehen (vgl. Kap. 6.1), in Aushandlungen mit ihr zu Elternzeit und innerfamilialer Arbeitsteilung eingehen werden und der Ausgangspunkt gleichzeitig das Ergebnis der Aushandlungen sein wird.

„einer muss ja Geld verdienen"

Nina Pfeffer und Philipp Becker (#9) begründen ihre Elternzeitaufteilung nicht explizit ökonomisch. Im Paarinterview kommt Philipp bei der Frage, wie sie die Elternzeit erlebt haben, kurz darauf zu sprechen. Zunächst erzählt Nina, dass es „die schönste Zeit" war und sie es sehr „genossen hat" und nach einer längeren Pause postuliert Philipp:

> P: Ich wär auch gerne drei Jahre mal zu Hause geblieben insgesamt auf jeden Fall
> I: Aber?
> P: ((lacht)) Na ging nicht von der Arbeit, also des, ich mein einer muss ja Geld verdienen, ist einfach so (.), noah und äh (2), es muss ja auch irgendwie alles bezahlt werden, halt ne, deswegen waren's natürlich dann auch nicht immer nur acht Stunden halt bei uns auf jeden Fall, also bei mir jedenfalls in dem Fall. Hab natürlich schon versucht, halt das einzuhalten (.), aber ist halt einfach mal nicht, ich kann dann halt nicht sagen, ich geh dann, ne, bei mir und äh (2). Ja (4), war schon also (.), ich kann ja nur von der Zeit reden, wo ich/ wo ich hier war, sag

---

144 Der Vergleich von Elternzeit mit Urlaub wird auch von anderen Interviewteilnehmenden angeführt. Jedoch wird damit überwiegend das ‚mehr Zeit haben' und die Möglichkeit einer flexibleren Tagesgestaltung im Vergleich zur Erwerbstätigkeit angesprochen und weniger ein ‚Nichtstun' und am „Strand rumliegen".

ich mal, ne, und die war ja einfach, äh (.) schon schön, (...) klar die schönste Zeit eigentlich mit, noah, einfach mit dabei zu sein von Anfang an. (126-128/9g)

Die kurze Nachfrage „Aber?" führt in der Interviewsituation dazu, dass Philipp nun artikulieren und begründen muss, weshalb das „wäre auch gerne drei Jahre mal zu Hause geblieben" im Konjunktiv und nicht im Indikativ von ihm formuliert wird bzw. werden kann. Philipp lacht zunächst ob der (vermutlich) eher ungewöhnlich ernsten Rückfrage. Anschließend führt er zwei Begründungen an: „Na ging nicht von der Arbeit" und „einer muss ja Geld verdienen". Beide ‚Phrasen' sind so allgemeingültige Antworten, dass ebenso Nina sie dafür verwenden könnte, um keine oder eine kürzere Elternzeit für sich auszuhandeln: „Na ging nicht von Arbeit", denn sonst hätte sie keinen Anschlussvertrag bekommen oder sie verliert ihren Arbeitsbereich und wird ggf. versetzt. Und die Begründung „einer muss ja Geld verdienen" enthält ebenfalls keine Aussage darüber, *wer* das Geld verdienen muss.[145] Im Anschluss an diese zwei Allgemeinplätze legt Philipp dar, dass er „deswegen" z. T. länger als acht Stunden täglich arbeitet, bzw. gearbeitet hat. Für ihn ist selbstverständlich, dass er derjenige ist, der (nahezu ununterbrochen) erwerbstätig ist und das „Geld verdient". Vor dem Hintergrund jedoch, dass Nina mit einer 32 Stunden Arbeitswoche zwar ein geringeres Einkommen hat als er, die Einkommensdifferenz jedoch nicht allzu hoch ist, kann er nicht wie Wolfgang Brückner (#4), Anne Sommer (#5) oder Helmut Schwarz (#8) eine Position als „Hauptverdiener" für sich reklamieren. Nach einer längeren Pause kommt er zurück zu der Ausgangsfrage, wie sie die Elternzeit erlebt haben und bezeichnet diese Zeit, ähnlich wie Nina, als „klar die schönste Zeit".

Philipp führt in dieser Interviewpassage keine konkreten Begründungen an, die ihn an einer längeren Elternzeit als zwei Monate gehindert haben. Deutlich wird, dass zwar ein diffuser Wunsch vorhanden ist („ich wär auch gerne"), dieser jedoch *nicht* dazu führt, im Paar ein entsprechendes Elternzeitarrangement in Betracht zu ziehen und auszuhandeln.[146]

Zwischenfazit

In diesem Kapitel habe ich Begründungen der Paare zur Elternzeitaufteilung und innerfamilialen Arbeitsteilung herausgearbeitet und diskutiert, die auf finanzielle

---

145 Es sei denn man interpretiert das „einer" nicht als generisches Maskulinum.
146 Wenn Paare andere Arrangements im Vorfeld in Betracht gezogen haben, so sprechen sie das i. d. R. in Interviews auch an (vgl. z. B. Birgit Reinburger und Lars Hoffmann (#2), sowie Anne und Tobias Sommer (#5), Kap. 7.2 und 7.3).

Aspekte verweisen. Den empirischen Ergebnissen vorausgesetzt ist, dass beide Partner vor Geburt des Kindes erwerbstätig waren und somit über ein eigenes Einkommen verfügen.

In der vergleichenden Betrachtung ergibt sich eine hohe Varianz darin, inwiefern ökonomische Überlegungen relevant gemacht werden: Birgit Reinburger und Lars Hoffmann (#2) erwähnen die Einkommenssituation beider Elternteile, stufen jedoch die Einkommens*differenz* als nicht ausschlaggebend für das Elternzeitarrangement beim ersten Kind ein. Zum Zeitpunkt der Interviews verdient Birgit mit reduzierter Stundenzahl zwischen 1.500 und 2.000 Euro und Lars zwischen 3.000 und 4.000 Euro.[147] Die Erhöhung der Einkommensdifferenz durch die Arbeitszeitreduzierung spricht Birgit hingegen als *mögliches* Argument für *ihre* längere Elternzeit bei einem potenziell zweiten Kind an.

Bei Anne und Tobias Sommer (#5) besteht Konsens darüber, dass sowohl der „Erhalt der beruflichen Perspektive" (Kap. 7.2), als auch zuvor kalkulierte finanzielle Vor- und Nachteile der Elternzeitarrangements für die Aufteilung relevant waren. Anne Sommer verdient zwischen 2.000 und 3.000 Euro, und Tobias Sommer hat (zusammen mit Ulrike Schwarz) das niedrigste Gehalt mit 500 bis 1.000 Euro. Während Anne jedoch eher auf die schwierige Situation bei ihrem Arbeitgeber als Begründungsfigur für ihre Elternzeitaufteilung fokussiert und die finanziellen Vor- und Nachteile der jeweiligen Elternzeitarrangements als zweitrangig einstuft, stellt sich die Rangfolge der Begründungen aus Sicht von Tobias umgekehrt dar.

Demgegenüber begründen Ulrike und Helmut Schwarz (#8) ihre Elternzeitaufteilung nicht mit finanziellen Aspekten, rahmen diese jedoch als „Nebenbedingung", welche „eigentlich nicht zum Tragen gekommen ist". Sie kalkulieren das geplante Arrangement durch und bewerten das Ergebnis als etwas, das sie sich „leisten" können. Wie bereits erwähnt, verdient Ulrike mit reduziertem Erwerbsumfang zwischen 500 und 1.000 Euro und Helmut zwischen 2.000 und 3.000 Euro.

Julia und Wolfgang Brückner (#4) führen ihre finanzielle Situation *nicht* als Begründung für ihr Elternzeitarrangement an, das Paar sieht konsensuell Julia in der Betreuungsverantwortung. Julia Brückner verdiente vor der Elternzeit zwischen 1.500 und 2.000 Euro und anschließend durch die Reduzierung der Arbeitszeit zwischen 1.000 und 1.500 Euro. Wolfgang verdient vor und nach der Elternzeit zwischen 3.000 und 4.000 Euro. Situativ ausgehandelt wird, ob Wolfgang es in

---

147 Alle folgenden Angaben beziehen sich auf das monatlich zur Verfügung stehende Nettoerwerbseinkommen. Da die Höhe des persönlichen Einkommens in Deutschland i. d. R. als sehr private Angelegenheit gilt, habe ich nach dem Interview in einem Kurzfragebogen neben Geburtsjahr, Länge der Elternzeiten, etc. nicht nach dem präzisen Nominalwert gefragt, sondern um eine Einordnung des Einkommens in vorgegebene Kategorien gebeten.

seiner beruflichen Situation als Selbstständiger „sich leisten" kann, zwei Monate parallel Elternzeit zu Julia zu nehmen. Jedoch führt Wolfgang seine „Haupternährer"-Position als Begründung für ein *dauerhaft* („immer") höheres Involviert-Sein von Julia in der Familienarbeit an. Selbst wenn die Einkommenssituation anders aussehen würde, kann Wolfgang sich allerdings einen längeren Elterngeldbezug als zwei bis drei Monate nicht *vorstellen*.

In keinem der Fälle koppelt das Paar an diese Begründungsfigur eine konkrete monatliche Elternzeitaufteilung, aber die ökonomische Sinnhaftigkeit der Arrangements wird begründet und legitimiert. Vorausgesetzt ist dem die Aushandlung des Paares darüber, welche Arrangements (nicht) durchkalkuliert werden: So betrachten Birgit Reinburger und Lars Hoffmann (#2) sowie Tobias und Anne Sommer (#5) eine nicht-parallele Elternzeit von beiden Elternteilen als selbstverständlich, während Wolfgang und Julia Brückner (#4) sowie Philipp Becker und Nina Pfeffer (#9)[148] ein solches Arrangement nicht in den Blick nehmen und entsprechend nicht finanziell prüfen.

Anne Sommer (#5), Helmut Schwarz (#8) und Wolfgang Brückner (#4) bezeichnen sich als „Hauptverdiener".[149] Die drei in der Selbstbeschreibung finanziell ähnlichen Situationen führen zu drei sehr unterschiedlichen Elternzeitaufteilungen: Im Fall Sommer führt dies und das Bemühen um den „Erhalt der beruflichen Perspektive" von Anne dazu, dass sie sechs Monate Elternzeit nimmt und Tobias „den Rest". Helmut Schwarz (#8) rahmt seine Elternzeit von zehn Monaten als finanziellen Gewinn, da „andere nicht mal, wenn sie voll auf Arbeit gehen" so viel Geld bekommen wie er, wenn er zu Hause das Kind betreut. Demgegenüber nutzt Wolfgang seine Position als „Haupternährer", um sein geringeres Engagement in der Familienarbeit als ökonomisch notwendig zu begründen.

Deutlich wird, dass die Frage, was aus Sicht des Paares ‚finanzierbar' und welches Arrangement ökonomisch (nicht) sinnvoll und vertretbar ist, stark variiert. Zwar lassen sich Differenzen in den Einkommen mathematisch allgemeingültig beziffern, jedoch werden ihnen durch die *notwendige* Interpretationsleistung des Paares (unterschiedliche, z. T. konträre) *Bedeutungen* zugeschrieben: Das Paar handelt aus, inwiefern diese Differenz aus seiner Sicht ‚klein' und ‚unerheblich' oder ‚(zu) groß' ist. Diesbezüglich variieren die Bewertungsmaßstäbe und die Einschätzung, welches Arrangement ökonomisch sinnvoll ist.

---

148 Philipp Becker verdient zwischen 2.000 und 3.000 Euro, während Nina mit reduzierter Arbeitszeit zwischen 1.500 und 2.000 Euro verdient.

149 Helmut Schwarz (#8) formuliert dies so: „da sag ich mir irgendwie, wir haben uns für das Gemeinsame entschieden, also (.) trägt eben jeder jetzt/ jetzt sein/ sein Teil dazu bei. (.) So und das ich nu derjenige bin, der, sagen wir mal, den Großteil (.) des Familieneinkommens jetzt (3) beisteuert, das ist eben so" (196/8H).

Wird die Aufteilungsentscheidung mit dem höheren Gehalt eines Partners begründet, kann dies in entgegengesetzte Richtungen erfolgen: Erstens, der Elternteil mit dem höheren Gehalt nimmt länger Elternzeit, da er (meist) den Vollsatz von 1.800 Euro bekommt und so Anspruch auf die maximale sozialstaatliche Leistung hat. Zweitens, der Elternteil mit dem höheren Gehalt nimmt kürzer Elternzeit, da so das Paar das höchste Gesamteinkommen hat.

Demgegenüber rekurrieren einige Paare *nicht* auf finanzielle Aspekte als Begründungsfigur für ihre Elternzeitaufteilung, so Klara Franke und Stefan Ruppel (#6)[150], Christiane und Franziska Kant (#1)[151], Alexandra und Felix Wagner (#7)[152] und Caroline und Martin Weber (#3). Obwohl Caroline Weber bis zu ihrer Elternzeit beim zweiten Kind durchgängig die Familienernährerin mit einem Einkommen von 3.000 bis 4.000 Euro war, wird dies nur beiläufig von Martin im Einzelinterview erwähnt, der zum Zeitpunkt der Interviews zwischen 2.000 und 3.000 Euro verdient.[153] Dass dies im Paarinterview und auch nicht von Caroline selbst erwähnt wird, deutet daraufhin, dass Caroline ihre Position als ‚Haupternährerin' nicht als Ressource in den paarinternen Aushandlungen mobilisiert. Martin hingegen betont seine starke Berufsorientierung und sein ausgeprägtes Professionsverständnis, welches sich aber bisher *nicht* in entsprechenden Beschäftigungs- und Einkommensverhältnissen widerspiegelt.

Pointiert formuliert, zeigt sich in der vergleichenden Betrachtung: ‚anything goes'. Insbesondere die Paare Brückner (#4), Sommer (#5) und Schwarz (#5) begründen mit ähnlichen finanziellen Situationen höchst unterschiedliche Elternzeitarrangements als ökonomisch sinnvoll. So nimmt der Elternteil mit dem (deutlich) höheren Einkommen im Fall Brückner zwei parallele Monate, im Fall Sommer sechs und im Fall Schwarz zehn Monate Elternzeit. Die explizite oder implizite (Selbst-)Positionierung als „Hauptverdiener" im Paar kann demnach zu sehr unterschiedlichen Bezugsdauern von Elternzeit führen. Zentral ist dabei, dass *aus Sicht der Paare* ihre

---

150 Klara Franke verdient zwischen 2.000 und 3.000 Euro, und Stefan Ruppel ca. 2.000 Euro.

151 Christiane Kant verdient vor Geburt des ersten Kindes zwischen 1.500 und 2.000 Euro und Juliane zwischen 1.000 und 1.500 Euro.

152 Alexandra Wagner verdient zwischen 1.000 und 1.500 Euro und Felix ca. 1.500 Euro.

153 Die Crux bei der Frage nach dem *aktuellen* Nettoerwerbseinkommen wird deutlich, wenn ein Elternteil sich in Elternzeit mit Elterngeldbezug befindet und der andere in der Zeit das Arbeitszeitvolumen deutlich erhöht. In diesem Fall verdient Caroline vor ihrer Elternzeit zwischen 3.000 und 4.000 Euro, und Martin vor *Carolines* Elternzeit deutlich weniger als 2.000-3.000 Euro, da er erst *mit* Carolines Elternzeit seine halbe Stelle auf eine volle erhöhen kann. D. h. die finanzielle Ausgangssituation des Paares vor der Elternzeit von Caroline war eine andere, als die Zahlen es suggerieren.

Arrangements ökonomisch sinnvoll sind, auch wenn der (‚paarexterne') Vergleich von Nominalwerten der Gesamteinkommen und Einkommensdifferenzen *andere* Arrangements nahe legen könnte. *Könnte* deshalb, da auch bei einem Vergleich der Nominalwerte vorab zu klären wäre, welche Bewertungsmaßstäbe herangezogen werden. Die interviewten Paare, die auf finanzielle Aspekte verweisen, so wurde in diesem Kapitel aufgezeigt, rekurrieren auf unterschiedliche, z. T. konträre Bewertungsmaßstäbe in der Beantwortung der Frage nach ökonomisch sinnvollen Elternzeitarrangements.

7.4 „Die zwei Monate sind kostenlose Betreuung"

Die Begründungsfigur „Die zwei Monate sind kostenlose Betreuung" verweist auf eine zentrale Regelung des Bundeselterngeld- und Elternzeitgesetzes: Dass ein Partner (i. d. R. der Vater) exakt zwei Monate in Elternzeit geht, ist auf die Partnermonate mit dem Prinzip ‚use it or lose it' zurückzuführen. Anhand der Interviews von Julia und Wolfgang Brückner (#4), Nina Pfeffer und Philipp Becker (#9), Caroline und Martin Weber (#3), und Ulrike und Helmut Schwarz (#8) arbeite ich zentrale Merkmale dieser Begründungsfigur heraus.

„Das Maximale, also das was geht"

Julia und Wolfgang Brückner (#4) rekurrieren in den Interviews ausschließlich auf das Elterngeldmodell, welches sie umgesetzt haben: Julia nimmt zwölf Monate Elternzeit und Elterngeld in Anspruch und Wolfgang bezieht parallel, nach Geburt des Kindes, zwei Monate Elterngeld. Alternativen, wie ein nicht-paralleler oder längerer Elterngeldbezug von Wolfgang werden nicht angeführt (vgl. auch Kap. 7.2). Vielmehr stellt das Paar ihr gewähltes Modell als einzige Möglichkeit dar, wobei davon auszugehen ist, dass das Paar die gesetzlichen Regelungen kennt. So erklärt Wolfgang am Ende des Einzelinterviews, wie das Elterngeld bei Selbstständigen berechnet wird:[154]

> W: Also, man muss das, das ist als Selbstständiger (.), das ist/ das ist ganz witzig, also man muss halt gucken, dass man zwei Monate keine Einkünfte hat und dann kriegt man da das Geld überwiesen und, äh (.), hat da aber wegen mir

---

154 Da das *Elterngeld* keine Lohnersatzleistung, sondern eine *Einkommensersatzleistung* bzw. *Entgeltersatzleistung* darstellt, haben nicht nur Arbeitnehmer (wie beim Arbeitslosengeld), sondern auch Selbstständige Anspruch.

7.4 „Die zwei Monate sind kostenlose Betreuung"

schon gearbeitet, aber davor nicht gearbeitet, (...) du musst gucken, wann deine Rechnungen kommen. Deswegen war die Elternzeit nicht ganz so, wie bei einem Angestellten, ich bin zu Hause, ich krieg das Geld weiter, sondern ich musst das so'n bissle drumrum bauen, das war schon 'ne Elternzeit, aber die war (.) nicht die Zeit, wo ich das Geld gekriegt hab. Es ist aber legal so, also das ist völlig normal (...)

I: Aber hattest du die Elternzeit sozusagen richtig beantragt, das hatte ich vorhin nicht richtig verstanden, sozusagen
W: Doch, doch
I: Zwei Monate auch oder waren es drei (...)
W: Das Maximale, also das was geht, ja. (100-104/4W)

Bei mir war im Laufe des Paarinterviews der Eindruck entstanden, dass Wolfgang offiziell kein Elterngeld beantragt hatte.[155] Dies fing damit an, dass er im Paarinterview gleich zu Beginn anmerkt: „Ich mein, das ähm ich selbstständig bin, das hat dir ja Julia gesagt" (19/4g, W).[156] Diese Besonderung führt zu einer Verunsicherung meinerseits in der Interviewsituation, inwiefern Selbstständige überhaupt Anspruch auf Elterngeld haben. Zum Ende des Einzelinterviews daher meine Nachfrage, die zu Wolfgangs Erklärung führt: „Das Maximale, also das was geht". Deutlich wird, dass in den paarinternen Aushandlungen zur Aufteilung des Elterngeldanspruches für Wolfgang *ausschließlich* die Partnermonate in Betracht gezogen werden und das mit „Partnermonaten" gemeint ist, dass man „zusammen Elternzeit hat" (30/4W).

„Klar, ich mach die ersten vier Wochen auf jeden Fall"

Für Nina Pfeffer und Philipp Becker (#9) ist „klar", dass Philipp beim zweiten Kind die ersten vier Wochen parallel zu Nina Elternzeit nimmt.[157] Selbstverständlich ist jedoch ebenfalls, dass Nina achtzehn Monate Elternzeit nimmt, davon zwölf Monate mit Elterngeldbezug. Durch die im Paar ausgehandelten achtzehn Monate Elternzeit von Nina, entfällt die Variante einer anschließenden nicht-parallelen Elternzeit von Philipp, da die Elternzeit(en) mit Elterngeldbezug innerhalb der

---

155 Die Frage nach der *Elternzeit* ist unpräzise und genau genommen falsch, da Selbstständige keinen Anspruch darauf haben, wohl aber auf *Elterngeld*. Für den Zeitraum des Elterngeldbezuges gibt es jedoch keinen äquivalenten Begriff, außer ‚Elterngeldmonate' oder ‚Dauer des Elterngeldbezuges', so dass die Verwendung des Begriffs ‚Elternzeit' alltagssprachlich naheliegend ist.

156 Kontrastiv stelle man sich vor, Christiane Kant (#1), ebenfalls bis zur Geburt des ersten Kindes selbstständig und bei beiden Kindern mit jeweils vierzehn Elterngeldmonaten zu Hause, beginnt so das Paarinterview.

157 Beim ersten Kind galt noch nicht das Bundeselterngeld- und Elternzeitgesetz.

ersten zwölf bzw. vierzehn Lebensmonate des Kindes zu nehmen sind. Oder wie Philipp es formuliert: „Und man muss ja das innerhalb von diesen zwölf Monaten halt erledigen" (79/9g, P). Mit dem Ausdruck „erledigen" bekommt die Elternzeit die Konnotation von einer eher unliebsamen Aufgabe, die getan werden *muss*.[158]

Nina und Philipp erzählen im Paarinterview zu der Frage, wie sie zu der Verteilung der zwei Partnermonate am Anfang und in der Mitte von Ninas Elternzeit gekommen sind, zunächst zum ersten Monat:

> N: Der war klar. Es war ein Kaiserschnitt und erstmal dann auch (.) neue Situation zu Hause, da haben wir gesagt, da wollen wir uns schon als Familie ein Monat zusammen gönnen, um uns einfach an die neue Situation zu gewöhnen
> P: Mhm. Also, es war eigentlich von vornherein klar, das war dann schon auch also wirklich zwei, drei Monate vorher, wo man dann auch dem Arbeitgeber mal sagen muss, hier das und das hat man vor und in die Richtung geht's halt. (103-104/9g)

Für das Paar steht fest, dass Philipp den ersten Lebensmonat parallel Elternzeit nehmen wird, um sich gemeinsam an die „neue Situation zu Hause" zu gewöhnen. Philipp bringt anschließend auf die Frage, wie sein Arbeitgeber reagiert habe, seine ambivalente Haltung gegenüber der Elternzeit zum Ausdruck: Einerseits betont er, habe der Arbeitgeber „im Endeffekt (…) ja keine Wahl" und müsse die Elternzeit genehmigen, andererseits verweist er darauf, dass Arbeitnehmer „immer weniger krank" werden, „wieder mehr Überstunden" machen und alle „eher Angst um ihren Job" haben. Vor diesem Szenario resümiert er bezüglich seiner Elternzeit:

> „Und da muss man einfach sagen, kann mer's oder kann mer's halt nicht, ne (.) und wir haben halt gesagt, mach mer." (106/9g, P)

Nina relativiert dies anschließend:

> N: Aber du bist ja in dem zweiten Monat auch, hast du Teilzeit gearbeitet, das muss man auch dazu sagen
> P: Ja (.), also in dem zweiten Monat klar. Also, ich hab jetzt auf Arbeit gesagt, klar, ich mach die ersten vier Wochen auf jeden Fall und die anderen vier Wochen hätt ich sicherlich auch voll machen können, aber hab dann, äh, einfach gesagt halt, ich kann nicht schon wieder nach 'nem halben Jahr vier Wochen fehlen, da halt in meiner (.)/ die hätten das sicherlich auch gemacht, aber ich weiß, wie mein Arbeitgeber halt einfach dazu steht, das (.) dadurch das ich halt (.)/ also ich arbeite in 'ner Druckerei und hab da halt auch 'ne Führungsposition so, und da

---

[158] Als schön bewertete Tätigkeiten, wie Geschenke auspacken zum Geburtstag, würde man i. d. R. nicht ‚erledigen', eine Steuererklärung hingegen schon.

wird's natürlich nicht gern gesehen, wenn die Führungsposition nicht da sind in dem Moment so. (107-108/9g)

Während der erste Elternzeitmonat für Philipp „klar" ist und er dies auch sich selbst und seinem Arbeitgeber gegenüber rechtfertigen kann, macht er beim zweiten Elternzeitmonat einen Kompromiss: Er nimmt zwar einen Monat Elternzeit, arbeitet jedoch zwei Wochen Vollzeit und ist zwei Wochen zu Hause.[159] In Philipps Darstellung geraten seine Wahrnehmung, dass der Arbeitgeber Elternzeiten von Führungspositionen „nicht gern sieht" und die postulierte Selbstverständlichkeit zwei Partnermonate zu nehmen in Konflikt. Den Kompromiss kann Philipp vor dem Hintergrund eingehen, dass Nina die Betreuungsarbeit im Wesentlichen leistet und sein Beitrag eine *Option* bzw. Zusatz- und Kann-Leistung darstellt (vgl. Kap. 6.1).

„Die zwei Monate sind kostenlose Betreuung"

Martin Weber (#3) nimmt beim zweiten Kind exakt zwei Monate Elternzeit und rahmt dies als „kostenlose Betreuung". Weder eine längere Elternzeit noch das ‚Verfallen lassen' von zwei Monaten Elternzeit mit Elterngeldbezug scheint für das Paar eine Alternative zu sein. Martin dazu auf die Frage im Einzelinterview, inwiefern die ‚use it or lose it' Regelung der Partnermonate für ihre Elternzeitaufteilung relevant war:

> „Ähm (2). Das weiß ich ehrlich gesagt nicht, weil wir uns das nicht gefragt haben. Die zwei Monate sind kostenlose Betreuung und darum geht's uns in erster Linie, ähm. Wir müssen uns nämlich dann überlegen, wie wird dann weiter betreut, ähm, und Ronja spät, ähm, war/ war quasi von uns aus gesehen spätestmöglich eben bei 'ner Tagesmutter, was gut für sie war, aber früher hätte ich sie auch nicht hingeben können und es war auch da schon früh. (.) Ähm (.), für Moritz gilt das genauso, ähm, das ich denke, das der so viel wie möglich Zeit erst mal hat, hat er auch irgendwie Anspruch drauf ähm und ähm von daher ist klar, dass wir die nehmen. Wenn die verfallen würden, ähm, also wär das quasi ein Argument so auf ei/ähm, also, dass ich sie mache, weil sie sonst Caroline nicht machen kann. Auf der anderen Seite glaube ich aber auch, dass allein die Tatsache, das Caroline gleichzeitig mit mir fertig ist und wir uns gemeinsam bewerben können, ein mindestens genauso hoher Ausschlag dafür gegeben hat, dass ich die Monate mache um quasi synchron fertig zu sein. Ich glaub sogar, dass es der höhere Ausschlag war." (13-14/3M)

---

159 Dies ist formal so nicht möglich (vgl. Kap. 2.1) und wurde dementsprechend informell geregelt.

Martin macht zwei verschiedene Aspekte relevant: Erstens sind es weitere zwei Monate, in denen das Kind zu Hause von einem Elternteil betreut wird, ohne dass bereits eine außerfamiliäre Betreuung, wie Tageseltern oder Kita beansprucht werden muss. Zweitens führt er das „gleichzeitig" fertig sein und die Möglichkeit sich „gemeinsam bewerben zu können" als Begründung für seine Elternzeitmonate an. Eine Variabilität in der zeitlichen Gestaltung wird nicht deutlich. Vielmehr geht es darum, dass die beiden von Martin genannten Aspekte es sinnvoll erscheinen lassen, „dass" er die zwei Monate macht. Wie bereits in Kap. 7.2 ausgeführt, vermag es Martin mit Hilfe der längeren Elternzeiten von Caroline, seinen Karriererückstand aufzuholen.

Caroline expliziert im Einzelinterview auf dieselbe Frage, dass eine Elternzeit von Martin länger als zwei Monate beim zweiten Kind nicht mehr zur Diskussion stand:

> „Ähm, also es war auf jeden Fall dann klar, dass Martin auf jeden Fall zwei Monate nimmt und ähm, aber (.) das hatten wir eigentlich im Vorhinein dann auch so überlegt, ne, nach der ersten Elternzeit, dass, weil das erste Mal dann so, ne, wieso ich sagte, so familienintern, so am stressigsten war, als Martin zu Hause war, dann eben zu sagen wir/ Martin bleibt weniger zu Hause diesmal und ich bleib hier mehr Monate, aber da ergab sich dann sozusagen aus den/ Mindestmonatszahl ist eben zwei Monate, aber abgesehen davon ist das halt auch für uns, ähm, (.) dann ganz praktisch, weil wenn er zwei Monate nimmt, dann kommen wir eben gleich aus. Also das, äh, sind so die beiden Sachen, die sich da ineinander fügen. (2) Also von daher wären's auch ohne, (.) die wenn's jetzt nicht so zwei Monate irgendwie gesetzt gewesen wären sozusagen, wären's wahrscheinlich so auch zwei Monate geworden ((leise)) für Martin." (13-14/3C)

Bereits während Martins erster Elternzeit beschließt das Paar für das nächste Mal, dass „Martin auch wieder zu Hause bleibt, halt dann aber nur zwei Monate" (98/3g, C). Im Gegensatz zu Martin macht Caroline deutlich, dass in der Aushandlung zur Elternzeitaufteilung beim zweiten Kind bereits „im Vorhinein" „klar" war, dass Martin *maximal* die zwei Partnermonate nimmt. Den zweiten von Martin genannten beruflichen Aspekt führt Caroline ebenfalls an, nicht jedoch priorisierend wie Martin, sondern als ein „ineinander fügen" beider Aspekte. In dem Gedankenspiel, wie es gewesen wäre, wenn es keine Partnermonate gebe, kommt Caroline zu dem vagen Ergebnis, dass Martin „*wahrscheinlich* so auch zwei Monate" genommen hätte.

Das Paar handelt einen Minimalkonsens aus, demzufolge Martin zwar Elternzeit in Anspruch nimmt, aber so wenig wie möglich (vgl. dazu auch Kap. 5 und 6.2). Beide betonen in Verbindung damit den beruflichen Vorteil: Mit dieser Elternzeitkonstellation können sie gleichzeitig ihre Ausbildung beenden und sich gemeinsam

7.4 „Die zwei Monate sind kostenlose Betreuung"

auf eine Stelle bewerben. Unklar bleibt, ob Martin die zwei Elternzeitmonate ohne einen beruflichen Vorteil ebenfalls in Anspruch nehmen würde.

„war von vornherein so klar, dass wenn ich also hier 'en Job hab, dass ich ja dann quasi jeden Tag zu Hause bin und dass da also nur die zwei Monate in Frage kommen"

Beim ersten Kind handeln Ulrike und Helmut Schwarz (#8) eine Elternzeitaufteilung aus, die es dem Paar ermöglicht, gemeinsam zu wohnen (vgl. Kap. 7.2 und 7.3). Beim zweiten Kind hat sich die Arbeits- und Wohnsituation dahingehend verändert, dass Helmut eine adäquate Anstellung vor Ort gefunden hat. Helmut im Einzelinterview zu seiner Elternzeit beim zweiten Kind:

> „Äh, (.) nee, war eigentlich (3), pf, war von vornherein (.) so klar, dass wenn ich also hier 'en Job hab, dass ich ja dann quasi jeden Tag zu Hause bin (2) und dass da also nur die zwei Monate (2) in Frage kommen." (115/8H)

Unter der von Helmut genannten Voraussetzung, dass er „hier 'en Job" hat, beschränkt sich die Aushandlung des Paares bei der Elternzeitaufteilung auf „nur die zwei Monate". Eine längere Elternzeit von ihm schließt er mit Verweis auf die nun ‚passende' Wohn- und Arbeitssituation aus. Dass dies „von vornherein so klar" war, wird unter der Berücksichtigung von Ulrikes Darstellung der ersten Elternzeit und ihren Schlussfolgerungen für die zweite deutlich: Sie möchte es „auf alle Fälle" beim zweiten Kind „nicht so machen" und länger Elternzeit nehmen (vgl. Kap. 7.2 und 6.3). Das Paar einigt sich scheinbar relativ konfliktfrei darauf, dass Ulrike nicht nur *länger* beim zweiten Kind in Elternzeit geht, sondern die maximal mögliche Elternzeit mit Elterngeldbezug von zwölf Monaten nimmt. Ebenso rahmt Helmut seine zweimonatige Elternzeit als Selbstverständlichkeit: „es stand nie zur Debatte, (…) das nicht zu machen".

> „Das war eigentlich von vornherein klar, das/ das ich die zwei Monate mache (.) und im Optimalfall (.) fällt dann dort auch die Krippeneingewöhnung für Sarah rein. (.) Also das ist auch so 'ne Sache, wo wir (…) bisher gesagt haben, ja ist vielleicht nicht schlecht, wenn ich die auch wieder mache." (121-123/8H)

Das Paar nimmt nicht parallel Elternzeit, sondern nacheinander, d. h. Helmut im Anschluss an Ulrikes Elternzeit. Damit verknüpft er in der Interviewpassage, dass er im „Optimalfall" die „Krippeneingewöhnung" für das zweite Kind „wieder macht", eine Aufgabe, die er bereits beim ersten Kind übernommen hatte.

Zwischenfazit

In der vergleichenden Betrachtung variieren die Darstellungen zur Inanspruchnahme der Partnermonate von einer optionalen Leistung des Vaters, im Sinne des Ermöglichenkönnens, über Ambivalenz bis hin zur Selbstverständlichkeit: Das Paar Brückner (#4) betont das Ermöglichenkönnen der Elternzeit von Wolfgang zu dieser Zeit. Bei Philipp Becker (#9) und Martin Weber (#3) stellt es sich ambivalenter dar: Einerseits sind die zwei Elternzeitmonate „klar", andererseits zeigt sich Philipp bereits vorsorgend kompromissbereit gegenüber seinem Arbeitgeber, da er negative berufliche Konsequenzen befürchtet. Martin und Caroline Weber verknüpfen mit der ‚Selbstverständlichkeit' von Martins zwei Elternzeitmonaten systematisch das Ziel eines gemeinsamen Beendens der Ausbildungszeit, so dass nicht klar wird, ob Martin die Elternzeit genommen hätte *ohne* diesen beruflichen Vorteil. Für das Paar Schwarz ist es demgegenüber selbstverständlich und „keine Frage", dass Helmut beim zweiten Kind die Partnermonate in Anspruch nimmt.

Des Weiteren variieren die Fälle in Bezug auf eine parallele und nicht-parallele Inanspruchnahme: Für das Paar Brückner (#4) und Pfeffer/Becker (#9) ist das parallele Elternzeit/-geldarrangement selbstverständlich, andere Möglichkeiten werden in den Interviews nicht angesprochen. Damit verbunden ist die Idee einer (schönen) gemeinsamen Zeit, das ‚Finden' als Familie und beim Paar Pfeffer/Becker (#9) Philipps ‚Hilfe' nach Geburt des zweiten Kindes.[160] Die temporäre ‚Unterstützung' der Mutter seitens des Vaters stellt dabei nicht die dauerhafte Betreuungsverantwortung und -kompetenz der Mutter infrage, da der Partner als ‚Helfer' positioniert wird (vgl. auch Kap. 6.1 sowie Richter 2011: 285f.).

Bei den Paaren Weber (#3) und Schwarz (#8) steht hingegen eine nicht-parallele Inanspruchnahme nicht zur Diskussion, denn mit den zwei Elternzeitmonaten werden bestimmte Aufgaben verbunden. Martin Weber rahmt die Partnermonate als „kostenlose Betreuung" des Kindes zu Hause, als zwei weitere Monate, die das Kind (noch) nicht außerfamiliär betreut wird. Und Helmut Schwarz sieht seine wesentliche Aufgabe darin, in dieser Zeit die Krippeneingewöhnung des zweiten Kindes zu leisten.

---

160 Die Paare im Sample, die die Elternzeit nicht parallel nutzen, verbringen meist ebenfalls die ersten Wochen nach Geburt des Kindes gemeinsam, jedoch nehmen die Partner dafür Urlaub. So nimmt z. B. Tobias Sommer (#5) zwei Wochen Urlaub und ebenso Helmut Schwarz (#8).

7.5 Variationen im Relevantsetzen von Erwerbstätigkeit und Einkommen

Die vergleichende Analyse von Begründungsfiguren zur Aufteilung von Elternzeit/-geld mit dem Fokus auf Doppelverdiener- und Doppelkarrierepaare erfolgte in vier thematischen Komplexen.

1. „Jeder darf dieselbe Zeit zu Hause bleiben": Paare orientieren sich bei der Elternzeitaufteilung an einem quantitativen Gleichheitsprinzip,
2. „Erhalt der beruflichen Perspektive": Paare handeln die Bedeutung von Erwerbstätigkeit und Karriere aus,
3. „Das hat ja schon auch damit zu tun, dass du deutlich mehr verdienst als ich": Paare handeln die Bedeutung von Einkommen und Einkommensdifferenzen aus,
4. „Die zwei Monate sind kostenlose Betreuung": Paare handeln die Inanspruchnahme der Partnermonate durch den Vater aus.

Im Folgenden werde ich die empirischen Ergebnisse rekapitulieren und weiter systematisieren. Eine abschließende Diskussion unter expliziter Berücksichtigung der Ergebnisse zur Selbst- und Fremdzuschreibung von Betreuungsverantwortung (vgl. Kap. 6) und des Forschungsstandes erfolgt in Kap. 8.

Klara Franke und Stefan Ruppel (#6) begründen ihre Elternzeitaufteilungen mit dem Prinzip der quantitativen Gleichheit: „Jeder darf dieselbe Zeit zu Hause bleiben". Vorausgesetzt ist dem die Aushandlung des Paares darüber, dass beide Elternteile gleichermaßen *Anspruch* auf Elternzeit haben und beide Elternzeit nehmen *wollen*. Situativ irrelevant wird dabei, in welcher beruflichen und finanziellen Situation das Paar sich befindet. ‚Situativ' deshalb, da im Fall von Klara Franke und Stefan Ruppel (#6) das Paar die Familiengründung beginnt, nachdem beide einen unbefristeten Vertrag haben und beide „genug Kohle" verdienen.[161] Durch die Kopplung der Familiengründung an bestimmte Kriterien wie Arbeitsplatzsicherheit und entsprechendes Einkommen kann dies bei Aushandlungen zur Elternzeit

---

161 Stefan Ruppel dazu im Paarinterview: „Wir ham schon über Kinder gesprochen und wir wussten beide, dass wir welche wollen, das war bloß die Frage des Zeitpunkts (.) und (.), ähm, ich war dann fertig mit der Ausbildung, ich hab genug Kohle verdient, du hast genug Kohle verdient, mh, es war alles irgendwie sicher, wir hatten beide 'nen Festvertrag und dann irgendwann mal (.) ham wir (.) irgendwie eines Abends mal geredet und (.) dann hab ich gesagt, von mir aus kannsch auch die Pille weglassen (.) oder (.), oder ich hab gefragt, ich weiß es nicht mehr genau, ich hab gefragt, glaub ich, wie's ausschaut und du hast gemeint, supi und dann ham wir gesagt, wir lassen die Pille weg" (69/6g, S).

irrelevant werden. So selbstverständlich wie Klara Franke und Stefan Ruppel das Prinzip der quantitativen Gleichheit bei der Aufteilung der Elternzeit postulieren, so voraussetzungsvoll ist es jedoch, wie der Vergleich mit Lars Hoffmann und Birgit Reinburger (#2) gezeigt hat. So können befristete Arbeitsverträge, die zum Zeitpunkt der Elternzeit in ‚kritischen' Übergangsphasen sind, eine „fifty-fifty-Aufteilung" aus Sicht des Paares unmöglich machen. In der weiteren Betrachtung der Begründungsfiguren zu Beruf bzw. Karriere, Einkommen und Partnermonaten zeigt sich, dass eine Thematisierung und Orientierung an einer quantitativen Gleichheit bei der Aufteilung der Elternzeit eher die Ausnahme als die Regel ist.

Im Kontrast zum Prinzip der quantitativen Gleichheit bei der Aufteilung von Elternzeit/-geld setzen die Paare Kant (#1), Brückner (#4) und Pfeffer/Becker (#9) in ihren Aushandlungen es als selbstverständlich voraus, dass die Mutter in der Betreuungsverantwortung ist und entsprechend (lange) Elternzeit/-geld in Anspruch nimmt. Der Vater nimmt die zwei Partnermonate parallel oder im Anschluss an die Elternzeit der Mutter entweder selbstverständlich oder wenn er es aus Sicht des Paares ‚ermöglichen' kann. In dieser dichotomen Betrachtung wird deutlich, dass auf der einen Seite die gesamten vierzehn Monate Elternzeit/-geld zur Aushandlung und Aufteilung zwischen den Eltern ‚zur Verfügung' steht. Auf der anderen Seite wird der maximal mögliche Zeitraum von Elternzeit mit Elterngeldbezug selbstverständlich einem Elternteil, der Mutter, zugesprochen, während die Partnermonate optional oder selbstverständlich dem Vater vorbehalten sind. In der fallvergleichenden Betrachtung zeigt sich, dass die Zuschreibung der zwölf Monate Elternzeit an die Mutter auf unterschiedliche Art und Weise erfolgen kann: Einige Paare einigen sich in ihren Aushandlungen konsensuell und meist unhinterfragt darauf, während andere Konflikte austragen zwischen mütterlichem *Anspruch* auf oder *Pflicht* zur Elternzeit.

In der Verknüpfung mit den Ergebnissen aus Kap. 7.2 und 7.3 zu Begründungen der Paare, die auf berufliche und finanzielle Aspekte verweisen, zeigen sich systematische Unterschiede darin, welche Erwerbstätigkeit(en) und Karriere(n) in den Aushandlungen der Paare zur Elternzeit und innerfamilialen Arbeitsteilung relevant bzw. *nicht* relevant gemacht werden:

7.5 (Ir-)Relevantsetzen von Erwerbstätigkeit und Einkommen 271

Beruf und Karriere	
Erwerbstätigkeit und Karriere eines Elternteiles ist selbstverständlich, die des anderen ist zweitrangig oder nahezu irrelevant	Situative Relevanz oder Irrelevanz der beruflichen Situation beider Elternteile
← 2 Partnermonate	Aushandlungsgegenstand	14 Monate Elternzeit/-geld →
Wolfgang und Julia Brückner (#4), Alexandra und Felix Wagner (#7), Nina Pfeffer und Philipp Becker (#9), Christiane und Franziska Kant (#1), Martin und Caroline Weber (#3) beim zweiten Kind	Relevanz: Birgit Reinburger und Lars Hoffmann (#2), Martin und Caroline Weber (#3) beim ersten Kind, Anne und Tobias Sommer (#5) Irrelevanz: Klara Franke und Stefan Ruppel (#6), Ulrike und Helmut Schwarz (#8) beim ersten Kind

Äquivalent zu diesen Ergebnissen lassen sich die ökonomischen Begründungen systematisieren: Inwiefern werden die Einkommen bzw. Einkommensdifferenzen in den Aushandlungen zur Elternzeit relevant gemacht? Implizit enthalten ist dabei die Entscheidung des Paares darüber, welche Arrangements in Betracht gezogen und durchkalkuliert werden und welche *nicht*: So betrachten Birgit Reinburger und Lars Hoffmann (#2), Tobias und Anne Sommer (#5) sowie Helmut und Ulrike Schwarz (#8) eine nicht-parallele Elternzeit von beiden Elternteilen als selbstverständlich und handeln auf dieser Grundlage eine für sie finanzierbare Aufteilung aus. Demgegenüber nehmen Wolfgang und Julia Brückner (#4) sowie Nina Pfeffer und Philipp Becker (#9) ein solches Arrangement *nicht* in den Blick und prüfen es entsprechend *nicht* unter finanziellen Gesichtspunkten.

Eng damit verbunden ist die Frage, was aus Sicht des Paares finanzierbar und welches Arrangement beruflich und/oder ökonomisch (nicht) sinnvoll und vertretbar ist. Die Paare handeln dabei nicht nur aus, welche Erwerbstätigkeit(en) und Karriere(n) in Betracht gezogen werden, sondern auch mit welchen Maßstäben diese in Hinsicht auf potenzielle berufliche Vor- und Nachteile der Elternzeit ‚beurteilt' werden. Einige Paare *vergleichen* ihre berufliche Situation z. B. unter den Gesichtspunkten von Arbeitsplatzsicherheit, Ängste um den Verlust des Arbeits- und Aufgabengebietes und potenziellen Karrierechancen. Andere Paare ‚bewerten' ihre beruflichen Situationen implizit mit differenten Maßstäben: Da kann die diffuse Angst um den Verlust des Arbeits- und Aufgabengebietes für die innerfamiliale Arbeitsteilung relevanter gemacht werden als der faktische Verlust des Arbeitsplatzes durch das Ende eines befristeten Vertrages.

Im Gegensatz dazu lassen sich Differenzen in den Erwerbseinkommen mathematisch allgemeingültig beziffern. Doch dabei bleibt ein entscheidender Aspekt unberücksichtigt, nämlich die *notwendige* Interpretationsleistung des Paares, durch die *Bedeutung* zugeschrieben wird: Das Paar handelt aus, inwiefern diese Differenz aus seiner Sicht ‚klein' und ‚unerheblich' oder ‚(zu) groß' ist. Diesbezüglich variieren die Bewertungsmaßstäbe und die Einschätzung, welches Arrangement ökonomisch sinnvoll ist: Wird die Aufteilungsentscheidung mit dem höheren Gehalt eines Partners begründet, kann dies in zwei entgegengesetzte Richtungen erfolgen. Erstens der Elternteil mit dem höheren Gehalt nimmt länger Elternzeit, da er (meist) den Vollsatz von 1.800 Euro bekommt und so Anspruch auf die maximale sozialstaatliche Leistung hat. Zweitens der Elternteil mit dem höheren Gehalt nimmt kürzer Elternzeit, da so das Paar das höchste Gesamteinkommen hat. Pointiert formuliert, zeigt sich in der vergleichenden Betrachtung: ‚anything goes'. Insbesondere die Paare Brückner (#4), Sommer (#5) und Schwarz (#5) begründen mit ähnlichen finanziellen Situationen höchst unterschiedliche Elternzeit- bzw. Elterngeldarrangements als ökonomisch sinnvoll bzw. notwendig.

Während es analytisch sinnvoll ist, zwischen beruflichen und ökonomischen Begründungen zur Elternzeitaufteilung zu trennen, nehmen die Paare selbst i. d. R. eine solche Trennung nicht vor. Dabei zeigen sich systematische Differenzen, inwiefern beide Aspekte in den Aushandlungen berücksichtigt und wenn ja, in welches Verhältnis sie zueinander gesetzt werden.

In der Gesamtbetrachtung zeigt sich eindrücklich die Eigenleistung der Paare, ihre beruflichen Perspektiven und finanziellen Situationen zu interpretieren und entsprechend ‚Passungen' mit Elternzeitarrangements herzustellen. Dies impliziert, dass es in der Forschung zu Aushandlungen zur Arbeitsteilung von Paaren nicht allein darum gehen kann, das *Vorhandensein* von ‚Aushandlungs- und Machtvorteilen' wie Karrierestatus oder ein nominal höheres Erwerbseinkommen zu betrachten. Vielmehr gilt es, das *Relevantsetzen* und *Mobilisieren* bzw. *Nicht-Relevantsetzen* und *Nicht-Mobilisieren* dieser als „interaktiv-emergentes Phänomen" (Lenz 2009: 123) systematisch zu berücksichtigen.

Fazit: Aushandlungen von Paaren zu Elternzeiten zwischen Selbstverständlichkeit, Option und Notwendigkeit

8

Der Forschungsstand zu innerfamilialer Arbeitsteilung verweist auf eine zunehmende Offenheit in und Relevanz von paarinternen Aushandlungen zur Arbeitsteilung, jedoch gleichzeitig auf ein Beharren von traditionalen, geschlechterdifferenzierenden Zuschreibungen in der Familiengründungsphase (vgl. Kap. 2 und 3). Durch die Einführung des Bundeselterngeld- und Elternzeitgesetzes (BEEG) wird die Familiengründungsphase sozial- und familienpolitisch neu gerahmt. Die Ausgestaltung als Einkommensersatzleistung sowie die Einführung der Partnermonate *kann* vor dem Hintergrund einer zunehmenden Offenheit der Aushandlungen zur innerfamilalen Arbeitsteilung, insbesondere bei Doppelverdiener- und Doppelkarrierepaaren, mit Geburt eines Kindes die Frage nach der Aufteilung der Elternzeit relevant werden lassen: Wer betreut das Kind und wer nimmt wie lange Elternzeit (vgl. Kap. 6 und 7)? Durch das Gesetz werden Handlungsoptionen für Paare geschaffen, die Einfluss auf paarinterne Aushandlungen zu Elternzeiten haben *können*. An dieser Stelle, d. h. in den Paaren, finden letztlich die relevanten Aushandlungen und Entscheidungen für konkrete Elternzeitarrangements statt. Die Arbeit fokussiert daher auf paarinterne Aushandlungen, da auf dieser Ebene Handlungsoptionen er- und verschlossen werden können.

Innerfamiliale Arbeitsteilung als Aushandlungsphänomen

Die theoretische Konzeptualisierung von Elternzeitaufteilung und innerfamilialer Arbeitsteilung als ‚auszuhandelnde und ausgehandelte Ordnung' in Anlehnung an die pragmatistischen und symbolisch-interaktionistischen Arbeiten von Anselm Strauss und Kolleginnen (1978, 1993, Clarke 2012, vgl. Kap. 3.2) ermöglichte in der empirischen Analyse ‚Handlung' und ‚Struktur/Ordnung' systematisch zusammenzudenken. Eine einseitige Auflösung des viel- und kontrovers diskutierten Verhältnisses von ‚Handlung' und ‚Struktur' in Richtung methodologischem

Individualismus oder Strukturfunktionalismus wurde so vermieden. Darüber hinaus ist es von zentraler Bedeutung, innerfamiliale Arbeitsteilung und Elternzeitaufteilungen analytisch nicht als statisches Gebilde zu fassen. So sind die herausgearbeiteten Begründungsfiguren zur Selbst- und Fremdzuschreibung von Betreuungsverantwortung als Ergebnis von vorangegangenen Aushandlungen zu verstehen, sie repräsentieren eine ‚ausgehandelte Ordnung'. Als solche tritt sie den Paaren als *Realität sui generis* in (Neu-)Aushandlungen selbst wiederum gegenüber. Eine prozessuale Perspektive eröffnet den Blick auf situative (Neu-)Aushandlungen, Bestätigungen, Modifizierungen und Wandel innerfamilialer Arbeitsteilung.

In Auseinandersetzung mit dieser theoretischen Rahmung lag der Fokus der empirischen Untersuchung auf der Frage, wie Doppelverdiener- und Doppelkarrierepaare ihre Aushandlungen und Aushandlungsergebnisse zur Aufteilung von Elternzeit/-geld explizieren und legitimieren. Die so theoretisch und empirisch fundierten Ergebnisse verweisen eindrücklich auf die Eigenleistung der Paare, ihre beruflichen Perspektiven und finanziellen Situationen zu interpretieren und entsprechend ‚Passungen' mit Elternzeitarrangements herzustellen. Folglich kann es in der Forschung zur Arbeitsteilung von Paaren nicht allein darum gehen, das *Vorhandensein* von ‚Aushandlungs- und Machtvorteilen', wie Karrierestatus oder ein nominal höheres Erwerbseinkommen, zu betrachten. Vielmehr gilt es, das *Relevantsetzen* und *Mobilisieren* resp. *Nicht-Relevantsetzen* und *Nicht-Mobilisieren* dieser systematisch zu berücksichtigen. Ein loses Aneinanderreihen von ‚Einflussfaktoren', wie „finanzielle Situation der Familie, Berufstätigkeit der Partnerin,[162] eigene Geschlechter- und Familienvorstellungen" (Pfahl/Reuyß 2010: 230), wird der Komplexität von Aushandlungen zur Elternzeit nicht gerecht. So gilt es die systematische Verwobenheit von den in der Forschungsliteratur genannten ‚Einflussfaktoren' in zukünftigen Untersuchungen anzuerkennen. Vorausgesetzt ist dem, dass Arrangements zu Elternzeit und Arbeitsteilung bei Paaren als *Aushandlungsphänomen* konzeptualisiert werden, da Aushandlungsergebnisse sich nur in der Betrachtung des Zusammenspiels beider Partner verstehen lassen und nicht hinreichend mit Blick auf nur einen Partner.

Für theoretische und empirische Forschungsarbeiten zu parentalem Engagement, Elternzeitarrangements und innerfamilialer Arbeitsteilung ist ein Nachholbedarf in der konsequenten Konzeptualisierung des Forschungsgegenstandes als Aushandlungsphänomen festzustellen. Folgendes Muster scheint in sozialwissenschaftlichen Studien dominant zu sein: Nach einem allgemeinen Verweis auf

---

162 Mit der Aufzählung dieses Aspektes bleibt die berufliche Situation des Vaters unerwähnt und eine Erwerbstätigkeit wird implizit vorausgesetzt, wodurch sie auch als möglicher ‚Einflussfaktor' nicht sichtbar wird.

die Relevanz von Aushandlungen in Zweierbeziehungen wird meist umstandslos *entweder* auf Mütter(-lichkeiten) *oder* Väter(-lichkeiten) fokussiert (exemplarisch Kassner/Rüling 2005, Fox 2009, Meuser 2011, 2012, für Ausnahmen vgl. Lupton/ Barclay 1997, Walzer 1998).

Vorausgesetzt wird in den Analysen i. d. R. die Betreuungszuständigkeit der Mutter ohne diese Zuschreibungspraxis zu thematisieren. Pointiert formuliert, tendieren sozialwissenschaftliche Arbeiten implizit zu einem ‚Hegemonic Mothering' in *Forschungsinteresse* und *Analyse*.[163] Dies ist davon zu unterscheiden, dass *Ergebnisse* auf eine dominierende Zuständigkeit von Müttern verweisen können.

So finden sich (selbst) in dem Konzept zur „hegemonialen Mütterlichkeit" von Patrick Ehnis (2008, 2009; vgl. Kap. 3.1 und 6.1 in diesem Buch) Restbestände geschlechterdifferenzierender Zuschreibungen: Diskurse um die psychische und physische Gesundheit des Kindes, Zuschreibung von Betreuungskompetenz für Kleinkinder, Väterselbstbilder sowie geschlechtsstereotype gesellschaftliche Ansprachen bezüglich der innerfamilialen Arbeitsteilung legitimieren laut Ehnis (2008: 63) „die Präsenz der Mutter beim Kind weit über die Stillzeit hinaus". Er setzt damit implizit das Stillen bzw. eine zeitlich undefinierte ‚Stillzeit' als relevant und notwendig für eine geschlechterdifferenzierende Arbeitsteilung. Dem liegen zwei aufeinander aufbauende Annahmen zugrunde: Die Mutter ist für die Ernährung des Kindes in Form von Stillen zuständig und daraus resultiert eine Verantwortlichkeit für die Betreuung des Kindes.

Überraschend vor dem Hintergrund bisheriger Untersuchungen zu Elternzeit und Arbeitsteilung in der Familiengründungsphase, die – neben der von Ehnis – darauf verweisen, dass Eltern ihre Arbeitsteilung u. a. über das Stillen legitimieren, stellten alle interviewten Paare dieser Studie keine zwingende Verknüpfung zwischen Betreuungsarbeit und Stillen des Kindes her. Die Paare etablierten bezüglich der Ernährung des Kindes verschiedene Modelle: Abstillen mit sechs Monaten, prinzipielles Flaschenstillen, Abpumpen und Füttern mit der Flasche oder Bringen des Kindes zum Arbeitsplatz der Mutter, um es vor Ort zu stillen (vgl. auch Rüling 2008b: 4784). Die Annahme, Stillzeiten würden „automatisch mit der Notwendigkeit verbunden, dass die Mutter in dieser Zeit zuhause bleiben muss" (Ehnis 2009: 150), ist m. E. in ihrer Allgemeinheit so nicht zu halten. Sowohl das Stillen selbst als auch die daran gekoppelte Arbeitsteilung gilt es als *sozial strukturierte, geschlechterdifferenzierende Praxis* kenntlich zu machen. Indem Ehnis für das erste Lebensjahr

---

163 Anhand des Interviewmaterials habe ich vier zentrale Begründungsfiguren zur Selbst- und Fremdzuschreibung von Betreuungsverantwortung herausgearbeitet: ‚Hegemonic Mothering', ‚Equally Shared Parenting', ‚Maternal Gatekeeping' und ‚Sameness Taboo'. Diese werden im folgenden Abschnitt erläutert und diskutiert.

des Kindes die Wünsche von Eltern hinsichtlich einer Präsenz von Müttern statt von Vätern bei der Kinderbetreuung unhinterfragt annimmt, unterliegt er einer geschlechterdifferenzierenden Zuschreibung im Sinne seiner eigenen Definition von ‚hegemonialer Mütterlichkeit'.

Während bei Ehnis dies eher ‚Restbestände' darstellen, dominieren in anderen empirischen Studien geschlechterdifferenzierende Zuschreibungen. Dazu exemplarisch aus der Studie von Trappe (2013a, b) zur Inanspruchnahme von Elternzeit durch Väter (vgl. Kap. 2.2), ein Erklärungsversuch für 12+2-Elterngeld- und Elternzeitarrangements beim ersten Kind:

> „Seitens der Väter mag dies in der mangelnden Erfahrung der Sorge für ein Kleinkind begründet liegen, seitens der Mütter ist zu berücksichtigen, dass eine mehr als zweimonatige Elternzeit des Partners ihre Bezugsdauer des Elterngeldes verkürzt." (Trappe 2013b: 183)

Unklar bleibt, weshalb Vätern, aber nicht Müttern, eine „mangelnde Erfahrung der Sorge" beim ersten Kind zugesprochen wird.

> „Dies signalisiert eine besondere Unterstützung durch den Mann in diesen Lebenssituationen" und „Wiederum zeigt sich hier die Unterstützung der Partnerin in einer besonderen Lebenssituation." (Trappe 2013a: 40, 43, Trappe 2013b: 185)

Indem Müttern implizit Betreuungskompetenzen zu- und Vätern abgesprochen (oberes Zitat) sowie Elternzeiten von Vätern als *Unterstützungsleistung* für die Mutter konzeptualisiert werden, werden gesellschaftliche Zuschreibungspraxen von Betreuungsverantwortung an Mütter unhinterfragt und selbstverständlich in den wissenschaftlichen Diskurs übernommen. Darüber hinaus bleibt Vätern ein eigenständiger Anspruch auf Elternzeit jenseits von ‚besonderen Lebenssituationen' (rhetorisch) verwehrt.

Äquivalent dazu sind Forderungen aus der Wohlfahrtsstaatenforschung nach einer De-Familialisierung und Re-Kommodifizierung von Müttern zu differenzieren. Solange nicht die implizite *Voraussetzung*, dass Müttern (allein) die Familienarbeit zugeschrieben wird, thematisiert und expliziert wird, bleiben diese Forschungsansätze den Annahmen eines ‚Hegemonic Mothering' verbunden. Indem in wissenschaftlichen Kontexten jedoch selbstverständlich und unhinterfragt auf diese Zuschreibungen rekurriert wird, werden die Zuschreibungsprozesse genauso unsichtbar gemacht, wie jegliche Abweichungen von dieser Praxis.

Neben der Übernahme von geschlechterdifferenzierenden Zuschreibungen von Betreuungsverantwortung in sozialwissenschaftlichen Untersuchungen, haben Vereinseitigungen durch eine ausschließliche Fokussierung auf ‚Mütterlichkeit(en)'

8 Fazit: Aushandlungen von Paaren zu Elternzeiten

oder ‚Väterlichkeit(en)' Konsequenzen in wissenschaftlichen, gesellschaftlichen und politischen Diskursen darüber, wer wofür verantwortlich gemacht, ‚beschuldigt' oder außerordentlich ‚gelobt' wird.[164] So werden entweder Väter, Mütter oder Ko-Mütter als ‚Verhinderer' oder ‚Förderer' von egalitären oder traditionalen Arrangements adressiert. Diese tendenziell einseitigen Analysen, Forderungen, Beschuldigungen und Lösungsvorschläge werden jedoch der *Varianz* von Betreuungsarrangements und der *Komplexität* von Aushandlungen nicht hinreichend gerecht.

Vor diesem Hintergrund ist die Debatte um die sog. ‚aktiven', ‚neuen' oder ‚modernen Väter' deutlich differenzierter zu führen. Die im Rahmen dieser Studie untersuchten Väter nahmen Elternzeit/-geld in Anspruch und können somit zu den ‚aktiven Vätern' gezählt werden, jedoch unterscheidet sich ihr Betreuungsengagement deutlich in Selbstverständlichkeit und (zeitlicher) Intensität. Problematisch ist zudem, dass sowohl im wissenschaftlichen als auch gesellschaftlichen Diskurs zu ‚neuen Vätern' i. d. R. die Betreuungsverantwortung von Müttern implizit vorausgesetzt wird und die von Vätern besonders hervorgehoben. Eine Debatte zu ‚neuen' oder ‚aktiven Müttern' scheint geradezu absurd. Demgegenüber werden mit der Konzeptualisierung von Elternzeit und innerfamilialer Arbeitsteilung als Aushandlungsphänomen *beide Partner* sowie paarinterne Aushandlungen, Selbstverständlichkeiten, Besonderungen und Konflikte systematisch in den Blick genommen.

Im Sinne eines ‚Equally Shared Parenting' und in Reminiszenz an die inzwischen zwanzig Jahre alten Forderungen eines geschlechterkonstruktivistischen Theorieansatzes (Gildemeister/Wetterer 1992) plädiere ich zudem dafür, nicht Merkmale, Charakteristika und vermeintliche ‚Essenzen' von Väterlichkeit(en) und Mütterlichkeit(en) zu untersuchen. Solchen Studien geht die Annahme einer qualitativen Differenz von Geschlecht bei Elternpaaren in Form von Mütterlichkeit und Väterlichkeit voraus, die sich dann wenig überraschend im Ergebnis wiederfindet. So muss auch ein *reflektiertes* „Vergessen des Geschlechts" (Hirschauer 2001) in wissenschaftlichen Abhandlungen möglich werden. Anstatt beispielsweise von

---

164 Charakteristisch für die mediale Berichterstattung zu Elterngeld und Elternzeit ist ebenfalls ein Rekurrieren auf die Begründungsfigur ‚Hegemonic Mothering': Die Leistungen von Vätern (z. B. zwei Monate Elternzeit) sind immer wieder eine Nachricht wert, während die Betreuungsverantwortung von Müttern i. d. R. als selbstverständlich vorausgesetzt wird. Exemplarisch dazu einige Zeitungsartikel „Väter haben freie Wahl" (Oltersdorf 2011), „Rekord: Jeder dritte Vater in Sachsen geht in Elternzeit" (Becker 2012), „Männer in Elternzeit. Alltag mit Windeln, Fläschchen und Babyliedern" (Graf 2012), „Warum Väter die Elternzeit fürchten" (Hucht 2011), „Elternzeit. Immer mehr Väter gehen in die Wickelpause" (N.N./Stern 2011); exemplarische Ausnahmen: Erdmann 2011, Hensel 2009, Schneider 2012, vgl. auch König 2007 für eine Analyse der medialen Diskussion zur Einführung des Bundeselterngeld- und Elternzeitgesetzes).

‚Vätern' zu sprechen, die ‚muttern', können fürsorgliche Tätigkeiten und Betreuungsarbeit als *parenting* verstanden werden. Insbesondere für die Familiensoziologie (und in Teilen für die Paarsoziologie) ist ein Nachholbedarf in der theoretischen und konzeptuellen Reflexion des Problems der Reifizierung von Geschlecht in empirischen Untersuchungen zu konstatieren.

Von Geschlechterdifferenzierung bis zu einem situativen Vergessen von Geschlecht in den paarinternen Selbst- und Fremdzuschreibungen von Betreuungsverantwortung

In der empirischen Analyse stand der systematische Vergleich von Begründungsfiguren zur Inanspruchnahme von Elternzeit im Fokus. Zentrales Ergebnis ist, dass Doppelverdiener- und Doppelkarrierepaare die Optionen des Bundeselterngeld- und Elternzeitgesetzes (BEEG) sehr unterschiedlich *wahrnehmen* und dies im doppelten Wortsinn:

1. Beruf, Karriere und Einkommen werden durch die *Selbst- und Fremdzuschreibung von Betreuungsverantwortung* im Paar (ir-)relevant gesetzt.
2. Gesetzlich mögliche Elterngeld- und Elternzeitarrangements erscheinen durch die *Selbst- und Fremdzuschreibung von Betreuungsverantwortung* implizit unmöglich.
3. Das (Ir-)Relevantsetzen von Beruf, Karriere und Einkommen sowie die ‚gefilterte Wahrnehmung' von Möglichkeiten des BEEGs in den Aushandlungen der Paare führen zu einer ‚passenden' Aufteilung von Elternzeit/-geld.

In einer rekonstruktiven und interpretativen Analyse von Einzel- und Paarinterviews mit neun Doppelverdiener- und Doppelkarrierepaaren mit dem Fokus auf Aushandlungen habe ich folgende zentrale paarinterne Begründungsfiguren zur Selbst- und Fremdzuschreibung von Betreuungsverantwortung herausgearbeitet (vgl. Kap. 6).

Tabelle 10 Selbst- und Fremdzuschreibung von Betreuungsverantwortung

Wer betreut das Kind?	
‚Hegemonic Mothering': Die Mutter wird selbstverständlich und einvernehmlich als Betreuungsperson des Kleinkindes angenommen und nimmt i. d. R. die maximal mögliche Elternzeit mit Elterngeldbezug von zwölf Monaten. Der Vater oder die Ko-Mutter wird als (deutlich) weniger kompetent und verantwortlich positioniert und nimmt ‚auch' (meist zwei Monate) Elternzeit/-geld in Anspruch (Kap. 6.1).	**‚Sameness Taboo':** Beide Elternteile verstehen sich auf der Paarebene als potenziell egalitäre Betreuungspersonen mit der gleichen ‚Pflicht' zur Inanspruchnahme von Elternzeit. Der Vater versucht jedoch implizit über geschlechterdifferenzierende Annahmen seine Betreuungsverantwortung und seinen Anteil an der Elternzeit zu minimieren (Kap. 6.2).
‚Maternal Gatekeeping': Die Mutter schreibt sich selbst die Hauptverantwortung für die Betreuung des Kindes zu und versucht das (Elternzeit-)Engagement des Vaters zu begrenzen. Der Vater hingegen versteht sich als egalitärer Elternteil und widersetzt sich dem ‚Maternal Gatekeeping' (Kap. 6.3).	**‚Equally Shared Parenting':** Beide Elternteile sehen sich gleichermaßen als kompetente Betreuungspersonen, die in Elternzeit gehen ‚dürfen'. Selbstverständlich vorausgesetzt ist dabei, dass beide in Elternzeit gehen wollen (Kap. 6.4).

Für die Begründungsfiguren ‚Hegemonic Mothering' und ‚Equally Shared Parenting' ist eine Übereinstimmung der Selbst- und Fremdzuschreibung von Betreuungsverantwortung charakteristisch, so dass sich Aushandlungen zur Aufteilung von Elternzeit/-geld meist konsensuell gestalten. Im Gegensatz dazu zeigt sich bei den Begründungsfiguren ‚Sameness Taboo'[165] und ‚Maternal Gatekeeping' ein Konfliktpotenzial bezüglich der Elternzeitaufteilung.

Die Begründungsfigur ‚Hegemonic Mothering' zeichnet sich durch ein Aktualisieren von Geschlecht *für* die Elternzeitaufteilung aus, in deren Folge geschlechterdifferenzierende Selbst- und Fremdzuschreibungen von Betreuungsverantwortung relevant werden: Die ‚Mutter' wird zur alleinigen kompetenten Betreuungsperson, während der ‚Vater' und in einem Fall die ‚Ko-Mutter' zu Praktikanten oder Helferinnen (gemacht) werden (vgl. Hochschild 1990, Kaufmann 1994).[166] Im Anschluss

---

[165] Der Begriff „Sameness Taboo" geht auf Rubin (1975) zurück, vgl. dazu Kap. 3.1 und 6.2.

[166] Bei einem gleichgeschlechtlichen Paar scheint die Annahme einer *geschlechter*differenzierenden Arbeitsteilung nicht naheliegend. In den Interviews wird jedoch deutlich,

an Ergebnisse der empirischen Studie von Rüling (2007) zu egalitären Paaren lassen sich diese geschlechterdifferenzierenden Deutungen von Familienarbeit als „Traditionalisierungsfalle" fassen. Der für das bürgerliche Familienmodell charakteristische, konstitutive Zusammenhang von Sphärentrennung und Geschlechterkonstruktion findet sich hier relativ ungebrochen wieder (vgl. Kap. 2.3).

Geschlechterdifferenzierende ‚Mythen' von Müttern und ihrer besonderen, ‚natürlichen' Bindung zum Kind und von Vätern, die ihr Kind nicht so gut – wie Mütter – hegen und pflegen könnten, werden zu sich selbsterfüllenden Prophezeiungen, indem Eltern ihren Alltag dementsprechend gestalten. Auf diese Weise bekommt ein Elternteil (in dem Fall die Mutter) erst die Möglichkeit, eine besondere Bindung zum Kind und höhere Kompetenzen im Umgang mit dem Kind zu entwickeln, welche dann die vorausgegangenen geschlechterdifferenzierenden Annahmen de facto bestätigen (Deutsch 2001: 26, Lorber 1999: 245f.).[167]

Ein explizites Verweisen auf diese ‚Mythen' fand in den Interviews nicht statt: Die Doppelverdiener- und Doppelkarrierepaare in meinem Sample, die dominierend auf die Begründungsfigur ‚Hegemonic Mothering' rekurrieren, organisieren zwar einvernehmlich Familien- und Erwerbsarbeit geschlechterdifferenzierend, thematisieren dies aber nicht entsprechend. Daraus lassen sich widersprüchliche Schlüsse ziehen, die eine Gleichzeitigkeit von Institutionalisiertheit und Krise von Geschlechtszuweisungen implizieren: Erstens, eine geschlechterdifferenzierende Arbeitsteilung ist, aus Sicht dieser Paare, nicht begründungspflichtig, da diese (nach wie vor) als hochgradig institutionalisiert gelten kann. Zweitens, ein Thematisieren und Explizieren ist riskant, da Ungleichheiten sichtbar werden würden, die einer partnerschaftlichen Beziehungsform und postulierten Geschlechtergleichheit widersprechen und das Arrangement illegitim erscheinen ließe (vgl. Wetterer 2004: 64). Und drittens, ein Dethematisieren seitens der Paare verweist auf ein Irrelevantsetzen von Geschlecht, wobei Hirschauer (2001: 211) in Kritik an systemtheoretischen Beschreibungen darauf hinweist, dass „eine Dethematisierung nicht gleichbedeutend mit einer Inaktivierung" von Geschlecht sein muss.

Charakteristisch für die Begründungsfigur ‚Equally Shared Parenting' ist, im Gegensatz zum ‚Hegemonic Mothering', ein situatives „Vergessen des Geschlechts" (Hirschauer 2001) in der Selbst- und Fremdzuschreibung von Betreuungsverantwortung, so dass Elternzeiten bei diesen Paaren geschlechtsindifferent organisiert

---

dass im Zuge der Familiengründung im Paar ein Elternteil ‚Mutter' wird, während der andere Elternteil überwiegend als Partnerin der ‚Mutter' dargestellt wird (vgl. ausführlicher dazu Kap. 6.1).
167 Vgl. auch Schütze 1987, 1991, Coltrane 1996, Lupton/Barclay 1997, Deutsch 1999, Vinken 2007.

werden. Das geht jedoch nicht mit einem systematischen oder programmatischen Absehen von Geschlecht einher, vielmehr rekurrieren die Paare ebenfalls episodisch auf Geschlechterdifferenzierungen. Diese implizieren jedoch – und das ist ein zentraler Unterschied zu den übrigen drei Begründungsfiguren – *keine* (geschlechterdifferenzierenden) Folgen für die Arbeitsteilung – „a difference that makes no difference" (Hirschauer 2001: 217, in Anlehnung an Bateson 1972). Durch die Entkopplung des Verweisungszusammenhangs sind Geschlechterdifferenzierungen nicht mehr ‚automatisch' anschlussfähig für die Organisation von Erwerbs- und Familienarbeit.

Demgegenüber sind die Begründungsfiguren ‚Sameness Taboo' und ‚Maternal Gatekeeping' in ihrer Gestalt ambivalent. Beide lassen sich idealiter in der analytischen Abstraktion als Kombination von ‚Hegemonic Mothering' und ‚Equally Shared Parenting' systematisieren und für beide ist eine Gleichzeitigkeit von egalitären und geschlechterdifferenzierenden Orientierungen charakteristisch: Paare rekurrieren bei diesen Begründungsfiguren episodisch auf eine Geschlechterunterscheidung *und* auf Egalität. Eine *gemeinsam* geteilte, bindende Gleichheitsorientierung der Paare macht ein explizites Bezugnehmen auf eine geschlechterdifferenzierende Betreuungsverantwortung nahezu unmöglich. Zu konstatieren ist für diese Begründungsfiguren die Gleichzeitigkeit einer Aktualisierung und Neutralisierung von Geschlecht, die in ihrer Ambivalenz Aushandlungskonflikte zur innerfamilialen Arbeitsteilung evoziert.

Die These von „Geschlechterdifferenzierungen als Gesellschaftsspiel" (Maiwald 2010: 267f., vgl. Kap. 3.1) scheint sich bei den Doppelverdiener- und Doppelkarrierepaaren zu bestätigen, die auf die Begründungsfigur ‚Equally Shared Parenting' rekurrieren. Eine *allgemeine* Tendenz in diese Richtung lässt sich empirisch hingegen nicht feststellen. Während die Differenzkommunikation der ‚Equally Shared Parenting'-Paare als ‚harmloses Gesellschaftsspiel' verstanden werden kann, ist für die anderen Paare, die geschlechterdifferenzierende Selbst- und Fremdzuschreibung von Betreuungsverantwortung (‚Hegemonic Mothering') oder die konflikthafte Ambivalenz aus Gleichheits- und Differenzorientierung (‚Sameness Taboo' und ‚Maternal Gatekeeping') *folgenreich* für die Aushandlungen zu Elternzeit/-geld.

Alles ökonomisches Kalkül? (Ir-)Relevantsetzungen von Beruf, Karriere und Einkommen im Kontext der Selbst- und Fremdzuschreibungen von Betreuungsverantwortung

In den Begründungen zur Elternzeitaufteilung, die auf berufliche und finanzielle Aspekte verweisen, zeigen sich systematische Unterschiede darin, welche Erwerbstätigkeit(en), Karriere(n) und Einkommen in den Aushandlungen der Paare zur Elternzeit relevant bzw. *nicht* relevant gemacht werden: a. Erwerbstätigkeit, Karriere und/oder Einkommen *eines* Elternteiles werden als selbstverständlich und relevant gesetzt, die berufliche und ökonomische Situation des anderen ist zweitrangig oder nahezu irrelevant, und b. situative Relevanz oder Irrelevanz der beruflichen und ökonomischen Situation *beider* Elternteile (vgl. Kap. 7).

Tabelle 11 Aushandlungen von Doppelverdiener- und Doppelkarrierepaaren zu Elternzeit/-geld unter Berücksichtigung der Selbst- und Fremdzuschreibung von Betreuungsverantwortung

‚Hegemonic Mothering'	‚Sameness Taboo' und ‚Maternal Gatekeeping'
→ Option: 2 parallele Partnermonate oder keine → Einkommen wird nicht relevant gemacht, aber berufliche Situation des Vaters bzw. der Ko-Mutter	→ Aushandlungsgegenstand: 14 Monate → Aufteilung: 12 ‚Müttermonate' + 2 nicht-parallele ‚Vätermonate' → Einkommen und berufliche Situation beider Elternteile werden nicht relevant gemacht → Gleichzeitigkeit von egalitären und geschlechterdifferenzierenden Orientierungen → geschlechterdifferenzierende Orientierungen werden relevant
‚Equally Shared Parenting' → Aushandlungsgegenstand: 14 Monate → Aufteilung: entweder ‚quantitative Egalität' (7+7) oder berufliche Situation und/oder Einkommen beider Elternteile werden relevant gemacht (4+8, 6+8, 9+5)	
Selbst- und Fremdzuschreibung von Betreuungsverantwortung stimmen überein	Selbst- und Fremdzuschreibung von Betreuungsverantwortung differieren

Im Kontext der Begründungsfigur ‚Hegemonic Mothering' handeln Paare ausschließlich die Inanspruchnahme der zwei Partnermonate durch den Vater oder die Ko-Mutter aus. Die (meist zwölfmonatige) Elternzeit der Mutter und die Nachrangigkeit ihrer Karriere sind so selbstverständlich, dass es in den Interviews nicht explizit begründet werden muss. Die Frage des Einkommens oder eines ökonomischen Kalküls wird von den Paaren nicht relevant gemacht, wohl aber die berufliche Situation des Vaters bzw. der Ko-Mutter. Wenn diese – aus Sicht des Paares – es zulässt, dann nimmt der Vater, bzw. die Ko-Mutter zwei Monate parallel zur Mutter Elternzeit.

Im deutlichsten Kontrast steht dazu die Begründungsfigur ‚Equally Shared Parenting': Die Paare verhandeln über die Aufteilung der gesamten vierzehn Monate *ohne* von vornherein eine bestimmte Anzahl an Monaten für ein Elternteil zu ‚reservieren'. Der *Aushandlungsgegenstand* ist damit wesentlich umfangreicher

8 Fazit: Aushandlungen von Paaren zu Elternzeiten

und offener gefasst. Vorausgesetzt ist dem, dass die Elternzeit für beide Elternteile gleichermaßen eine *Selbstverständlichkeit,* bzw. ‚Pflicht- *und* Wunschleistung' (Ehnis 2009) darstellt.

Die Aufteilungsentscheidung kann nach zwei verschiedenen Modi erfolgen: entweder entsprechend einer quantitativen Egalität, also beide Elternteile nehmen exakt sieben Monate Elternzeit oder die berufliche und/oder ökonomische Situation *beider Elternteile* wird relevant gemacht. Bei der zweiten Variante handeln die Paare die Bedeutung ihrer Erwerbstätigkeit und Karrieren sowie potenzielle Konsequenzen von Elternzeit für die weitere berufliche und Einkommensentwicklung aus.

Charakteristisch für die Begründungsfiguren ‚Sameness Taboo' und ‚Maternal Gatekeeping' ist, dass einerseits die vierzehn Monate Elterngeld/-zeit zur Aushandlung im Raum stehen, andererseits jedoch über geschlechterdifferenzierende Zuschreibungen dieser Aushandlungsrahmen deutlich minimiert wird. In den Aushandlungs*ergebnissen* zeigt sich, dass die geschlechterdifferenzierenden Orientierungen zentral für die Aufteilungsentscheidung sind. Hingegen wird die ökonomische und/oder berufliche Situation *beider* Elternteile in den Aushandlungen nicht relevant gemacht.

Deutlich wurde, dass die Paare sich systematisch darin unterscheiden, inwiefern die berufliche Situation, Einkommen bzw. Einkommensdifferenzen in den Aushandlungen zur Elternzeit relevant gemacht werden. Implizit in den Aushandlungen enthalten ist dabei die Entscheidung des Paares darüber, welche Arrangements in Betracht gezogen und durchkalkuliert werden und welche *nicht:* So betrachten Paare, die auf die Begründungsfigur ‚Equally Shared Parenting' rekurrieren, eine (nicht-parallele) Elternzeit von beiden Elternteilen als selbstverständlich und handeln auf dieser Grundlage eine aus ihrer Sicht *für beide Partner* beruflich und ökonomisch sinnvolle Aufteilung aus. Demgegenüber nehmen Paare, die auf die Begründungsfigur ‚Hegemonic Mothering' rekurrieren, ein solches Arrangement *nicht* in den Blick und prüfen es entsprechend *nicht* unter beruflichen und/oder finanziellen Gesichtspunkten.

Vor dem Hintergrund dieser Ergebnisse stellt sich der in empirischen Studien zur Elternzeit und innerfamilialen Arbeitsteilung dominierende Fokus auf ökonomische und berufliche ‚Erklärungsfaktoren' als unzureichend heraus (vgl. Kap. 2.2 für eine Übersicht aktueller Studien). Die implizite Annahme ökonomischer und ressourcentheoretischer Ansätze, Paare würden sämtliche Arrangements kalkulieren, gilt es zu hinterfragen.

„Unter Berücksichtigung dieser Rechtslage sind Paare im Vorfeld ihrer Entscheidungen in der Lage, den voraussichtlichen Einkommensausfall zu kalkulieren. Insofern bieten sich ökonomische Erklärungen an, gerade wenn bedacht wird, dass im Zuge der Familiengründung oder -erweiterung der finanzielle Bedarf für deren Unterhalt steigt." (Trappe 2013a: 30)

Die von Trappe (ebd.), exemplarisch auch für andere Autoren, postulierte *theoretische Annahme*, die Elterngeldreform würde durch die Ausgestaltung als Einkommensersatzleistung „klare Anreize für ökonomisch motivierte Entscheidungen innerhalb der Partnerschaft" setzen, ist *empirisch* nicht zu halten. Vielmehr gilt es, theoretisch und empirisch zu berücksichtigen, dass Paare durch ausgehandelte Selbst- und Fremdzuschreibungen von Betreuungsverantwortung einige Arrangements *nicht* in Betracht ziehen und *nicht* ökonomisch kalkulieren.

Im Ergebnis *kann* dies bedeuten, dass Paare, in denen der Vater ein (wesentlich) höheres Einkommen hat als die Mutter, die Mutter die maximal mögliche Elternzeit mit Elterngeldbezug nimmt und der Vater (parallel) zwei Partnermonate. Dies ist jedoch nicht zwangsläufig als *ökonomisches* Aushandlungsergebnis des Paares zu erklären. Vielmehr organisieren Paare, die auf die Begründungsfiguren ‚Hegemonic Mothering', ‚Sameness Taboo' und ‚Maternal Gatekeeping' rekurrieren, ihre Elternzeit *geschlechterdifferenzierend*. Ausschlaggebend ist nicht die Einkommensdifferenz, sondern dass die *Mutter* selbstverständlich in der Betreuungsverantwortung gesehen wird. Für die umgekehrte Argumentation, dass aus den Einkommensdifferenzen die Selbst- und Fremdzuschreibung von Betreuungsverantwortung resultiere, d. h. *weil* der Vater mehr verdient, der Mutter die Betreuungsverantwortung zugeschrieben wird, finden sich in meinem Interviewmaterial keine Anhaltspunkte (vgl. insbesondere Kap. 7.3 und Deutsch 2001: 25). Gestützt wird dies darüber hinaus für die Frage der beruflichen Situation durch eine empirische Studie zu „neuen Vätern" von Possinger (2010, 2013), die auf den begrenzten Einfluss von familienfreundlichen Angeboten in Unternehmen verweist:

> „Entscheidet sich ein Paar aus Gründen der persönlichen Lebensgestaltung gegen eine aktive Rolle des Vaters bei der Kindererziehung, laufen auch die besten familienfreundlichen Angebote eines Unternehmens ins Leere. Die Entscheidung für oder gegen die Inanspruchnahme von Elternzeit bei Vätern ist somit zunächst eine sehr persönliche. Gleichwohl kann sie von außen, insbesondere durch den Arbeitgeber, positiv oder negativ beeinflusst werden." (Possinger 2010: 19f.)

Daran anschließend lassen sich Aushandlungen des Paares zu Elternzeit und innerfamilialer Arbeitsteilung und die herausgearbeiteten Begründungsfiguren zur Selbst- und Fremdzuschreibung von Betreuungsverantwortung als grundlegend für ein ‚Wirken' von familienfreundlichen Maßnahmen verstehen.

Vorausgesetzt, Paare ziehen ihre ökonomische und berufliche Situation in den Aushandlungen zur Elternzeit in Betracht, so stellt sich in einem zweiten Schritt die

Frage, was aus Sicht der Paare ‚finanzierbar' und welches Arrangement beruflich und/oder ökonomisch (nicht) sinnvoll und vertretbar ist. Die Paare handeln dabei aus, nach welchem Maßstab sie potenzielle Vor- und Nachteile der Elternzeit beurteilen. ‚Equally Shared Parenting'-Paare *vergleichen* ihre beruflichen Situationen z. B. unter den Gesichtspunkten von Arbeitsplatzsicherheit, Ängste um den Verlust des Arbeits- und Aufgabengebietes und potenziellen Karrierechancen. Paare, die auf die drei anderen Begründungsfiguren rekurrieren, bewerten hingegen ihre beruflichen Situationen implizit mit differenten Maßstäben: Da kann die diffuse Angst des Vaters um den Verlust des Arbeits- und Aufgabengebietes für die innerfamiliale Arbeitsteilung relevanter gemacht werden, als der faktische Verlust des Arbeitsplatzes der Mutter durch das Ende eines befristeten Vertrages während der Elternzeit.[168] Dass dies den Paaren nicht als Ungleichheit gegenübertritt, lässt sich äquivalent zu den Arbeiten von Ridgeway (2001) zu (Einkommens-)Ungleichheiten auf dem Arbeitsmarkt fassen: Die Tatsache, dass (diese) Mütter sich nur mit Müttern vergleichen, kann als ein Grund dafür gelten, weshalb ihre Beteiligung an der Elternzeit und Familienarbeit *selbstverständlich* und *relativ konfliktfrei* weitaus höher ausfällt als jene von ihren Partnern. So zeigt sich bei Paaren mit der Begründungsfigur ‚Hegemonic Mothering' das ‚Vergleichstabu' relativ ungebrochen, hingegen ambivalent, brüchig und tendenziell konfliktbehaftet bei Paaren, die auf die Begründungsfiguren ‚Maternal Gatekeeping' und ‚Sameness Taboo' rekurrieren.

Im Gegensatz zu potenziellen beruflichen Vor- und Nachteilen einer Elternzeit lassen sich Differenzen in den Erwerbseinkommen mathematisch allgemeingültig beziffern. Doch dabei bleibt ein entscheidender Aspekt unberücksichtigt, nämlich die *notwendige* Interpretationsleistung des Paares, durch die *Bedeutung* zugeschrieben wird. In verschiedenen empirischen Arbeiten wurde herausgearbeitet, dass der

> „Wert von Geld in der Beziehung (…) nicht notwendig seinem Nominalwert (entspricht), sondern (…) durch symbolische Konstruktion ‚umgewertet' werden (kann), die ihrerseits in teilweise sehr komplexe Beziehungsarrangements eingebettet ist" (Allmendinger/Ludwig-Mayerhofer 2002: 28).

Meine Argumentation geht darüber hinaus: Der Wert von Geld (respektive Einkommen) unterliegt sehr grundsätzlich einer *Bewertung* und *Deutung* innerhalb der Paarbeziehung und nicht ‚nur' (im Zweifelsfall) einer ‚Umwertung' (vgl. auch

---

168 In ihrer empirischen Studie resümiert Possinger (2010: 22, 23; 2013) bezüglich der beruflichen Situation von *Vätern*, dass die „antizipierte Angst vor dem „Karrierestopp" in keinem Verhältnis zu den tatsächlichen Nachteilen zu stehen scheint" und insbesondere die „Angst vor negativen Reaktionen der Kolleginnen und Kollegen sowie des/der Vorgesetzten" sich hinderlich auf eine Entscheidung des Vaters für eine Elternzeit auswirke.

Wimbauer 2003). Paare handeln dabei aus, inwiefern eine mathematische Differenz aus ihrer Sicht ‚klein' und ‚unerheblich' oder ‚(zu) groß' ist. Diesbezüglich variieren die Bewertungsmaßstäbe und die Einschätzung, welches Arrangement als ökonomisch sinnvoll gelten kann. So kann das höhere Einkommen eines Partners als Begründung für gegensätzliche Aufteilungsentscheidungen angeführt werden: Entweder dieser Elternteil nimmt länger Elternzeit, da er (meist) Anspruch auf eine höhere oder maximale sozialstaatliche Leistung von 1.800 Euro hat. Oder aber der Elternteil nimmt kürzer Elternzeit/-geld in Anspruch, so dass das Paar das höchste Gesamteinkommen erzielt. Pointiert formuliert, bedeutet dies ‚anything goes': Paare in ähnlichen finanziellen Situationen begründen höchst unterschiedliche Elternzeitarrangements als ökonomisch sinnvoll bzw. ‚notwendig' (vgl. dazu Kap. 7.3).

Während analytisch zwischen beruflichen und finanziellen Begründungen zur Elternzeitaufteilung unterschieden werden kann, nehmen die Paare selbst i. d. R. eine solche Trennung nicht vor. Dabei zeigen sich systematische Differenzen, ob beide Aspekte in den Aushandlungen berücksichtigt und wenn ja, in welches Verhältnis sie zueinander gesetzt werden.

Ein zentrales Ergebnis dieser empirischen Untersuchung ist, dass Doppelverdiener- und Doppelkarrierepaare die Optionen des Elterngeld- und Elternzeitgesetzes sehr unterschiedlich wahrnehmen. In der Folge sind die Aushandlungen zur Elternzeitaufteilung entweder relativ ergebnisoffen (‚Equally Shared Parenting') oder aber der Aushandlungsgegenstand ist von vornherein stark reduziert (‚Hegemonic Mothering'), so dass für das Paar ‚nur' zur Diskussion steht, ob der Vater oder die Ko-Mutter zwei Monate parallel Elternzeit nimmt. *Demnach entsprechen sämtliche Optionen des Bundeselterngeld- und Elternzeitgesetzes nicht automatisch dem Gegenstand der Aushandlung.* Die Optionen werden vielmehr durch die vier zentralen Begründungsfiguren zur Selbst- und Fremdzuschreibung von Betreuungsverantwortung ‚Hegemonic Mothering', ‚Sameness Taboo', ‚Maternal Gatekeeping' und ‚Equally Shared Parenting' in differente Aushandlungsgegenstände transformiert.

Elternzeit und Familienarbeit als eigenständiger Aushandlungsbereich

Mit den Begründungsfiguren zur Selbst- und Fremdzuschreibung von Betreuungsverantwortung zeigt sich empirisch die Relevanz von Elternzeit und Familienarbeit als eigenständiger Aushandlungsbereich bei un-/gleichgeschlechtlichen Paaren. Inwiefern Elternzeit und Familienarbeit dabei geschlechterdifferenzierend oder egalitär als zu vermeidender und/oder erstrebenswerter Arbeitsbereich in den Aushandlungen gilt, variiert zwischen den Begründungsfiguren. Der Fokus auf Berufs- und Karriereorientierungen bzw. Erwerbsarbeit und Einkommen in theoretischen und empirischen Arbeiten zur Arbeitsteilung von Paaren in der Familiengründungsphase greift demnach zu kurz und wird zum *occupational bias*, da sich die Zuständigkeiten für Familienarbeit darüber (allein) nicht angemessen konzeptualisieren lassen. Indem quantitative Studien zur Inanspruchnahme von Elternzeit durch Väter als zentrale ‚Determinanten' Erwerbstätigkeit, Bildungsniveau und ökonomische Ressourcen (i. d. R. operationalisiert über das Erwerbseinkommen) heranziehen,[169] perpetuieren sie die Hierarchisierungen von Erwerbs- und Familiensphäre und Geschlechterzuschreibungen (vgl. Kap. 2.2 und 2.3).

Die interviewten Doppelverdiener- und Doppelkarrierepaare stellen sich nicht oder nicht ausschließlich die Frage, wer die Familie finanziell versorgt oder wer, in welchem zeitlichen Umfang erwerbstätig sein darf bzw. muss. Vielmehr steht allein oder parallel dazu die Frage im Raum, wer das Kind betreuen darf oder muss. Insofern kann nicht allein die Erwerbstätigkeit und Karriere beider Partner als auszuhandelndes, gelegentlich konfliktbehaftetes ‚Gut' gelten (so z. B. Kassner/Rüling 2005: 236 und Burkart 2009b: 252), sondern ebenso die Familienarbeit und damit verbundene gesetzlich und finanziell geförderte Auszeiten von der Erwerbstätigkeit in Form von Elterngeld und Elternzeit.

Besonders deutlich zeigt sich in der Konzeptualisierung von ‚Maternal Gatekeeping' als Interaktionsphänomen äquivalent zum Erwerbsbereich das Thema Konkurrenz. Der „konkurrenzvermeidende Mechanismus des ehelichen Komplementaritätsmodells" (Gildemeister/Robert 2008: 202, in Anlehnung an Goffman 2001: 150) wird bei diesen Paaren nicht nur auf dem Arbeitsmarkt außer Kraft gesetzt, sondern auch für die Familienarbeit. D. h. nicht nur im beruflichen Bereich entsteht (möglicherweise) eine Konkurrenzsituation zwischen den Partnern, sondern auch in der Frage, wer Elternzeit nehmen *darf* und wer nicht. So lässt sich die Prognose von Burkart (2009a: 23, vgl. auch Meuser 2011) eines Bedeutungsgewinns von ‚neuen Vätern' und der Annahme, dass „ein subtiler Geschlechterkampf die nächsten Jahrzehnte prägen wird" differenzieren: Für Paare, die überwiegend auf die Begründungsfiguren ‚Maternal Gatekeeping' und ‚Sameness Taboo' rekurrieren, wird Elternzeit und Familienarbeit zum „Schlachtfeld" (Meuser 2011: 77). Jedoch gilt dies weniger für Paare, die konsensuell der Mutter die Zuständigkeit für die Betreuungsarbeit zuschreiben und jene, die eine geteilte Fürsorge- und Ernährerverantwortung aushandeln (‚Hegemonic Mothering' und ‚Equally Shared Parenting').

Einher geht damit, dass für Paare – äquivalent zu der Frage, ob die Partner sich selbst als egalitäre Betreuungspersonen verstehen – Elternzeit und Familienarbeit zwar ein eigenständiger Aushandlungsbereich geworden ist, jedoch nicht in allen Fällen

---

169 Zum Beispiel: RWI 2008, 2009, Pfahl/Reuyß 2009, 2010, Reich 2010, 2011, Geisler/Kreyenfeld 2012, Wrohlich et al. 2012, Trappe 2013a, b.

ein *gleichwertiger* zur Erwerbsarbeit. Bei Paaren, die sich auf die Begründungsfigur ‚Hegemonic Mothering' beziehen, findet sich relativ ungebrochen die gesellschaftliche Hierarchisierung der Sphären von Familien- und Erwerbsarbeit wieder. Im Kontrast dazu überwiegt bei ‚Equally Shared Parenting'-Paaren eine Gleichwertigkeit, während für Paare, die auf die Begründungsfiguren ‚Maternal Gatekeeping' und ‚Sameness Taboo' rekurrieren, konfliktreiche Ambivalenzen zu konstatieren sind: Beim ‚Sameness Taboo' wird Familienarbeit einerseits als gleichwertige Tätigkeit und andererseits als unliebsame Notwendigkeit gerahmt, während beim ‚Maternal Gatekeeping' Familienarbeit und Elternzeit ein ‚Dürfen' impliziert und als ein z. T. höher bewerteter Lebens- und Arbeitsbereich als Erwerbsarbeit dargestellt wird (vgl. Kap. 6).

Elternzeitaufteilung und innerfamiliale Arbeitsteilung in einer prozessualen Perspektive

Die interviewten Paare unterscheiden sich darin, inwiefern sie als Aushandlungsmodus ein *explizites* Neuaushandeln z. B. bei Geburt eines weiteren Kindes und veränderten beruflichen und finanziellen Situationen vereinbaren oder die Selbst- und Fremdzuschreibung in Verbindung mit der Arbeitsteilung (zum Interviewzeitpunkt!) als konstant bzw. dauerhaft dargestellt wird.

Tabelle 12 Prozessuale Darstellung der Aushandlungen von Paaren zur Elternzeit

‚Hegemonic Mothering'	‚Sameness Taboo' und ‚Maternal Gatekeeping'
→ Option: Vater oder Ko-Mutter nehmen parallele Partnermonate oder keine Einkommen wird nicht relevant gemacht, berufliche Situation des Vaters bzw. der Ko-Mutter	→ Aushandlungsgegenstand: 14 Monate → Aufteilung: 12 ‚Müttermonate' + 2 ‚Vätermonate' → Einkommen und berufliche Situation beider Elternteile nicht relevant gemacht
‚Equally Shared Parenting'	
→ Aushandlungsgegenstand: 14 Monate → Aufteilung: entweder ‚quantitative Egalität' (7+7) oder berufliche Situation und Einkommen beider Elternteile werden relevant gemacht (4+10, 6+8, 9+5)	→ Gleichzeitigkeit von egalitären und geschlechterdifferenzierenden Orientierungen → egalitäre und differenzierende Orientierungen werden relevant
Selbst- und Fremdzuschreibung von Betreuungsverantwortung stimmen überein	Selbst- und Fremdzuschreibung von Betreuungsverantwortung differieren

Retraditionalisierung ⇄ *Enttraditionalisierung*

8 Fazit: Aushandlungen von Paaren zu Elternzeiten

In der prozessualen Betrachtung zeigt sich zudem, dass einige Paare *relativ* stabil auf dieselbe Begründungsfigur rekurrieren, während für andere ein Wandel der Begründungsfiguren in der retrospektiven Erzählung ausgemacht werden kann. Dieser Wandel kann als Retraditionalisierung, aber auch in entgegengesetzter Richtung als Enttraditionalisierung auftreten. Der Prozess der Retraditionalisierung lässt sich idealtypisch als konfliktreicher Weg vom ‚Equally Shared Parenting' über ‚Maternal Gatekeeping' oder ‚Sameness Taboo' bis hin zum ‚Hegemonic Mothering' fassen.

Eine solche Perspektive ermöglicht es, sowohl Prozesse des Wandels von Arrangements im Zeitverlauf, im Sinne einer Re- oder Enttraditionalisierung, als auch Prozesse des Stabilbleibens von traditionalen und egalitären Arrangements zu berücksichtigen.

Schlussfolgerungen für die Ausgestaltung des Bundeselterngeld- und Elternzeitgesetzes

In der Varianz und Ambivalenz von Aushandlungen der Paare zur Elternzeit und innerfamilialen Arbeitsteilung spiegelt sich die *Gleichzeitigkeit widersprüchlicher Leitbilder in der Familien- und Sozialpolitik* in Deutschland wider. Innerhalb der politischen Begründungen für das Elterngeld changieren die Argumente zwischen einem neuen Leitbild aus ‚adult worker model' *und* einer Förderung ‚aktiver Väterlichkeit' sowie dem alten einer Verbesserung der Vereinbarkeit von Familie und Beruf *für Frauen*. Unhinterfragt und selbstverständlich *vorausgesetzt* bleibt die Erwerbstätigkeit von Vätern und die Betreuungsverantwortung von Müttern. Im Hinblick auf die westdeutsche familienpolitische Tradition des modernisierten Ernährermodells lässt sich die Einführung des Elterngeldes als Leitbildwandel verstehen. Vor dem Hintergrund des in der DDR geförderten Doppelverdienermodells scheint nur die ‚Väterkomponente' durch die Partnermonate neu. Familienpolitische Entwicklungen, wie die Einführung des Betreuungsgeldes und die Umsetzung eines gesetzlichen Anspruches auf einen Kita-Platz für unter Dreijährige sprechen ebenfalls für eine Gleichzeitigkeit widersprüchlicher Leitbilder: Gefördert werden einerseits das ‚adult worker model' und eine De-Familialisierung von Eltern (insbesondere von Müttern), andererseits aber das modernisierte Ernährermodell durch das Betreuungsgeld und Ehegattensplitting (vgl. Kap. 2.1).

Welche Konsequenzen lassen sich aus den empirischen Ergebnissen zu paarinternen Selbst- und Fremdzuschreibungen von Betreuungsverantwortung im Zusammenhang mit der konstatierten Gleichzeitigkeit widersprüchlicher Leitbilder in der Familien- und Sozialpolitik ziehen?

Möchte der Gesetzgeber Gleichberechtigung nicht nur zwischen Männern und Frauen, sondern auch zwischen Müttern und Vätern fördern, würde sich eine paritätische Gestaltung des BEEGs als Standard anbieten, d. h. beide Elternteile haben (zunächst) Anspruch auf sieben Monate Elternzeit mit Elterngeldbezug. Daran geknüpft wird die Möglichkeit, dem Partner/der Partnerin einen Teil des eigenen Kontingentes zu übertragen. In der momentanen Ausgestaltung mit zwei Partnermonaten würde dies bedeuten, dass von den sieben Monaten fünf Monate übertragbar sind. Dies würde im *Ergebnis* dieselben Arrangements wie zuvor ermöglichen, jedoch bereits in der gesetzlichen Ausgestaltung deutlich machen, dass beide Elternteile (zunächst) selbstverständlich den gleichen Anspruch auf und Pflicht zur Elternzeit haben.[170] Die durch die Ausgestaltung der Partnermonate und sog. ‚Vätermonate' nach wie vor institutionalisierte, geschlechterdifferenzierende Zuschreibung von Betreuungsverantwortung an Mütter und die unhinterfragte, selbstverständliche Erwerbstätigkeit von Vätern wird somit *formal* aufgebrochen. Die „allzu enge Koppelung von Geschlecht und Tätigkeit" (Thiessen/Villa 2010) lässt sich zwar nicht allein durch eine veränderte Ausgestaltung des Bundeselterngeld- und Elternzeitgesetzes aufheben, wäre jedoch für sich genommen eine *konsequente* sozialstaatliche Umsetzung einer ‚Equally Shared Parenting'-Perspektive (zum Vorwurf mangelnder politischer Konsequenz, Wimbauer/Henninger 2008: 75).[171]

In Kombination zu diesem Vorschlag ließe sich die Anzahl der nicht übertragbaren Elterngeldmonate erhöhen. Damit einhergehen würde eine deutliche gesetzliche Stärkung der Rechte (und Pflichten) von Vätern gegenüber ihren Partnerinnen und Arbeitgebern (vgl. Richter 2011) sowie eine ‚Entrechtung', aber auch ‚Entpflichtung' von Müttern. Vorschläge, die hingegen ausschließlich eine Erhöhung der Partnermonate vorsehen (z. B. Auth et al. 2011: 156f.), verbleiben in der Logik der geschlechterdifferenzierenden Zuschreibung von Betreuungsverantwortung.

Unabhängig von einer möglichen Umgestaltung greifen Annahmen, die die ‚Hindernisse' für die Umsetzung von egalitären Familien- und Erwerbsarbeitsarrangements im Wesentlichen in wohlfahrtsstaatlichen Regimen verorten (z. B. Beckmann 2007), zu kurz. Die herausgearbeiteten Begründungsfiguren zeigen die Varianz in der Selbst- und Fremdzuschreibung von Betreuungsverantwortung, so dass nicht *allgemein* der Wunsch und Anspruch von Paaren zu einer egalitären Arbeitsteilung konstatiert werden kann, der durch sozialpolitische Maßnahmen reglementiert würde. Insofern gilt es, ‚Wirkungen' von sozial- und familienpolitischen Maßnahmen bzw. sozialpolitische ‚Steuerungsmöglichkeiten' nicht zu

---

170 In Schweden ist dieses Prinzip gesetzlich verankert, auch wenn in sozialwissenschaftlichen Publikationen die Logik von Partner- und Vätermonaten gelegentlich beibehalten wird (z. B. Haas/Rostgaard 2011).
171 Darüber hinaus gilt es die Vielfalt von Familien- und Fürsorgebeziehungen jenseits von Zwei-Eltern-Familien zu berücksichtigen.

überschätzen und die ‚Eigenwilligkeit' von Paaren in Aushandlungen zu Elternzeit und innerfamilialer Arbeitsteilung hinreichend zu berücksichtigen.

Grenzen und Ausblick

Der systematische Vergleich einzelner Begründungsfiguren zur Inanspruchnahme von Elternzeit geht über bisher übliche Vergleiche von Einzelfallanalysen in der qualitativ ausgerichteten Geschlechter-, Paar- und Familiensoziologie hinaus. Im Umkehrschluss kann jedoch der Komplexität des Einzelfalls (wie in Kap. 5) in einer vergleichenden Studie nur begrenzt Rechnung getragen werden.

In Bezug auf das Sample lässt sich ein ethnisches und Mittelschichtsbias sowie das Übergewicht an ungleichgeschlechtlichen gegenüber gleichgeschlechtlichen Doppelverdiener- und Doppelkarrierepaaren kritisieren, welche sich durch Schwierigkeiten in der Rekrutierung ergeben haben (vgl. Kap. 4). Empirische Studien, die an die vorliegenden Ergebnisse anknüpfen, sollten daher idealerweise deutlich mehr gleichgeschlechtliche und Paare in prekären Arbeits- und Einkommensverhältnissen interviewen. Für eine theoretische und empirische Weiterentwicklung einer prozessualen Perspektive auf Aushandlungen in Paaren zu Elternzeit und innerfamilialer Arbeitsteilung wäre eine qualitative Panelstudie, ebenfalls bestehend aus Einzel- und Paarinterviews, ein Gewinn.

Des Weiteren standen in der vorliegenden Studie Paare im Fokus, die sich die Elternzeit (mit Elterngeldbezug) geteilt haben. Zu vermuten ist, dass Paare, die sich die Elternzeit nicht teilen und in denen ausschließlich die Mutter Elternzeit/-geld in Anspruch nimmt, auf die Begründungsfigur ‚Hegemonic Mothering' rekurrieren. Um zu einer weiteren Ausdifferenzierung der Begründungsfiguren zu gelangen, sollte in zukünftigen Studien das Sample um Paare erweitert werden, die sich die Elternzeit nicht teilen und solche, die über den Elterngeldzeitraum von vierzehn Monaten hinaus Elternzeit in Anspruch nehmen.

Entgegen des aktuellen Forschungsstandes, der auf zentrale Unterschiede in den „Rahmungen aktiver Vaterschaft" von Paaren zwischen Ost- und Westdeutschland verweist (Behnke 2012, Behnke et al. 2013), zeigten sich in der Analyse der Begründungsfiguren *keine* systematischen Unterschiede in den Selbst- und Fremdzuschreibungen von Betreuungsverantwortung als auch den Relevantsetzungen und Bedeutungszuschreibungen von Erwerbstätigkeit, Karriere oder Einkommen. Inwiefern dies ein allgemeingültiger Befund ist oder begrenzte Gültigkeit durch das Sample von Doppelverdiener- und Doppelkarrierepaaren beanspruchen kann, gilt es in weiteren empirischen Untersuchungen zu überprüfen.

Zu berücksichtigen gilt es v. a. in quantitativen Studien zur Elternzeitaufteilung, dass zum einen von der formalen Elternzeit nicht ohne weiteres auf die alltägliche

Betreuungspraxis zu schließen ist (vgl. Kap. 5.3 für die Entkopplung von Elternzeit und Betreuungsarbeit sowie Kap. 4.1 für die methodologische Reflexion des dieser Studie zugrunde liegenden Datenmaterials). Zum anderen verweisen die verschiedenen Arrangements von Elternzeit/-geld und Teilzeitarbeit (Kap. 7) auf eine notwendige Differenzierung in der Datenanalyse: Elternteile, die bis zu 30 Wochenstunden in Kombination mit Elternzeit/-geld arbeiten, können zeitlich deutlich weniger zu Hause das Kind betreuen, als Elternteile, die weniger oder gar nicht während ihrer Elternzeit erwerbsarbeiten. Somit gilt es in statistischen Analysen entsprechend differenzierter die Elternzeitarrangements zu berücksichtigen und eine methodologische Reflexion zur Aussagekraft von Daten zu *formalen* Elternzeiten zu leisten.

In Anknüpfung an die diskutierten Ergebnisse lässt sich fragen, wie und welche Zuschreibungen von Betreuungsverantwortung Arbeitgeber, Arbeitskollegen bzw. allgemein Arbeitsorganisationen, Freunde und Familien sowie andere relevante Institutionen und Akteure aushandeln.

Bleibt zum Schluss die Frage, inwiefern das Bundeselterngeld- und Elternzeitgesetz (BEEG) ein *neues Vorzeichen* für die Arbeitsteilung von Paaren in der Familiengründungsphase darstellt. Die konstatierte Widersprüchlichkeit der Leitbilder im Gesetz selbst und in der deutschen Familien- und Sozialpolitik (vgl. Kap. 2.1) spiegelt sich in paarinternen Begründungsfiguren zur Selbst- und Fremdzuschreibung von Betreuungsverantwortung wider. Zwar stellt das untersuchte Sample die ‚Avantgarde' dar, da *beide* Partner Elternzeit/-geld in Anspruch nehmen, repräsentiert dennoch ein ausdifferenziertes Kontinuum von Paaren, in denen eine traditionale Arbeitsteilung ‚trotz' Elternzeit beider Elternteile konstatiert werden kann, bis hin zu Paaren, die die neue gesetzliche Regelung für eine geteilte Fürsorge- und Ernährerverantwortung nutzen. Die Aushandlungen der Paare zu Elternzeit und Elterngeld changieren zwischen Selbstverständlichkeit, Option und Notwendigkeit, und gestalten sich seltener konsensuell, sondern vielmehr konfliktreich.

Der aktuell beobachtbare Wandel in den Geschlechterverhältnissen findet nicht zuletzt auf der Ebene un-/gleichgeschlechtlicher Elternpaare statt – in paarinternen Aushandlungen, in denen individuelle Präferenzen, Ideale der Lebensführung, institutionalisierte Geschlechterannahmen, familienpolitische Angebote und ökonomische Rahmungen komplex verwoben werden und dabei von den Paaren in unterschiedlichster Manier abgerufen, relevant gemacht oder negiert werden können.

Literaturverzeichnis

Achatz, Juliane 2005. Geschlechtersegregation im Arbeitsmarkt, in Abraham, Martin und Thomas Hintz (Hg.): *Arbeitsmarktsoziologie: Probleme, Theorien, empirische Befunde.* Wiesbaden: VS Verlag, 263–301.

Allan, Graham 1980. A Note on Interviewing Spouses Together. *Journal of Marriage and the Family* 42(1), 205–210.

Allen, Sarah M. und Alan J. Hawkins 1999. Maternal Gatekeeping: Mothers' Beliefs and Behaviors That Inhibit Greater Father Involvement in Family Work. *Journal of Marriage and Family* 61(1), 199–212.

Allert, Tilman 1997. Zwei zu Drei: soziologische Anmerkungen zur Liebe des Paares. Teil II. *System Familie* 10(1), 31–43.

Allert, Tilman 1998. *Die Familie: Fallstudien zur Unverwüstlichkeit einer Lebensform.* Berlin: de Gruyter.

Allmendinger, Jutta und Wolfgang Ludwig-Mayerhofer 2002. *Arbeits- und Ergebnisbericht an die DFG. Thema: Gemeinsam leben, getrennt wirtschaften – Grenzen der Individualisierung in Paarbeziehungen: Arbeitspapier 16, SFB 536, Projekt B6.*

Anderson, Bridget 2000. *Doing the Dirty Work? The Global Politics of Domestic Labour.* London: Zed Books.

Auth, Diana, Simone Leiber und Sigrid Leitner 2011. Sozialpolitik als Instrument der Geschlechtergerechtigkeit. *Gruppendynamik & Organisationsberatung* 42, 151–162.

Ayaß, Ruth 2008. *Kommunikation und Geschlecht: Eine Einführung.* Stuttgart: Kohlhammer.

Backett, Kathryn C. 1982. *Mothers and Fathers: A Study of the Development and Negotiation of Parental Behaviour.* London: Macmillan.

Bambey, Andrea und Hans-Walter Gumbinger 2006. »Neue Väter – andere Kinder?«: Das Vaterbild im Umbruch – Zwischen gesellschaftlichen Erwartungen und realer Umsetzung. *Forschung Frankfurt* 4, 26–31.

Bateson, Gregory 1972. *Steps to an Ecology of Mind.* Chicago: University of Chicago Press.

Bathmann, Nina, Waltraud Cornelißen und Dagmar Müller 2012. *Gemeinsam zum Erfolg?: Berufliche Karrieren von Frauen in Paarbeziehungen*: Springer VS.

Becker, Gary S. 1991. *A Treatise on the Family.* Cambridge: Harvard University Press.

Becker, Jürgen 2012. Rekord: Jeder dritte Vater in Sachsen geht in Elternzeit. *Freie Presse.* 28. Oktober 2012. URL: http://www.freiepresse.de/NACHRICHTEN/TOP-THEMA/Rekord-Jeder-dritte-Vater-in-Sachsen-geht-in-Elternzeit-artikel8139581.php [Stand 2013-01-04].

Becker-Schmidt, Regina 1985. *Eines ist zuwenig – beides ist zuviel: Erfahrungen von Arbeiterfrauen zwischen Familie und Fabrik*. 2. Aufl. Bonn: Verlag Neue Gesellschaft.

Beck-Gernsheim, Elisabeth 1980. *Das halbierte Leben: Männerwelt Beruf, Frauenwelt Familie*. Frankfurt a. M.: Fischer.

Beckmann, Sabine 2007. Die geteilte Arbeit?: Möglichkeiten einer sozialpolitischen Steuerung des Careverhaltens von Männern. *Zeitschrift für Familienforschung* 19(3), 371–392.

Beck, Ulrich 1986. *Risikogesellschaft: Auf dem Weg in eine andere Moderne*. Frankfurt a. M.: Suhrkamp.

Beck, Ulrich und Elisabeth Beck-Gernsheim 1990. *Das ganz normale Chaos der Liebe*. Frankfurt a. M.: Suhrkamp.

Behnke, Cornelia 2011. „Pass auf Kumpel, ich mach mal'n Jahr Familienauszeit": Aktive Väter im Milieuvergleich. *Polis. Analysen – Meinungen – Debatten* 54, 58–67.

Behnke, Cornelia 2012. *Partnerschaftliche Arrangements und väterliche Praxis in Ost- und Westdeutschland: Paare erzählen*. Opladen: Barbara Budrich.

Behnke, Cornelia, Diana Lengersdorf und Michael Meuser 2013. Egalitätsansprüche vs. Selbstverständlichkeiten: Unterschiedliche Rahmungen väterlichen Engagements bei Paaren aus den westlichen und den östlichen Bundesländern, in Rusconi, Alessandra et al. (Hg.): *Paare und Ungleichheit(en): Eine Verhältnisbestimmung*. Leverkusen: Barbara Budrich. GENDER. Zeitschrift für Geschlecht, Kultur und Gesellschaft, Sonderheft 2, 192–209.

Behnke, Cornelia und Michael Meuser 1999. *Geschlechterforschung und qualitative Methoden*. Opladen: Leske + Budrich.

Behnke, Cornelia und Michael Meuser 2003. Vereinbarkeitsmanagement: Die Herstellung von Gemeinschaft bei Doppelkarrierepaaren. *Soziale Welt* 54, 163–174.

Behnke, Cornelia und Michael Meuser 2004. *Projekt „Doppelkarrierepaare". Arbeitsbericht: „Immer alles am Laufen haben" – Arrangements von Doppelkarrierepaaren zwischen Beruf und Familie*. Dortmund.

Behnke, Cornelia und Michael Meuser 2005. Vereinbarkeitsmanagement. Zuständigkeiten und Karrierechancen bei Doppelkarrierepaaren, in Solga, Heike und Christine Wimbauer (Hg.): *„Wenn zwei das Gleiche tun ...": Ideal und Realität sozialer (Un-)Gleichheit in Dual Career Couples*. Opladen: Barbara Budrich, 123–140.

Behrend, Olaf 2013. Familie, Rationalisierungsdynamik und Autonomisierung der Lebensführung: Was leisten Familien, womit sind Familien konfrontiert und wie ist die aktuelle Familienpolitik diesbezüglich zu bewerten, in Boos-Nünning, Ursula und Margit Stein (Hg.): *Familie als Ort von Erziehung, Bildung und Sozialisation*. Münster: Waxmann, 123–146.

Bennett, Linda A. und Katharine McAvity 1994. Family Research: A Case for Interviewing Couples, in Handel, Gerald und Gail G. Whitchurch (Hg.): *The Psychosocial Interior of the Family*. New York: de Gruyter, 87–107.

Berger, Peter L. 1998. *Erlösendes Lachen: Das Komische in der menschlichen Erfahrung*. Berlin: de Gruyter.

Berger, Peter L. und Hansfried Kellner 1965. Die Ehe und die Konstruktion der Wirklichkeit: Eine Abhandlung zur Mikrosoziologie des Wissens. *Soziale Welt* 16, 220–235.

Berger, Peter L. und Thomas Luckmann 2004 [1966]. *Die gesellschaftliche Konstruktion der Wirklichkeit: Eine Theorie der Wissenssoziologie*. 20. Aufl. Frankfurt a. M.: Fischer.

Berghahn, Sabine 2007. Das System des Ehegattenunterhalts – ein Konzept für das 21. Jahrhundert?, in Berghahn, Sabine (Hg.): *Unterhalt und Existenzsicherung. Recht und Wirklichkeit in Deutschland*. Baden-Baden: Nomos, 27–54.

Bergold, Pia und Marina Rupp 2011. Konzepte der Elternschaft in gleichgeschlechtlichen Lebensgemeinschaften, in Rupp, Marina (Hg.): *Partnerschaft und Elternschaft bei gleichgeschlechtlichen Paaren: Verbreitung, Institutionalisierung und Alltagsgestaltung.* Leverkusen: Barbara Budrich. Zeitschrift für Familienforschung, Sonderheft 7, 119–146.

Berk, Richard A. und Sarah Fenstermaker Berk 1983. Supply-Side Sociology of the Family: The Challenge of the New Home Economics. Annual Review of Sociology 9(1), 375–395.

Berk, Sarah Fenstermaker 1985. *The Gender Factory: The Apportionment of Work in American Households.* New York: Plenum Publishers.

Bertram, Hans 2006. Nachhaltige Familienpolitik im europäischen Vergleich, in Berger, Peter A. und Heike Kahlert (Hg.): *Der demographische Wandel: Chancen für die Neuordnung der Geschlechterverhältnisse.* Frankfurt a. M.: Campus, 203–236.

Bittman, Michael, u. a. 2003. When Does Gender Trump Money?: Bargaining and Time in Household Work. *The American Journal of Sociology* 109(1), 186–214.

Blood, Robert O. und Donald M. Wolfe. 1960. *Husbands & Wives: The Dynamics of Married Living.* Glencoe: Free Press.

Blossfeld, Hans-Peter und Sonja Drobnič (Hg.) 2001. *Careers of Couples in Contemporary Societies: From Male Breadwinner to Dual Earner Families.* Oxford, New York: Oxford University Press.

Blumer, Herbert 2004 [1969]. Der methodologische Standort des symbolischen Interaktionismus, in Strübing, Jörg und Bernt Schnettler (Hg.): *Methodologie interpretativer Sozialforschung: Klassische Grundlagentexte.* Konstanz: UVK Verlagsgesellschaft, 319–385.

Blumstein, Philip und Pepper Schwartz 1983. *American Couples: Money, Work, Sex.* Newbury Park: Morrow.

Boll, Christina 2011. Entwicklung der Geburtenziffer in Deutschland. *Update. Wissens-Service des HWWI* 08, 1–2. URL: http://www.hwwi.org/uploads/tx_wilpubdb/HWWI_Update_08.11.pdf [Stand 2012-07-24].

Boll, Christina, Julian Leppin und Nora Reich 2011. *Einfluss der Elternzeit von Vätern auf die familiale Arbeitsteilung im internationalen Vergleich: Studie im Auftrag des Bundesministeriums für Familie, Senioren, Frauen und Jugend.*

Born, Claudia, Helga Krüger und Dagmar Lorenz-Meyer 1996. *Der unentdeckte Wandel: Annäherung an das Verhältnis von Struktur und Norm im weiblichen Lebenslauf.* Berlin: Edition Sigma.

Bothfeld, Silke 2006. Das Elterngeld – Einige Anmerkungen zum Unbehagen mit der Neuregelung. *femina politica* (2), 102–107.

Breuer, Franz 2009. *Reflexive Grounded Theory: Eine Einführung für die Forschungspraxis.* Wiesbaden: VS Verlag.

Brines, Julie 1994. Economic Dependency, Gender, and the Division of Labor at Home. *The American Journal of Sociology* 100(3), 652–688.

Buba, Hans P. und Laszlo A. Vaskovics 2001. *Benachteiligung gleichgeschlechtlich orientierter Personen und Paare: Studie im Auftrag des Bundesministeriums der Justiz.* Köln: Bundesanzeiger.

Büchner, Charlotte, u. a. 2006. *Wirkungsstudie „Elterngeld": Gutachten des DIW Berlin im Auftrag des Bundesministeriums für Familie, Senioren, Frauen und Jugend; 10. Januar 2006.* Berlin: DIW.

Bundesministerium für Familie, Senioren, Frauen und Jugend (BMFSFJ) 2004. *Bericht zur Elternzeit: Auswirkungen der §§ 15 und 16 Bundeserziehungsgeldgesetz.* Berlin.

Bundesministerium für Familie, Senioren, Frauen und Jugend (BMFSFJ) 2011. *Zeit für Familie. Ausgewählte Themen des 8. Familienberichts: Monitor Familienforschung.* Berlin.

Bundesverfassungsgericht 2011a. *Normenkontrollantrag betreffend die Regelung der Bezugszeit von Elterngeld – „Partnermonate" – unzulässig.* URL: http://www.bverfg.de/pressemitteilungen/bvg11-059.html [Stand 2011-09-20].

Bundesverfassungsgericht 2011b. *Erfolglose Verfassungsbeschwerde gegen die Ausgestaltung des Elterngeldes als Einkommensersatzleistung: Nr. 76.* URL: http://rsw.beck.de/CMS/main?toc=njw.root&docid=325312 [Stand 2011-11-30].

Burkart, Günter 1994. *Die Entscheidung zur Elternschaft: Eine empirische Kritik von Individualisierungs- und Rational-Choice-Theorien.* Stuttgart: Enke.

Burkart, Günter 2007. Eine Kultur des Zweifels: Kinderlosigkeit und die Zukunft der Familie, in Konietzka, Dirk und Michaela Kreyenfeld (Hg.): *Ein Leben ohne Kinder: Kinderlosigkeit in Deutschland.* Wiesbaden: VS Verlag, 401–423.

Burkart, Günter 2009a. Einblicke in die Zukunft der Familie, in Burkart, Günter (Hg.): *Zukunft der Familie: Prognosen und Szenarien. Sonderheft 6 der Zeitschrift für Familienforschung.* Opladen: Barbara Budrich, 9–28.

Burkart, Günter 2009b. Gründungsmythen und andere Mechanismen der Institutionalisierung von Einheit in Paarbeziehungen. *Sozialer Sinn* 10(2), 249–264.

Burkart, Günter und Cornelia Koppetsch 2001. Geschlecht und Liebe. Überlegungen zu einer Soziologie des Paares. *Kölner Zeitschrift für Soziologie und Sozialpsychologie* 53(Sonderheft 41), 431–453.

Busch, Gabriele, Doris Hess-Diebäcker und Marlene Stein-Hilbers 1988. *Den Männern die Hälfte der Familie – den Frauen mehr Chancen im Beruf.* Weinheim: Deutscher Studien Verlag.

Carey, James W. 2002. Cultural Studies and Symbolic Interactionism: Notes in Critique and Tribute to Norman Denzin. *Studies in Symbolic Interaction* 25, 199–209.

Christopher, Karen 2012. Extensive Mothering: Employed Mother's Constructions of the Good Mother. *Gender & Society* 26(1), 73–96.

Clarke, Adele E. 2012. *Situationsanalyse. Grounded Theory nach dem Postmodern Turn.* Wiesbaden: VS Verlag.

Coltrane, Scott 1996. *Family Man: Fatherhood, Housework, and Gender Equity.* New York: Oxford University Press.

Connell, R.W. und James W. Messerschmidt 2005. Hegemonic Masculinity: Rethinking the Concept. *Gender & Society* 19(6), 829–859.

Connell, R.W. 2006. *Der gemachte Mann: Konstruktion und Krise von Männlichkeiten.* 3. Aufl. Opladen: Leske + Budrich.

Cornelißen, Waltraud, Alessandra Rusconi und Ruth Becker (Hg.) 2011. *Berufliche Karrieren von Frauen: Hürdenläufe in Partnerschaft und Arbeitswelt.* Wiesbaden: VS Verlag.

Corsten, Michael 1994. Beschriebenes und wirkliches Leben. Die soziale Realität biographischer Kontexte und Biographie als soziale Realität. *BIOS. Zeitschrift für Biographieforschung, oral history und Lebensverlaufsanalysen* 7, 185–205.

Dalton, Susan E. und Denise D. Bielby 2000. „That's our kind of constellation". Lesbian Mothers Negotiate Institutionalized Understandings of Gender within the Family. *Gender & Society* 14(1), 36–61.

Degele, Nina und Dominique Schirmer 2004. Selbstverständlich heteronormativ: zum Problem der Reifizierung in der Geschlechterforschung, in Buchen, Sylvia, Claudia

Helfferich und Maja S. Maier (Hg.): *Gender methodologisch: Empirische Forschung in der Informationsgesellschaft vor neuen Herausforderungen.* Wiesbaden: VS Verlag, 107–122.
Denzin, Norman K. 2005. Symbolischer Interaktionismus, in Flick, Uwe, Ernst von Kardoff und Ines Steinke (Hg.): *Qualitative Forschung. Ein Handbuch.* Reinbek bei Hamburg: Rowohlt, 136–150.
Deppermann, Arnulf 2013. Interview als Text vs. Interviews als Interaktion. *Forum: Qualitative Sozialforschung (FQS)* 14(3). URL: http://nbn-resolving.de/urn:nbn:de:0114-fqs1303131.
Deutscher Bundestag 2004. *Bericht über die Auswirkungen der §§ 15 und 16 Bundeserziehungsgeldgesetz. Bundesdrucksache 15/3400.* Berlin.
Deutscher Bundestag 2006a. *Gesetzentwurf der Fraktionen der CDU/CSU und SPD: Entwurf eines Gesetzes zur Einführung des Elterngeldes.* Berlin.
Deutscher Bundestag 2006b. *Siebter Familienbericht: Familie zwischen Flexibilität und Verlässlichkeit: Perspektiven für eine lebenslaufbezogene Familienpolitik. Drucksache 16/1360.*
Deutscher Bundestag 2006c. Gesetz zum Elterngeld und zur Elternzeit (Bundeselterngeld- und Elternzeitgesetz – BEEG), 28.03.2009.
Deutscher Bundestag 2008. *Bericht über die Auswirkungen des Bundeselterngeld- und Elternzeitgesetzes sowie über die gegebenenfalls notwendige Weiterentwicklung. Bundesdrucksache 16/10770.* Berlin.
Deutscher Bundestag 2012. *Achter Familienbericht: Zeit für Familie: Familienzeitpolitik als Chance einer nachhaltigen Familienpolitik. Drucksache 17/9000.*
Deutsch, Francine M. 1999. *Halving It All: How Equally Shared Parenting Works.* Cambridge: Harvard University Press.
Deutsch, Francine M. 2001. Equally Shared Parenting. *Current Directions in Psychological Science* 10(1), 25–28.
Deutsch, Francine M. 2007. Undoing Gender. *Gender & Society* 21(1), 106–127.
Diezinger, Angelika und Maria S. Rerrich 1998. Die Modernisierung der Fürsorglichkeit in der alltäglichen Lebensführung junger Frauen: Neuerfindung des Altbekannten?, in Oechsle, Mechtild und Birgit Geissler (Hg.): *Die ungleiche Gleichheit: Junge Frauen und der Wandel im Geschlechterverhältnis.* Opladen: Leske + Budrich, 165–183.
Döge, Peter 2007. Männer – auf dem Weg zu aktiver Vaterschaft? *Aus Politik und Zeitgeschichte* (7), 27–32.
Downing, Jordan B. und Abbie E. Goldberg 2011. Lesbian Mother's Constructions of the Division of Paid and Unpaid Labor. *Feminism & Psychology* 21(1), 100–120.
Drasch, Katrin 2011. Zwischen familiärer Prägung und institutioneller Steuerung. Familienbedingte Erwerbsunterbrechungen von Frauen in Ost- und Westdeutschland und der DDR, in Berger, Peter A., Karsten Hank und Angelika Tölke (Hg.): *Reproduktion von Ungleichheit durch Arbeit und Familie.* Wiesbaden: VS Verlag, 171–200.
Duden/ Wissenschaftlicher Rat der Dudenredaktion (Hg.) 1997. *Duden. Das Fremdwörterbuch.* 6. Aufl. Mannheim u. a.: Dudenverlag.
Dürnberger, Andrea 2011. Die Verteilung elterlicher Aufgaben in lesbischen Partnerschaften, in Rupp, Marina (Hg.): *Partnerschaft und Elternschaft bei gleichgeschlechtlichen Paaren: Verbreitung, Institutionalisierung und Alltagsgestaltung.* Leverkusen: Barbara Budrich. Zeitschrift für Familienforschung, Sonderheft 7, 147–166.
Ehnis, Patrick 2008. Hegemoniale Mütterlichkeit: Vom selbstverständlichen Einverständnis in die geschlechtstypische Arbeitsteilung nach der Geburt eines Kindes, in Marburger Gender-Kolleg (Hg.): *Geschlecht Macht Arbeit: Interdisziplinäre Perspektiven und politische Intervention.* Münster: Westfälisches Dampfboot, 56–69.

Ehnis, Patrick 2009. *Väter und Erziehungszeiten: Politische, kulturelle und subjektive Bedingungen für mehr Engagement in der Familie*. Sulzbach/Taunus: Ulrike Helmer Verlag.
Ehrenreich, Barbara und Arlie R. Hochschild (Hg.) 2003. *Global Woman: Nannies, Maids, and Sex Workers in the New Economy*. New York: Metropolitan Books.
Ehrensaft, Diane 1984. When Women and Men Mother, in Trebilcot, Joyce (Hg.): *Mothering: Essays in Feminist Theory*. Totowa, N.J.: Rowman & Allanheld, 41–61.
Ehrensaft, Diane 1987. *Parenting Together: Men and Women Sharing the Care of their Children*. New York: Free Press.
Erdmann, Lisa 2011. Mythos „neuer Vater". Spielen ja, spülen nein. *Spiegel Online*. 4. November 2011. URL: http://www.spiegel.de/politik/deutschland/0,1518,793908,00.html [Stand 2011-11-07].
Esping-Andersen, Gøsta 1991. *The Three Worlds of Welfare Capitalism*. Cambridge: Polity Press.
Esping-Andersen, Gøsta 1999. *Social Foundations of Postindustrial Economies*. New York: Oxford University Press.
Evertsson, Lars und Charlott Nyman 2009. If not Negotiation, then what? Gender Equality and the Organization of Everyday Life in Swedish Couples. *Interpersona* 3(1), 33–59.
Fagan, Jay und Marina Barnett 2003. The Relationship between Maternal Gatekeeping, Paternal Competence, Mothers' Attitudes about the Father Role, and Father Involvement. *Journal of Family Issues* 24(8), 1020–1043.
Farahat, Anuscheh, u. a. 2006. Exklusive Emanzipation. Zur Frauen- und Familienpolitik der großen Koalition. *Blätter für deutsche und internationale Politik* 51, 985–994.
Fenstermaker, Sarah, Candace West und Don H. Zimmerman 1991. Gender Inequality: New Conceptual Terrain, in Blumberg, Rae L. (Hg.): *Gender, Family, and Economy: The Triple Overlap*. Newbury Park: Sage, 289–307.
Flaake, Karin 2009. Geteilte Elternschaft – Veränderte Geschlechterverhältnisse?: Ergebnisse einer empirischen Studie zu Familiendynamiken und Sozialisationsprozessen, in Villa, Paula-Irene und Barbara Thiessen (Hg.): *Mütter – Väter: Diskurse, Medien, Praxen*. Münster: Westfälisches Dampfboot, 128–142.
Flaake, Karin 2011. Geteilte Elternschaft – veränderte Geschlechterverhältnisse? Ergebnisse einer empirischen Studie zu Familiendynamiken und Sozialisationsprozessen. *Polis. Analysen – Meinungen – Debatten* 54, 23–43.
Fox, Bonnie 2009. *When Couples Become Parents: The Creation of Gender in the Transition to Parenthood*. Toronto: University of Toronto Press.
Fraser, Nancy 1994. After the Family Wage: Gender Equity and the Welfare State. *Political Theory* 22(4), 591–618.
Fraser, Nancy 1996. Gender Equity and the Welfare State: A Postindustrial Thought Experiment, in Benhabib, Seyla (Hg.): *Democracy and Difference: Contesting the Boundaries of the Political*. Princeton: Princeton University Press, 218–241.
Frevert, Ute 1986. *Frauen-Geschichte zwischen bürgerlicher Verbesserung und neuer Weiblichkeit*. Frankfurt a. M.: Suhrkamp.
Fthenakis, Wassilios E. 1999. *Engagierte Vaterschaft: Die sanfte Revolution in der Familie*. Opladen: Leske + Budrich.
Fthenakis, Wassilios E., Bernhard Kalicki und Gabriele Peitz 2002. *Paare werden Eltern: Die Ergebnisse der LBS-Familien-Studie*. Opladen: Leske + Budrich.
Funder, Maria, u. a. 2008. Geschlechterverhältnisse im Spannungsfeld von Arbeit, Politik und Kultur, in Marburger Gender-Kolleg (Hg.): *Geschlecht Macht Arbeit: Interdisziplinäre Perspektiven und politische Intervention*. Münster: Westfälisches Dampfboot, 7–18.

Garfinkel, Harold 1984 [1967]. *Studies in Ethnomethodology*. Cambridge: Polity Press.
Gärtner, Marc 2012. *Männer und Familienvereinbarkeit: Betriebliche Personalpolitik, Akteurskonstellationen und Organisationskulturen*. Opladen: Budrich UniPress.
Gather, Claudia 1996. *Konstruktionen von Geschlechterverhältnissen: Machtstrukturen und Arbeitsteilung bei Paaren im Übergang in den Ruhestand*. Berlin: Edition Sigma.
Gather, Claudia, Birgit Geissler und Maria S. Rerrich (Hg.) 2002. *Weltmarkt Privathaushalt: Bezahlte Haushaltsarbeit im globalen Wandel*. Münster: Westfälisches Dampfboot.
Gaunt, Ruth 2008. Maternal Gatekeeping: Antecedents and Consequences. *Journal of Family Issues* 29(3), 373–395.
Geisler, Esther und Michaela Kreyenfeld 2012. How Policy Matters: Germany's Parental Leave Benefit Reform and Fathers' Behavior 1999–2009. MPIDR Working Paper. Rostock. URL: http://www.demogr.mpg.de/papers/working/wp-2012-021.pdf [Stand 2012-08-28].
Geissler, Birgit 2009. Machtfragen zwischen Familie und Erwerbsarbeit: Die Kosten der Kinder in der Familiengründung und danach, in Löw, Martina (Hg.): *Geschlecht und Macht: Analysen zum Spannungsfeld von Arbeit, Bildung und Familie*. Wiesbaden: VS Verlag, 31–46.
Geissler, Birgit und Mechtild Oechsle 1996. *Lebensplanung junger Frauen: Zur widersprüchlichen Modernisierung weiblicher Lebensläufe*. Weinheim: Deutscher Studien Verlag.
Gerlach, Irene, Helmut Schneider und David Juncke 2009. Elternzeit und -geld als familienpolitische Instrumente: Entwicklung, Zielsetzung und empirische Befunde aus deutschen Unternehmen. *Sozialer Fortschritt* 58(12), 273–282.
Gerlach, Irene 2010. *Familienpolitik*. 2. Aufl. Wiesbaden: VS Verlag.
Gesterkamp, Thomas 2007. *Die Krise der Kerle: Männlicher Lebensstil und der Wandel der Arbeitsgesellschaft*. Berlin, Münster: Lit.
Gesterkamp, Thomas 2010. *Die neuen Väter zwischen Kind und Karriere*. 2. Aufl. Opladen: Barbara Budrich.
Giddens, Anthony 1988. *Die Konstitution der Gesellschaft: Grundzüge einer Theorie der Strukturierung*. Frankfurt a. M.: Campus.
Gildemeister, Regine, u. a. 2003. *Geschlechterdifferenzierungen im Horizont der Gleichheit: Exemplarische Analysen zu Berufskarrieren und zur beruflichen Praxis im Familienrecht*. Wiesbaden: Westdeutscher Verlag.
Gildemeister, Regine 2008. Soziale Konstruktion von Geschlecht: „Doing gender", in Wilz, Sylvia M. (Hg.): *Geschlechterdifferenzen – Geschlechterdifferenzierungen: Ein Überblick über gesellschaftliche Entwicklungen und theoretische Positionen*. Wiesbaden: VS Verlag, 167–198.
Gildemeister, Regine und Katja Hericks 2012. *Geschlechtersoziologie: Theoretische Zugänge zu einer vertrackten Kategorie des Sozialen*. München: Oldenbourg.
Gildemeister, Regine und Günther Robert 1998. Im Spannungsfeld von Rationalisierung der Arbeitswelt und „postindustriellem Haushaltssektor": Vergeschlechtlichung, Neutralisierung und Revergeschlechtlichung, in Brandes, Holger und Regine Roemhild (Hg.): *Männernormen und Frauenrollen: Geschlechterverhältnisse in der sozialen Arbeit*. Leipzig: Evang. Verl.-Anst., 53–71.
Gildemeister, Regine und Günther Robert 1999. Vergeschlechtlichung – Entgrenzung – Revergeschlechtlichung: Geschlechterdifferenzierende Arbeitsteilung zwischen Rationalisierung der Arbeitswelt und „postindustriellem Haushaltssektor", in Honegger, Claudia, Stefan Hradil und Franz Traxler (Hg.): *Grenzenlose Gesellschaft?* Band 2. Opladen: Leske + Budrich, 110–126.

Gildemeister, Regine und Günther Robert 2008. *Geschlechterdifferenzierungen in lebenszeitlicher Perspektive: Interaktion – Institution – Biografie*. Wiesbaden: VS Verlag.
Gildemeister, Regine und Angelika Wetterer 1992. Wie Geschlechter gemacht werden, in Knapp, Gudrun-Axeli und Angelika Wetterer (Hg.): *TraditionenBrüche. Entwicklungen feministischer Theorie*. Freiburg: Kore Verlag, 201–254.
Gildemeister, Regine und Angelika Wetterer (Hg.) 2007. *Erosion oder Reproduktion geschlechtlicher Differenzierungen?: Widersprüchliche Entwicklungen in professionalisierten Berufsfeldern und Organisationen*. Münster: Westfälisches Dampfboot.
Glaser, Barney G. und Anselm L. Strauss. 1968. *The Discovery of Grounded Theory: Strategies for Qualitative Research*. London: Weidenfels and Nicolson.
Goffman, Erving 1977a. *Rahmen-Analyse: Ein Versuch über die Organisation von Alltagserfahrungen*. Frankfurt a. M.: Suhrkamp.
Goffman, Erving 1977b. The Arrangement between the Sexes. *Theory and Society* 4(3), 301–331.
Goffman, Erving 2001 [1994]. *Interaktion und Geschlecht*. 2. Aufl. Frankfurt a. M.: Campus.
Goffman, Erving 2003 [1969]. *Wir alle spielen Theater: Die Selbstdarstellung im Alltag*. München, Zürich: Piper.
Goldberg, Abbie E. und Maureen Perry-Jenkins 2007. The Division of Labor and Perceptions of Parental Roles: Lesbian Couples across the Transition to Parenthood. *Journal of Social and Personal Relationships* 24(2), 297–318.
Gottschall, Karin 2000. *Soziale Ungleichheit und Geschlecht: Kontinuitäten und Brüche, Sackgassen und Erkenntnispotentiale im deutschen soziologischen Diskurs*. Opladen: Leske + Budrich.
Gottschall, Karin und Birgit Pfau-Effinger (Hg.) 2002. *Zukunft der Arbeit und Geschlecht: Diskurse, Entwicklungspfade und Reformoptionen im internationalen Vergleich*. Opladen: Leske + Budrich.
Graf, Yolanda 2012. Männer in Elternzeit. Alltag mit Windeln, Fläschchen und Babyliedern. *Frankfurter Allgemeine Zeitung. Rhein-Main.* 27. August 2012. URL: http://www.faz.net/aktuell/rhein-main/maenner-in-elternzeit-alltag-mit-windeln-flaeschchen-und-babyliedern-11870270.html [Stand 2012-09-25].
Grandke, Anita 2001. Die Familienpolitik der DDR auf der Grundlage der Verfassung von 1949 und deren Umsetzung durch die Sozialpolitik, in Manz, Günter, Ekkehard Sachse und Gunnar Winkler (Hg.): *Sozialpolitik in der DDR: Ziele und Wirklichkeit*. Berlin: trafo-Verlag, 317–336.
Greenstein, Theodore N. 2000. Economic Dependence, Gender, and the Division of Labor in the Home: A Replication and Extension. *Journal of Marriage and the Family* 62(2), 322–335.
Groeben, Nadin 2011. Braucht Man(n) einen finanziellen Anreiz für die Familienarbeit? Über den Einfluss finanzieller und gesellschaftlicher Rahmenbedingungen auf die Väterbeteiligung an Elternzeit und Familienarbeit am Beispiel Elterngeld. (gender... politik... online). Berlin. URL: http://web.fu-berlin.de/gpo/pdf/nadin_groeben/nadin_groeben_.pdf [Stand 2011-03-25].
Gruescu, Sandra und Bert Rürup 2005. Nachhaltige Familienpolitik. *Aus Politik und Zeitgeschichte* (23-24), 3–6.
Grunow, Daniela, Florian Schulz und Hans-Peter Blossfeld 2007. Was erklärt die Traditionalisierungsprozesse häuslicher Arbeitsteilung im Eheverlauf: soziale Normen oder ökonomische Ressourcen? *Zeitschrift für Soziologie* 36(3), 162–181.

Gysi, Jutta und Dagmar Meyer 1993. Leitbild: berufstätige Mutter – DDR-Frauen in Familie, Partnerschaft und Ehe, in Helwig, Gisela und Hildegard M. Nickel (Hg.): *Frauen in Deutschland 1945-1992*. Berlin: Akademie Verlag, 139–165.

Haas, Linda und Tine Rostgaard 2011. Fathers' Rights to Paid Parental Leave in the Nordic Countries: Consequences for the Gendered Division of Leave. *Community, Work & Family* 14(2), 177–195.

Hagemann-White, Carol 1988. Wir werden nicht zweigeschlechtlich geboren, in Hagemann-White, Carol und Maria S. Rerrich (Hg.): *FrauenMännerBilder: Männer und Männlichkeit in der feministischen Diskussion*. Bielefeld: AJZ Verlag, 224–235.

Hagemann-White, Carol 1993. Die Konstrukteure des Geschlechts auf frischer Tat ertappen? Methodische Konsequenzen einer theoretischen Einsicht. *Feministische Studien* 11(2), 68.

Hagemann-White, Carol 1994. Der Umgang mit Zweigeschlechtlichkeit als Forschungsaufgabe, in Diezinger, Angelika (Hg.): *Erfahrung mit Methode: Wege sozialwissenschaftlicher Frauenforschung*. Freiburg: Kore Verlag, 301–318.

Hahn, Alois 1983. Konsensfiktionen in Kleingruppen: Dargestellt am Beispiel von jungen Ehen, in Neidhardt, Friedhelm (Hg.): *Gruppensoziologie: Perspektiven und Materialien*. Opladen: Westdeutscher Verlag. Kölner Zeitschrift für Soziologie und Sozialpsychologie, Sonderheft 25, 210–232.

Hausen, Karin 1976. Die Polarisierung der „Geschlechtscharaktere". Eine Spiegelung der Dissoziation von Erwerbs- und Familienleben, in Conze, Werner (Hg.): *Sozialgeschichte der Familie in der Neuzeit Europas: Neue Forschungen*. Stuttgart: E. Klett, 363–393.

Hays, Sharon 1996. *The Cultural Contradictions of Motherhood*. New Haven: Yale University Press.

Heintz, Bettina, u.a. 1997. *Ungleich unter Gleichen: Studien zur geschlechtsspezifischen Segregation des Arbeitsmarktes*. Frankfurt a. M.: Campus.

Heintz, Bettina und Eva Nadai 1998. Geschlecht und Kontext: De-Institutionalisierungsprozesse und geschlechtliche Differenzierung. *Zeitschrift für Soziologie* 27(2), 75–93.

Heinze, Rolf G., Josef Schmid und Christoph Strünck 1999. *Vom Wohlfahrtsstaat zum Wettbewerbsstaat: Arbeitsmarkt- und Sozialpolitik in den 90er Jahren*. Opladen: Leske + Budrich.

Helle, Horst J. 2001. *Theorie der Symbolischen Interaktion: Ein Beitrag zum verstehenden Ansatz in Soziologie und Sozialpsychologie*. Wiesbaden: Westdeutscher Verlag.

Henninger, Annette, Christine Wimbauer und Anke Spura 2007. Zeit ist mehr als Geld – Vereinbarkeit von Kind und Karriere bei Doppelkarriere-Paaren. *Zeitschrift für Frauen- und Geschlechterforschung* 3-4, 69–84.

Henninger, Annette, Anke Spura und Christine Wimbauer 2008a. Anerkennungschancen in Doppelkarriere-Paaren: Methodisches Vorgehen und Forschungsdesign für die Paar- und Einzelinterviews. *WZB Arbeitspapier* (10).

Henninger, Annette, Christine Wimbauer und Rosine Dombrowski 2008b. Geschlechtergleichheit oder „exklusive Emanzipation"? Ungleichheitssoziologische Implikationen der aktuellen familienpolitischen Reformen. *Berliner Journal für Soziologie* 18(1), 99–128.

Hensel, Jana 2009. Vater Morgana. *DIE ZEIT*. 30. Dezember 2009. URL: http://www.zeit.de/2010/01/Vaeter-01 [Stand 2011-07-29].

Hericks, Katja 2011. *Entkoppelt und institutionalisiert: Gleichstellungspolitik in einem deutschen Konzern*. Wiesbaden: VS Verlag.

Hermanns, Harry 2005. Interviewen als Tätigkeit, in Flick, Uwe, Ernst von Kardoff und Ines Steinke (Hg.): *Qualitative Forschung. Ein Handbuch*. Reinbek bei Hamburg: Rowohlt, 360–368.

Hertz, Rosanna 1986. *More Equal than Others: Women and Men in Dual-Career Marriages.* Berkeley: University of California Press.
Hettlage, Robert und Karl Lenz (Hg.) 1991. *Erving Goffman: Ein soziologischer Klassiker der zweiten Generation.* Stuttgart: UTB.
Hildenbrand, Bruno 2005. Anselm Strauss, in Flick, Uwe, Ernst von Kardoff und Ines Steinke (Hg.): *Qualitative Forschung. Ein Handbuch.* Reinbek bei Hamburg: Rowohlt, 32–42.
Hildenbrand, Bruno 2006. Dissensfiktionen bei Paaren, in Burkart, Günter (Hg.): *Die Ausweitung der Bekenntniskultur – neue Formen der Selbstthematisierung?* Wiesbaden: VS Verlag, 185–206.
Hill, Paul und Johannes Kopp 2013. *Familiensoziologie. Grundlagen und theoretische Perspektiven.* 5. Aufl. Wiesbaden: Springer VS.
Hirschauer, Stefan 1989. Die interaktive Konstruktion von Geschlechtszugehörigkeit. *Zeitschrift für Soziologie* 18(2), 100–118.
Hirschauer, Stefan 1994. Die soziale Fortpflanzung der Zweigeschlechtlichkeit. *Kölner Zeitschrift für Soziologie und Sozialpsychologie* (4), 668–692.
Hirschauer, Stefan 2001. Das Vergessen des Geschlechts. Zur Praxeologie einer Kategorie sozialer Ordnung. *Kölner Zeitschrift für Soziologie und Sozialpsychologie* 53(Sonderheft 41), 208–235.
Hirschauer, Stefan 2013. Geschlechts(in)differenz in geschlechts(un)gleichen Paaren. Zur Geschlechterunterscheidung in intimen Beziehungen, in Rusconi, Alessandra, u. a. (Hg.): *Paare und Ungleichheit(en): Eine Verhältnisbestimmung.* Leverkusen: Barbara Budrich. GENDER. Zeitschrift für Geschlecht, Kultur und Gesellschaft, Sonderheft 2, 37–56.
Hochschild, Arlie R. 2006. *Keine Zeit: Wenn die Firma zum Zuhause wird und zu Hause nur Arbeit wartet.* 2. Aufl. Wiesbaden: VS Verlag.
Hochschild, Arlie R. (mit Anne Machung) 1990. *Der 48-Stunden-Tag: Wege aus dem Dilemma berufstätiger Eltern.* Wien: Zsolnay.
Hochschild, Arlie R. 1989. *The Second Shift. Working Parents and the Revolution at Home.* New York: Avon.
Hopf, Christel 2005. Qualitative Interviews – ein Überblick, in Flick, Uwe, Ernst von Kardoff und Ines Steinke (Hg.): *Qualitative Forschung. Ein Handbuch.* Reinbek bei Hamburg: Rowohlt, 349–360.
Hucht, Margarete 2011. Warum Väter die Elternzeit fürchten. *Spiegel Online.* 18. November 2011. URL: http://www.spiegel.de/karriere/berufsleben/0,1518,796650,00.html [Stand 2011-11-21].
Huinink, Johannes und Elisabeth Reichart 2008. Der Weg in die traditionelle Arbeitsteilung – eine Einbahnstraße?, in Bien, Walter und Jan H. Marbach (Hg.): *Familiale Beziehungen, Familienalltag und soziale Netzwerke: Ergebnisse der drei Wellen des Familiensurvey.* Wiesbaden: VS Verlag, 43–79.
Institut der deutschen Wirtschaft Köln (IW) 2007. *Wachstumseffekte der demographischen Entwicklung – ein Triadevergleich D – EU – USA.* Köln.
Janczyk, Stefanie 2008. ‚Vereinbarkeit von Beruf und Familie' und Work-Life-Balance: Über Verengungen und Ausblendungen in einer Debatte, in Marburger Gender-Kolleg (Hg.): *Geschlecht Macht Arbeit: Interdisziplinäre Perspektiven und politische Intervention.* Münster: Westfälisches Dampfboot, 70–84.
Joas, Hans 1988. Symbolischer Interaktionismus: Von der Philosophie des Pragmatismus zu einer soziologischen Forschungstradition. *Kölner Zeitschrift für Soziologie und Sozialpsychologie* 40(3), 417–446.

Joas, Hans 1992a. *Die Kreativität des Handelns.* Frankfurt a. M.: Suhrkamp.
Joas, Hans 1992b. *Pragmatismus und Gesellschaftstheorie.* Frankfurt a. M.: Suhrkamp.
Joas, Hans und Wolfgang Knöbl 2004. *Sozialtheorie: Zwanzig einführende Vorlesungen.* Frankfurt a. M.: Suhrkamp.
Jurczyk, Karin und Maria S. Rerrich (Hg.) 1993. *Die Arbeit des Alltags: Beiträge zu einer Soziologie der alltäglichen Lebensführung.* Freiburg: Lambertus.
Jürgens, Kerstin 2006. *Arbeits- und Lebenskraft: Reproduktion als eigensinnige Grenzziehung.* Wiesbaden: VS Verlag.
Kahlert, Heike 2007. Die Kinderfrage und der halbierte Wandel in den Geschlechterverhältnissen, in Konietzka, Dirk und Michaela Kreyenfeld (Hg.): *Ein Leben ohne Kinder: Kinderlosigkeit in Deutschland.* Wiesbaden: VS Verlag, 337–363.
Kanter, Rosabeth M. 1977. *Men and Women of the Corporation.* New York: Basic Book.
Kassner, Karsten 2008. Männlichkeitskonstruktionen von „neuen Vätern", in Baur, Nina und Jens Luedtke (Hg.): *Die soziale Konstruktion von Männlichkeit: Hegemoniale und marginalisierte Männlichkeiten in Deutschland.* Opladen: Barbara Budrich, 141–164.
Kassner, Karsten und Anneli Rüling 2005. „Nicht nur am Samstag gehört Papa mir!" Väter in egalitären Arrangements von Arbeit und Leben, in Tölke, Angelika und Karsten Hank (Hg.): *Männer – das „vernachlässigte" Geschlecht in der Familienforschung.* Wiesbaden: VS Verlag, 235–264.
Kassner, Karsten, Nina Wehner und Diana Baumgarten 2013. Vater sein: Fast genauso gut wie Mütter oder anders?, in Grisard, Dominique, Ulle Jäger und Tomke König (Hg.): *Verschieden sein: Nachdenken über Geschlecht und Differenz.* Sulzbach/Taunus: Ulrike Helmer Verlag.
Kaufmann, Jean-Claude 1994. *Schmutzige Wäsche: Zur ehelichen Konstruktion von Alltag.* 2. Aufl. Konstanz: UVK.
Kaufmann, Jean-Claude 2005. *Schmutzige Wäsche: Ein ungewöhnlicher Blick auf gewöhnliche Paarbeziehungen.* Konstanz: UVK.
Keddi, Barbara 2003. *Projekt Liebe: Lebensthemen und biografisches Handeln junger Frauen in Paarbeziehungen.* Opladen: Leske + Budrich.
Keller, Reiner 2012. *Das Interpretative Paradigma: Eine Einführung.* Wiesbaden: Springer VS.
Kerschgens, Anke 2009. *Die widersprüchliche Modernisierung der elterlichen Arbeitsteilung: Alltagspraxis, Deutungsmuster und Familienkonstellation in Familien mit Kleinkindern.* Wiesbaden: VS Verlag.
Kessler, Suzanne J. und Wendy McKenna 1978. *Gender: An Ethnomethodological Approach.* Reprint. Chicago: University of Chicago Press.
Klenner, Christina, Katrin Menke und Svenja Pfahl 2011. *Flexible Familienernährerinnen – Prekarität im Lebenszusammenhang ostdeutscher Frauen?* Düsseldorf. URL: http://www.boeckler.de/pdf/wsi_p_flexfam_endbericht_2011.pdf [Stand 2012-01-13].
Knaak, Stephanie 2005. Breast-feeding, Bottle-feeding and Dr. Spock: The Shifting Context of Choice. *Canadian Review of Sociology & Anthropology* 42(2), 197–216.
König, Tomke 2006. Familiale Geschlechterarrangements – oder wie Paare Arbeit teilen und dabei Geschlecht herstellen. *Freiburger FrauenStudien* 12(18), 15–35.
König, Tomke 2007. Familiale Geschlechterarrangements zwischen staatlicher Regulierung und „privater Angelegenheit". Eine Analyse des medialen Diskurses um die Einführung des Elterngeldes. *Zeitschrift für Frauen- und Geschlechterforschung* (3-4), 55–68.
König, Tomke 2012. *Familie heißt Arbeit teilen. Transformationen der symbolischen Geschlechterordnung.* Konstanz: UVK.

Koppetsch, Cornelia und Günter Burkart 1999. *Die Illusion der Emanzipation: Zur Wirksamkeit latenter Geschlechtsnormen im Milieuvergleich*. Konstanz: UVK.
Kortendiek, Beate 2004. Familie: Mutterschaft und Vaterschaft zwischen Traditionalisierung und Modernisierung, in Becker, Ruth und Beate Kortendiek (Hg.): *Handbuch Frauen- und Geschlechterforschung. Theorie, Methoden, Empirie*. Wiesbaden: VS Verlag, 384–394.
Kreyenfeld, Michaela und Dirk Konietzka 2007. Kinderlosigkeit in Deutschland – theoretische Probleme und empirische Ergebnisse, in Konietzka, Dirk und Michaela Kreyenfeld (Hg.): *Ein Leben ohne Kinder: Kinderlosigkeit in Deutschland*. Wiesbaden: VS Verlag, 11–41.
Kruse, Jan 2007. „Vater werden ist nicht schwer …" Familienplanung aus männlicher Perspektive: Wie kommen Männer zu Kindern?, in Neises, Mechthild und Gerhard Schmid-Ott (Hg.): *Gender, kulturelle Identität und Psychotherapie*. Lengerich: Pabst Science Publications.
Kugler, Eugen 1988. Halt nur eine Mutter ohne Brust: Die Probleme eines Vaters im Erziehungsurlaub. *DIE ZEIT* 12. August 1988. URL: http://www.zeit.de/1988/33/Halt-nur-eine-Mutter-ohne-Brust [Stand 2010-10-05].
Küsters, Ivonne 2009. *Narrative Interviews: Grundlagen und Anwendungen*. 2. Aufl. Wiesbaden: VS Verlag.
Lamla, Jörn 2006. Die politische Theorie der reflexiven Modernisierung: Anthony Giddens, in Brodocz, André und Gary S. Schaal (Hg.): *Politische Theorien der Gegenwart II: Eine Einführung*. Opladen: Barbara Budrich, 343–376.
LaRossa, Ralph und Donald C. Reitzes 1993. Symbolic Interactionism and Family Studies, in Boss, Pauline G., u. a. (Hg.): *Sourcebook of Family Theories and Methods: A Contextual Approach*. New York, London: Plenum Press, 135–163.
Leitner, Sigrid 2005. Kind und Karriere für alle? Geschlechts- und schichtspezifische Effekte rotgrüner Familienpolitik. *Blätter für deutsche und internationale Politik* 50, 958–964.
Leitner, Sigrid 2008. Ökonomische Funktionalität der Familienpolitik oder familienpolitische Funktionalisierung der Ökonomie?, in Evers, Adalbert und Rolf G. Heinze (Hg.): *Sozialpolitik: Ökonomisierung und Entgrenzung*. Wiesbaden: VS Verlag, 67–82.
Leitner, Sigrid, u. a. 2012. *Leben im transformierten Sozialstaat (TransSoz): Zielgruppenspezifische Reformwirkungen und Alltagspraxen: Antrag auf Förderung einer Forschungskooperation zwischen der Universität Duisburg-Essen sowie den Fachhochschulen Düsseldorf und Köln im Rahmen des Förderprogramms „NRW.Forschungskooperationen U & FH" des Ministeriums für Innovation, Wissenschaft und Forschung des Landes Nordrhein-Westfalen*. URL: http://www.f01.fh-koeln.de/imperia/md/content/forschung/vorhabensbeschreibung.pdf [Stand 2012-12-04].
Leitner, Sigrid, Ilona Ostner und Margit Schratzenstaller (Hg.) 2004a. *Wohlfahrtsstaat und Geschlechterverhältnis im Umbruch: Was kommt nach dem Ernährermodell?* Wiesbaden: VS Verlag.
Leitner, Sigrid, Ilona Ostner und Margit Schratzenstaller 2004b. Was kommt nach dem Ernährermodell? Sozialpolitik zwischen Re-Kommodifizierung und Re-Familialisierung, in Leitner, Sigrid u. a. (Hg.): *Wohlfahrtsstaat und Geschlechterverhältnis im Umbruch: Was kommt nach dem Ernährermodell?* Wiesbaden: VS Verlag, 9–27.
Lenz, Karl 1991. Erving Goffman. Werk und Rezeption, in Hettlage, Robert und Karl Lenz (Hg.): *Erving Goffman: Ein soziologischer Klassiker der zweiten Generation*. Stuttgart: UTB, 25–93.
Lenz, Karl 2009. *Soziologie der Zweierbeziehung: Eine Einführung*. Wiesbaden: VS Verlag.

Leupold, Andrea 1983. Liebe und Partnerschaft. Formen der Codierung von Ehen. *Zeitschrift für Soziologie* 12(4), 297–327.
Lewis, Jane 1992. Gender and the Development of Welfare Regimes. *Journal of European Social Policy* 2(3), 159–173.
Lewis, Jane 2001. The Decline of the Male Breadwinner Model: Implications for Work and Care. *Social Politics* 8(2), 152–169.
Lewis, Jane 2004. Auf dem Weg zur „Zwei-Erwerbstätigen"-Familie, in Leitner, Sigrid, Ilona Ostner und Margit Schratzenstaller (Hg.): *Wohlfahrtsstaat und Geschlechterverhältnis im Umbruch: Was kommt nach dem Ernährermodell?* Wiesbaden: VS Verlag, 62–84.
Lewis, Jane, u. a. 2008. Patterns of Development in Work/Family Reconciliation Policies for Parents in France, Germany, the Netherlands, and the UK in the 2000s. *Social Politics: International Studies in Gender, State & Society* 15(3), 261–286.
Lopata, Helena Z. und Barrie Thorne 1978. On the Term „Sex Roles". *Signs* 3(3), 718–721.
Lorber, Judith 1994. *Paradoxes of Gender*. New Haven: Yale University Press.
Lorber, Judith 1999. *Gender-Paradoxien*. Opladen: Leske + Budrich.
Luhmann, Niklas 1994. *Liebe als Passion: Zur Codierung von Intimität*. Frankfurt a. M.: Suhrkamp.
Lupton, Deborah und Lesley Barclay 1997. *Constructing Fatherhood: Discourses and Experiences*. London: SAGE.
Lutz, Helma 2007. *Vom Weltmarkt in den Privathaushalt: die neuen Dienstmädchen im Zeitalter der Globalisierung*. Opladen: Barbara Budrich.
Maier, Maja S. 2004. Zur Reproduktion von Zweigeschlechtlichkeit: Methodische Überlegungen zur Erforschung von homosexuellen Paarbeziehungen, in Buchen, Sylvia, Cornelia Helfferich und Maja S. Maier (Hg.): *Gender methodologisch: Empirische Forschung in der Informationsgesellschaft vor neuen Herausforderungen*. Wiesbaden: VS Verlag, 249–265.
Maines, David R. 1982. In Search of Mesostructure: Studies in the Negotiated Order. *Journal of Contemporary Ethnography* 11(3), 267–279.
Maiwald, Kai-Olaf 2007. Freiheit gegen Hausarbeit. Ungleichheitsstrukturen in modernen Paarbeziehungen. *WestEnd – Neue Zeitschrift für Sozialforschung* 4(2), 35–55.
Maiwald, Kai-Olaf 2009. Paarbildung als Selbst-Institutionalisierung: Eine exemplarische Fallanalyse. *Sozialer Sinn* 10(2), 283–315.
Maiwald, Kai-Olaf 2010. Vom Schwinden der Väterlichkeit und ihrer bleibenden Bedeutung: Familiensoziologische Überlegungen, in Thomä, Dieter (Hg.): *Vaterlosigkeit: Geschichte und Gegenwart einer fixen Idee*. Berlin: Suhrkamp, 251–268.
Mannino, Clelia A. und Francine M. Deutsch 2007. Changing the Division of Household Labor: A Negotiated Process between Partners. *Sex Roles* 56(5-6), 309–324.
Mead, George H. 1968. *Geist, Identität und Gesellschaft aus der Sicht des Sozialbehaviorismus*. Frankfurt a. M.: Suhrkamp.
Meuser, Michael 2006. *Geschlecht und Männlichkeit: Soziologische Theorie und kulturelle Deutungsmuster*. 2. Aufl. Wiesbaden: VS Verlag.
Meuser, Michael 2011. Die Entdeckung der „neuen Väter": Vaterschaftspraktiken, Geschlechtsnormen und Geschlechterkonflikte, in Hahn, Kornelia und Cornelia Koppetsch (Hg.): *Soziologie des Privaten*. Wiesbaden: VS Verlag, 71–82.
Meuser, Michael 2012. Vaterschaft im Wandel. Herausforderungen, Optionen, Ambivalenzen, in Böllert, Karin und Corinna Peter (Hg.): *Mutter + Vater = Eltern?: Sozialer Wandel, Elternrollen und Soziale Arbeit*. Wiesbaden: VS Verlag, 63–80.

Mey, Günter und Katja Mruck (Hg.) 2011. *Grounded Theory Reader.* 2. Aufl. Wiesbaden: VS Verlag.

Nave-Herz, Rosemarie (Hg.) 2014. *Familiensoziologie. Ein Lehr- und Übungsbuch.* München: Oldenbourg.

N.N./FAZ 2012. Wirtschaftswissenschaftler Axel Börsch-Supan: „Die Geburtenzahl sagt nichts über den Erfolg des Elterngeldes". *Frankfurter Allgemeine Zeitung.* 9. Juli 2012. URL: http://www.faz.net/aktuell/wirtschaft/wirtschaftswissenschaftler-axel-boerschsupan-die-geburtenzahl-sagt-nichts-ueber-den-erfolg-des-elterngeldes-11814483.html [Stand 2012-09-25].

N.N./Stern 2011. Elternzeit. Immer mehr Väter gehen in die Wickelpause. *Stern.* 6. September 2011. URL: http://www.stern.de/politik/deutschland/elternzeit-immer-mehr-vaeter-gehen-in-die-wickelpause-1724605.html [Stand 2011-09-15].

Nentwich, Julia C. 2000. Wie Mütter und Väter gemacht werden. Konstruktionen von Geschlecht bei der Rollenverteilung in Familien. *Zeitschrift für Frauenforschung* 18(3), 96–121.

Nentwich, Julia C. 2004. *Die Gleichzeitigkeit von Differenz und Gleichheit: Neue Wege für die Gleichstellungsarbeit.* Königstein/Taunus: Ulrike Helmer Verlag.

Nentwich, Julia C. und Elisabeth K. Kelan 2014. Towards a Topology of ‚Doing Gender': An Analysis of Empirical Research and Its Challenges. *Gender, Work and Organization* 21(2), 121–134.

Notz, Petra 2004. *Manager-Ehen: Zwischen Karriere und Familie.* Konstanz: UVK.

Oberndorfer, Rotraut und Harald Rost 2002. *Auf der Suche nach den neuen Vätern: Familien mit nichttraditionaler Verteilung von Erwerbs- und Familienarbeit.* Bamberg: Staatsinstitut für Familienforschung an der Univ. Bamberg. ifb-Forschungsbericht Nr. 5.

Oerton, Sarah 1997. „Queer Housewives?" Some Problems in Theorising the Division of Domestic Labour in Lesbian and Gay Households. *Women's Studies International Forum* 20(3), 421–430.

Offenberger, Ursula 2008. *Stellenteilende Ehepaare im Pfarrberuf: Kooperation und Arbeitsteilung.* Berlin, Münster: Lit.

Oltersdorf, Dagmar 2011. Väter haben freie Wahl. *Schwäbische Post.* 21. Januar 2011. URL: http://www.schwaebische-post.de/533706 [Stand 2011-01-24].

Orloff, Ann S. 1993. Gender and the Social Rights of Citizenship: The Comparative Analysis of Gender Relations and Welfare States. *American Sociological Review* 58(3), 303–328.

Ostner, Ilona 1995. Arm ohne Ehemann?: Sozialpolitische Regulierung von Lebenschancen für Frauen im internationalen Vergleich. *Aus Politik und Zeitgeschichte* 36-37, 3–12.

Ostner, Ilona 2006. Paradigmenwechsel in der (west)deutschen Familienpolitik, in Berger, Peter A. und Heike Kahlert (Hg.): *Der demographische Wandel: Chancen für die Neuordnung der Geschlechterverhältnisse.* Frankfurt a. M.: Campus, 165–199.

Ostner, Ilona 2008. Ökonomisierung der Lebenswelt durch aktivierende Familienpolitik?, in Evers, Adalbert und Rolf G. Heinze (Hg.): *Sozialpolitik: Ökonomisierung und Entgrenzung.* Wiesbaden: VS Verlag, 49–66.

Ott, Marion und Rhea Seehaus 2010. Stillen – zum Wohle des Kindes. Reproduktion und Effekte von Stilldiskursen in Praktiken der Kindervorsorgeuntersuchungen. *Feministische Studien* (2), 257–269.

Ott, Notburga 1992. *Intrafamily Bargaining and Household Decisions.* Berlin, New York: Springer.

Parsons, Talcott und Robert F. Bales 1956. *Family: Socialization and Interaction Process.* London: Routledge & Kegan Paul.

Perlesz, Amaryll, u. a. 2010. Organising Work and Home in Same-Sex Parented Families: Findings from the Work Love Play Study. *Australian and New Zealand Journal of Family Therapy* 31(4), 374–391.

Pestello, Frances G. und Patricia Voydanoff 1991. In Search of Mesostructure in the Family: An Interactionist Approach to Division of Labor. *Symbolic Interaction* 14(2), 105–128.

Peuckert, Rüdiger 2012. *Familienformen im sozialen Wandel.* 8. Aufl. Wiesbaden: Springer VS.

Pfahl, Svenja und Stefan Reuyß 2009. *Das neue Elterngeld: Erfahrungen und betriebliche Nutzungsbedingungen von Vätern.* Düsseldorf: Hans Böckler Stiftung.

Pfahl, Svenja und Stefan Reuyß 2010. Das neue Elterngeld: Erfahrungen und betriebliche Nutzungsbedingungen von Vätern, in Badura, Bernhard, u. a. (Hg.): *Fehlzeiten-Report 2010: Vielfalt managen: Gesundheit fördern – Potenziale nutzen. Zahlen, Daten, Analysen aus allen Branchen der Wirtschaft.* Berlin: Springer, 225–233.

Pfau-Effinger, Birgit und Birgit Geissler 1992. Institutionelle und sozio-kulturelle Kontextbedingungen der Entscheidung verheirateter Frauen für Teilzeitarbeit: Ein Beitrag zu einer Soziologie der Erwerbsbeteiligung. *Mitteilungen aus der Arbeitsmarkt- und Berufsforschung* 25(3), 358–370.

Pfau-Effinger, Birgit und Birgit Geissler (Hg.) 2005. *Care and Social Integration in European Societies.* Bristol, UK: Policy Press.

Possinger, Johanna 2010. *Vereinbarkeit von Vaterschaft und Beruf: Eine Analyse betrieblicher Hindernisse.* BGSS Working Paper No.1. Berlin. URL: http://www.bgss.hu-berlin.de/bgssonlinepublications/workingpaperseries/WP_01_Johanna%20Possinger%202010 [Stand 2010-08-16].

Possinger, Johanna 2013. *Vaterschaft im Spannungsfeld von Erwerbs- und Familienleben: „Neuen Vätern" auf der Spur.* Wiesbaden: Springer VS.

Przyborski, Aglaja und Monika Wohlrab-Sahr 2009. *Qualitative Sozialforschung: Ein Arbeitsbuch.* 2. Aufl. München: Oldenbourg.

Rapoport, Rhona und Robert Rapoport 1971. Further Considerations on the Dual Career Family. *Human Relations* 24, 519–533.

Reckwitz, Andreas 2003. Grundelemente einer Theorie sozialer Praktiken: Eine sozialtheoretische Perspektive. *Zeitschrift für Soziologie* 32(4), 282–301.

Reichele, Barbara 1996. Der Traditionalisierungseffekt beim Übergang zur Elternschaft. *Zeitschrift für Frauenforschung* (14), 70–89.

Reich, Nora 2010. Who Cares? Determinants of the Fathers' Use of Parental Leave in Germany. *HWWI Research*, 1–31.

Reich, Nora 2011. Predictors of Fathers' Use of Parental Leave in Germany. *Population Review* 50(2), 1–22.

Reimann, Renate 1997. Does Biology Matter?: Lesbian Couples' Transition to Parenthood and Their Division of Labor. *Qualitative Sociology* 20(2), 153–185.

Rerrich, Maria S. 1989. Was ist neu an den „neuen Vätern"?, in Keupp, Heiner und Helga Bilden (Hg.): *Verunsicherungen: Das Subjekt im gesellschaftlichen Wandel.* Göttingen: Hogrefe, 93–102.

Rheinisch-Westfälisches Institut für Wirtschaftsforschung (RWI) 2007: *Evaluation des Gesetzes zum Elterngeld und zur Elternzeit. Zwischenbericht. Studie im Auftrag des BMFSFJ.* Essen.

Rheinisch-Westfälisches Institut für Wirtschaftsforschung (RWI) 2008. *Evaluation des Gesetzes zum Elterngeld und zur Elternzeit. Endbericht 2008. Studie im Auftrag des BMFSFJ.* Essen.

Rheinisch-Westfälisches Institut für Wirtschaftsforschung (RWI) 2009. *Evaluationsbericht Bundeselterngeld- und Elternzeitgesetz 2009. Studie im Auftrag des BMFSFJ*. Essen.

Richter, Robert 2011. Väter in Elternzeit – Umsetzungen und Strategien zwischen Familie und Beruf. Dissertation. Universität Paderborn. URL: http://digital.ub.uni-paderborn. de/ubpb/urn:nbn:de:hbz:466:2-9359 [Stand 2013-02-21].

Ridgeway, Cecilia L. 2001. Interaktion und die Hartnäckigkeit der Geschlechter-Ungleichheit in der Arbeitswelt. *Kölner Zeitschrift für Soziologie und Sozialpsychologie*, Sonderheft 41, 250–275.

Rosenthal, Gabriele 1995. *Erlebte und erzählte Lebensgeschichte: Gestalt und Struktur biographischer Selbstbeschreibungen*. Frankfurt a. M.: Campus.

Rost, Harald und Norbert F. Schneider 1994. Familiengründung und Auswirkungen der Elternschaft. *Österreichische Zeitschrift für Soziologie* 19(2), 34–57.

Rubin, Gayle 1975. The Traffic in Women: Notes on the „Political Economy" of Sex, in Reiter, Rayna R. (Hg.): *Toward an Anthropology of Women*. New York, London: Monthly Review Press, 157–210.

Ruiner, Caroline 2010. *Paare im Wandel: Eine qualitative Paneluntersuchung zur Dynamik des Verlaufs von Paarbeziehungen*. Wiesbaden: VS Verlag.

Rüling, Anneli 2007. *Jenseits der Traditionalisierungsfallen: Wie Eltern sich Familien- und Erwerbsarbeit teilen*. Frankfurt a. M.: Campus.

Rüling, Anneli 2008a. Ein Jahr Elterngeld – Geschlechterrevolution oder Leistung für Besserverdienende? *femina politica* 17(01), 115–118.

Rüling, Anneli 2008b. Das Stillen: Traditionalisierung der Arbeitsteilung durch naturalisierende Deutungen von Geschlecht?, in Rehberg, Karl-Siegbert (Hg.): *Die Natur der Gesellschaft: Verhandlungen des 33. Kongresses der Deutschen Gesellschaft für Soziologie in Kassel 2006*. Frankfurt a. M.: Campus, 4774–4786.

Rupp, Marina 2005. Kinderlosigkeit in stabilen Ehen. *Zeitschrift für Familienforschung* 17(1), 22–40.

Rupp, Marina (Hg.) 2011. *Partnerschaft und Elternschaft bei gleichgeschlechtlichen Paaren: Verbreitung, Institutionalisierung und Alltagsgestaltung*. Leverkusen: Barbara Budrich. Zeitschrift für Familienforschung, Sonderheft 7.

Rusconi, Alessandra und Heike Solga (Hg.) 2011. *Gemeinsam Karriere machen: Die Verflechtung von Berufskarrieren und Familie in Akademikerpartnerschaften*. Leverkusen: Barbara Budrich.

Rusconi, Alessandra und Christine Wimbauer 2013. Paare und Ungleichheit(en) – eine Einleitung, in Rusconi, Alessandra, u. a. (Hg.): *Paare und Ungleichheit(en): Eine Verhältnisbestimmung*. Leverkusen: Barbara Budrich. GENDER. Zeitschrift für Geschlecht, Kultur und Gesellschaft, Sonderheft 2, 10–36.

Sainsbury, Diane (Hg.) 1994. *Gendering Welfare States*. London: Sage.

Sainsbury, Diane (Hg.) 1999. *Gender and Welfare State Regimes*. Oxford: Oxford University Press.

Sauter, Sven 2000. Väterlichkeit – eine normative Kategorie in der Familienforschung? *Zeitschrift für Familienforschung* 12(1), 27–48.

Schenk, Sabine 1995. Neu- oder Restrukturierung des Geschlechterverhältnisses in Ostdeutschland? *Berliner Journal für Soziologie* 5(4), 475–488.

Schenk, Sabine 2000. Familienstrukturen, Geschlechterverhältnisse und die Flexibilisierung der Beschäftigung in Ostdeutschland, in Lenz, Ilse, Hildegard M. Nickel und Birgit Riegraf (Hg.): *Geschlecht, Arbeit, Zukunft*. Münster: Westfälisches Dampfboot, 180–221.

Schmid, Josef 2002. *Wohlfahrtsstaaten im Vergleich: Soziale Sicherung in Europa: Organisation, Finanzierung, Leistungen und Probleme*. 2. Aufl. Opladen: Leske + Budrich.

Schmitt, Christian 2007. Familiengründung und Erwerbstätigkeit im Lebenslauf. *Aus Politik und Zeitgeschichte* (7), 3–8.

Schneider, Ingo 2012. Mama bleibt zu Hause: In Koblenz und Kreis MYK nutzen meist Frauen das Elterngeld. *Rhein-Zeitung*. 15. Oktober 2012. URL: http://www.rhein-zeitung.de/region/ koblenz_artikel,-Mama-bleibt-zu-Hause-In-Koblenz-und-im-Kreis-MYK-nutzen-meist-Frauen-Elterngeld-_arid,498167.html [Stand 2013-01-04].

Scholz, Sylka 2008. Männlichkeit und Erwerbsarbeit bei ostdeutschen Männern, in Baur, Nina und Jens Luedtke (Hg.): *Die soziale Konstruktion von Männlichkeit: Hegemoniale und marginalisierte Männlichkeiten in Deutschland*. Opladen: Barbara Budrich, 105–122.

Scholz, Sylka 2009. Männer und Männlichkeiten im Spannungsfeld zwischen Erwerbs- und Familienarbeit, in Aulenbacher, Brigitte und Angelika Wetterer (Hg.): *Arbeit: Perspektiven und Diagnosen der Geschlechterforschung*. Münster: Westfälisches Dampfboot, 82–99.

Schratzenstaller, Margit 2002. Steuer- und transferpolitische Aspekte aktueller Familienpolitik, in Maier, Friederike und Angela Fiedler (Hg.): *Gender Matters: Feministische Analysen zur Wirtschafts- und Sozialpolitik*. Berlin: Edition Sigma, 181–209.

Schubert, Hans-Joachim 2009. Pragmatismus und Symbolischer Interaktionismus, in Kneer, Georg (Hg.): *Handbuch Soziologische Theorien*. Wiesbaden: VS Verlag, 345–367.

Schubert, Hans-Joachim 2010. *Pragmatismus zur Einführung: Kreativität, Handlung, Deduktion, Induktion, Abduktion, Chicago School, Sozialreform, Symbolische Interaktion*. Hamburg: Junius.

Schulz, Florian und Hans-Peter Blossfeld 2006. Wie verändert sich die häusliche Arbeitsteilung im Eheverlauf?: Eine Längsschnittstudie der ersten 14 Ehejahre in Westdeutschland. *Kölner Zeitschrift für Soziologie und Sozialpsychologie* 58(1), 23–49.

Schulz, Florian, Annika Jabsen und Harald Rost 2008. *Zwischen Wunsch und Wirklichkeit – Der Alltag erwerbsorientierter Paare beim Übergang zur Elternschaft: Methodenbericht einer qualitativen Längsschnittstudie*. ifb-Materialien 4/2008. Staatsinstitut für Familienforschung. Bamberg.

Schürmann, Lena 2005. Die Konstruktion von ‚Hausarbeit' in gleichgeschlechtlichen Paarbeziehungen, in Solga, Heike und Christine Wimbauer (Hg.): *„Wenn zwei das Gleiche tun …": Ideal und Realität sozialer (Un-)Gleichheit in Dual Career Couples*. Opladen: Barbara Budrich, 141–162.

Schutter, Sabina und Claudia Zerle-Elsäßer 2012. Das Elterngeld: Wahlfreiheit und Existenzsicherung für (alle) Eltern? *WSI-Mitteilungen* (03), 216–225.

Schütze, Fritz 1976. Zur Hervorlockung und Analyse von Erzählungen thematisch relevanter Geschichten im Rahmen soziologischer Feldforschung, in Arbeitsgruppe Bielefelder Soziologen (Hg.): *Kommunikative Sozialforschung: Alltagswissen und Alltagshandeln, Gemeindemachtforschung, Polizei, politische Erwachsenenbildung*. München: Fink, 159–260.

Schütze, Fritz 1982. Narrative Repräsentation kollektiver Schicksalsbetroffenheit, in Lämmert, Eberhard (Hg.): *Erzählforschung: Ein Symposion*. Stuttgart: Metzler, 568–590.

Schütze, Yvonne 1987. Die gute Mutter – Zur Geschichte des normativen Musters „Mutterliebe", in Karsten, Maria-Eleonora und Hans-Uwe Otto (Hg.): *Die sozialpädagogische Ordnung der Familie: Beiträge zum Wandel familialer Lebensweisen und sozialpädagogischer Interventionen*. Weinheim, München: Juventa, 45–66.

Schütze, Yvonne 1991. *Die gute Mutter: Zur Geschichte des normativen Musters „Mutterliebe"*. 2. Aufl. Bielefeld: Kleine.

Simmel, Georg 1923. *Soziologie: Untersuchungen über die Formen der Vergesellschaftung*. 3. Aufl. München und Leipzig: Duncker & Humblot.
Simmel, Georg 1985. Fragment über die Liebe, in Simmel, Georg (Hg.): *Schriften zur Philosophie und Soziologie der Geschlechter*. Frankfurt a. M.: Suhrkamp, 224–264.
Smith, Suzanne R. und Raeann R. Hamon 2012. *Exploring Family Theories*. 3. Aufl. New York: Oxford University Press.
Solga, Heike und Christine Wimbauer (Hg.) 2005a. „*Wenn zwei das Gleiche tun* …": *Ideal und Realität sozialer (Un-)Gleichheit in Dual Career Couples*. Opladen: Barbara Budrich.
Solga, Heike und Christine Wimbauer 2005b. „Wenn zwei das Gleiche tun…" – Ideal und Realität sozialer (Un-)Gleichheit in Dual Career Couples: Eine Einleitung, in Solga, Heike und Christine Wimbauer (Hg.): „*Wenn zwei das Gleiche tun* …": *Ideal und Realität sozialer (Un-)Gleichheit in Dual Career Couples*. Opladen: Barbara Budrich, 9–25.
Star, Susan L. 1989. *Regions of the Mind: Brain Research and the Quest for Scientific Certainty*. Stanford: Stanford University Press.
Statistisches Bundesamt 2011. *Öffentliche Sozialleistungen: Statistik zum Elterngeld. Gemeldete beendete Leistungsbezüge für im Jahr 2009 geborene Kinder*. Wiesbaden.
Statistisches Bundesamt 2012a. *Elterngeld – wer, wie lange und wie viel?: Begleitmaterial zur Pressekonferenz am 27. Juni 2012*. Berlin.
Statistisches Bundesamt 2012b. *Elterngeld für Geburten 2010: Nach Kreisen*. Wiesbaden.
Statistisches Bundesamt 2012c. *Elterngeld – wer, wie lange und wie viel? Pressemitteilung*. Berlin.
Statistisches Bundesamt 2013. *Elterngeld für Geburten 2011: Nach Kreisen*. Wiesbaden.
Statistisches Bundesamt 2014. *Statistik zum Elterngeld. Beendete Leistungsbezüge für im Jahr 2012 geborene Kinder*. Wiesbaden.
Steinke, Ines 2005. Gütekriterien qualitativer Forschung, in Flick, Uwe, Ernst von Kardoff und Ines Steinke (Hg.): *Qualitative Forschung. Ein Handbuch*. Reinbek bei Hamburg: Rowohlt, 319–331.
Strauss, Anselm L. 1970. Discovering New Theory from Previous Theory, in Shibutani, Tamotsu (Hg.): *Human Nature and Collective Behavior: Papers in Honor of Herbert Blumer*. Englewood Cliffs: Prentice-Hall, 46–53.
Strauss, Anselm L. 1978. *Negotiations: Varieties, Contexts, Processes, and Social Order*. San Francisco: Jossey-Bass.
Strauss, Anselm L. 1993. *Continual Permutations of Action*. New York: de Gruyter.
Strauss, Anselm L. 1994. *Grundlagen qualitativer Sozialforschung: Datenanalyse und Theoriebildung in der empirischen soziologischen Forschung*. München: W. Fink.
Strauss, Anselm L. und Juliet Corbin 1996. *Grounded Theory: Grundlagen qualitativer Sozialforschung*. Weinheim: Beltz-Verlag.
Strübing, Jörg 2005. *Pragmatistische Wissenschafts- und Technikforschung: Theorie und Methode*. Frankfurt a. M.: Campus.
Strübing, Jörg 2007. *Anselm Strauss*. Konstanz: UVK.
Strübing, Jörg 2008. *Grounded Theory: Zur sozialtheoretischen und epistemologischen Fundierung des Verfahrens der empirisch begründeten Theoriebildung*. 2. Aufl. Wiesbaden: VS Verlag.
Strübing, Jörg und Bernt Schnettler (Hg.) 2004. *Methodologie interpretativer Sozialforschung: Klassische Grundlagentexte*. Konstanz: UVK Verlagsgesellschaft.

Thiessen, Barbara und Paula-Irene Villa 2010. Entweder – oder? Mutterschaft zwischen Fundamentalismen und vielschichtigen Praxen. *querelles-net. Rezensionszeitschrift für Frauen- und Geschlechterforschung* 11(2).
Thomas, William I. und Dorothy S. Thomas 1928. *The Child in America: Behavior Problems and Programs*. New York: Alfred A. Knopf.
Trappe, Heike 1995. *Emanzipation oder Zwang? Frauen in der DDR zwischen Beruf, Familie und Sozialpolitik*. Berlin: Akademie Verlag.
Trappe, Heike 2013a. Väter mit Elterngeldbezug: Nichts als ökonomisches Kalkül? *Zeitschrift für Soziologie* 42(1), 28–51.
Trappe, Heike 2013b. Väter mit Elterngeldbezug: zur Relevanz sozialstruktureller und ökonomischer Charakteristika im Partnerschaftskontext, in Rusconi, Alessandra, u. a. (Hg.): *Paare und Ungleichheit(en): Eine Verhältnisbestimmung*. Leverkusen: Barbara Budrich. GENDER. Zeitschrift für Geschlecht, Kultur und Gesellschaft, Sonderheft 2, 165–191.
Treibel, Annette 2006. *Einführung in soziologische Theorien der Gegenwart*. 7. Aufl. Wiesbaden: VS Verlag.
Turner, Ralph H. 1970. *Family Interaction*. New York: Wiley.
Tyrell, Hartmann 1987. Romantische Liebe – Überlegungen zu einer ‚quantitativen Bestimmtheit', in Baecker, Dirk (Hg.): *Theorie als Passion: Niklas Luhmann zum 60. Geburtstag*. Frankfurt a. M.: Suhrkamp, 570–599.
Vachon, Marc und Amy Vachon 2010. *Equally Shared Parenting: Rewriting the Rules for a New Generation of Parents*. New York: Penguin Group.
Vaskovics, Laszlo A. 2002. Familienpolitik und familienrelevante Politik als Kontextbedingungen für Familienentwicklung und -strukturen?, in Dorbritz, Jürgen und Johannes Otto (Hg.): *Familienpolitik und Familienstrukturen*. Wiesbaden: Bundesinstitut für Bevölkerungsforschung, 121–126.
Vaskovics, Laszlo A. und Harald Rost 1999. *Väter und Erziehungsurlaub*. Stuttgart: Kohlhammer. Schriftenreihe des Bundesministeriums für Familie, Senioren, Frauen und Jugend: 179.
Vinken, Barbara 2007. *Die deutsche Mutter: Der lange Schatten eines Mythos*. Frankfurt a. M.: Fischer.
Vogt, Ann-Cathrin 2010. *Warum Väter ihre Erwerbstätigkeit (nicht) unterbrechen: ökonomische versus sozialpsychologische Determinanten der Inanspruchnahme von Elternzeit durch Väter*. München: Hampp.
Vogt, Ann-Cathrin und Kerstin Pull 2010. Warum Väter ihre Erwerbstätigkeit (nicht) unterbrechen: Mikroökonomische versus in der Persönlichkeit des Vaters begründete Determinanten der Inanspruchnahme von Elternzeit durch Väter. *Zeitschrift für Personalforschung* 24(1), 48–68.
Walther, Kathrin und Helga Lukoschat 2008. *Kinder und Karrieren: Die neuen Paare: Eine Studie der EAF im Auftrag der Bertelsmann Stiftung und des BMFSFJ*. Gütersloh: Verlag Bertelsmann Stiftung.
Walzer, Susan 1998. *Thinking about the Baby: Gender and Transitions into Parenthood*. Philadelphia: Temple University Press.
Warren, Tracey 2011. Researching the Gender Division of Unpaid Domestic Work: Practices, Relationships, Negotiations, and Meanings. *The Sociological Review* 59(1), 129–148.
Welzer, Harald 1995. „Ist das ein Hörspiel?" Methodologische Anmerkungen zur interpretativen Sozialforschung. *Soziale Welt* 46(2), 181–196.
West, Candace und Don H. Zimmerman 1987. Doing Gender. *Gender & Society* 1(2), 125–151.

Wetterer, Angelika 2003. Rhetorische Modernisierung: Das Verschwinden der Ungleichheit aus dem zeitgenössischen Differenzwissen, in Knapp, Gudrun-Axeli und Angelika Wetterer (Hg.): *Achsen der Differenz. Gesellschaftstheorie und feministische Kritik II*. Münster: Westfälisches Dampfboot, 286–319.

Wetterer, Angelika 2004. Widersprüche zwischen Diskurs und Praxis. Gegenstandsbezug und Erkenntnispotenziale einer sozialkonstruktivistischen Perspektive, in Helduser, Urte und Daniela Marx (Hg.): *Under construction? Konstruktivistische Perspektiven in feministischer Theorie und Forschungspraxis*. Frankfurt a. M.: Campus, 58–67.

Wiechmann, Elke und Maria Oppen 2008. Gerechtigkeitsvorstellungen im Geschlechterverhältnis – Das Beispiel „Elterngeld". *WZB Discussion Paper* (SP III 2008-101).

Williams, Kate, u. a. 2012. Discursive Constructions of Infant Feeding: The Dilemma of Mothers' ‚guilt'. *Feminism & Psychology*. Onlinepublikation: DOI: 10.1177/0959353512444426 [Stand 2012-06-15].

Wimbauer, Christine 2003. *Geld und Liebe: Zur symbolischen Bedeutung von Geld in Paarbeziehungen*. Frankfurt a. M.: Campus.

Wimbauer, Christine 2012. *Wenn Arbeit Liebe ersetzt: Doppelkarriere-Paare zwischen Anerkennung und Ungleichheit*. Frankfurt a. M.: Campus.

Wimbauer, Christine und Annette Henninger 2008. Magd des Marktes: Das Elterngeld und die neue Familienpolitik. *Blätter für deutsche und internationale Politik* 53(8), 69–76.

Wimbauer, Christine, Annette Henninger und Markus Gottwald (Hg.) 2007a. *Die Gesellschaft als „institutionalisierte Anerkennungsordnung": Anerkennung und Ungleichheit in Paarbeziehungen, Arbeitsorganisationen und Sozialstaat*. Opladen: Barbara Budrich.

Wimbauer, Christine, Annette Henninger und Markus Gottwald 2007b. ‚Liebe', Arbeit, Anerkennung – (Un-)Gleichheit in Doppelkarriere-Paaren, in Wimbauer, Christine u. a. (Hg.): *Die Gesellschaft als „institutionalisierte Anerkennungsordnung": Anerkennung und Ungleichheit in Paarbeziehungen, Arbeitsorganisationen und Sozialstaat*. Opladen: Barbara Budrich, 33–67.

Wippermann, Carsten, Marc Calmbach und Katja Wippermann (Hg.) 2009. *Männer: Rolle vorwärts, Rolle rückwärts?: Identitäten und Verhalten von traditionellen, modernen und postmodernen Männern*. Opladen: Barbara Budrich.

Wrohlich, Katharina, u. a. 2012. *Elterngeld Monitor*. Politikberatung kompakt. Berlin. URL: http://hayek.diw.de/documents/publikationen/73/diw_01.c.393652.de/diwkompakt_2012-061.pdf [Stand 2012-03-13].

Zerle, Claudia und Barbara Keddi 2011. „Doing Care" im Alltag Vollzeit erwerbstätiger Mütter und Väter. Aktuelle Befunde aus AID:A. *Gender. Zeitschrift für Geschlecht, Kultur und Gesellschaft* 3(3), 55–72.

Ziefle, Andrea 2009. *Familienpolitik als Determinante weiblicher Lebensverläufe?: Die Auswirkungen des Erziehungsurlaubs auf Familien- und Erwerbsbiographien in Deutschland*. Wiesbaden: VS Verlag.

Druck: KN Digital Printforce GmbH · Schockenriedstraße 37 · 70565 Stuttgart